K·I·S·S

DK

Alles, was Sie wissen müssen

Die Einsteigerhandbücher aus dem Verlag Dorling Kindersley bieten fundiertes Sachwissen zu einer Vielzahl von Lebensbereichen und Interessengebieten. Ob Sie sich einen Hund anschaffen oder das Internet entdecken wollen, ob Sie sich für Astrologie interessieren oder für Golf – schlagen Sie einfach das entsprechende K·I·S·S-Handbuch auf und steigen Sie ein.

Jeder Titel der Reihe wird von Experten für das jeweilige Thema verfasst, die gleichzeitig erfahrene Sachbuchautoren sind. Sie führen die Leserin oder den Leser Schritt für Schritt, vom Einfachen zum Anspruchsvollen, an das Thema heran. Die übersichtliche Gliederung ermöglicht es, sich selbstständig in bequemen Etappen fundierte Kenntnisse anzueignen; nach längeren Pausen erlaubt sie einen problemlosen Wiedereinstieg.

Mit den Einsteigerhandbüchern von Dorling Kindersley macht Wissen Spaß. Wenn Sie entdecken wollen, welche Themen die Reihe noch zu bieten hat, fragen Sie in Ihrer Buchhandlung oder besuchen Sie uns im Internet unter www.dk.com.

DAS EINSTEIGER-HANDBUCH

Hunde

BRUCE FOGLE

Vorwort von **Wendy Richard**

Dorling Kindersley

Dorling **DK** Kindersley

Redaktionsleitung Valerie Buckingham
Lektorat Bridget Hopkinson

Chefbildlektorat Stephen Knowlden
Umschlaggestaltung Neal Cobourne

Dorling Kindersley Publishing, Inc.
Redaktionsleitung LaVonne Carlson
Reihenbetreuung Beth Adelman
Redaktion Cheryl Smith

Für Dorling Kindersley produziert von:
THE FOUNDRY, Fulham, London

Projektteam Frances Banfield, Lucy Bradbury, Josephine Cutts, Sue Evans, Karen Fitzpatrick, Douglas Hall, Sasha Heseltine, Dave Jones, Jennifer Kenna, Lee Matthews, Ian Powling, Bridget Tily, Nick Wells, und Polly Willis. Danke an Karen Villabona.

Die Deutsche Bilbiothek – CIP-Einheitsaufnahme

Ein Titeldatensatz für diese Publikation ist bei
Der Deutschen Bibliothek erhältlich.

Titel der englischen Originalausgabe:

KISS Guide to living with a dog

Übersetzung Uta Over

ISBN 3-8310-0134-0

Printed and bound in Spain

Besuchen Sie uns im Internet
www.dk.com

Der Inhalt auf einen Blick

TEIL EINS

So finden Sie den richtigen Hund

Warum wir zusammenleben
Die Entwicklungsgeschichte des Hundes
Die erfolgreiche Suche nach Ihrem Hund
Rassen – die unendliche Vielfalt
Persönlichkeitstest für Sie
und Ihren Hund

TEIL ZWEI

Das neue Zuhause

Die erste Nacht
Den Hund eingewöhnen
Denken wie ein Hund
Denken Sie an die Nachbarn

TEIL DREI

Grundregeln

Anführer, nicht Boss sein
Sauberkeit
Gutes Benehmen
Mit dem Hund gehen
So leben Hunde
Jugendsünden verstehen

TEIL VIER

Gesundheit und Schönheit

Den richtigen Tierarzt finden
Vorsorge
Gesunde Ernährung
Körperpflege
Gesundheitscheck
Lebensrettende Maßnahmen

TEIL FÜNF

Ein Freund fürs Leben

Ihr anpassungsfähiger Freund
Spaß haben
Die Zeit vergeht
Der Lebenszyklus

INHALT

Vorwort von Wendy Richard   18
Einführung   20
Was steht drin?   22
Die Extras   23

TEIL EINS So finden Sie den richtigen Hund 24

KAPITEL 1 Warum wir zusammenleben   26

Hunde brauchen uns   29
Nachteile   31
Tiefenpsychologie ...   34
Eine wunderbare Freundschaft   36
Kurze Zusammenfassung   37

KAPITEL 2 Die Entwicklungsgeschichte des Hundes 38

Wie alles begann   40
Wofür man Hunde züchtete   43
So leben Hunde heute   45
Kurze Zusammenfassung   47

KAPITEL 3   *Die erfolgreiche Suche nach Ihrem Hund*   48

Grundsätzliche Entscheidungen   50
Entscheidungshilfen   52
Der Kauf beim Züchter   56
Hunde von Bekannten   58
Kurze Zusammenfassung   61

KAPITEL 4   *Rassen — die unendliche Vielfalt*   62

Der richtige Hund für Sie   64
Die Rolle der Zuchtverbände   67
Jagdhunde   68
Spürhunde   70
Gebrauchshunde   72
Terrier   73
Kleine Hunde   75
Hunde für spezielle Zwecke   77
Hütehunde   78
Andere große Hunde   79
Dokumente   82
Kurze Zusammenfassung   85

KAPITEL 5   *Persönlichkeitstest für Sie und Ihren Hund*   86

Klappt der Test wirklich?   88
Einfacher Test für Welpen   89
Einfacher Test für erwachsene Hunde   92
Testen Sie sich selbst   96
Beziehen Sie Ihre Familie mit ein   100
Kurze Zusammenfassung   101

TEIL ZWEI *Das neue Zuhause*   102

KAPITEL 6   *Die erste Nacht*   104

Der Anführer sind Sie   106
Wer schläft wo?   108
Betten und Bettzeug   111
Eine Gitterbox ist kein Gefängnis   113
Zwinger   114
Routinen und Rituale   115
Kurze Zusammenfassung   117

KAPITEL 7 *Den Hund eingewöhnen* 118

Grundausstattung	120
Reinigung und Pflege	124
Spielzeug	127
Für die Reise	130
Die Jahreszeiten	132
Kurze Zusammenfassung	133

KAPITEL 8 *Denken wie ein Hund* 134

So lernen Hunde	136
Gutes Timing	138
Ist Ihr Haus hundegerecht?	139
Der Geschmack der Freiheit	140
Gefahren im Haushalt	144
Kurze Zusammenfassung	149

KAPITEL 9 *Denken Sie an die Nachbarn* 150

Sozial denken	152
Hundehaufen entfernen	153
Bellen und beißen/Allein zu Hause	154
Der Streuner	156
Familienplanung	157
Kurze Zusammenfassung	159

TEIL DREI Grundregeln 160

KAPITEL 10 Anführer, nicht Boss sein 162

Niemals zu jung 164
Wie ein Hund denken 166
Seien Sie konsequent und positiv! 169
Disziplin 172
Kurze Zusammenfassung 175

KAPITEL 11 Sauberkeit 176

Aller Anfang ist schwer 178
Passieren kann immer einmal etwas 181
Häusliche Sauberkeit 182
Erwachsene Hunde 184
Fehler 186
Urinieren aus Angst 188
Kurze Zusammenfassung 189

KAPITEL 12 *Gutes Benehmen*　　190

So fängt man an　　192
Herkommen　　197
Sich freudig hinsetzen　　199
Gelassen dableiben　　200
Sich willig hinlegen　　202
Kurze Zusammenfassung　　203

KAPITEL 13 *Mit dem Hund gehen*　　204

Im Voraus planen　　206
Zuerst im Haus üben　　207
Ohne Leine gehen　　208
An der Leine gehen　　210
Im Freien gehen　　213
Weitere Gehorsamsübungen　　215
Kurze Zusammenfassung　　217

KAPITEL 14 *So leben Hunde* 218

Geistige, körperliche und soziale Aktivitäten	220
Systematisch vorgehen	224
Üben, Üben, Üben/ Hilfe! Wo bekommt man die?	226
Langeweile – ein Problem	228
Übererregung	232
Kurze Zusammenfassung	233

KAPITEL 15 *Jugendsünden verstehen* 234

Warum Hunde aggressiv sind	236
Rassebedingte Probleme	237
Verschiedene Aggressionsarten	239
Futter- und Spielzeugneid	245
Kastration	247
Kurze Zusammenfassung	249

TEIL VIER   Gesundheit und Schönheit   250

KAPITEL 16   Den richtigen Tierarzt finden   252

Können Tierärzte alles?	254
Hingehen und fragen	258
Kosten	259
Kurze Zusammenfassung	261

KAPITEL 17   Vorsorge   262

Innere Parasiten	264
Äußere Parasiten	269
Flöhe sinnvoll bekämpfen	272
Impfungen	274
Kurze Zusammenfassung	279

KAPITEL 18 *Gesunde Ernährung* 280

Was Hunde brauchen	282
Trockenfutter	284
Feuchtfutter	285
Selbst kochen	286
Jeder Hund ist anders	288
Fett vermeiden	290
Spezielle Diäten	292
Kurze Zusammenfassung	293

KAPITEL 19 *Körperpflege* 294

Bürsten	296
Fellpflege	296
Waschen	300
Krallenpflege	304
Ohren kontrollieren	306
Augen kontrollieren	307
Massage	308
Kurze Zusammenfassung	309

KAPITEL 20 *Gesundheitscheck* 310

Sorgfältig beobachten	312
Körperliche Untersuchung	315
Die Normaltemperatur	317
Augen, Ohren, Nase und Maul	318
Körper, Haut und Fell	320
Augen und Ohren behandeln	322
Kurze Zusammenfassung	323

KAPITEL 21 *Lebensrettende Maßnahmen* 324

Erste Hilfe	326
Ernsthafte Verletzungen	330
Herz-/Lungen-Massage	330
Blutungen	333
Kurze Zusammenfassung	335

TEIL FÜNF Ein Freund fürs Leben — 336

KAPITEL 22 Ihr anpassungsfähiger Freund — 338

Veränderungen im Haus	340
Unterwegs	342
Hundepensionen	345
Unvorhergesehenes und Notfälle	346
Züchten	348
Die ersten beiden Wochen im Leben eines Hundes	352
Kurze Zusammenfassung	353

KAPITEL 23 Spaß haben — 354

Hundeschauen	356
Hundesport	358
Im Dienst des Menschen	362
Kurze Zusammenfassung	363

KAPITEL 24 *Die Zeit vergeht* **364**

Wie »alt« ist Ihr Hund?	366
Altersgemäße Ernährung	368
Der Hund wird älter	370
Ein neuer Hund kommt ins Haus	378
Kurze Zusammenfassung	379

KAPITEL 25 *Der Lebenszyklus* **380**

Das Alter kommt	382
Loslassen	384
Trauer ist normal	387
Das Leben geht weiter	389
Kurze Zusammenfassung	389

ANHANG 390

Adressen & Literatur	390
Internet	394
Rassenverzeichnis	397
Vergleich der Rassen untereinander	400
Wichtige Angaben über meinen Hund	402
Glossar	404
Register	408
Dank	415

Vorwort

WENN SIE IN DER VERGANGENHEIT NOCH KEINEN HUND HATTEN und sich jetzt einen dieser vierbeinigen Hausgenossen anschaffen möchten, ist dieses Buch für Sie ein absolutes Muss! Jede Seite ist voll gepackt mit Informationen, sei es zur Grunderziehung des Hundes – die so wichtig ist, damit er Ihnen aufs Wort gehorcht und nicht nur dann, wenn er gerade Lust dazu hat –, zur richtigen Fütterung oder zur Gesundheitsvorsorge. Wenn die Menschen ihre Verantwortung als Hundebesitzer ein bisschen ernster nähmen, gäbe es zweifellos viel weniger ausgesetzte und misshandelte Hunde, als es leider tatsächlich der Fall ist.

Mein eigener Hund Shirley Brahms II. (ich habe ihn nach einem meiner Rollennamen genannt) ist ein kerniger kleiner Cairn Terrier. Er ist für mich eine ständige Quelle des Entzückens – selbst damals, als er ein ganzes Paket Süßigkeiten stibitzt und aufgefressen hatte und danach tagelang krank war. Ich würde ihn für nichts auf der Welt mehr hergeben. Er hat mir beigebracht, wie schön es ist, bei Wind und Wetter spazieren zu gehen, geduldig stehen zu bleiben und zu warten, bis er jeden Baum und jeden Laternenpfahl sorgfältig inspiziert hat. Und vor allen Dingen: Ich bin niemals allein. Es ist immer jemand da.

Lassen Sie Ihren Hund einen Hund bleiben – gönnen Sie ihm ein natürliches Leben, und machen Sie keinen Narren aus ihm. Sie würden nur sich selbst zum Narren machen. Erfreuen Sie sich an Ihrem Hund, und respektieren Sie ihn – dann haben Sie einen Freund fürs Leben, der Sie niemals in Frage stellt und Sie nie belügt.

WENDY RICHARD

Wendy Richard ist eine berühmte englische Schauspielerin, die durch ihre zahlreichen Auftritte in Film und Fernsehen bekannt wurde. Daneben ist sie Bühnenschauspielerin und tritt in letzter Zeit auch in Pantomimen auf. Darüber hinaus arbeitet sie immer wieder im Radio. Sie ist seit vielen Jahren Hundebesitzerin und liebt Windhunderennen.

Einführung

Danke, dass Sie dieses Buch zu lesen beabsichtigen. *Allein daraus, dass Sie es aufschlagen, kann ich schon ersehen, dass Sie ein verantwortungsvoller Hundebesitzer werden möchten – sonst würden Sie es gar nicht erst lesen.*

Es mag ein bisschen überheblich klingen, aber ich bin der Meinung, dass man sich Informationen immer aus erster, fachlicher Hand holen sollte. Als praktischer Tierarzt blicke ich auf mehr als dreißig Jahre Erfahrung mit Hunden und ihren Besitzern zurück. Ich hoffe, dass Sie nach der Lektüre dieses Buches verstehen, dass der Besitz eines Hundes eine lebenslange Verantwortung für ein lebendiges Wesen bedeutet und dass ein Hund keine von Walt Disney geschaffene Figur, sondern ein faszinierendes, einzigartiges Lebewesen mit einer bewundernswerten Integrität und Ehrlichkeit ist.

Das erfahren Sie

In diesem Buch werden Sie alle wichtigen Informationen übersichtlich geordnet finden. Ich hielte es für gut, wenn Sie das Buch erst einmal ganz durchlesen und sich die Punkte, die Ihnen besonders wichtig erscheinen, später noch einmal vornehmen.

Sie werden auf einige immer wiederkehrende Symbole stoßen (eine Übersicht über diese Symbole finden Sie auf Seite 23). Neben jedem Symbol steht in roter Schrift ein Text, der zu dem entsprechenden Symbol gehört. Es gibt vier Symbole:

- *VIP = Sehr wichtig (Very Important Point). Das müssen Sie lesen!*
- *Bloß nicht – das sind Dinge, die Sie vermeiden sollten.*
- *Insidertipp – hier gebe ich meine eigenen Erfahrungen wieder.*
- *Gewusst, wie ... – genauere Erklärungen zu einzelnen Punkten.*

Außerdem finden Sie regelmäßig Hinweise auf Internetadressen. Im Internet finden Hundebesitzer unglaublich viele Informationen; achten Sie aber bitte auf die Quelle.

■ **Jeder Hund** *ist einzigartig.*

Ich habe auch eigene »Kästen« eingerichtet, in denen ich Ihnen spezielle Fachausdrücke erkläre, die der »normale« Hundebesitzer eigentlich nicht kennt. Manchmal gebe ich darin auch Hinweise auf Informations-möglichkeiten oder Details, die nicht allgemein bekannt sind. In anderen Kästen fasse ich manchmal einen längeren Text kurz zusammen, sodass Sie das Wichtigste schnell nachlesen können.

Danke

Ich habe ein Jahr an diesem Buch gearbeitet – es war ein schönes Jahr. Ohne meine Kollegen in der Praxis wäre das nicht möglich gewesen. Meine Tierarzthelferinnen Manda Hackett, Hester Small und Hilary Hayward sowie meine Kollegen Bas Hagreis und Grant Petrie waren mir eine große Hilfe. Wo immer ein Problem auftauchte, lächelte Bas und sagte: »Kein Problem!« Und so war es dann auch. Ohne sie alle wäre dieses Buch nicht zustande gekommen.

Ebenso danke ich dem Verlag Dorling Kindersley und seinem Team, ganz besonders Beth Adelman und LaVonne Carlson in New York. Beth ist im Besitz einer riesigen Kartei mit Informationen über alles, was Hunde angeht – der Traum eines jeden Autors, der über Hunde schreibt ...

Dr. Bruce Fogle

Was steht drin?

DAS BUCH BEGINNT MIT GANZ EINFACHEM GRUNDSATZWISSEN über Hunde. Nach und nach erhalten Sie immer mehr Informationen, sodass Sie nach der Lektüre des Buches eine Fülle von Detailinformationen über alle Aspekte der Hundehaltung zur Verfügung haben werden.

TEIL EINS

In Teil I berichte ich Ihnen über die Entwicklungsgeschichte des Hundes und die Gründe, warum sich Hunde uns und wir uns den Hunden so eng angeschlossen haben. Ich schreibe über die Rassen und deren Besonderheiten, sodass Sie den richtigen Hund finden können.

TEIL ZWEI

Bevor Sie Ihren neuen Hund nach Hause bringen, sollten Sie Teil II genau durchlesen. Dann wissen Sie, ob Ihr Haus und Ihr Garten Gefahren für Ihren Hund bergen, wenn ja, wie Sie diese beseitigen können, und wie Ihr Hund denkt.

TEIL DREI

Hier geht es hauptsächlich um die Grundausbildung. Ich spreche über erste Übungen im Haus, Gehorsamsübungen und Spazierengehen ohne Stress. Ich erläutere, wie Sie Ihren Hund motivieren können, und sage Ihnen, warum sich Ihr Hund in manchen Situationen »so und nicht anders« benimmt.

TEIL VIER

Die Gesundheit des Hundes ist das wichtigste Anliegen des Hundebesitzers. Ich sage Ihnen hier, wie Sie Ihren Hund in gutem körperlichem Zustand halten können. Ernährung, Erste Hilfe und Pflege werden genau erklärt.

TEIL FÜNF

Hier spreche ich über Dinge, die in Zukunft auf Ihren Hund und Sie zukommen können. Das geht über Ausstellung und Anerkennung des Hundes bis hin zur Zucht und der guten Unterbringung der Welpen – auch das sollte man bedenken, wenn man sich einen Hund anschafft.

Die Extras

IN DIESEM BUCH werden Sie immer wieder besonders hervorgehobene Text-abschnitte finden, die für das Verständnis des Themas wichtig sind und die Sie deshalb besonders beachten sollten. Sie sind mit folgenden Symbolen gekenn-zeichnet:

Very Important Point

Dieses Symbol weist auf Sachverhalte hin, die Sie sich genau an-sehen sollten. Was hier steht, müssen Sie wissen, um das Folgende zu verstehen.

Bloß nicht!

Dieses Zeichen warnt Sie vor Dingen, die Sie unbedingt vermeiden sollten.

Gewusst, wie...

Etwas theoretischere Informationen sind mit diesem Zeichen markiert. So können Sie sich darauf einstellen und diese Abschnitte besonders langsam und gründlich lesen.

Insidertipp

Hier erhalten Sie wert-volle Tipps und Infor-mationen, die auf lang-jähriger Praxiserfahrung beruhen.

Es gibt noch ein paar Kästchen mit Informationen, die teilweise wirklich wichtig sind, manche machen aber auch nur einfach Spaß.

Übrigens...

Hier stehen amüsante oder kuriose Dinge und Anekdoten zum Thema.

DEFINITION

Hier werden Begriffe in klar verständlicher Sprache definiert. Ein alphabetisches Glossar der Fachbegriffe findet sich am Ende des Buchs.

INTERNET
www.internet.com

Damit Sie sich im Internet gezielt zum Thema informieren können, werden hier besonders empfehlenswerte Websites vorgestellt.

TEIL EINS

Kapitel 1
Warum wir zusammenleben

Kapitel 2
Die Entwicklungsgeschichte des Hundes

Kapitel 3
Die erfolgreiche Suche nach Ihrem Hund

Kapitel 4
Rassen – die unendliche Vielfalt

Kapitel 5
Persönlichkeitstest für Sie und Ihren Hund

SUCHEN SIE NACH DEM PASSENDEN HUND FÜR IHRE FAMILIE.

SO FINDEN SIE DEN RICHTIGEN HUND

HUNDE WAREN DIE ERSTEN HAUSTIERE der Menschen. Zehntausend Jahre später brauchen wir einander immer noch, heute aber auf eine völlig andere Weise. Überall auf der Welt arbeiten und leben Menschen mit Hunden zusammen, manchmal in einfachen, zuweilen aber auch in sehr subtilen Partnerschaften. Auf jeden Fall handelt es sich dabei um eine *wunderbare Freundschaft*.

Man sollte es sich aber gut überlegen, ob man sich einen Hund anschafft. Jeder Hund ist anders. Ebenso unterschiedlich sind die Bedürfnisse der Hunde. Die Beziehung muss auf *Gegenseitigkeit* beruhen. Sie sollten den richtigen Hund für Ihre Familie wählen – Ihre Familie muss aber auch die passende für Ihren Hund sein.

Kapitel 1

Warum wir zusammenleben

Es gibt Millionen von Hunden. In Großbritannien beispielsweise leben mehr Hunde als in Norwegen Menschen. Ist das nicht verrückt? Und dann wollen wir uns auch noch so ein Tier ins Haus holen! Aber es gibt gute Gründe dafür, warum so viele Menschen ein Tier mit großen Zähnen, das sogar beißen kann, als vollwertiges Familienmitglied ansehen.

In diesem Kapitel ...

✓ Menschen brauchen Hunde

✓ Hunde brauchen uns

✓ Nachteile

✓ Tiefenpsychologie ...

✓ Eine wunderbare Freundschaft

HUNDE UND MENSCHEN WIRKEN SOZIALISIEREND UND BERUHIGEND AUFEINANDER EIN.

Menschen brauchen Hunde

ES IST GANZ OFFENSICHTLICH, dass wir Hunde brauchen. Hunde sind wunderbare Gesellschafter. Man denke nur daran, wie es ist, in eine leere Wohnung zu kommen – oder aber zu einem freudig mit dem Schwanz wedelnden Hund! Als Nachfahren der Wölfe haben selbst die kleinsten unter ihnen einen starken Beschützerinstinkt. Manche Leute fühlen sich durch Hundegebell zwar belästigt, aber Hundebesitzern gibt das zuverlässige Anschlagen ihres Hundes eine große Sicherheit.

■ **Selbst der kleinste Hund** *gibt uns durch sein Anschlagen Sicherheit.*

Hunde halten uns auf Trab

Hunde sind aber noch in anderer Hinsicht nützlich für uns. Sie brauchen viel Bewegung – somit bewegen sich auch ihre Besitzer viel mit ihnen. Jeder Arzt wird bestätigen, wie gesund das ist. Außerdem knüpfen Hunde Kontakte von Mensch zu Mensch. Ich wurde von einem Sozialwissenschaftler gebeten, einige meiner Schüler mit und einige andere ohne Hund zum Spazierengehen in einen Park zu schicken. Er selbst versteckte sich hinter einem Baum und notierte, was geschah. Und es geschah das Übliche, wenn man mit einem Hund im Park spazieren geht: Die Leute lächeln einen an, sagen Hallo, halten an und reden mit Ihrem Hund und mit Ihnen, streicheln Ihren Hund (Sie hoffentlich nicht ...). Mit einem Wort: Hunde sind wunderbar, um Kontakte zu knüpfen.

Durch einen Hund kommt man auch zu sozialen und physischen Aktivitäten wie beispielsweise Joggen, der Mitgliedschaft in einem Hunde-Sportverein usw. Joggen mit dem Hund hält jung, und das gemeinsame Bewältigen eines Geschicklichkeitsparcours bei der Agility macht ungemein fit. Hunde sind freundliche Gesellschafter, die einen oft zum Lächeln bringen – das weiß jeder Hundebesitzer.

■ **Blinden-, Behinderten- und Rettungshunde** *leisten geradezu unschätzbare Dienste.*

Hunde dienen uns

Manche Hunde sind für ihre Besitzer von unschätzbarem Wert, z. B. Blindenhunde, Hunde für Gehörlose oder für Gelähmte, die ihren Herrchen das Leben im Rollstuhl erleichtern, sowie jene speziell ausgebildeten Hunde, die Epileptiker vor einem drohenden Anfall warnen. Außerdem gibt es Such- und Rettungshunde, die in den Bergen, bei Lawinen und bei Erdrutschen Menschenleben retten.

Hunde brauchen uns

NATÜRLICH BRAUCHEN HUNDE AUCH UNS. *Wenn man es von ihrer Warte aus sieht, sind wir diejenigen, die sie füttern, die ihnen eine Behausung bieten und sie zum Tierarzt bringen, wenn wir glauben, dass sie krank sind. Es ist eine Beziehung auf Gegenseitigkeit. Außerdem haben sich die Hunde dadurch, dass sie sich uns angeschlossen haben und wir sie »nutzen«, über die ganze Welt verbreitet. Auf allen Kontinenten (außer der Antarktis, von wo man sie in den 1990er-Jahren ausflog), auf allen großen Inseln und selbst auf dem kleinsten Eiland gibt es Hunde.*

Es gibt außer uns Menschen keinen Fleischfresser auf der Welt, der zahlenmäßig so weit verbreitet ist wie der Hund. Als nächstes Fleisch fressendes Tier wäre dann die Hauskatze zu nennen – auch ein Tier, das unser Leben mit uns teilt.

■ **Neufundländer** *wurden darauf abgerichtet, Ertrinkende zu retten. Sie werden heute noch im französischen Seenotrettungsdienst eingesetzt.*

Übrigens …

In Südfrankreich gibt es eine Neufundländer-Hundestaffel. Die großen, kraftstrotzenden Hunde sind darauf trainiert, über Bord gegangene Menschen zu retten, dann zurückzuschwimmen und auch das Boot zu bergen.

Übrigens …

1995 wurden die Nachfahren jener Hunde, die die Schlitten der Forscher gezogen hatten, aus ökologischen Gründen vom Südpol ausgeflogen. Hunde dürfen den Kontinent, an dessen Entdeckung sie großen Anteil hatten, niemals wieder betreten.

Hunde passen sich uns an

Das genetische Potenzial, sich einer neuen Umgebung anzupassen, war im Hund immer vorhanden. Durch die Domestikation wurde es noch gefördert und wird heute jedem Hund abverlangt. Vor einigen Jahrhunderten züchtete man Hunde lediglich für spezielle Zwecke – Arbeitshunde, Wachhunde, Schutzhunde und Jagdhunde.

Nehmen wir als Beispiel den Pyrenäenschäferhund – ein Hund, der systematisch dafür gezüchtet wurde, eiskalte Nächte in den Bergen zu ertragen, der die Farbe der Schafe hatte, die er hütete, und der die Herde vor Wölfen beschützen sollte.

Vor dreißig Jahren, als der Bekanntheitsgrad des Pyrenäenschäferhundes stieg, war er noch ein äußerst gefährlicher Hütehund. Noch in den siebziger Jahren konnte ich eine befreundete Familie, die einen solchen Hund hatten, nicht besuchen, ohne dass mich dieser 55 Kilogramm schwere Koloss mit seinem herrlichen Fell in mörderischer Absicht an die Wand stellte. Innerhalb weniger Generationen gelang es den Züchtern des Pyrenäenschäferhundes aber, einen ungleich freundlicheren Hund zu züchten. Manchmal sehe ich in den Augen dieser Hunde zwar immer noch ein gefährliches Leuchten, aber insgesamt ist die Zucht konsolidiert. Ihr »neues« Wesen sichert das Fortbestehen der Rasse als Gesellschafter des Menschen.

■ **Der Pyrenäenschäferhund** war der Hüter der Schafherden. Sein helles lockiges Fell ließ ihn in der Herde »verschwinden« und war gleichzeitig Witterungsschutz.

■ Ein typischer Hütehund aus den Bergen ist auch der **Kuvacz**, ein kraftvoller Hund, der im Freien leben kann.

Übrigens ...

Sie sehen sich alle ähnlich, denn sie haben dieselbe Aufgabe: der Pyrenäenschäferhund in Andorra und Frankreich, der Komondor und der Kuvacz in Ungarn, der Akbash in der Türkei, der Tatrahund in Polen, der Maremma in Italien oder der Aidi in den Atlasbergen von Marokko. Sie alle leben friedlich mit Schafen zusammen – sowie aber ein Feind kommt, treten sie aus der Herde heraus und zeigen: »ICH bin kein Schaf!«.

Wir geben ihnen Sicherheit

Man hat es schon vor vierzig Jahren entdeckt, aber erst jetzt wissenschaftlich nachgewiesen: Wenn wir unseren Hund streicheln, sinkt sein Blutdruck. Sogar seine Hauttemperatur wird niedriger und sein Herz schlägt langsamer. Jeder Erregungszustand legt sich, wenn der Hund von einem Mitglied »seiner« menschlichen Familie gestreichelt wird. Wie wichtig das für seine Gesundheit ist, beginnt man erst jetzt zu entdecken.

Außerdem haben wir als Menschen sogar einen positiven Einfluss auf das Immunsystem des Hundes. Es ist erwiesen, dass ein Hund schneller gesund wird, wenn er sich im Familienkreis aufhält, als wenn er isoliert in einer Hundehütte oder in einer Tierklinik gesunden soll.

Nachteile

NATÜRLICH HAT DAS ZUSAMMENLEBEN mit einem Hund bei allen positiven Seiten auch Nachteile. Wir investieren Geld und Gefühle in ein Wesen, das nur fragt: »Gibst du mir Futter, Unterkunft, Liebe?« Wäre unser Leben ohne einen Hund also nicht leichter? In manchen Städten macht man die Probe aufs Exempel: In Reykjavik auf Island und in der chinesischen Hauptstadt Peking sind Hunde aus hygienischen Gründen

■ **Streichelt man einen Hund,** *sinkt sein Blutdruck und er entspannt sich.*

verboten. Hunde können Krankheiten übertragen, von simplen Würmern bis hin zur Tollwut. Hunde haben schmutzige Pfoten und – man sollte es nicht verheimlichen – oft auch unerwünschte »Mitbewohner«. Hundeallergien nehmen zu. Betrachten wir also ruhig auch einmal die Nachteile der Hundehaltung.

Hunde sind überflüssig

Es hat Zeiten in der Entwicklung der Menschheit gegeben, in denen der Fortschritt vom Hund abhängig war. Ohne Hunde wären weite Teile der Welt – von den hohen Bergpässen und den weiten kanadischen Ebenen bis hin zu Europa und der Antarktis – von Menschen weder entdeckt noch besiedelt worden. Die großen Auswanderungsbewegungen nach Australien und zu den Inseln im Pazifik einschließlich Hawaii hätten ohne Hunde nicht stattgefunden. Die Entdeckung großer Teile unserer Welt wäre ohne sie nicht möglich gewesen. Nur beschützt durch Hunde konnten wir Menschen eine Landwirtschaft aufbauen. Die Hunde hüteten unsere Herden, sie trieben sie von den niedrigen Weiden auf die höher gelegenen Almen und im Herbst zum Markt. Bis zum Beginn der Domestikation stellten Hunde bei kriegerischen Auseinandersetzungen die damals modernste und eine höchst fürchtenswerte Waffe dar. Es gibt Historiker, die den Standpunkt vertreten, dass die menschliche Entwicklung durch unsere Beziehung zum Hund vorangetrieben wurde.

■ *Die langen Haare des* **Maltesers** *fallen nicht aus, können aber verfilzen.*

Heute jedoch finden die großen Wanderungen mittels einer Boeing 747 und über das Internet statt. Die Forschung benutzt Satelliten, und für mechanische Arbeiten hat man Roboter. Zum Hüten der Herden braucht man nicht unbedingt einen Hund, Pferde und Motorräder tun es auch. Und was Kriege betrifft, hat die Entwicklung den Einsatz der Hunde als Waffen schon lange überholt ...

Hunde haaren

In einer ultrasauberen Gesellschaft wie der unseren sind Hunde, die haaren, etwas Negatives – nicht, weil wir etwas gegen Hundehaare auf der Couch hätten, doch sie lösen Allergien aus. Niemand weiß genau warum, aber für so hoch zivilisierte Länder wie Deutschland und das übrige Europa sind Allergien speziell bei Kindern ein ernsthaftes Problem. In den sogenannten Entwicklungsländern wie Äthiopien und Indien sind Allergien fast unbekannt.

■ **Bedlington Terrier** *haaren nicht – der richtige Hund, wenn ein Familienmitglied allergisch gegen Hundehaare ist.*

Übrigens ...

Diese Hunde verlieren keine Haare, aber man muss sie regelmäßig scheren:
Bedlington Terrier
Bologneser
Malteser
Bichon Frisé
Havaneser
Pudel aller Arten

Allergien gegen Hunde

Theoretisch gesehen sind Allergiker (ich gehöre selbst dazu) gegen Hundehaare nicht allergisch. Wir sind allergisch gegen ein Protein, das durch die Haut, die Schuppen, ins Fell gelangt, und meist auch noch gegen das Protein im Hundespeichel, welches auch im Fell sitzt, weil die Hunde ihr Fell durch Lecken pflegen.

Die meisten Allergiker haben breit gefächerte Allergien. Ich persönlich bekomme Niesanfälle beim Umgang mit Hunden und Katzen und in den Monaten Juni, Juli und August und dazu noch eine unangenehme Enge in der Brust. Irgendwelche saisonalen Allergene wie vielleicht Pollen o.Ä. rufen dann diese Allergie hervor.

Wenn Sie gegen Hunde allergisch sind, sollten Sie sich nicht unbedingt einen großen, haarigen Hund anschaffen. Wenn Sie jedoch schon einen Hund haben und plötzlich allergisch werden, können Sie einiges tun, bevor Sie daran denken, Ihren haarigen Freund wegzugeben:

1. Machen Sie einen genauen Allergietest, damit Sie sicher sind, dass Sie wirklich gegen Hunde allergisch sind. Viele Ärzte schließen nämlich sehr schnell auf eine Hunde-Allergie – nur, weil Sie einen Hund besitzen ...
2. Lassen Sie Ihren Hund niemals auf Möbel springen oder im Schlafzimmer schlafen. Benutzen Sie einen Staubsauger, der Hundehaare, Pollen und *Schuppen* tatsächlich verschluckt und die *Allergene* nicht im Raum verteilt. Bürsten Sie Ihren Hund grundsätzlich im Freien. Reinigen Sie den Schlafplatz Ihres Hundes wenigstens einmal wöchentlich. Baden Sie Ihren Hund einmal wöchentlich, halten Sie sein Fell kurz, und lassen Sie ihn regelmäßig scheren.

INTERNET

www.hundezeitung.de.
medizin/index.html

Auf dieser Website werden aktuelle Gesundheitsthemen, wie z.B. Allergien und wie man mit ihnen umgeht, behandelt.

DEFINITION

Schuppen *sind die kleinen Hautteile, die sich natürlich ablösen, wenn sich die Haut erneuert. Ein* **Allergen** *ist eine Substanz, die eine allergische Reaktion hervorruft.*

■ **Wenn Sie allergisch sind,** *sollte die Decke Ihres Hundes maschinenwaschbar sein und wöchentlich gereinigt werden.*

■ **Wöchentliches Baden** *vermindert die Schuppenbildung und kann allergische Probleme vermindern.*

Hunde sind schmutzig

Schaffen Sie sich keinen Hund an, wenn Sie Ihr Haus ständig blitze-blank haben wollen! Das geht nämlich nicht. Hunde haben nasse Pfoten und oft genug ein schmutziges Fell. Dabei ist es egal, wie sehr Sie Ihren Hund pflegen: Hunde sind von Natur aus kleine Schweinchen. Was tut er, wenn Sie ihn gerade eben gewaschen haben? Er wird sofort versuchen, den »schrecklichen« Shampoo-Geruch los zu werden und wälzt sich im Dreck! Er badet in einem Teich oder See, und was macht er dann? Er kommt zu Ihnen und schüttelt sich herzhaft!

In Tokio besuchte ich ein Apartment-Haus, das von einem hunde-liebenden und menschen-freundlichen Architekten gebaut worden war: Vor jedem Apartment war eine 5 cm tiefe Stahl-wanne eingebaut, in der man die Hundepfoten waschen konnte. Aber ehrlich – wer hierzulande besitzt so etwas schon ...

■ **Hunde bringen Schmutz mit.** *Wer ein fleckenlos sauberes Haus haben will, sollte sich keinen Hund zulegen.*

Wenn man mit einem Hund lebt, muss man lehmige Pfoten, feuchte Spuren auf der Kleidung und im Gesicht, Steine, gewisse Fellbewohner und manchmal auch einen unangenehmen Geruch in Kauf nehmen. Und all das wird Ihnen mit einem fröhlichem Gesicht präsentiert! Ich selbst bin etwas schlampig, deshalb stört mich das alles nicht. Wenn es Sie stört, gebe ich Ihnen einen Rat: Kaufen Sie sich einen Hund aus Keramik.

Tiefenpsychologie ...

BIS ICH MICH MIT PSYCHOLOGEN, Psychiatern und anderen Menschen, die kein Tierärzte sind, unterhielt, kannte ich die tiefenpsychologischen Hinter-gründe unserer Verbindung zu Hunden nicht. Diese Leute jedoch machten mir klar, warum sich Hundebesitzer so benehmen, wie sie es tun – und auch, warum ich es meinem eigenen Hund gegenüber so tue. Hatte ich etwa den Golden Retriever meiner Frau gebeten, bei uns im Schlafzimmer zu schlafen, als ich Julia heiratete?

Wir wollen gebraucht werden

Die typische Familie mit Hund stellen wir uns so vor: Vater, Mutter, zwei bis drei Kinder und ein Haus im Grünen. Leider gibt es diese »typischen« Familien fast nicht mehr. Es gibt hauptsächlich Singles, die allein leben, allein erziehende Väter oder Mütter, gleichgeschlechtliche Partnerschaften, Wohngemeinschaften – DAS sind die heutigen typischen »Familien«! Aber die Hunde gehören aus den verschiedensten Gründen eng dazu.

Der wohl wichtigste Grund für die Beliebt-heit der Hunde ist folgender: Wir Menschen haben im Gegensatz zu den Tieren den steten Drang, für irgendjemanden sorgen zu müssen.

Selbst diejenigen unter uns, die Kinder haben, haben sie doch nur höchstens ein Drittel ihres Lebens um sich. Andere Menschen sind kinderlos. Doch das Bedürfnis, Liebe zu geben und geliebt zu werden, haben alle. Dieses Bedürfnis befriedigen wir auf vielfältige Weise. Anfangs spielen wir mit Puppen – später kommt die Gartenpflege.

■ **Hunde befriedigen** *unseren Sorge- und Pflegetrieb.*

Hunde sind optimal dazu geeignet, diesen Pflegedrang zu befriedigen, denn im Grunde bleiben sie ja immer »Kinder«, auch wenn sie alt werden. Aaron Katcher, Psychiater an der Universität von Pennsylvania, beschreibt Hunde als »vierbeinige Peter Pans, Wesen zwischen Kultur und Natur«. Und genau so ist es! Hunde gehören zu unserer Familie – aber dennoch bleiben sie Hunde.

Hunde sind ein Teil der Natur, sie sind Tiere – aber für uns sind sie mehr als das. Wir kommunizieren mit ihnen, und sie verstehen uns. Auf den ersten Blick sieht es so aus, als würden wir für sie sorgen. Genauer betrachtet ist es aber so, dass sie, die uns erlauben, für sie zu sorgen und sie zu pflegen, unsere Bedürfnisse befriedigen und damit für uns sorgen.

■ **Hunde erlauben uns,** *sie zu versorgen – und geben uns dafür unendlich viel Liebe.*

Ist Ihr Hund Ihre Mutter?

Dr. Constance Perin, Anthropologin am Massachusetts Institute of Technology in Boston, geht noch einen Schritt weiter. Sie behauptet, dass wir unsere Hunde zwar anscheinend bemuttern – im Grunde aber bemuttern unsere Hunde uns.

Dabei berücksichtigt sie folgende Entdeckung von Physiologen aus den siebziger Jahren: Wenn Sie Ihren Hund streicheln, sinkt Ihr Blutdruck. Sowohl das Aggressions- als auch das Fluchtpotenzial vermindert sich. Ihr Körper beruhigt sich und wird sozusagen von einem Autopiloten gesteuert wie der Körper eines Kindes, das in engem physischem Kontakt mit seiner Mutter steht.

■ **Wenn wir Hunde streicheln**, *sinkt unser Blutdruck.*

Auch die Aussagen vieler Hundebesitzer sind für Dr. Perin ein Beweis für ihre Theorie. Diese Aussagen sind nämlich keineswegs objektiv. »Das ist nicht mein Hund, der da kläfft. Mein Hund kläfft nie.« »Mein Hund hat nicht auf Ihren Rasen gemacht. Mein Hund ist perfekt erzogen.« »Mein Hund hat nicht nach Ihrem Kind geschnappt. So was macht er nicht.« Und wir fantasieren: »Mein Hund beschützt mich vor Einbrechern.« »Mein Hund rettet mich vor dem Ertrinken, wenn ich in einen Fluss falle«.

Dr. Perins Schlussfolgerung – und die deckt sich mit der anderer Psychologen – ist, dass Hunde uns eine Wärme und eine Sicherheit geben, die der Wärme und der Sicherheit unserer Mutter in unseren ersten Lebensjahren entspricht. Wenn sie Recht hat, erklärt das auch die vielen Widersprüche, die es in unserer Beziehung zu Hunden gibt.

Eine wunderbare Freundschaft

Lassen wir die Theorie einmal beiseite – was bleibt, ist eine wunderbare Freundschaft, von der beide profitieren, der Mensch und der Hund. So einfach ist das. Nur: Wenn wir beschließen, miteinander zu leben, sollten wir darauf achten, dass unsere jeweiligen Persönlichkeiten zusammenpassen. Hunde haben darauf wenig Einfluss. Wir müssen die Entscheidung treffen.

Erfahrene Tierärzte sehen sofort, welcher Hund zu welchem Besitzer gehört. Je ähnlicher sich Hund und Herrchen sind, desto besser ist ihr Verhältnis zueinander. Wenn man weiß, was man von dem Zusammenleben mit dem Hund erwartet, hat man gute Chancen, den richtigen zu finden. Ich werde den Rest des Kapitels dafür verwenden, mit Ihnen gemeinsam herauszufinden, wie Sie die richtige Wahl treffen können.

■ **Ein Hund im Haus** *gibt Liebe und Geborgenheit.*

Kurze Zusammenfassung

✓ Hunde bringen viel Positives in unser Leben. Sie sind freundliche Gesellschafter. Ihretwegen gehen wir mehr ins Freie, treffen Menschen und erleben Neues.

✓ Wir geben den Hunden auch viel Positives. Nicht nur, dass wir sie füttern und ihnen eine Unterkunft bieten – unsere Gegenwart beglückt sie.

✓ Im Lauf der Domestikation haben sich die Hunde genetisch so verändert, dass sie sich unseren Bedürfnissen anpassen können.

✓ Auch Hunde haben Negatives: Sie sind oft schmutzig, riechen unangenehm und können Allergien auslösen.

✓ Hunde kommen unserem Pflegebedürfnis entgegen. Sie geben uns aber auch ein Gefühl der Sicherheit und des Beschütztseins.

✓ Mit einem Hund geht man eine Lebensgemeinschaft ein, denn Hunde können zwölf bis 15 Jahre alt werden Daher muss man genau überlegen, welcher Typ Hund zu einem passt.

■ **Ein Hund bedeutet eine Lebensgemeinschaft** *und Verantwortung über zwölf bis 15 Jahre hinweg.*

Kapitel 2

Die Entwicklungs-geschichte des Hundes

DIE ENTWICKLUNGSGESCHICHTE DES HUNDES beginnt im Grunde damit, dass einige Wölfe sich den Menschen anschlossen. Nach und nach wurde die Verbindung Mensch–Wolf enger, und die Wölfe übernahmen bestimmte Aufgaben in dieser Partnerschaft.

Der Mensch begann sie systematisch zu züchten und aus den Wölfen entstand eine wahre Vielfalt von Hunderassen. Der heutige Hund, unser bester Freund, ist das Ergebnis dieser Entwicklung und dieser langen Partnerschaft. Der Hund ist ein Familienmitglied geworden, aber er hat das Wolfserbe noch immer in sich.

In diesem Kapitel ...

✔ *Wie alles begann*

✔ *Wofür man Hunde züchtete*

✔ *So leben Hunde heute*

VIELE HUNDERASSEN ÄHNELN IHREM ENTFERNTEN VERWANDTEN, DEM WOLF.

Wie alles begann

WIR MENSCHEN SIND EINE ZIEMLICH ANMASSENDE SPEZIES. *Obwohl wir für die großen geschichtlichen Ereignisse gerne dem lieben Gott die Verantwortung in die Schuhe schieben, tendieren wir dazu, uns den Verdienst an den kleinen, aber wichtigen Dingen in der Entwicklung der Menschheit zuzuschustern. So wird der Hund immer als das erste vom Menschen gezähmte Tier und somit als unser ältester und zuverlässigster Freund bezeichnet.*

Während ich dies schreibe, liegt meine alte Golden-Retriever-Hündin Lexington schlafend neben mir. Für mich und meine Familie ist sie eine verlässliche und beständige Freundin. Lexy und ich brauchen keine Sprache, um uns zu verständigen. Ich verstehe, was sie fühlt, ja sogar, was sie denkt. Sie ist ein richtiges Familienmitglied.

Dennoch – ihre Vorfahren wurden von meinen Vorfahren eigentlich nicht gezähmt. Die Wölfe, die Vorfahren der Hunde, haben aus Eigennutz die Nähe des Menschen gesucht und sich sozusagen »selbst gezähmt«. Das war eine brillante Leistung in der Geschichte der Evolution.

Der Wolf kam zum Menschen und passte sich an dessen Denkweise an. Und so wurde der Wolf in seiner späteren Gestalt als Hund zum wohl erfolgreichsten Fleischfresser der Welt.

Ein Hund ist doch kein Wolf

Das älteste bisher gefundene Hundeskelett ist etwa 12 000 Jahre alt. Es unterscheidet sich von einem Wolfsskelett in zwei wichtigen Punkten: Die Zähne sind kleiner und stehen enger beieinander als beim Wolf, und die Schädelhöhle für das Gehirn ist um ein Drittel kleiner. Diese Merkmale – kleinere Zähne und ein kleineres Gehirn – sind die großen anatomischen Unterschiede zwischen Wolf und Hund. In allen anderen Punkten sind auch unsere heutigen Hunde noch Wölfe. Im Klartext: Der in ein Samtjäckchen verpackte Chihuahua hat fast dieselben Gene in sich wie der Timberwolf in den Wäldern Minnesotas. Wenn man einen Wolf mit einem Hund kreuzt, sind deren Abkömmlinge fortpflanzungsfähig.

■ **Das Skelett des Hundes** *hat einen durch die Domestikation entstandenen kleineren Schädel.*

Bevor Sie sich jetzt überlegen, ein Wolf mit seinem größeren Gehirn wäre vielleicht doch ein besserer Gefährte für Sie, lassen Sie mich bitte erklären, warum der Hund trotz oder gerade wegen seines kleineren Gehirns besser zu uns passt.

Sie zähmten sich selbst

Bevor der Wolf sich in die neuen, von Menschen geschaffene Umgebung begab, zähmte er sich selbst. Das geschah vor etwa 12 000 bis 15 000 Jahren in den Regionen Asiens, in denen die ersten Nomaden darangingen, Landwirtschaft zu betreiben und sesshaft zu werden. Der relativ kleine asiatische Wolf fühlte sich aus mehreren Gründen von diesen ersten menschlichen Siedlungen angezogen: In der Nähe menschlicher Behausungen war die Aufzucht der Jungen weniger gefährlich, andererseits konnten sich die Menschen hie und da Welpen aus den Wolfshöhlen holen.

Was geschah mit dem Wolf?

Die Wölfe, die in der Nähe menschlicher Siedlungen lebten, änderten ihr Erscheinungsbild und ihr Verhalten. Anfangs geschah das ohne menschliches Zutun. Die Domestikation ging ganz einfach vor sich. In dieser ökologischen Nische hielten sich die Tiere, die keine Angst hatten und sozial gesinnt waren, also diejenigen, die die Anwesenheit unserer Vorfahren am leichtesten akzeptierten. Die

INTERNET

www.hundezeitung.de/ hundekunde

Lesen Sie hier über den Grauwolf, den Stammvater der Hunde, und die Entstehung der Rassen nach.

■ **Der Dingo** *kam vor etwa 4000 Jahren nach Australien. Er lebte in der Nähe der Siedlungen der Aborigines von Abfällen und hielt so deren Lager sauber.*

Futterbeschaffung stellte für diese Wölfe kein Problem mehr dar (die Menschen jagten alle großen Tiere in ihrer Umgebung), und so konnten auch die kleinsten Tiere mühelos überleben. Ihre Zähne wurden kleiner. Die natürliche Tarnfarbe des Fells war nicht mehr so wichtig, weil es weniger Feinde gab, vor denen man sich verstecken musste. Das Gehirn schrumpfte und veränderte sich.

■ **Diejenigen Wölfe**, *die sich dem Menschen anschlossen, veränderten ihr Erscheinungsbild und ihr Verhalten. Möglicherweise wurden sie zu Arbeiten herangezogen; vielleicht waren sie aber auch nur Gesellschafter der Menschen.*

Das Gehirn verändert sich

Es ist wissenschaftlich erwiesen, dass das Gehirn mehrere Lernzentren beinhaltet, die jeweils unterschiedliche Aufgaben erfüllen. Als sich der Wolf dem Menschen anschloss, waren einige dieser Lernzentren (so z. B. der Teil des Gehirns, der für die kartografische Erfassung von Landschaften verantwortlich ist) nicht mehr notwendig. Diese Fähigkeit des Wolfes, die einen großen Teil seines Gehirns ausmacht, verkümmerte, als die Wölfe sich in kleineren Territorien bewegten.

Der heutige Hund hat die Fähigkeit, Landschaften kartografisch zu erfassen, fast verloren. Dennoch hört man immer wieder Berichte über Hunde, die von weit her wieder nach Hause fanden. Diese Hunde profitieren noch vom Erbe des Wolfs, der große Landstriche wie eine Landkarte speichern konnte.

Um in der Wildnis überleben zu können, brauchte der Wolf also ein großes Gehirn mit vielen unterschiedlichen Lernzentren. Dazu gehörte auch die Fähigkeit zu unterscheiden, welche Nahrung gut und welche nicht essbar ist. Ein Labrador Retriever, der von uns gefüttert wird, braucht das nicht mehr zu wissen. Der Wolf musste Gefahren einschätzen können – eine Fähigkeit, die manchen Jack-Russel-Terriern heutzutage völlig abhanden gekommen ist. Auch andere Lernzentren sind geschrumpft, so beispielsweise jenes, das es dem Wolf ermöglicht, ein gutes Jagdrevier zu erkennen. Alles das brauchte er nicht mehr zu entscheiden, als er sich uns anschloss.

■ **Wölfe haben ein größeres** *Gehirn als Hunde, sodass sie ihre Umgebung kartografisch abspeichern können.*

Die Weiterentwicklung des Gehirns

Gleichzeitig wurden dadurch aber andere Gehirnzentren aktiviert und vergrößert, beispielsweise solche, die dafür verantwortlich sind, dass der Wolf lernte, mit einer anderen Spezies (nämlich uns) zusammen zu leben und zu arbeiten, andere Tiere in Ruhe zu lassen (unsere Haustiere) und unsere Hand- und Stimmsignale zu verstehen und auf sie zu reagieren.

Das Schrumpfen des Gehirns war ein natürlicher Entwicklungsprozess. Das bedeutet aber kein Defizit: Es ist lediglich verändert und dem neuen Lebensraum des Hundes perfekt angepasst.

■ **Die Domestikation** *des Hundes entwickelte Lernzentren im Gehirn, die es ihm ermöglichen, unsere Handsignale zu verstehen.*

Wölfe können immer noch Landschaften quasi kartografisch in ihrem Gehirn »speichern«, sie erjagen sich ihre Beute und vertrauen nicht darauf, dass man ihnen Futter bringt, und sie können Veränderungen und Bewegungen intuitiv einordnen. Sie können sich auch kurzzeitig mit uns zusammentun, aber niemals mit der Verlässlichkeit, die auf der Zucht von Tausenden von Generationen beruht, wie das beim Hund der Fall ist, der sich uns vollständig angepasst hat und zu unserem Leben gehört. Wenn das positive Verhältnis zwischen Mensch und Hund von der verminderten Gehirngröße des Hundes abhängt, kann ich nur sagen: »Small is beautiful.«

Wofür man Hunde züchtete

NIEMAND WEISS GENAU, *wann der Wolf beschloss, sich dem Menschen anzuschließen. Eines aber steht fest: Das Wesen des Menschen hat sich seitdem wenig geändert. Realistisch gesehen muss man davon ausgehen, dass die damaligen Menschen Wolfswelpen genauso niedlich fanden wie wir heute kleine Kaninchen. Die Jungen wurden aufgezogen, bis sie groß genug waren, und dann geschlachtet und verspeist. Einige jedoch – vermutlich waren es die zahmsten und anschmiegsamsten – konnten diesem Schicksal entgehen und sich mit anderen paaren. Das war der Anfang der wirklichen Domestikation – der Punkt, an dem wir aktiv eingriffen: Wir bestimmten, wer sich mit wem paaren durfte.*

Dazu brauchte man sie früher

Die Zucht für den Kochtopf war einer der ersten Gründe, Hunde zu vermehren. Der hawaiianische Poi-Poi und der chinesische Chow-Chow wurden zunächst als Schlachttiere gezüchtet. Die Notwendigkeit, Hunde zu essen, um dem Verhungern zu entgehen, führte in einigen Ländern zu einer Esskultur, in der Hunde als Delikatesse gelten. Auf den Philippinen werden jährlich 1-2 Millionen Hunde verspeist.

> ### Übrigens …
> *Bitte betrachten Sie die Japaner nicht als Hunde-Esser! In Japan war es bis weit ins 19. Jahrhundert hinein verboten, Fleisch von Säugetieren zu essen – geschweige denn Hunde!*

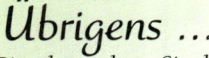

■ **Ursprünglich wurde** *der Chow-Chow in China für den Kochtopf gezüchtet.*

Dazu brauchte man sie früher auch

Was dann geschah, liegt auf der Hand. Einige der für den Kochtopf bestimmten Hunde entgingen diesem, weil sie sich anderweitig als nützlich erwiesen. Vielleicht bellten einige Junghunde und machten damit auf ihre Fähigkeit als Wächter aufmerksam. Andere griffen möglicherweise Eindringlinge an, und wieder andere liefen bei der Jagd den Menschen voran, verfolgten Wildspuren und stellten das Wild. Irgendwann wurde vielleicht auch einmal ein Winzling geboren, der für den Kochtopf einfach zu klein war – und gerade weil er so winzig war, rührte er den Menschen und sprach dessen Instinkt an, kleine hilflose Wesen zu beschützen und für sie zu sorgen. Diese schüchternen kleinen Hunde überlebten und paarten sich mit ähnlichen kleinen »Überbleibseln«, die man dann als Bettwärmer oder einfach als Spielgefährten hielt.

Um natürliche Regungen wie beispielsweise das Bellen zu unterdrücken, braucht man in der Zucht nur einige Generationen. Unsere Vorfahren gingen aber viel weiter. Vermutlich züchteten sie selektiv Hänge- anstatt Stehohren, um ihre Hunde von den ungezähmten Wölfen unterscheiden zu können.

Einer der bedeutendsten Unterschiede zwischen einem Wolfsschädel und einem Hundeschädel ist die Größe der Stirnhöhlen. Aus irgendwelchen, uns heute nicht mehr nachvollziehbaren Gründen gingen frühere Züchter dazu über, ihre Hunde selektiv auf größere Stirnhöhlen hin zu züchten. Das Profil des Hundes ist daher geschwungener als das des Wolfs. Es gibt jenem zwar einen durchaus intelligenten Anstrich, hat aber keinerlei praktischen Sinn.

■ **Man züchtete Hunde** *mit größeren Stirnhöhlen, die mit Luft gefüllt sind. Einen praktischen Wert hat das allerdings nicht.*

Zucht für bestimmt Zwecke

Durch unseren Einfluss auf die Zucht entwickelten bestimmte Gruppen von Hunden spezielle Fähigkeiten. Das hervorragende Hörvermögen und ihr ausgezeichneter Geruchssinn machten die Hunde für die Familien der Menschen zu wertvollen Wächtern

■ **Herunterhängende Hundeohren** *nennt man Hängeohren.*

DEFINITION

Hängeohren, *wie beispielsweise beim Basset oder beim Labrador Retriever, hängen herab. Hochstehende Ohren wie beim deutschen Schäferhund und beim Malamut nennt man Stehohren. Die Ohren von Greyhounds und Bulldogs, die sich teilweise falten, heißen Rosenohren.*

und Hütern. Selbst Jahrtausende später, als die Menschen auch viele andere Tiere gezähmt hatten, war der Hund immer noch der beste Hüter und Beschützer ihrer Herden. Andere Hunde wurden für die Jagd gezüchtet. Sie spürten das Wild auf, verfolgten es, stellten und töteten es manchmal sogar. Als wir dann unsere eigenen Jagdmethoden verbesserten, wurde das Aufnehmen der Spur und das Verfolgen des Wildes zu ihrer Hauptaufgabe. Wiederum andere Hunde waren sozusagen für die Hygiene der menschlichen Siedlungen verantwortlich: Sie fraßen Essensreste und beseitigten die Abfälle des Lagers. Das Verdauungssystem des Hundes kann auch noch das verdauen, was andere Tiere verschmähen. Deshalb fressen unsere liebenswerten Freude auch heute noch mit Begeisterung Pferdeäpfel oder Kaninchenkötel und lecken uns anschließend übers Gesicht ...

So leben Hunde heute

> ### Übrigens ...
> Die Inuit in Nordkanada kreuzten ihre Huskys mit Wölfen, um dadurch den Orientierungssinn ihrer Hunde zu verbessern. Eine läufige Hündin wurde angebunden und von irgendeinem Wolf gedeckt. Leider wurden aber ebenso viele Hunde von Wölfen getötet wie von ihnen gedeckt.

Meine Retriever-Hündin Lexington ist nicht untypisch für den heutigen Hund. Sie hat dieselben Krankheiten wie Wölfe. Ihre Sinne, ihr Rudelinstinkt, sogar ihre Fellfarbe sind das Erbe der Wölfe. Und auch sie könnte sich noch mit einem Wolf paaren und fortpflanzungsfähige Wolfsmischlinge zur Welt bringen. In vieler Hinsicht ist unser Haushund also immer noch ein Wolf in verändertem Gewand. Wenn Sie Ihren Hund unter diesem Aspekt betrachten, können Sie die Bedürfnisse und auch die Fähigkeiten des heutigen Hundes viel besser beurteilen.

■ **Die Inuit** *kreuzen ihre Hunde manchmal mit Wölfen, um ihr Orientierungsvermögen aufzufrischen.*

Warum es schlecht ist, ein Hund zu sein

Das Wesen des Hundes, das er vom Wolf geerbt hat, ist wunderbar. Er ist neugierig, kraftvoll und ausdauernd. Hunde sind klug, eigenwillig und gesellig. Achten Sie darauf, wie sich gut sozialisierte Hunde benehmen, wenn sie sich treffen. Das Anheben der Lippen und das Schwanzwedeln entsprechen unserem Händeschütteln, dann werden der soziale Rang und die körperliche Stärke des neuen Gefährten getestet.

■ **Hunde sind** *neugierige Tiere, ständig dazu bereit, andere Hunde und Menschen freundlich zu begrüßen.*

Hunde besitzen eine Lebensfreude, die wir bewundern; vielleicht beneiden wir sie manchmal sogar darum. Teilweise lieben wir die Hunde auch deshalb, weil sie die Freiheit ausleben, die wir selbst gern hätten. Und was tun wir mit unseren Hunden? Oft genug sperren wir sie in luxuriöse Gefängnisse. Der moderne Hund, dessen Urahn der physisch robuste und dynamische Wolf war, wird mit der Zeit ein immer kleineres Gehirn bekommen, wenn er es nicht mehr nutzen darf.

Über Generationen hinweg haben wir Hunde selektiv für bestimmte Zwecke und nach bestimmten Fähigkeiten gezüchtet. In diesem Jahrhundert jedoch haben wir die praktischen Fähigkeiten des Hundes völlig außer Acht gelassen und uns auf sein Aussehen konzentriert. Kein Wunder, dass Tierärzte sich immer häufiger mit den Problemen dieser Schmusetiere befassen müssen!

Warum es gut ist, ein Hund zu sein

Andererseits ist es heutzutage auch ganz angenehm, ein Hund zu sein. Zu allererst: Sie leben mit uns. Vielleicht sind Sie der Meinung, das sei nicht unbedingt ein Vorteil für sie, aber wir ähneln dem Hund doch sehr und sind ihm daher ein guter Gefährte. Wir sind beide Jäger. Wenn irgend möglich, leben wir beide in Familienverbänden mit Eltern, Großeltern und unseren Kindern. Beide sind wir bodenständig, wir brauchen einen Platz für uns und unsere Familie. Beide sind wir sozial geprägt, wir helfen uns gegenseitig und brauchen einen Anführer. Beide lernen wir am besten in jungen Jahren. Und was uns vielleicht am meisten verbindet, ist die Fähigkeit, während des ganzen Lebens Freude am Spiel und am Abenteuer zu haben.

Ein Hund wird niemals richtig erwachsen. Immer wieder kann er sich blitzschnell in einen Welpen verwandeln. In Glücksmomenten gelingt es auch uns, wieder ganz kindlich zu werden. Alles in allem passen wir ganz ausgezeichnet zu Hunden.

■ **Wie wir Menschen sind auch Hunde**
Herdentiere und leben gern in Gemeinschaft.

Immer ein Hund

Heute haben es Hunde gut, denn sie werden wie Familienmitglieder behandelt. Sie wohnen komfortabel, bekommen ausgezeichnete Nahrung und werden zum Tierarzt gebracht, wenn es ihnen nicht gut geht. Wir kümmern uns um unsere Hunde genauso wie um unsere Freunde. Bevor wir also weiter im Text gehen, möchte ich Sie freundlich daran erinnern: Ein Hund ist ein Hund.

Glauben Sie bloß nicht, Ihr Hund sei ein Plüschtier! Es stimmt, dass wir Hunden ähnlich sind. Wir verstehen sie auch hervorragend. Aber ich muss Ihnen sagen: Hunde sind nicht von Walt Disney geschaffen worden!

Seine physischen Bedürfnisse und seine geistigen Fähigkeiten hat der Hund von seinen in Familienverbänden lebenden Fleisch fressenden Vorfahren geerbt. Die großen, braunen, intelligent blickenden Augen, ihr Gesicht, ihre beweglichen Ohren geben dem Hund einen intensiveren Ausdruck als jedem anderen Tier. Hunde scheinen uns vollständig zu verstehen. Tun sie aber nicht! Wenn Sie sich einen Hund ins Haus holen, bringen Sie ein echtes Stück Natur in Ihr Leben. Dabei sollten Sie die Tatsache nicht aus den Augen verlieren, dass wir unterschiedlichen Spezies angehören, dass wir aber die Chance haben, unser Leben gegenseitig zu bereichern.

■ **Die Stellung des Hundes** *hat sich im Lauf der Geschichte geändert. Heute sind Hunde Familienmitglieder.*

Kurze Zusammenfassung

✔ Die Vorfahren unserer Hunde, die Wölfe, beschlossen, mit den Menschen zu leben, und zähmten sich dadurch selbst.

✔ Bei der Entwicklung vom Wolf zum Hund verkleinerten sich die Zähne und das Gehirn. Hunde wurden dadurch nicht dümmer, sie brauchten lediglich weniger Überlebensinstinkte als Wölfe und eine höhere Anpassungsfähigkeit an eine andere Spezies (uns).

✔ Abgesehen vom Äußeren ist der heutige Hund immer noch ein Wolf. Wenn man das berücksichtigt, versteht man ihn besser.

✔ Als die Hunde gezähmt waren, stellten wir fest, dass man sie selektiv auf bestimmte Eigenschaften wie Hüten und Wachen züchten konnte. Hunde, die dafür gezüchtet wurden, müssen diese Aktivitäten ausführen können, um glücklich und ausgeglichen zu sein, selbst wenn wir keine Herden mehr haben, die sie bewachen und treiben könnten.

✔ In vielen Punkten sind wir auch wie Hunde: Wir brauchen Gesellschaft, wir erkennen Anführer an, sind neugierig und spielen sogar. Dennoch: Hunde sind Tiere, und wir sind Menschen.

Kapitel 3

Die erfolgreiche Suche nach Ihrem Hund

DIE SUCHE WIRD UMSO ERFOLGREICHER SEIN, je planvoller Sie vorgehen. Vermeiden Sie einen Spontankauf. So niedlich der kleine Hund im Schaufenster des Zoogeschäfts auch sein mag – er kann krank sein oder sich zu einem Riesen auswachsen. Berücksichtigen Sie die Lebensbedingungen, die Sie dem Hund bieten können, und legen Sie Geschlecht, Farbe und Größe möglichst von vornherein fest.

Genießen Sie Menschen, die Hunde verkaufen, mit Vorsicht. Es ist aber immer ein positives Zeichen, wenn Sie sehen, dass die Hunde wie Familienmitglieder behandelt werden.

In diesem Kapitel ...

✓ Grundsätzliche Entscheidungen

✓ Entscheidungshilfen

✓ Der Kauf beim Züchter

✓ Hunde von Bekannten

DENKEN SIE DARAN, DASS JEDE RASSE BESTIMMTE BEDÜRFNISSE HAT.

Grundsätzliche Entscheidungen

SIE UND IHRE FAMILIE haben sich also entschieden, sich einen Hund anzuschaffen. Jetzt beginnt die Suche nach dem passenden Hund. Bevor wir uns aber in die Welt der Hunderassen begeben, lassen Sie uns zuvor noch ein paar grundsätzliche Dinge bedenken.

■ **Hunde mit Abstammungsnachweis** *wie diese dänischen Doggen sind teuerer als Mischlingshunde.*

Einen Hund kann man kostenlos bekommen, man kann aber auch viel Geld für ihn ausgeben. Ein Champion oder ein ausgebildeter Arbeitshund ist teuer in der Anschaffung. Der Anschaffungspreis ist bei einem verfressenen oder kranken Hund im Lauf der Jahre aber das geringste Problem.

In den drei Jahrzehnten, in denen ich als Tierarzt praktiziere, ist die Lebenserwartung von Hunden deutlich angestiegen. Gehen Sie davon aus, dass Sie etwa zwölf Jahre mit Ihrem Hund verbringen werden. Viele Hunde werden noch älter – und in all diesen Jahren müssen Sie für das Futter, die medizinische Versorgung und sonstige Lebenshaltungskosten aufkommen. Wenn Sie dazu noch die Kosten für die Eintragung des Hundes ins Zuchtregister, für seine Ausbildung und all die kleinen Dinge wie ein neues Halsband, Flohpuder oder Spielzeug rechnen, werden Sie feststellen, dass ein Hund eine erhebliche finanzielle Belastung darstellen kann.

■ **Gerade bei sehr beliebten Hunderassen** *haben sich viele Inzuchtdefekte eingeschlichen. Golden Retriever beispielsweise leiden häufig an Haut- und Augenkrankheiten.*

Wenn der Anschaffungspreis eines Hundes etwa 900,- DM beträgt, sind das bei einer durchschnittlichen Lebenszeit von zwölf Jahren 1,50 DM in der Woche. Für das Futter sollten Sie pro Woche etwa 10,- DM rechnen. Dazu kommen gesundheitserhaltende Maßnahmen wie Wurmkuren etc. Insgesamt kostet ein Hund etwa 4,- DM am Tag.

Wenn Sie sich dafür entschieden haben, zerfledderte Tageszeitungen und angeknabberte Schokoladenriegel in Kauf zu nehmen, sollten Sie noch weiter denken: Wo leben Sie jetzt, und wo werden Sie später leben? Es ist ein Klischee, dass ein kleiner Hund nur ein kleines Apartment als Lebensraum braucht. Tatsächlich haben viele kleine Hunde unglaublich viel Energie und brauchen viel Raum um sich herum. Große Hunde brauchen nur ihrer Körpergröße wegen viel Raum. Gerade die wirklichen Riesen unter den Hunden wie z. B. Bernhardiner sind oft in einer kleinen Wohnung mit Garten hoch zufrieden – ihnen fehlt eben das Temperament eines Terriers!

■ **Ein Rassehund** *ist immer teurer als ein Mischling.*

Nicht nur genügend Raum ist wichtig, man muss auch an den Geruch denken. Am Abend eines heißen Tages kann eine kleine Wohnung, in der ein großer Hund lebt, tatsächlich schrecklich riechen. Man sollte also realistisch planen und Kompromisse eingehen. Man kann durchaus von einem temperamentvollen und arbeitshungrigen Border Collie träumen – dem eigenen Lebensstil ist aber doch oft ein kleinerer und ruhigerer Hund angemessen.

Beim Spazierengehen müssen Sie dafür sorgen, dass Ihr Hund eine Identifikation am Halsband trägt. Das kann eine Gravierung sein, aber auch ein kleiner Schraubbehälter, in dem z. B. Ihre Telefonnummer steht. Wichtig ist auch eine Ohr-Tätowierung.

> **DEFINITION**
>
> *Ein* **Mikrochip** *ist ein kleiner Transponder, der dem Hund unter die Haut implantiert wird. Die auf dem Mikrochip eingegebene Nummer kann mit einem speziellen Lesegerät gelesen werden. Die Nummern sind in einem Zentralregister eingespeist, sodass jedes Tier identifiziert werden kann.*

In manchen Bundesländern bekommt man bei der Impfung gegen Tollwut auch Impfmarken für das Halsband. Die Alternative ist ein *Mikrochip*.

Die Bestimmungen für die Hundehaltung variieren in den einzelnen Bundesländern. Besonders das Halten von Hunden mit einem Stockmaß von über 40 cm Schulterhöhe wird teilweise stark reglementiert. Es wird unterschieden zwischen »Kampfhunden« (dazu zählen etwa ein Dutzend Hunderassen), die man nur noch mit Sondergenehmigung halten darf, und »gefährlichen« Hunden. Das sind Hunde, die einmal verhaltensauffällig geworden sind, d. h. jemanden gebissen haben. Für diese Hunde besteht Leinen- und Maulkorbzwang. Auch kleinere Hunde müssen in bewohnten Gebieten an der Leine geführt werden, dürfen aber außerhalb frei laufen, solange ihr Besitzer durch Pfiffe und Rufe auf sie einwirken kann.

> ## Übrigens ...
>
> *Die Stadt Sarasota in Florida, USA, beschloss, Hunde aus öffentlichen Parks zu verbannen. Aber sie schuf Spielparks für Hunde. Dort können jetzt Menschen wie ich ihren Hunden Tennisbälle zuwerfen und sie apportieren lassen. Mittlerweile gibt es sogar kleine Spielparks von einigen hundert Quadratmetern, auf denen nur kleine Hunde zugelassen sind, die hier von den großen nicht bedrängt werden können.*

Es gibt Vorschriften über die Hundehaltung, die bedauernswert sind; andere sind schlicht und einfach unfair. Da wird Ihnen vorgeschrieben, wie viele Hunde Sie halten dürfen oder gar welches Geschlecht diese haben müssen! Bestimmte Hunderassen sind verboten. Besonders Vermieter scheinen es auf Hunde abgesehen zu haben. Manche verbieten die Hundehaltung ganz, andere beschränken Anzahl oder Größe der Hunde oder bestehen darauf, dass sie die Treppe hinauf- und hinuntergetragen werden. Sie sollten also sehr genau herausfinden, wie die Lage der Sache bei Ihnen ist, bevor Sie sich einen Hund anschaffen.

Wenn Sie der Meinung sind, dass die allgemeinen Vorschriften über die Hundehaltung in Ihrer Region irrational oder unfair sind, sollten Sie sich mit Gleichgesinnten zusammentun. Schließlich sollen die Gesetze zum Wohle der Menschen wirken. Einen Hund zu haben, mit ihm zusammen zu leben und ihm auch eine gewisse Freiheit zu ermöglichen gehört für viele Familien einfach zum Leben.

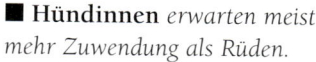

■ **Hündinnen** *erwarten meist mehr Zuwendung als Rüden.*

Entscheidungshilfen

DIE KOSTEN FÜR DEN HUND, die Räumlichkeiten und die *gesetzlichen Vorschriften sind also geklärt. Jetzt kommen Sie der Entscheidung, welcher Hund es denn sein soll, schon näher.*

Hündinnen und Rüden

Hündinnen sind:

✓ gehorsamer
✓ anhänglicher
✓ zärtlicher

Rüden sind:

✓ anderen Rüden gegenüber oft aggressiv
✓ dominanter
✓ aktiver
✓ destruktiver

In folgenden Punkten unterscheiden sich Hündinnen und Rüden kaum:

✓ Wachsamkeit
✓ Spielfreude
✓ Bewegungsdrang

■ **Da Rüden** *insgesamt oft aggressiver sind als Hündinnen, sind sie schwerer zu erziehen.*

Diese Unterschiede sind allgemein gefasst, aber sie müssen nicht auf jeden Hund zutreffen. Das Risiko, dass ein Hund auf seinem eigenen Territorium nach einem ihm fremden Kind schnappt, ist ein viel größeres Problem.

Rüden tun das statistisch gesehen öfter als Hündinnen, aber auch das trifft nicht auf alle Rassen zu. Bei den Golden Retrievern und den Cockerspaniels bissen statistisch gesehen mehr Rüden zu, bei den Labrador-Retrievern nicht. Um die Sache noch weiter zu komplizieren: Bei Pudeln sind die Hündinnen weniger verlässlich im Umgang mit Kindern als Rüden.

Als Tierarzt stelle ich fest, dass das Wesen des Hundes immer gleich ist, nicht aber das der Hündin. Während der Läufigkeit kann sie sämtliche guten Manieren vergessen: Sie schnappt sich plötzlich Spielzeuge, die sie sonst überhaupt nicht interessieren, entwickelt beim Fressen spezielle Vorlieben oder verweigert die Arbeit. Vor ihrer Sterilisation war unsere Hündin zweimal im Jahr bei ihrer Läufigkeit wie gelähmt. Sie lag unter dem Küchentisch, wollte nicht mit ihrer Freundin Liberty (auch einer Golden-Retriever-Hündin) spielen, mäkelte am Futter herum, fraß zwar einmal einen Hundekuchen, aber kein Fleisch, usw.

Bei der Wahl Ihres Hundes sollten Sie natürlich Ihrer persönlichen Neigung nachgehen. Aber bedenken Sie, dass beide Geschlechter Vor- und Nachteile haben. Die Sterilisation unterdrückt zwar den Sexualtrieb, verändert aber das geschlechtsspezifische Verhalten ansonsten nicht.

Übrigens…

Das Wesen des Rüden wird schon während der Entwicklung des Welpen männlich geprägt, während sich das spezifische Wesen der Hündin erst durch die Hormone in der ersten Läufigkeit herausbildet.

Welpe oder erwachsener Hund?

Die Vorteile, sich einen Welpen anzuschaffen, liegen auf der Hand. Er ist winzig und schutzbedürftig. Wenn Sie schon eine Katze haben, lernt er von klein auf die Regeln im Umgang mit Katzen, wird sie respektieren und schnell herausfinden, dass Katzen kein jagbares Wild sind. Und wenn Sie kleine Kinder haben, wird der Welpe schnell merken, dass er vor den unsicheren Bewegungen kleiner Kinder keine Angst zu haben braucht. Wenn Ihr Leben hektisch und stressig ist, wird der Welpe auch das akzeptieren.

■ **Um die achte Lebenswoche** *ist eine wichtige Prägephase beim Hund. Dann sollte man den Welpen holen.*

Es hat auch Vorteile, sich einen erwachsenen Hund zu holen. Dieser ist meist schon stubenrein und hat gelernt, dem Menschen zu gehorchen. Außerdem ist er billiger, denn neben den Anschaffungskosten entfallen die Kosten für eventuelles Training und die Sterilisation.

Fast jeder erwachsene Hund bindet sich ebenso an seinen neuen Besitzer wie ein Welpe – man muss ihm nur die Chance dazu geben! Hunde sind wesentlich anpassungsfähiger, als wir glauben. Während Sie das hier lesen, warten Hunderte, ja Tausende von Hunden, die abgegeben wurden und die bisher niemand haben wollte, auf einen neuen, verständnisvollen Besitzer. Sie müssen selbst entscheiden, ob Sie sich einen Welpen oder einen erwachsenen Hund holen. Wägen Sie Vor- und Nachteile gut ab!

■ **Rassehunde** sind durch Inzucht oft krankheitsanfällig – *Dobermänner beispielsweise für Herzerkrankungen.*

Rassehunde

Und noch eine Entscheidungshilfe: Viele Menschen haben eine Vorliebe für ein ganz bestimmtes Erscheinungsbild bei Hunden. Aber dieses Bild kann täuschen. Wenn Sie an einen Rassehund denken, sollten Sie auch wissen, warum ein Hund so oder anders aussieht. In Kapitel 4 erfahren Sie mehr über das Wesen der einzelnen Rassen.

Der Vorteil des *Rassehundes* ist ganz eindeutig der, dass man hier einen Hund bekommt, der für einen ganz bestimmten Zweck gezüchtet wurde. Damit befassen wir uns im nächsten Kapitel näher.

DEFINITION

*Ein **Rassehund** ist ein Hund, der aus der Verbindung zweier Hunde derselben Rasse hervorgegangen ist. Eine Kreuzung ist das Ergebnis der Verbindung zweier Hunde unterschiedlicher, jedoch genau definierter Rassen. Ein **Mischling** ist ein Hund unbekannter genetischer Herkunft. Diese Definition ist zwar korrekt, im Grunde aber albern. Dennoch mögen diese Bezeichnungen akzeptabel sein. Nicht akzeptabel hingegen ist die Bezeichnung Köter – oder?*

■ **Es gibt Hunderassen** mit angeborenen körperlichen Problemen. *Golden Retriever beispielsweise neigen zu schwer zu behandelnden Hautirritationen.*

Das Problem bei der Selektion auf bestimmte positive Merkmale ist jedoch, dass wir damit oft höhere medizinische Risiken in Kauf nehmen. Sie sind von Rasse zu Rasse unterschiedlich.

Übrigens ...

Ich hasse die Vokabel »gefügig machen«, das ist dasselbe wie »ein Pferd einbrechen«. Das bedeutet, den Willen des Tieres zu brechen. Es ist unwürdig und das Letzte, was Sie Ihrem Hund antun sollten. Wir kommen später noch auf die gute Erziehung des Hundes zurück.

Kreuzungen

Kreuzungen sollen den Vorteil mehrerer Rassen ohne deren Nachteile in sich vereinigen. Labrabernhardiner, Cockerpudel und andere sind sicherlich nette Hunde. Eine Kreuzung zwischen Collie und Malmute ist vermutlich ein Comute – bestimmt ein guter Arbeitshund. Was aber kommt wird wohl dabei herauskommen, wenn man einen Bullterrier und einen Shi-Tsu kreuzt? Kreuzungen sollten wenigstens nach logischen Gesichtspunkten erfolgen.

In den skandinavischen Ländern gibt es fast nur Rassehunde, während in den anderen europäischen Ländern die *Mischlinge* das Gros des Hundebestands ausmachen. Durch ihre bunte Mischung, die sich über Generationen hinweg bewähren musste, sind sie die widerstandsfähigsten und gesündesten Hunde überhaupt. Der Nachteil dieser Hunde ist, dass man bei ihnen als Welpe noch überhaupt nicht erkennen kann, wie der Hund aussehen wird, wenn er erwachsen ist. Ich habe Welpen gesehen, die als erwachsene Hunde viermal so groß wie ihre Mutter waren. Außerdem ist der Charakter solcher Mischlinge bei Welpen kaum feststellbar.

■ **Diese Mischlingswelpen** *sind vermutlich gesünder und widerstandsfähiger als Rassehunde.*

Und wo findet man den Hund fürs Leben?

Jetzt haben Sie sich schon entschieden, welchen Typ Hund Sie haben wollen. Aber wo finden Sie ihn oder sie? Noch ein bisschen Hausaufgaben machen, und Sie haben die Antwort. Viele, wenn nicht sogar die meisten Hunde sind »Kinder der Liebe«, also nicht systematisch gezüchtete Exemplare. Aber wenden wir uns zuerst doch einmal den Rassehunden zu, die bewusst gezüchtet wurden.

Der Kauf beim Züchter

ES GIBT ZÜCHTER, die aus Passion züchten, und es gibt Züchter, die des Geldes wegen züchten. Selbstverständlich sollen auch die Züchter verdienen, die aus Passion züchten – aber hüten Sie sich vor Züchtern, die es wirklich nur des Geldes wegen tun!

■ **Sehen Sie sich** *den Welpen an, und fragen Sie nach dessen Mutter.*

■ **Der Welpe sollte** *mindestens acht Wochen bei seiner Mutter bleiben.*

Züchter

Schon als ich mit dem Veterinärstudium anfing, hatte ich keine besonders gute Meinung von Hundezüchtern. Jetzt – nach etlichen Jahren als Praktiker – weiß ich, dass viele von ihnen einfach Geschäftemacher sind. Hingegen sind diejenigen Züchter, die aus Passion züchten, wirkliche Hundefreunde.

Sie sollten sich gezielt nach einem seriösen Züchter umsehen. Ein einfacher Tipp: Wenn der Türknauf an der Haustür das Emblem der Rasse aufweist und die Pokale blank poliert auf der Anrichte stehen – dann sind Sie bei einem echten Züchter. Solche Züchter sind vertrauenswürdig und suchen sich die neuen Besitzer für ihre Hunde sehr genau aus.

Wenn Sie beim Züchter kaufen wollen, sollten Sie ihn Folgendes fragen:

1. Kann ich die Mutter sehen? (Das sollte immer möglich sein.)
2. Kann ich den Vater sehen? (Das ist nicht immer möglich. Die besten Züchter lassen ihre Hündinnen von fremden Rüden decken.)
3. Wo sind die Welpen normalerweise untergebracht? (Welpen, die im Haus aufwachsen, werden zutraulicher als solche, die im Zwinger leben müssen.)
4. Wurden die Welpen dem Tierarzt vorgestellt? (Korrekte Züchter lassen die Hündin während der Trächtigkeit überwachen und stellen die Welpen sofort nach der Geburt dem Tierarzt vor.)
5. Wann können die Welpen abgegeben werden? (Sechs Wochen nach der Geburt sind zu früh, zwölf Wochen zu spät. Acht Wochen sind der richtige Zeitpunkt.)

■ Bei einem echten
Champion sind beide Eltern preisgekrönte Tiere.

Tierhandlungen

Es gibt Züchter, die ihre Hunde an Tierhandlungen verkaufen. Korrekte Züchter tun das jedoch nicht. Lediglich »Züchter«, die auf Masse züchten und nur Geld verdienen wollen, geben ihre Welpen in den Handel.

Natürlich gibt es auch gute Tierhandlungen, allerdings sind diese eher rar gesät. Die meisten sind die reinsten Brutstätten für Krankheiten. Hier kann man höchstens Zubehör für den Hund kaufen – keine Hunde!

Zeitungsanzeigen

Seien Sie vorsichtig bei Angeboten in der Rubrik »Tiermarkt«. Zwar gibt es auch hier Anzeigen von korrekten Züchtern, meist aber wird »Massenware« angeboten, die im Ausland gezüchtet wurde. Das sind Welpen von Hündinnen, die als Gebärmaschinen missbraucht wurden und die oft genug in tierquälerischen Transporten über die Grenzen geschmuggelt wurden.

VORSICHT BEI ANPREISUNGEN!

Seien Sie vorsichtig, wenn Sie einen Hund aus einer dieser Quellen kaufen, und lassen Sie sich nicht durch blumige Anpreisungen verlocken, die im Grunde nichts aussagen.

Mit Papieren

Mit welchen? Die meisten Rassehunde haben Papiere. Das bedeutet aber lediglich, dass sie tatsächlich einer bestimmten Rasse angehören, und sagt nichts über die Gesundheit des Welpen, sein Temperament oder seine Aufzuchtbedingungen aus.

Champion

Vergessen Sie es! Es gibt so viele Hundeschauen, und die Abstammungspapiere sind so lang, dass es in jeder Zucht irgendeinen Champion gibt. Etwas anderes ist es, wenn beide Elternteile Champions sind. Das kann auf Qualität hinweisen.

Selten

Warum wollen die Leute die Welpen verkaufen, wenn sie so selten sind?

Sonderangebot – Lieferung frei Haus

Sie wollen doch nicht etwa ein Sommerschlussverkaufsangebot nehmen, das Ihnen einfach so zugeschickt wird? Seriöse Züchter wollen den Käufer kennen lernen. Sie möchten ihm die Mutter und die Geschwister des Welpen zeigen und mit ihm Ernährung und Erziehung besprechen. Vor allem möchten sie mit ihm in Kontakt bleiben.

Hunde von Bekannten

OFT HABEN FREUNDE ODER BEKANNTE *einen Hund oder einen Welpen abzugeben. In diesem Fall weiß man, weshalb der Hund ein neues Zuhause sucht, man kennt seine Eltern, ihr Wesen und seine Geschichte (inklusive Krankheiten).*

Die meisten Welpen bekommt man über Mundpropaganda von Bekannten – und das ist gut so. Es ist deshalb gut, weil die meisten Menschen so schnell akzeptieren, dass sie von nun an selbst die Verantwortung für unerwünschte Vermehrung übernehmen – die natürliche Quelle vieler »überflüssiger« Hunde.

■ **Tierheimhunde** *sind meistens schon erzogen und daher sehr gute Kameraden.*

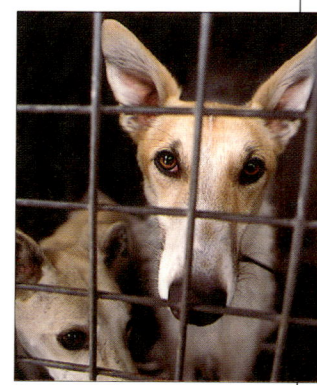

■ **Im Tierheim** *findet man alle Sorten von Hunden – vom teuren Rassehund bis hin zum kleinen Mischling.*

Aus medizinischer Sicht sind gut aufgezogene Mischlinge aus dem Bekanntenkreis vielleicht die gesündesten Hundekinder überhaupt. Oft leben sie in einer parasitenfreien und sauberen Umgebung. Und was man nicht unterschätzen darf: Sie wachsen in einer richtigen Familie auf, in der viel mit ihnen gespielt wird.

Nette Nachbarn haben meistens auch nette Welpen. Wenn Ihr Nachbar seinen Hund oder seine Hunde jedoch so behandelt, wie Sie selbst es nie tun würden, sollten Sie lieber die Finger von den Welpen lassen.

Tierärzte

In Tierarztpraxen werden Hunde nicht nur behandelt. Hier werden Hunde, die jemand nicht mehr haben will, sehr oft auch vermittelt. Meist ist das Personal sehr eifrig bei der Sache. Von meiner eigenen Praxis aus geht über meine Helfer und Helferinnen ein wahres Telefonnetz über die ganze Stadt. Wenn ein Hund eingeschläfert werden muss, brauche ich meinen Mitarbeitern gegenüber nur erwähnen, dass sie sich vielleicht nach einem Nachfolger umsehen sollten – innerhalb kürzester Zeit ist das erledigt.

Hunde mit Vorgeschichte

Ich sagte es bereits, es gibt Hunderte, ja Tausende von erwachsenen Hunden, die ein neues Zuhause suchen. Nicht nur die Tierheime, sondern eine große Anzahl von

Tierorganisationen kümmert sich um ihre Vermittlung. Es ist eine wunderbare Sache, einem Hund ein neues Zuhause zu geben. Dazu möchte ich Ihnen einige Fakten und Zahlen nennen.

Tierheime und Auffangstationen

Rassehunde laufen ebenso oft von Zuhause weg wie Kreuzungen, wirklich abgegeben in Tierheimen werden aber hauptsächlich Mischlingshunde. Etwa drei Viertel der abgegebenen Hunde sind weniger als ein Jahr alt. Meist sind es Rüden. Wenn Sie ein Tierheim aufsuchen, werden Sie viele halbwüchsige Hunde zu Gesicht bekommen.

Es gibt bestimmte Hunderassen, die in höheren Zahlen in den Tierheimstatistiken erscheinen, als der Zuchtverband zugibt.

■ **Im Tierheim** *müssen sich die Hunde daran gewöhnen, mit vielen anderen Hunden zusammen zu sein.*

INTERNET

www.tiere-aus-tierheimen.de

Diese Website gibt Auskunft über Tierheime und Tiere, die vermittelt werden sollen (Hunde, Katzen usw.). Die Adressen sind nach Regionen geordnet; teilweise sind die Tiere auch abgebildet. Die Kontaktadressen erlauben es Ihnen, gezielte Fragen über einzelne Tiere zu stellen.

TIERE IM TIERHEIM

Nach Auskunft des Tierschutzvereins München e.V. wurden in den letzten Jahren überdurchschnittlich viele Mischlinge und Schäferhunde im Tierheim abgegeben. Seit Inkrafttreten der Kampfhundeverordnung im Sommer 2000 trennen sich beispielsweise aber auch viele Rottweiler-Halter von ihren Hunden. Wenn Sie sich für eine dieser Rassen interessieren, kann ein Anruf im nächsten Tierheim also nicht schaden.

Wertvolle Rassehunde sowie gut ausgebildete Hunde sind selten in Tierheimen. Das Gros stellen Mischlingshunde undefinierbarer Herkunft sowie alte Hunde. Seit Anfang des Jahres 2000 werden infolge der Kampfhunde-Verordnungen der einzelnen Bundesländer beängstigend viele große, oft nur gefährlich wirkende Hunde abgegeben, die kaum zu vermitteln sind.

■ **Gerade Mischlingshunde**, *hauptsächlich Rüden, werden den Besitzern oft lästig und dann ins Tierheim abgeschoben.*

Vermittlungsstellen

Die meisten Zuchtverbände haben eine Vermittlungsstelle für Hunde ihrer Rasse, die aus irgendwelchen Gründen neu untergebracht werden müssen, sei es durch den Tod des Besitzers oder aus anderen familiären Notwendigkeiten heraus. Zu diesen Notwendigkeiten zählen auch immer mehr Allergien auf Tierhaare, Phobien usw.

Wenn Sie einen Rassehund bei sich aufnehmen wollen, sollten Sie folgende Fragen stellen:

1. Ist er verloren gegangen oder abgegeben worden? (Streuner bleiben meist ihr Leben lang Streuner.)
2. Wenn er abgegeben wurde – warum? (Viele Hunde werden abgegeben, weil sie Verhaltensauffälligkeiten haben, die Sie erst feststellen, wenn Sie mit dem Hund leben.)
3. Hat das Tierheim einen Verhaltenstest durchgeführt? (Moderne Tierheime analysieren das Verhalten der Tiere und geben dem zukünftigen Besitzer einen Bericht mit.)
4. Würde Ihnen das Tierheim bei später eventuell auftretenden Problemen helfen? (Wirklich gute Tierheime unterstützen die Tierbesitzer auch später noch.)

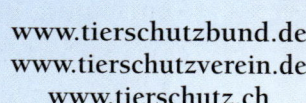

INTERNET

www.tierschutzbund.de
www.tierschutzverein.de
www.tierschutz.ch

geben weitere Tipps.

Alte Begleit- und Gebrauchshunde

In den letzten zwanzig Jahren stieg die Zahl der Begleithunde für Behinderte massiv an. Ich selbst habe mit einer Organisation zu tun, die Hunde speziell für taube Menschen ausbildet. Wir wählen die Hunde sehr sorgfältig nach ihrem jeweiligen Potenzial aus, doch nicht jeder Hund hält das harte Training durch. Allen diesen Hunden aber konnten wir ein geeignetes Zuhause vermitteln.

Aber auch Begleithunde werden irgendwann alt und gehen sozusagen in Rente. Gerade diese Hunde sind wunderbare Kameraden und für jede Zuwendung dankbar. Dasselbe gilt übrigens für ausgediente Rennhunde wie Greyhounds.

■ **Begleithunde** *sind nach ihrem aktiven Dienst hervorragende Familienhunde.*

Kurze Zusammenfassung

✓ Bevor Sie sich einen Hund anschaffen, sollten Sie bedenken, dass es sich hier um eine Abmachung für eine längere Zeit handelt. Sie müssen sich wirklich sicher sein, dass Sie die Verantwortung und die Kosten für den Hund übernehmen wollen und können.

✓ Überlegen Sie genau, wie viel Platz Sie dem Hund bieten können, bevor Sie sich für einen Hund entscheiden.

✓ Rüden und Hündinnen sind sehr verschieden, obwohl das natürlich von Hund zu Hund variiert. Eine Sterilisation neutralisiert das weitgehend und macht Ihnen die Wahl des Geschlechts vielleicht leichter.

■ **Die Sterilisation** *unterdrückt den Sexualtrieb und macht die Hunde anschmiegsamer.*

✓ Ein erwachsener Hund hat ebenso Vorzüge wie ein Welpe. Dasselbe gilt für Rassehunde und Mischlinge. Überlegen Sie, was Sie von Ihrem Hund erwarten, und lassen Sie sich mit der Entscheidung Zeit.

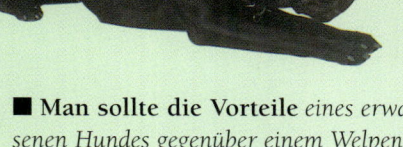

■ **Man sollte die Vorteile** *eines erwachsenen Hundes gegenüber einem Welpen sorgfältig abwägen, bevor man sich für einen von beiden entscheidet.*

✓ Wenn Sie Ihren Hund vom Züchter kaufen, achten Sie darauf, dass dieser sich auch wirklich für die Rasse interessiert. Verantwortungsvolle Züchter stellen Ihnen Fragen, bevor Sie als Käufer überhaupt infrage kommen. Das ist ein gutes Zeichen!

✓ Einen Hund aus dem Tierheim zu holen ist eine gute Tat. Allerdings sollten Sie den Hund sehr gut kennen lernen, bevor Sie ihn zu sich holen.

Kapitel 4

Rassen – die unendliche Vielfalt

Es gibt nahezu unendlich viele Hunderassen, die in Größe und Charakter variieren. Seit Tausenden von Jahren züchten wir Hunde für spezielle Zwecke.

In diesem Kapitel ...

✓ Der richtige Hund für Sie

✓ Die Rolle der Zuchtverbände

✓ Spürhunde   ✓ Jagdhunde

✓ Gebrauchshunde

✓ Terrier   ✓ Kleine Hunde

✓ Hunde für spezielle Zwecke   ✓ Hütehunde

✓ Andere große Hunde   ✓ Dokumente

ES GIBT ZAHLLOSE HUNDERASSEN, AUS DENEN MAN SICH DIE PASSENDE AUSSUCHEN KANN.

Der richtige Hund für Sie

JEDER MENSCH hat eine eigene Persönlichkeit mit einem ganz bestimmten Charakter, spezifischen Hoffnungen und Zielen. Das Angenehme an Hunden ist, dass es auch unterschiedliche Tiere gibt. Es gibt verschiedene Größen, verschiedene Temperamente, ganz unterschiedliches Aussehen – mit einem Wort: Wir können uns relativ einfach einen Hund aussuchen, der zu uns passt. Um es noch deutlicher zu machen: Wenn Sie Hunde lieben, Ihnen aber die Vorstellung zuwider ist, ständig Hundespeichel wegwischen zu müssen, sollten Sie nicht unbedingt einen Bernhardiner ins Auge fassen. Wenn Sie es gern mögen, dass alles genau nach Ihrem Willen geschieht, ist ein Collie der richtige Hund, und wenn Sie sehr ordentlich sind und alle Dinge gern an ihrem Platz haben möchten, sollten Sie die Finger von Dackeln lassen. Eine Golden- oder eine Labrador-Retriever-Hündin würde prima zu Ihnen passen, wenn Sie einen liebenswürdigen, ehrlichen und gehorsamen Hund suchen.

> ## Übrigens ...
>
> *Wie viele Rassen gibt es? Das kommt darauf an, was man unter Rasse versteht. Der American Kennel Club definiert 150 Rassen. Der United Kennel Club registriert mehr als 300. Der FCI (die internationale Dachorganisation) erkennt über 325 Rassen an.*

Größe, Alter, Farbe, Fellbeschaffenheit sowie Bewegungsdrang sind so unterschiedlich, dass Sie bestimmt das passende Tier für sich finden. Dennoch ist das Äußere nicht alles. Die meisten Rassehunde sind bestechend schön, aber man sollte sich genau darüber informieren, für welchen Zweck und mit welchen spezifischen Eigenschaften sie ursprünglich gezüchtet wurden.

■ **Jede Rasse**
hat ihre Eigenheiten. Das gibt Ihnen die Möglichkeit, sich genau den Hund auszusuchen, der zu Ihnen passt.

Warum gibt es so unterschiedliche Größen und Formen?

Das äußere Erscheinungsbild des Hundes entspricht dem Zweck, für den er gezüchtet wurde. *Dachshunde* haben deshalb kurze Beine und ein kraftvolles Gebiss, weil sie Dachse unter der Erde verfolgen mussten. Ein solcher Hund würde vielleicht von der Größe her zu Ihnen passen, gehört aufgrund seines aggressiven Wesens aber unbedingt in einen Zwinger.

■ **Körperform und Größe** *haben ihren Sinn bei Hunden. Berghunde haben ein dickes Fell, das sie wärmt, während Jagdhunde kurze Beine haben, um nahe am Boden zu sein und leichter schnüffeln zu können.*

Neufundländer haben deshalb ein so dichtes Fell, weil sie ursprünglich in den eiskalten Gewässern der Nordatlantikküste Neufundlands Fischernetze an Land ziehen mussten. Rottweiler wiederum sind deshalb so muskulös, weil sie süddeutschen Metzgern halfen, ihr Vieh zum Markt zu treiben. Yorkshireterrier sind so winzig, weil schottische Züchter sie in ihren Manteltaschen zu Wettkämpfen trugen, bei denen sie mit Ratten kämpfen mussten. Beagles vertragen sich so gut mit anderen Hunden, weil sie immer in Gruppen zur Jagd eingesetzt wurden.

Seit dem letzten Jahrhundert sind diese Zwecke zwar nicht mehr so streng definiert, und die meisten Hunde müssen nicht mehr arbeiten, ihre speziellen Charaktermerkmale aber haben sie meist doch behalten.

Züchten und Rassen

Über Tausende von Jahren wurden Hunde für bestimmte Zwecke gezüchtet und entwickelten dadurch ganz spezifische Körperformen. Man züchtete selektiv nach charakterlichen und körperlichen Eigenschaften. Im letzten Jahrhundert allerdings wurde das Aussehen der Tiere immer wichtiger. Die Züchter begannen, auf bestimmte Merkmale hin zu züchten: besonders dichtes Fell, ein starker Nacken, extrem lange Beine, ein schönes Gesicht, besonders schlanke Hunde. Das Ergebnis: Die Hunde litten darunter.

In den siebziger Jahren des letzten Jahrhunderts erkannten die Zuchtvereine die Problematik und setzten neue Rassestandards fest. Dabei wurden die schlimmsten Extreme ausgemerzt.

■ **Bei Pudeln** *legte man ursprünglich viel Wert auf Sportlichkeit und ein waches, aufmerksames Wesen.*

Ein Hundegesicht mit Falten mag lustig aussehen – für den Hund ist es eine Qual! Derartige Extreme verursachen gesundheitliche Probleme. Verantwortungsbewusste Züchter vermeiden derartige Absonderlichkeiten.

■ **Kupierte Ohren** *bringen dem Hund gar nichts – sie verändern lediglich sein Erscheinungsbild.*

KUPIEREN VON OHREN UND SCHWANZ

Im ältesten europäischen Buch über die Pflege von Hunden, verfasst vor etwa 2000 Jahren, wird das Abschneiden des Schwanzes empfohlen, weil dies angeblich Tollwut verhindert. Diese Prozedur nennt man Kupieren. Im Laufe der Jahrhunderte entwickelte sich das Kupieren des Schwanzes zu einer regelrecht traditionellen Prozedur, welche insbesondere Terrier und Spaniels über sich ergehen lassen mussten, um Schwanzverletzungen zu verhindern. Heute werden Hundeschwänze nicht mehr aus dem Gedanken heraus kupiert, dem Hund etwas Gutes zu tun, sondern lediglich um ein bestimmtes Erscheinungsbild des Hundes zu erhalten. Aus demselben Grund kupiert man in einigen Ländern auch die Ohren. In Deutschland war es früher üblich, großen Hunderassen wie dänischen Doggen, Boxern, Dobermännern und Schnauzern, aber auch kleineren Jagdhunden Ohren und Schwanz zu kupieren – entstanden ist dies aus einer militärischen Tradition heraus. Seit einigen Jahren ist es zwar verboten, man trifft jedoch immer noch auf uneinsichtige Hundebesitzer, die ihre Hunde im benachbarten Ausland kupieren lassen. Das einzige Land, in dem das Kupieren von Hunden gedankenlos und routinemäßig noch durchgeführt wird, sind die USA.

Übrigens …

Der VDH (Verband für das Deutsche Hundewesen) erkennt über 250 Hunderassen an.

■ **Die Zucht auf** *ein glattes Gesicht hin wie hier beim Shar-Pei verursacht gesundheitliche Probleme.*

Die Rolle der Zuchtverbände

DIE ROLLE DER ZUCHTVERBÄNDE *hat sich geändert. Vor einigen Jahrzehnten bestand ihre Aufgabe lediglich darin, Abstammungspapiere für Hunde auszustellen und Ausstellungen für Rassehunde zu organisieren. Heute wird viel mehr von deren erwartet.*

Die Zuchtverbände vermitteln Hunde, sie bieten die Ausbildung von Besitzer und Hund an, fördern die Forschung im tierärztlichen Bereich und setzen sich auch in der Politik für die Belange von Hunden und deren Haltern ein.

■ **Bilder von der Hundeausstellung des Kennel Clubs** *in London im April 1890.*

Die Zucht

Die einzelnen Zuchtverbände legen den Standard ihrer jeweiligen Hunderasse fest und überwachen ihn auf Zuchtschauen. Jeder Welpe, der eingetragene Eltern hat, wird vom Zuchtverband registriert, bekommt Abstammungspapiere und kann auf einer Zuchtschau vorgestellt werden. Dort wird er entweder als zuchttauglich oder nicht zuchttauglich bewertet. Ist der Hund nicht zuchttauglich, werden seine Nachkommen vom Zuchtverband nicht anerkannt.

Die Zuchtschauen der Verbände beschränken sich aber keineswegs auf die Beurteilung der reinen Zuchttauglichkeit, sondern man bewertet die Hunde in mehreren Klassen und nach mehreren Kriterien. Nach lokalen, regionalen und nationalen Zuchtschauen kann man seinen Hund dann auch auf einer internationalen Zuchtschau vorstellen und vielleicht sogar den Titel des »World Champion« erringen, der jedes Jahr neu vergeben wird.

Welpenvermittlung

Eine wichtige Rolle spielt in den Zuchtverbänden die Registrierung und Vermittlung von Welpen. Jeder Züchter, der seine Welpen eintragen lassen will, muss sie innerhalb von wenigen Tagen nach der Geburt beim Zuchtwart melden. Der Zuchtverband meldet dem VDH die Anzahl der Welpen seiner Rasse – aufgeschlüsselt nach Hündinnen und Rüden. So hat der VDH ständig die Übersicht, wie sich eine Rasse zahlenmäßig entwickelt.Die Welpenvermittlung wird dann vom Zuchtverband vorgenommen. Da man dort weiß, wo welche Welpen in welchem Alter zu finden sind, ist es sinnvoll, sich an den jeweiligen Zuchtverband zu wenden, wenn man Welpen einer bestimmten Rasse sucht.

Jagdhunde

JAGDHUNDE SIND ARBEITSHUNDE. Sie brauchen die Arbeit und die Jagd, um ausgeglichen zu sein. Ihre Aufgabe ist es beispielsweise, bei der Treibjagd Wild aufzustöbern. Sie müssen angeschossenes Wild »nachsuchen« und erlegte Enten aus dem Wasser holen. Derartige Hunde sind für einen erfolgreichen Jäger unverzichtbar.

Diese Hunde sind ausgesprochene Familienhunde – aktiv, lustig und immer freundlich und fröhlich. Sie eignen sich auch für spezielle Zwecke, so als Drogensuchhunde oder als Hunde für Behinderte. Neben ihrer besonderen Aufgabe sind sie immer noch ideale Familienhunde, die nachts friedlich auf dem Sofa schlafen.

Zu dieser Gruppe gehören:

Hunde mit bis zu 23 kg

American Water Spaniel
Brittany
Cockerspaniel
Spanischer Wasserhund
Field Spaniel
Sussex Spaniel
Kleiner Münsterländer

BRITTANY

SUSSEX SPANIEL

ENGLISCHER COCKERSPANIEL

Hunde mit mehr als 23 kg

Italienische Bracke
Curley Coated Retriever
English Setter
Flat Coated Retriever
Deutsch Drahthaar
Vorstehhund
Golden Retriever
Gordon Setter
Ungarischer Viszla
Irish Setter
Irischer Wasserspaniel
Italienisches Windspiel
Labrador Retriever
Großer Münsterländer
Pointer
Weimaraner

UNGARISCHER VIZSLA

CHESAPEAKE BAY RETRIEVER

GOLDEN RETRIEVER

LABRADOR RETRIEVER

DEUTSCH DRAHTHAAR

WEIMARANER

Spürhunde

SPÜRHUNDE *wurden früher speziell für die Jagd gezüchtet. Sie spürten das Wild entweder durch ihren Geruchssinn oder durch Verfolgen mit den Augen auf, wobei die niedrigen Hunde die Fährte durch den Geruch aufnahmen, die Windhunde nach Gesicht gingen.*

Manche dieser Spürhunde haben eine schier unerschöpfliche Energie, während andere schnell auf geben. Teckel sind meiner Meinung nach keine echten Spürhunde, sondern stellen Niederwild in ihren Bauten – sie gehören eher zu den Terriern.

Hunde unter 9 Kilo

Zwergteckel

Hunde zwischen 9 und 23 kg

Basenji
Basset bleu de Gascogne
Basset fauve de Gascogne
Basset
Beagle
Finnspitz
Ibiza-Hund
Norwegischer Elchhund
Petit Basset
Griffon Vendéen
Saluki

Segugio Italiano
Teckel
Whippet

ZWERGTECKEL

BEAGLE

HARRIER

Hunde zwischen 23 und 36 kg

Afghane
Bayerischer Gebirgsschweißhund
Foxhound
Greyhound
Hamilton Stövare
Pharaonenhund
Rhodesian Ridgeback
Sloughi

Hunde über 36 kg

Bluthund
Barsoi
Irischer Wolfshund
Otterhund
Deerhound

BLUTHUND

AFGHANE

OTTERHUND

Gebrauchshunde

GEBRAUCHSHUNDE *wurden seit Hunderten von Jahren als Wachhunde oder für andere Zwecke systematisch gezüchtet. Meist sind sie groß und umfassen sowohl die Wachhunde als auch die Hunde, die früher Karren ziehen mussten. Aber auch die freundlichen Neufundländer gehören in diese Gruppe.*

Immer mehr Menschen sorgen sich um die eigene Sicherheit und so gewinnen Wach- und Gebrauchshunde zunehmend an Bedeutung. Im Allgemeinen eigenen sie sich jedoch nicht für unerfahrene Menschen, denn ihre Persönlichkeit ist meistens so stark, dass sie erfahrene Besitzer brauchen.

Hunde mit weniger als 23 kg

Portugiesischer Wasserhund

Hunde zwischen 23 und 36 kg

Boxer
Dobermann
Riesenschnauzer
Hovawart
Siberian Husky

Hunde mit mehr als 36 kg

Berner Sennenhund
Bullmastiff
Dänische Dogge
Mastiff
Neufundländer
Rottweiler
Berhardiner

DÄNISCHE DOGGE

BOXER

BERNHARDINER

ROTTWEILER

Terrier

HÄTTEN SIE GERN EINEN HUND mit Sinn für *Humor? Dann sind Sie hier richtig! Aber Vorsicht: »Terrier« bedeutet auch Terror! Viele – jedoch keineswegs alle – dieser Hunde wurden gezüchtet, um zu töten. Sie haben ein starkes Gebiss und benutzen dieses gelegentlich auch. Dabei sind viele Terrier ziemlich klein, sodass ein Biss nur eine kleine Wunde hervorruft. Mein persönlicher Alptraum jedoch wäre ein Rottweiler mit dem Temperament eines klassischen Rattenterriers ...*

BORDER TERRIER

Terrier mit weniger als 7 kg

Border Terrier
Cairn Terrier
Norfolk Terrier
Norwich Terrier

WELSH TERRIER

Terrier zwischen 7 und 11 kg

Australian Terrier
Bedlington Terrier
Cesky Terrier
Dandie Dinmont Terrier
Lakeland Terrier
Manchester Terrier
Scottish Terrier
Sealyham Terrier
Foxterrier
Standard Manchester Terrier
Welsh Terrier
Westhighland Terrier
Drahthaar-Foxterrier

LAKELAND TERRIER

BEDLINGTON TERRIER

Hunde zwischen 11 und 23 kg

Irish Terrier
Kerry Blue Terrier
Zwergbullterrier
Glen of Imaal Terrier
Soft Coated Wheaten Terrier
Staffordshire Bullterrier

Hunde mit mehr als 23 kg

Airedale Terrier
Bullterrier

KERRY BLUE TERRIER

AIREDALE TERRIER

SKYE TERRIER

Kleine Hunde

Diese kleinen Hunde sehen so aus, als hätten ihre Vorfahren nie arbeiten müssen. Weit gefehlt! Zwar wurden sie zum Teil seit Jahrhunderten sozusagen als Spielzeughunde gezüchtet, aber viele dieser Rassen hatten ursprünglich spezifische Aufgaben wie beispielsweise die Flöhe ihrer oft adligen Eigentümerinnen zu fangen. Oder sie waren weiche, immer verfügbare und anschmiegsame Wärmflaschen …

Diese winzigen Hunde sind oft gut als »Ersthund« für Anfänger. Aber man sollte wissen, dass einige ganz entschieden dazu neigen, ihre Besitzer zu dominieren! Einen solchen Winzling mag man als Spielzeughund bezeichnen – er ist jedoch ganz eindeutig in der Lage, der Chef im Haus zu sein!

Diese Hunde wiegen weniger als 9 kg

Australian Silky Terrier
Affenpinscher
Bichon Frisé
Bologneser
Cavalier King Charles Spaniel
Chihuahua

CHIHUAHUA

KAVALIER KING CHARLES SPANIEL

AFFENPINSCHER

Chinesischer Nackthund
Coton De Tulear
English Toy Terrier
Belgischer Griffon
Havanes
Italienisches Windspiel
Japanese Chin
King Charles Spaniel
Löwenhündchen
Malteser
Zwergpinscher
Papillon
Pekinese
Zwergspitz
Mops
Yorkshireterrier

MOPS

CHINESISCHER NACKTHUND

ZWERGSPITZ

YORKSHIRETERRIER

SHI-TSU

Hunde für spezielle Zwecke

Im Laufe der Jahrhunderte haben sich viele Rassen für ganz spezielle Zwecke herausgebildet. Diese Spezialisten unter den Hunden findet man unter ganz kleinen Hunderassen ebenso wie bei den großen.

Einige dieser Rassen wie beispielswesie der Bichon Frisé oder der Pudel sind reizende Gesellschaftshunde und eignen sich hervorragend als erste Hunde für unerfahrene Hundebesitzer. Andere hingegen, wie der Chow-Chow, sind eher »etwas für Spezialisten«.
Zu diesen speziellen Hunderassen zählen:

Hunde mit weniger als 9 kg

Kleinspitz
Boston Terrier (er kann allerdings
  bis zu 11 Kilo wiegen)
Japanspitz
Lhasa Apso
Schipperke (kleiner holländischer Spitz)
Tibet-Spaniel

Hunde zwischen 9 und 23 kg

Kanaa-Hund
Bulldog
Mexikanischer Nackthund
Französische Bulldogge
Shiba Inu
Keeshond (kleine Spitzart)
Zwergpudel
Tibet-Terrier

Hunde mit mehr als 23 kg

Chow-Chow
Dalmatiner
Akita Inu
Shar Pei
Pudel
Großspitz
Wolfsspitz

LHASA APSO

ZWERGPUDEL

DALMATINER

CHOW-CHOW

Hütehunde

HÜTEHUNDE SIND IM ALLGEMEINEN von geduldigem Wesen. *Genau wie Jagdhunde sind sie einfach zu erziehen, aber ihr Charakter ist beständiger; er ähnelt dem der Gebrauchshunde. Ihre ursprüngliche Hütearbeit forderte von ihnen das Zusammenhalten von Schaf- oder Viehherden.*

Zu dieser Gruppe gehört der Border Collie. Es ist eine Freude, ihm bei der Arbeit zuzusehen. Gerade seine Intelligenz und sein Arbeitseifer verhindern aber, dass er ein guter Haushund ist. Ein Border Collie in einem modernen Haushalt kann nur ein unglücklicher Hund sein. Zu den Hunden dieser Gruppe gehören:

BEARDED COLLIE

Hunde mit weniger als 23 kg

Australian Cattle Dog
Bearded Collie
Border Collie
Cardigan Welsh Corgi
Ungarischer Puli
Lancashire Heeler
Pembroke Welsh Corgie
    Shetland-Schäferhund

DEUTSCHER
SCHÄFERHUND

Hunde mit mehr als 23 kg

Australian Shepherd
Belgischer Malinois
Belgischer Laekenois
Belgischer Schäferhund
Bergamasco
Briard
Collie
Deutscher Schäferhund
Ungarischer Kuvazs
Old English Sheepdog

PULI

BELGISCHER SCHÄFERHUND

Andere große Hunde

DER VERBAND *für das Deutsche Hundewesen ist der FCI (Fédération Cynologique Internationale) angeschlossen und erkennt über 250 Hunderassen an. Der amerikanische »Kennel-Club« hingegen erkennt nur etwa 150 Hunderassen an. Interessante Hunde ohne Rassestandard sind allerdings die beiden hier beschriebenen Arten:*

Jack Russell Terrier

Dieses 4–7 kg schwere Muskelpaket kann bissig und aggressiv sein; aber es handelt sich bei Jack Russell Terriern um widerstandsfähige, gesunde und kräftige kleine Hunde, an denen selektive Schönheitszuchtbestrebungen bisher vorbeigegangen sind. Hundebesitzern in der Stadt sei gesagt: Jack Russells haben Unmengen an Energie in sich und brauchen eine dementsprechend strenge Hand. Jack Russell Terrier sieht man immer häufiger auf Reitturnieren und als Reitbegleiter.

Münsterländer

Sie sind das deutsche Gegenstück zum Spaniel; es gibt sie in verschiedenen Größen. Der kleine Münsterländer wiegt etwa 14–16 kg, ist von freundlichem Wesen, aufmerksam und energisch. Er ist als Jagdhund ebenso geeignet wie als Familienhund – ein guter »Erst«-Hund.

Polnischer Niederungshütehund

Dies ist eine alte polnische Hütehunderasse, die nach dem Zweiten Weltkrieg fast ausstarb. Der Hund ist mit einer Schulterhöhe von bis zu 50 cm relativ klein und ein richtig guter Kumpel. Das Fell ähnelt dem des Bearded Collie und braucht viel Pflege.

DIE ZEHN BELIEBTESTEN HUNDERASSEN

(laut Welpenstatistik des VDH)

1. Deutscher Schäferhund
2. Teckel
3. Deutsch Drahthaar
4. Pudel
5. Rottweiler
6. Boxer
7. West Highland White Terrier
8. Cockerspaniel
9. Deutsche Dogge
10. Berner Sennenhund

BOXER

GOLDEN RETRIEVER

UNTERSCHÄTZTE RASSEN

Dies sind die Hunderassen, die – obwohl oft unterschätzt – mir die liebsten sind, weil sie hervorragende Familienhunde abgeben:

1. Regatto Romagnolo
2. Hamiltonstövare
3. Ungarischer Vizsla
4. Bichon Frise
5. Papillon
6. Kleiner Basset Griffon Vendeen
7. Norwegischer Elchhund
8. Italienischer Spinone
9. Polnischer Niederungshütehund
10. Australian Shepherd

AUSTRALIAN SHEPHERD

PAPILLON

POLNISCHER NIEDERUNGSHÜTEHUND (WELPE)

NORWEGISCHER ELCHHUND

Dokumente

WENN SIE EINEN RASSEHUND KAUFEN, erhalten Sie normalerweise zwei Dokumente: einen Abstammungsnachweis und den Eintrag im Zuchtverband. Gute Züchter händigen Ihnen immer beide Dokumente aus, die Sie brauchen, wenn Sie mit Ihrem Hund auf eine Ausstellung gehen wollen.

Das Pedigree (Ahnentafel)

Die Ahnentafel bzw. der Abstammungsnachweis enthält die Namen der letzten drei zurückliegenden Generationen der Vorfahren Ihres Hundes. Diese Namen sind im Zuchtverband registriert und auf der Ahnentafel vermerkt. Ein »Ch.« vor dem Namen bedeutet, dass der Hund ein Champion ist.

Je öfter Sie dieses »Ch.« als Zusatz zum Namen entdecken, und zwar sowohl von Seiten der Mutter als auch des Vaters, desto eher entspricht Ihr Hund dem vom Zuchtverband vorgeschriebenen Rassestandard.

Der Name Ihres Hundes steht ganz links auf der Ahnentafel. Je weiter Sie nach rechts gehen, desto weiter gehen Sie in der Abstammung Ihres Hundes zurück. Die Namen von Mutter und Vater stehen jeweils zusammen, wobei der Name des Rüden über dem der Hündin steht. Es macht Spaß, Ahnentafeln zu studieren – besonders, wenn man andere Hundebesitzer derselben Rasse trifft und staunend feststellt, dass der eigene Hund mit dem anderen, der gerade einmal drei Straßen weiter lebt, über sieben Ecken verwandt ist ...

Die Eintragung

Mit diesem Dokument wird Ihr Hund in den Zuchtverband aufgenommen. Hierin wird auch der Besitzerwechsel vermerkt, in diesem Fall also vom Züchter zu Ihnen. Ohne diese Eintragung ist Ihr Hund vom Verband nicht anerkannt. Wenn Sie Wert auf einen eingetragenen Hund legen, sollten Sie darauf bestehen, dass bereits der Züchter die Eintragung vornimmt.

Akzeptieren Sie keine vagen Versprechungen, dass »die Papiere später nachgereicht« werden. Ein korrekter Züchter hat die Papiere vorliegen, wenn er den Hund abgibt.

Der Name des Hundes, der bei der Eintragung festgelegt wird, wird beim Verband registriert und kann nicht mehr geändert werden. Stellen Sie sich vor: Mein erster Yorkshireterrier hieß »Moonmist Starfire Jewel« (»Mondnebel-Sternenfeuer-Juwel«).

DEFINITION

*Der **eingetragene Name** ist der offizielle Name, der in den Papieren des Zuchtverbandes steht. Wie Sie Ihren Hund tatsächlich **rufen**, bleibt Ihnen überlassen.*

Rufen Sie Ihren Hund einmal so im Park ... das war der offizielle Name. Wie Sie Ihren Hund privat rufen, liegt bei Ihnen. Aus »Moonmist Starfire Jewel« wurde bei uns »Sparky«. Meine Kinder durften einem unserer Golden Retriever einen Namen geben und suchten sich »Liberty Olympia Sweetpea Chewingdog Fogle« aus. Wir rufen sie »Foggy«! Sie sehen – der *eingetragene Name* kann wirklich bombastisch sein. Wenn Sie einmal die Möglichkeit haben, hier mitzumischen, tun Sie sich keinen Zwang an!

Andere Dokumente

Außer diesen offiziellen Dokumenten wird Ihnen jeder verantwortungsvolle Züchter ein Gesundheitszeugnis des Welpen mitgeben, einen Impfpass, Informationen über eventuelle frühere Krankheiten der Eltern sowie die Rechnung mit Kaufvertrag und eine detaillierte Pflegeanleitung für Ihren neuen Hausgenossen.

Gesundheitszeugnis

Bestimmte genetische Veränderungen sind erblich, z. B. Blindheit, Taubheit, Hüftgelenksdysplasie und Arthritis. Das Gesundheitszeugnis/-protokoll der Eltern kann Ihnen Anhaltspunkte darüber geben, ob Ihr Welpe derartige Risiken in sich trägt. Bei der Eintragung der Eltern ins Zuchtregister werden Röntgenaufnahmen verlangt, deren Ergebnisse in die Papiere eingetragen werden. Lassen Sie sich diese vorlegen, wenn Sie einen Hund einer Rasse mit dem Risiko von Erbkrankheiten oder degenerativen Veränderungen kaufen.

Außerdem sollten Sie einen Impfpass sowie einen Entwurmungsplan für den Welpen erhalten, aus denen Sie ersehen können, welche Maßnahmen bisher getroffen wurden und wann die nächsten Impfungen und Entwurmungen anstehen.

■ **Durch ihren größeren Genpool** *sind Kreuzungen und Mischlinge weniger anfällig für degenerative Veränderungen.*

Pflegeinformationen

Ein guter Züchter gibt Ihnen detaillierte Informationen darüber, wie oft und mit welchem Futter Ihr Hund bisher gefüttert wurde. Zudem wird man Ihnen sagen, wie Sie ihn am besten in sein neues Zuhause transportieren können. Verantwortungsbewusste Züchter warten nicht, bis Sie sie anrufen und ihnen sagen, wie es dem Welpen geht – sie rufen von Zeit zu Zeit selbst an und erkundigen sich danach. Halten Sie das bitte nicht für aufdringlich, sondern nehmen Sie es als Zeichen dafür, wie sehr sich der Züchter noch für »seinen« Welpen interessiert, und ziehen Sie Ihren Nutzen daraus.

Kaufvertrag

Die meisten Züchter sind mit ihren Zwingernamen sehr eigen. Wenn Sie einen Welpen kaufen, von dem der Züchter meint, dass er oder sie ein guter Zuchtrüde bzw. eine gute Zuchthündin sei, kann es Ihnen passieren, dass er Sie zwar mit Ihrem Hund züchten lässt, dass er Ihnen aber bei Ausstellungen die Benutzung seines Zwingernamens nicht erlaubt. Bei solchen Welpen sind die Verkaufsverträge kompliziert, manchmal beinhalten sie auch eine Beteiligung an dem Welpen.

Wenn Sie nicht züchten wollen, sondern lediglich einen Gefährten für sich suchen, sollten Sie derartige Komplikationen vermeiden! Wenn Sie allerdings mit Ihrem Hund an Wettbewerben wie beispielsweise Agility oder offiziellen Gehorsamsprüfungen teilnehmen, auf Ausstellungen gehen oder selbst züchten möchten, dann sollten Sie die guten Beziehungen zum Züchter Ihres Hundes pflegen. Ein guter Züchter ist der beste Lehrer für Sie; er wird Ihnen helfen, Ihren Hund zu verstehen.

■ **Manche Rassen** *wie beispielsweise der Shar-Pei leiden unter Erbkrankheiten. Hier sollten Sie sich ein Gesundheitszeugnis der Eltern vorlegen lassen.*

■ **Dalmatiner werden oft taub**. *Vergewissern Sie sich, dass die Eltern Ihres Welpen daraufhin untersucht wurden.*

Kurze Zusammenfassung

✓ Das Aussehen des Hundes ist wichtig – viel wichtiger für die Harmonie des Zusammenlebens ist aber sein Wesen.

✓ Über einen Zuchtverband erhält man einen Hund einer bestimmten Rasse, der dort registriert wird. Über den Zuchtverband und die Identifikationsmerkmale des Hundes kann man aber auch verloren gegangene Tiere wiederfinden.

✓ In den Ausstellungen der Zuchtverbände werden Hunde vorgestellt, die eingetragen werden sollen. Es gibt auch Wettbewerbe von der lokalen bis zur internationalen Ebene, auf denen das Exterieur und das Wesen des Hundes bewertet werden. Hier werden die »Champions« gemacht.

✓ Kein Zuchtverband wird Ihren Hund eintragen, wenn Sie keinen Abstammungsnachweis für ihn vorlegen können.

✓ Ein eingetragener Rassehund ist keine Garantie für Gesundheit und anständigen Charakter. Lassen Sie sich ein Gesundheitszeugnis der Eltern geben, und kaufen Sie überlegt.

✓ Ein guter Züchter versieht Sie mit dem Pedigree, dem Eintragungsdokument, Impfpass und Pflegeempfehlungen und wird sich auch vergewissern, ob Sie es überhaupt verdient haben, seinen Welpen zu bekommen ...

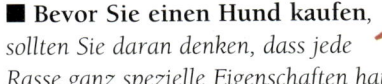

■ **Bevor Sie einen Hund kaufen**, *sollten Sie daran denken, dass jede Rasse ganz spezielle Eigenschaften hat.*

Kapitel 5

Persönlichkeitstest für Sie und Ihren Hund

SIE HABEN EINEN ZÜCHTER oder ein Tierheim gefunden, wo Sie den entsprechenden Hund bekommen können. Welchen nehmen Sie? Mit ihrem Wuschelfell sehen Welpen alle gleich aus, aber dennoch hat jeder eine eigene Persönlichkeit. Sie ist das Produkt der ererbten Gene und der Art, wie das Tier bisher behandelt wurde. Die Persönlichkeit des Hundes können Sie testen. Bedenken Sie dabei aber, dass Ihre eigene Persönlichkeit für die Zukunft des Hundes mindestens genauso wichtig ist ...

In diesem Kapitel ...

✓ Klappt der Test wirklich?

✓ Einfacher Test für Welpen

✓ Einfacher Test für erwachsene Hunde

✓ Testen Sie sich selbst

✓ Beziehen Sie Ihre Familie mit ein

DER HUND MUSS AUCH ZU IHRER PERSÖNLICHKEIT PASSEN.

Klappt der Test wirklich?

MAN KANN DAS VERHALTEN des erwachsenen Hundes testen und beurteilen, das des Welpen jedoch kaum. In den siebziger Jahren wurden Verhaltenstests für Welpen entwickelt. Viele interessante Untersuchungsverfahren wurden erprobt, und man erfand immer neue, noch intelligentere Methoden, um das Wesen der kleinen Hunde zu erforschen.

Das Konzept war logisch. Sie haben in den vorhergehenden Kapiteln schon erfahren, dass die Rassen ursprünglich für einen bestimmten Zweck und nach bestimmten Charaktereigenschaften gezüchtet wurden. Das »Rohmaterial« waren dabei die ererbten Eigenschaften: zu treiben, zu jagen, anzugreifen oder zu hüten. Das Verhalten eines Rassehundes ist daher selbstverständlich wesentlich einfacher zu testen als das eines Mischlingshundes.

Aber auch Welpen sind genau wie wir Produkte ihrer Umwelt. Ein Verhaltenstest des Welpen sagt Ihnen vielleicht etwas über seine jetzige Persönlichkeit. Bei neutralen Tests an Welpen stellte man fest, dass ihr Wesen als erwachsener Hund überhaupt nicht vorauszusehen war – abgesehen von einem sehr wichtigen Punkt.

■ **Dominante Welpen** *werden immer auch dominante erwachsene Hunde.*

Welpen mit einem dominanten Wesen sind auch als erwachsene Hunde dominant. Auf dieses Merkmal sollte man bei Welpen daher unbedingt achten. Aufdringliche Welpen mögen ja noch süß sein – ein erwachsener aufdringlicher Hund ist aber lästig und kann sogar gefährlich werden, weil man ihn nie richtig kontrollieren kann.

■ **Kaufen Sie niemals** *zwei Welpen gleichzeitig – es ist fast unmöglich, sie beide anständig zu erziehen.*

Übrigens ...

Kaufen Sie niemals zwei Welpen gleichzeitig. Es ist fast unmöglich, sie zu erziehen. Indem Sie dem einen Welpen gerade beibringen, sich auf Sie zu konzentrieren, bringen Sie dem anderen unwillentlich bei, Ihnen nicht zuhören zu müssen. Wenn Sie zwei Hunde in demselben Alter haben möchten, legen Sie sich die Hunde nacheinander zu.

Einfacher Welpentest

EINES UNSERER KINDERMÄDCHEN

ermahnt zu dominante Hunde: »Sei nicht so frech!« Das ist das richtige Wort für die Sorte Welpen, die Sie sich nicht zulegen sollten. Der frechste Junghund ist der, der als Erster aus dem Körbchen klettert. Das ist reizend, kann später aber Ärger geben – ebenso wie der schüchternste Welpe, dem ein Schild mit der Aufschrift »Ich

■ **Ihr Junghund** *sollte nicht der frechste des Rudels sein. Wählen Sie einen mit gemäßigtem Temperament.*

brauche dich!« um den Hals zu hängen scheint. Ein solcher Welpe gehört in die Hand von erfahrenen Hundebesitzern, die sein Selbstvertrauen stärken können.

DER TEST

Mit diesem Test kann man die Dominanz des Welpen bewerten. Geben Sie dem Welpen bei jeder Frage eine Note von 1 bis 5:

1 Heben Sie den Welpen hoch. Wie benimmt er sich?

ERSCHRECKT	ABWARTEND	ENTSPANNT	WIDERSETZLICH	ER BEISST
1	2	3	4	5

2 Holen Sie den Welpen aus seinem Körbchen, und bringen Sie ihn in eine ruhige Ecke. Setzen Sie ihn ab, und beobachten Sie, wie er die Ecke erkundet.

ERSCHRECKT	ABWARTEND	ENTSPANNT	NEUGIERIG	HOCH INTERESSIERT
1	2	3	4	5

3 Rollen Sie den Welpen auf den Rücken, halten Sie ihn eine Minute lang fest, und warten Sie seine Reaktion ab.

ERSCHRECKT	ABWARTEND	ENTSPANNT	ZAPPELND	VERÄRGERT
1	2	3	4	5

Bei allen Tests sind die Mittelwerte um 3 die besten. Damit bekommen Sie einen ausgeglichenen Hund. Welpen mit dem Notendurchschnitt 1 sind unterwürfig und vielleicht ängstlich. Welpen mit einem Notendurchschnitt von 5 sind dominant. Das können tolle Hunde werden – in den Händen von erfahrenen Hundehaltern.

Sozialisierung und Angst

Welpen machen verschiedene Angstperioden durch, in denen sie jeweils durch bestimmte Dinge erschreckt werden. Die erste dieser Angstperioden liegt meistens im Alter von sieben oder acht Wochen. Spezielle Tests sollten also in einem Alter von unter sechs Wochen vorgenommen werden.

Erfahrene Züchter kennen den Wert der Sozialisierung ihrer Welpen und konfrontieren sie so früh wie möglich mit fremden Gegenständen und Tönen. Fragen Sie den Züchter, ob er für seine Welpen ein derartiges Sozialisierungsprogramm anbietet.

Den besten Start ins Leben haben Welpen, die in einem großen, lauten Haushalt aufwachsen, in dem sie mit Kindern und Erwachsenen zu tun haben, die liebevoll mit ihnen umgehen, und in dem sie auf Besucher, andere Hunde und eventuell sogar auf Katzen treffen.

Kaufen Sie keinen Welpen, der in einem Zwinger, einer Tierhandlung oder bei Hundehändlern, also ohne liebevollen Kontakt, aufwächst. Solche Welpen haben keine Chance, sich zu sozialisieren. Welpen, die nicht im Haus aufgewachsen sind, sind immer problematischer als im Haus aufgezogene.

■ **Mit sieben Wochen** *durchleben Welpen eine ängstliche Phase. Ihr Wesen testet man also besser im Alter von sechs Wochen.*

Herz gegen Verstand

Unsere Herzen fliegen den Benachteiligten zu. Sie brauchen uns. Doch aus unterwürfigen Welpen werden meist ängstliche Hunde. Wenn Sie keinen solchen Hund möchten, sollten Sie sich einen Welpen mit einem anderen Wesen aussuchen.

INTERNET

www.hundezeitung.de/ ausbildung/test3.html

Auf dieser Website wird gezeigt, wie man dem neu ankommenden Welpen die Eingewöhnung erleichtern kann.

■ **Ihr Welpe sollte von klein auf** *an Erwachsene, Kinder und andere Hunde gewöhnt werden.*

MANCHE RASSEN SIND BESONDERS KINDERLIEB

Diese Rassen sind besonders leicht zu erziehen und beißen auch (fast) nicht, wenn man sie provoziert – also ideal für Familien mit kleinen Kindern.

Basset
Berner Sennenhund
Bluthund
Cavalier King Charles Spaniel
Collie

Golden Retriever
Labrador Retriever
Neufundländer
Norwegischer Elchhund
Ungarischer Vizsla

FÜR KINDER WENIGER GEEIGNETE RASSEN

Diese Rassen, an erster Stelle die Terrier, neigen laut Statistik dazu, nach Kindern zu schnappen.

Chihuahua
Chow-Chow
Cockerspaniel
Foxterrier
Irish Terrier
Jack Russel Terrier
Spitze
Scottish Terrier
Welsh Terrier
Westhighland Terrier
Yorkshireterrier

■ **Der anschmiegsame** *Cavalier King Charles Spaniel eignet sich hervorragend für große Familien.*

Einfache Tests für Hunde

WAS MICH AN HUNDEN so fasziniert und was ich an ihnen liebe, ist ihre totale Ehrlichkeit: Sie sind so, wie sie aussehen. Hunde lügen nicht. Sie verstellen sich nicht. Liebe, Hass, Zuneigung, Zufriedenheit, Aufregung, Langeweile, Angst und Aggression – dem Hund sieht man an, was er fühlt. Das macht die Sache im Grunde einfach.

Der Wesenstest bei einem erwachsenen Hund gibt genauen Aufschluss darüber, wie er ist, denn Hunde sind absolut ehrlich. Beobachten Sie also seine Reaktionen auf Menschen, besondere Umstände oder andere Tiere, und Sie wissen schnell, was für einen Hund Sie vor sich haben.

REAKTION AUF MENSCHEN

■ **Testen Sie die Reaktion** *Ihres Hundes auf Menschen, die einen Hut tragen.*

So können Sie einen erwachsenen Hund testen. Die Noten reichen von 1 bis 5:

RUHIG	ABWARTEND	GLEICHMÜTIG	AUFGEREGT	AUSSER SICH
= 1	= 2	= 3	= 4	= 5

Fremde	____	Jogger	____
Babys	____	Lieferanten	____
Kleine Kinder	____	Uniformierte	____
Schulkinder	____	Hutträger	____
Halbwüchsige	____	Menschen mit	
Erwachsene	____	Motorradhelmen	____
Behinderte/Kranke	____	Menschen anderer	
Laute Menschen	____	Nationalitäten	____
Ängstliche Menschen	____		

■ **Testen Sie die Reaktion** *Ihres Hundes auf Schulkinder.*

In diesem Fall schneiden die Hunde am besten ab, die die niedrigsten Noten haben. Sie sind ausgeglichen, gelassen und die besten Familienhunde.

Der Vorteil bei diesem Test ist, dass Sie zu dem Zeitpunkt, an dem Sie Ihren neuen Hund in die Familie bringen, sein Wesen kennen und so abschätzen können, wo Sie noch mit ihm arbeiten müssen, damit er sich mühelos einfügen kann. Manche Zuchtverbände und Tierheime haben Wesenstests ausgearbeitet – suchen Sie dort Unterstützung, wenn Sie sich unsicher fühlen.

■ **Gewöhnen Sie Ihren Hund** *frühzeitig ans Autofahren – sonst kann das zur Quälerei werden.*

REAKTIONEN AUF NEUE SITUATIONEN UND EINE NEUE UMGEBUNG

RUHIG	ABWARTEND	AUSGEGLICHEN	AUFGEREGT	AUSSER SICH
= 1	= 2	= 3	= 4	= 5

Fahrende Autos ____	Fahrendes Auto ____	Streicheln	
Geöffnete Schirme ____	Glitschiger Boden ____	durch Fremde ____	
Kinderwagen ____	Belebte Straße ____	Bürsten/pflegen ____	
Krach ____	Tierarztbesuch ____		
Fremde Katze ____	Besuch im Haus ____		
Pferde ____	Augenkontakt		
Fahrendes Fahrrad ____	mit Fremden ____		
Fahrendes Motorrad ____			

■ **Ein fahrendes Fahrrad** *sollte Ihren Hund nicht außer sich bringen.*

Um es noch einmal zu sagen: Hunde mit niedrigen Wertnoten sind gut sozialisiert und nicht zu ängstlich – also die perfekte Eignung für Ihr neues Familienmitglied. Ändern Sie diese Tests auf Ihre spezifischen Bedürfnisse hin ab. Wenn Sie beispielsweise täglich mit Ihrem Hund im Bus fahren müssen, sollten Sie vorher testen, wie er sich dabei verhält. Anders als Welpen, bei denen sich im Laufe ihrer Entwicklung noch viel tun kann, erhalten Sie beim erwachsenen Hund ein Ergebnis, an dem sich vermutlich nicht mehr viel ändern wird.

■ **Fragen Sie nach, ob** *Ihr zukünftiger Hund sich mit Kindern verträgt oder ob er nach ihnen schnappt.*

AUCH HIERNACH SOLLTEN SIE FRAGEN ...

Wenn Sie einen Hund aus dem Tierheim holen, sollten Sie so viele Fragen wie möglich stellen:

Folgt der Hund auf Kommando?	Ja __	Nein __
Ist er zu Besuchern freundlich?	Ja __	Nein __
Mag er andere Hunde?	Ja __	Nein __
Kann man ihm ohne Probleme das Futter wegnehmen?	Ja __	Nein __
Kann man ihm ohne Probleme sein Spielzeug wegnehmen?	Ja __	Nein __
Hat der Hund jemals		
geknurrt oder gedroht?	Ja __	Nein __
geschnappt?	Ja __	Nein __
gebissen?	Ja __	Nein __
Hat der Hund Kinder		
angeknurrt oder bedroht?	Ja __	Nein __
nach ihnen geschnappt?	Ja __	Nein __
gebissen?	Ja __	Nein __
Was macht der Hund, wenn man ihn allein lässt?		
Bellen oder heulen?	Ja __	Nein __
Kratzen?	Ja __	Nein __
Ständig herumrennen?	Ja __	Nein __
Sachen zerstören?	Ja __	Nein __
Urinieren oder Kot absetzen?	Ja __	Nein __

Was macht der Hund, wenn er auf andere Hunde trifft?

	Ja	Nein
Er ignoriert sie.	__	__
Er will mit ihnen spielen.	__	__
Knurrt er?	__	__
Droht er?	__	__
Will er kämpfen?	__	__
Macht er das bei allen Hunden oder		
nur an der Leine?	__	__
nur bei Rüden?	__	__
nur bei Hündinnen?	__	__
nur bei bestimmten Hunden?	__	__

Je mehr Probleme Ihnen bekannt sind, desto besser können Sie abschätzen, ob der Hund, der Ihnen vom Äußeren her gefällt, auch vom Charakter her ein guter Gefährte für Sie sein kann.

■ **Ihr Hund muss sich von** *Ihnen widerstandslos sein Futter wegnehmen lassen.*

■ **Fragen Sie auch danach**, *ob Ihr zukünftiger Hund ständig irgendwelche Sachen kaputt macht.*

Testen Sie sich selbst

SIE MÜSSEN NICHT NUR DEN HUND TESTEN – *auch sich selbst. Finden Sie genau heraus, was Sie von Ihrem neuen Hund erwarten. Wollen Sie einen Gefährten, einen Beschützer, ein Statussymbol oder einen Hund, der Ihr Selbstbewusstsein stärkt? Seien Sie so ehrlich mit sich selbst, wie Ihr Hund es zu Ihnen ist. Hier sind einige Fragen zu dem, was Sie von Ihrem Hund erwarten.*

WIE WICHTIG SIND FOLGENDE EIGENSCHAFTEN FÜR SIE?

Bewerten Sie sie mit Noten von 1 (unbedeutend) bis 5 (sehr wichtig):

Freundlich zu Fremden	____	Folgt auf Kommando	____
Freundlich zu kleinen Kindern	____	Bleibt allein zu Hause	____
Freundlich zu Schulkindern	____	Liebt Familientrubel	____
Freundlich zu Halbwüchsigen	____	Wird gern gestreichelt	____
Freundlich zu fremden Hunden	____	Mit starkem Willen	____
Jagt keine Katzen	____	Ausgeglichen und unabhängig	____
Jagt kein Vieh (Rinder, Pferde)	____	Aktiv	____

Niedrige Wertnoten bedeuten, dass Ihre Anforderungen an einen Hund ziemlich ausgeglichen sind. Aber ich habe drei Fallen eingebaut – drei Eigenschaften, die wir einerseits an unseren Hunden lieben, die uns aber doch oft in Schwierigkeiten bringen. Es sind die drei letzten Fragen. Wir möchten gern gut erzogene Hunde haben, gleichzeitig sind wir aber stolz auf sie, wenn sie stark, voller Selbstvertrauen und Individualität sind. Gerade diese Eigenschaften treffen auf einen Familienhund nicht zu. Er gehorcht vielleicht einer tiefen, maskulinen Stimme, aber kaum einer weichen, einer weiblichen oder einer kindlichen. Hier muss man Kompromisse eingehen.

■ **Wenn Sie bereits** *ein Haustier haben, sollten Sie abklären, ob sich Ihr neuer Hund mit anderen Tieren verträgt.*

Wesenszüge, die einen Menschen attraktiv machen, können bei einem Hund problematisch sein. Seien Sie also vorsichtig. Und da ich gerade davon spreche, lassen Sie mich noch einige weitere Punkte aufführen. Verstehen Sie mich richtig: Ich will es Ihnen nicht ausreden, sich einen Hund zuzulegen! Aber ich möchte doch, dass Sie genau wissen, worauf Sie sich einlassen.

■ **Bedenken Sie, dass** *ein erwachsener Hund physische Kräfte und geistige Beschäftigung braucht.*

Die Bedürfnisse des Hundes

Irgendwann hören Welpen auf, Welpen zu sein, und können ihrem Besitzer über den Kopf wachsen. Ein erwachsener Hund hat einen gewissen Bewegungs- und Beschäftigungsdrang. Sie sind also nicht nur für seine körperliche Gesundheit verantwortlich, sondern auch dafür, dass er sich emotional wohl fühlt.

Und das kann zum Problem werden. Tierärzte bemerken immer öfter emotionale Probleme bei Hunden. Eines davon ist die *Trennungsangst*. Wir verursachen sie selbst, indem wir die Hunde in unser Haus bringen und von ihnen erwarten, dass sie sich unserem Lebensstil völlig anpassen. Aus dem verspielten Welpen wird aber sehr schnell ein erwachsener Hund, der uns sein ganzes Leben lang braucht. Einen Hund hat man sein ganzes Leben lang, nicht nur für einen Moment.

DEFINITION

Trennungsangst *ist die extreme Reaktion von Hunden, die von ihren Besitzern allein zu Hause gelassen werden. Manche trauern still, andere verletzen sich selbst. Wiederum andere bellen oder jaulen stundenlang. Hunde mit Trennungsängsten brauchen Hilfe in Form eines Trainingsprogramms, eines Verhaltenstrainings und eventuell durch eine Änderung ihrer Lebensumstände.*

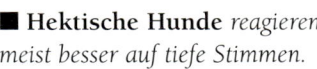

■ **Hektische Hunde** *reagieren meist besser auf tiefe Stimmen.*

■ **Hunde leiden oft unter Trennungsangst.** *Vergessen Sie nicht: Es sind Rudeltiere, die Gesellschaft brauchen.*

Hunde kosten Geld

Sie sollten die Kosten schon einmal durchrechnen. Gerade große Hunde oder Hunde, die beispielsweise regelmäßig getrimmt werden müssen, sind im Unterhalt nicht billig. Da kommt einiges zusammen. Die Futterkosten und die Ausstattung sind relativ einfach zu kalkulieren.

Auch die regelmäßige Gesundheitsvorsorge wie Impfungen und Wurmkuren kann man schnell berechnen. Ein Problem sind eher die Krankheiten. Dafür gibt es spezielle Versicherungen, die allerdings sehr teuer sind. Oder man richtet sich für solche Notfälle ein Konto ein. Egal wie – dieser »Notgroschen« muss immer da sein ... ein Leben lang!

■ **Die normalen Haltungskosten** *sind nicht allzu hoch. Sowie es aber zum Tierarzt geht, muss man mit großen Ausgaben rechnen.*

Übrigens ...

Hunde und Hundeartige wie Füchse, Koyoten und Wölfe leiden oft unter Rundwürmern (Toxocara canis), die auch auf den Menschen übertragbar sind. Die meisten Welpen haben Rundwürmer und müssen daher regelmäßig entwurmt werden. Wenn Menschen die Larven von Rundwürmern aufnehmen, können sich diese überall im Körper festsetzen, u. a. auch im Augenhintergrund. Das ist nicht häufig, kann aber vorkommen und zu Sehstörungen führen. Achten Sie daher auf eine regelmäßige Entwurmung Ihres Hundes – ganz besonders bei Welpen.

Hunde bringen Probleme mit sich

Während ich Ihnen beschreibe, wie viele Probleme die Anschaffung eines Hundes mit sich bringen kann, ist meine alte Hündin Lexie aufs Sofa gesprungen und in einen tiefen Schlaf gefallen. Den wird niemand stören, denn sie ist mittlerweile stocktaub. Wenn ich sie so ansehe, kann ich es kaum glauben, dass in diesem sanften Wesen immer noch das wilde Wolfserbe schlummert. Man muss sie nur genug reizen, dann beißt sie zu. Genau das ist das Problem mit Hunden – sie beißen eben manchmal.

Glauben Sie bloß nicht, Hunde würden nur Kriminelle beißen! Leider nicht. Viel öfter müssen die Besitzer dran glauben. Wenn Ihr Hund dann nicht gegen Tollwut geimpft ist, kann das zu einem echten Problem nicht nur für Ihren Hund, sondern auch für Sie werden. Ein weiteres Problem sind Allergien. Vergewissern·Sie sich, dass in Ihrer Familie niemand gegen Tierhaare allergisch ist. Es ist herzzerreißend, wenn man sich wegen einer Allergie von dem geliebten Hund trennen muss.

■ **Welpen verwurmen** *schon im Mutterleib oder nehmen die Würmer mit der Muttermilch auf, wenn die Hündin nicht korrekt entwurmt wurde.*

Mit einem Hund verändert sich das Leben

Im Moment passt ein Hund perfekt in Ihr Leben – aber was ist in zehn Jahren? Dann sind die Kinder aus dem Haus. Was möchten Sie nun – einen Hund oder Freiheit? Ich persönlich kann es mir nicht vorstellen, in ein leeres Haus zu kommen, in dem niemand auf mich wartet, und sei es nur eine alte Hundedame, die manchmal schnarcht.

■ **Jeder Hund beißt** *zu, wenn man ihn zu sehr reizt.*

Die Einbeziehung der Familie

Ein Hund ist so etwas wie ein Familienmitglied. Vielleicht ist nur einer in der Familie für ihn verantwortlich; aber er gehört doch zu allen, nicht nur zu dieser einen Person. Also muss die Familie auch entscheiden. Es ist nicht fair, irgendjemanden mit einem Hund als Geschenk zu überraschen es sei denn, der- oder diejenige kümmert sich selbst intensiv um den Hund.

Die Anschaffung eines Hundes will gut geplant sein. Stellen Sie eine Hausordnung auf, in der festgelegt ist, wer was mit dem neuen Hausgenossen tun darf. Diskutieren Sie mit der ganzen Familie darüber. Denn jeder im Haus steht rangordnungsmäßig über dem Hund, kann ihn also loben und tadeln. Das muss genauestens abgesprochen und geklärt werden, bevor Sie Ihr neues Familienmitglied nach Hause bringen.

SO KÖNNTE DIE HAUSORDNUNG FÜR DEN HUND AUSSEHEN

1. Sparky bleibt im _____ (Haus, Garten ...)

2. Sparky schläft im _____ (Haus, Flur ...)

3. Verantwortlich für Sparky ist in erster Linie _____

4. Haus- und Gartentüren müssen immer geschlossen sein.

5. Am Gehorsamstraining für Sparky nehmen alle teil.

6. Sparky bekommt Leckerlis nur dann, wenn er gehorcht.

7. Sparky wird nur gerufen, wenn man etwas von ihm will.

8. Sparky gehört zur Familie. Denkt daran, wenn Ihr irgendetwas plant.

■ **Wo Ihr Hund schlafen wird,** *sollten Sie sich überlegen, bevor Sie ihn holen.*

Übrigens …

Hunde hören am besten auf kurze, klare Namen. Meine Hunde haben offiziell prächtige Namen – Lexington und Liberty –, im täglichen Gebrauch aber heißen sie Lex und Lib. Namen mit einer oder zwei Silben eignen sich gut, denn das hebt sich von der üblichen Satzmelodie ab. Also Rex, Ben, Meg und so weiter. Wenn Sie Ihren Cockerspaniel Maria-Theresia nennen, werden Sie ihn vermutlich Reserl oder Mary rufen.

■ **Achten Sie darauf**, *dass Ihr Hund von Ihrer Familie nur dann ein Leckerli erhält, wenn er gehorcht.*

Kurze Zusammenfassung

✓ Es ist nützlich, einen Welpen zu testen – über das Wesen des erwachsenen Hundes gibt der Test nur wenig Auskunft.

✓ Welpen sollten früh sozialisiert werden. Ein Hund, der in liebevollen Händen aufwächst, wird eher ein verlässlicher Gefährte.

✓ Wenn man einen erwachsenen Hund auf bestimmte Dinge hin testet, erfährt man viel über sein Wesen.

✓ Wichtig für eine gute Partnerschaft ist, dass Ihre Erwartungen an den Hund erfüllt werden.

✓ Gehen Sie davon aus, dass Ihr Hund sein Leben lang bei Ihnen bleiben wird – zehn bis 15 Jahre.

✓ Hunde kosten Zeit und Geld. Sie als Besitzer müssen beides haben.

■ **Ihr Hund muss wissen,** *wo er seinen Platz hat.*

TEIL ZWEI

Kapitel 6
Die erste Nacht

Kapitel 7
Den Hund eingewöhnen

Kapitel 8
Denken wie ein Hund

Kapitel 9
Denken Sie an die Nachbarn

SEIEN SIE VORBEREITET, DAMIT SICH IHR NEUER HUND
SCHNELL EINGEWÖHNT.

DAS NEUE ZUHAUSE

ES IST ERFREULICH, mit einem Hund zusammenzu-leben, denn es erinnert uns daran, dass auch wir ein Teil der *Natur* sind. Ein Hund bringt Liebe und Gesellschaft, aber auch *Verantwortung* in unser Leben: Verantwortung für das Wohlergehen des Hundes und Ihrer Familie, Ihrer Freunde und Nachbarn. Daher muss man den Einzug des neuen Familienmitgliedes sorgfältig planen.

Informieren Sie sich rechtzeitig über die Pflege des Hundes. Berücksichtigen Sie die *Umgebung* Ihres Hundes im Haus und im Freien. Eventuellen Unfallrisiken sollten Sie rechtzeitig vorbeugen. Planen Sie, wo Ihr Hund schlafen soll, und wie Sie ihn erziehen. Die Ausrüstung für den Hund soll praktisch sein, Schnörkel sind überflüssig. Wenn Sie für Ihren neuen Freund einkaufen, sollten Sie wie ein Hund denken: Kaufen Sie also einfache Dinge.

Kapitel 6

Die erste Nacht

BETRACHTEN SIE SICH als Lehrer. Wirklich gute Lehrer sind in der Lage, die Begeisterung und jugendliche Energie ihrer Schüler in die richtigen Bahnen zu lenken. Gute Lehrer wissen, wie wichtig es ist, Ziele zu haben. Ihr Ziel muss es sein, Ihren neuen Hund in Ihre Familie zu integrieren. Wenn Ihnen das gelingen soll, müssen Sie erst Ihre eigenen Gefühle und das Verhalten Ihrer Familie kontrollieren und dann die Energie Ihres Hundes in eine positive Richtung lenken.

In diesem Kapitel ...

✓ Der Anführer sind Sie

✓ Wer schläft wo?

✓ Betten und Bettzeug

✓ Eine Gitterbox ist kein Gefängnis

✓ Zwinger

✓ Routinen und Rituale

Der Anführer sind Sie

Natürlich ist der neue Hund ein richtiges Familienmitglied, die wichtigste Person für ihn sind aber Sie. Denn Sie sind für den neuen Hund verantwortlich, aber ebenso auch für das Benehmen Ihrer Kinder, Ihres Partners – mit einem Wort: für alle Ihre Lieblinge. Die wichtigste Regel ist, alles unter Kontrolle zu haben. Wenn Sie das schaffen, ist der Rest ganz einfach ...

Achten Sie auf Ihre Kinder

Für kleine Kinder ist ein neuer Hund ein reizendes Spielzeug, besonders, wenn es sich um einen Welpen handelt. Natürlich wollen alle mit ihm spielen, ihn herumtragen und ihn ihren Freunden zeigen. Eigentlich sollte der Hund ja auch für die Kinder sein. Aber die Verantwortung dafür, dass das auch wirklich klappt, liegt bei Ihnen.

DAS MÜSSEN SIE IHREN KINDERN SAGEN:

Für den ersten Tag sollten Sie folgende Regeln festsetzen:

✓ Der Hund wird nicht hochgehoben.

✓ Der Hund wird nicht gestört, wenn er schläft.

✓ In der Nähe des Hundes wird nicht geschrien und gesprungen.

✓ Es wird sich nicht gezankt, gerauft oder herumgestoßen.

Ein Welpe, aber auch ein erwachsener Hund, braucht Zeit, um sich mit seiner neuen Umgebung vertraut zu machen. Diese Zeit sollte man ihm lassen. Am besten kaufen Sie Ihren Kindern ein spannendes Spiel, wenn Sie den neuen Hund mitbringen. Das lenkt sie zeitweise ab und gibt dem Hund die Chance, sich umzusehen.

■ **Achten Sie darauf**, *dass Ihre Kinder mit dem Hund sanft umgehen und ihn nicht ärgern.*

Beherrschen Sie sich

Ich sage es nicht gern, aber wir Erwachsenen sind oft schwieriger als Kinder. Kinder gehorchen wenigstens. Wir dagegen sagen: »Oh, es macht doch gar nichts, wenn ich den süßen Hund nur diesmal mit ins Bett nehme!«, oder »Ich habe ihn aus seiner **Gitterbox** geholt, weil er so gejammert hat.« Und es gibt keine Anzeichen, dass Männer in dieser Hinsicht etwa »härter« wären als Frauen, wie es oft behauptet wird! Keine Ahnung, wie Sie dagegen ankommen werden, aber Sie sollten sich darüber im Klaren sein, dass Sie zumindest bei der konsequenten Erziehung Ihres Hundes einen Saboteur im Hause haben, der Ihre Arbeit ständig untergräbt.

■ **Ihre Familie muss bestimmten** *Hausregeln für den Hund zustimmen und sie auch einhalten.*

> **DEFINITION**
>
> *Sie sollten sich eine* **Gitterbox** *für Ihren Hund anschaffen. Das sind Gehäuse aus stabilem Metall mit einer verschließbaren Tür. Man braucht sie immer einmal wieder, z. B. für den Weg zum Tierarzt o. Ä.*

Das erste Treffen mit dem bisherigen Hund

Wenn Sie schon einen Hund haben, müssen Sie damit rechnen, dass er nicht gerade begeistert ist, wenn ein zweiter auftaucht. Wenn Sie Ihren Hund zur Abholung des neuen Hundes mitnehmen, sollten Sie die Hunde im Auto trennen. Das erste Zusammentreffen Ihres bisherigen Hundes mit dem Neuankömmling findet am besten nach einem ausgiebigen Spaziergang auf neutralem, Ihrem Hund bisher unbekanntem Territorium statt. Der Vorteil des neuen Territoriums ist, dass Ihr Hund sich zuerst einmal für die neuen Gerüche interessiert. Der neue Welpe ist in dieser Umgebung nur einer unter vielen. Lassen Sie die beiden Hunde einander ausgiebig beschnüffeln, und greifen Sie nicht ein, solange sich keiner außergewöhnlich benimmt. Wenn einer das tut, trennen Sie sie und fahren mit ihnen an einen neuen, interessanten Ort.

Zu Hause angekommen, lassen Sie beide Hunde in den Garten. Entfernen Sie alle alten Knochen, Spielzeuge oder sonstigen »Besitztümer« Ihres Hundes. Es könnte sonst sein, dass Ihr Hund eifersüchtig reagiert, wenn der Welpe daran schnüffelt. Zuerst lassen Sie den Welpen hinaus, dann Ihren Hund. Achten Sie darauf, dass der Welpe nicht allzu wild ist. Im Allgemeinen schätzen erwachsene Hunde es nicht, wenn Welpen an ihnen herumzupfen oder zwischen ihren Beinen herumlaufen. Sie fühlen sich provoziert und schnappen zu. Wenn Sie das Gefühl haben, dass Ihr Hund den Kleinen angreift, gehen Sie mit ihm ins Haus. Dort bleibt er dann erst einmal in einem Spielgitter oder in der Hundekiste.

■ **Lassen Sie den Hunden Zeit**, *wenn Ihr neuer Hund auf Ihren bisherigen trifft.*

Das erste Zusammentreffen mit der Katze

Die meisten Katzen wissen, was zu tun ist, wenn ein Welpe kommt. Fauchen, notfalls noch ein Hieb mit der Pfote, und der Neuling weiß, wer der Boss ist. Fast immer ziehen sich die Welpen zurück und lernen, dass man vor Katzen Respekt haben muss.

Wenn Ihr Welpe allerdings ein Terrier ist oder einer anderen kämpferischen Rasse angehört, sollten Sie darauf gefasst sein, dass sie ihn zurückhalten müssen, damit er nicht auf die Katze losgeht. Wenn Sie Anzeichen entdecken, dass der Welpe die Katze jagen will, sollten Sie die beiden nicht ohne Aufsicht zusammenlassen. Dann setzen Sie Ihren Welpen lieber irgendwohin, wo er die Katze nicht erwischen kann.

■ **Wenn Ihr Hund die Katze jagt**, *müssen Sie ihn einsperren.*

■ **Katzen können sich** *hervorragend verteidigen. Gerade deshalb sollten Sie das erste Zusammentreffen mit dem neuen Hund sorgfältig überwachen.*

Meist jagt der neue Hund die Katze aber erst, wenn er sich im neuen Heim eingewöhnt hat und sich dort richtig auskennt. Sowie Sie dieses gewisse Leuchten in seinen Augen entdecken, sollten Sie eine lange, dünne Leine an seinem Halsband befestigen, auf die Sie notfalls treten können. Wenn Ihr kleiner Rabauke dann das Spiel entdeckt hat, die Katze anzuspringen (ein höchst beliebtes Spiel bei Welpen, weil die Katze dann wegrennt und man sie herrlich jagen kann), sollten Sie versuchen, seine Aufmerksamkeit mit irgendeinem Spielzeug abzulenken. Sie müssen dem Hund beibringen, dass Sie oder andere Menschen – nicht die Katze! – zum Spielen da sind.

Wer schläft wo?

WELPEN SIND GESELLIGE TIERE. *Sie sind im Kreis der Familie glücklich. In den ersten acht Lebenswochen schläft der Welpe eng an Mutter und Geschwister gekuschelt. Es ist ganz natürlich, dass sich ein Welpe aufregt, wenn er von dieser Wärme und der Sicherheit des körperlichen Kontaktes getrennt wird.*

■ **Jeder Welpe** *und auch jeder erwachsene Hund sollte eine bequeme, geräumige und saubere Schlafstätte haben.*

Jetzt müssen Sie entscheiden, wie und wo Ihr Hund schlafen soll. Viele Hundebesitzer glauben, es sei anfangs das Beste für den Hund, in einem gemütlichen Zimmer zu schlafen. Wenn Sie das auf Dauer möchten, sollten Sie das auch so durchführen und anfängliches Jaulen und Heulen des Welpen ignorieren. Wenn Sie ihm antworten und ihn »trösten«, wird er dadurch nur lernen, dass Krachmachen hilft.

Ein sanfter Beginn

Ich persönlich ziehe es vor, Welpen anfangs in einer Kiste mit hohen Wänden oder einem Körbchen im Schlafzimmer schlafen zu lassen. Der kleine Hund, der jetzt keinen Kontakt mehr zu seiner Hundefamilie hat, findet in der Nähe seiner neuen Familie Trost.

Dadurch, dass der kleine Hund so nahe bei Ihnen schlafen darf, festigt sich sein Vertrauen zu Ihnen. Welpen, aber auch erwachsene Hunde, sind außerordentlich flexibel. Der neue Hund lernt schnell, Sie als denjenigen anzusehen, dem man zu gehorchen und den man zu respektieren hat.

Die nächtliche Routine

Wenn möglich, sollten Sie dem Züchter eine Decke von zu Hause bringen. Die wird dann zur Mutter und zu den Geschwistern des Welpen in den Korb gelegt und nimmt schon nach einem Tag deren Geruch an. Diese Decke legen sie in das Körbchen des Welpen. Der vertraute Geruch wird ihn beruhigen und trösten.

In der Nacht sollten Sie folgende Routine einhalten:

1. Zur Schlafenszeit sollte der Welpe müde sein. Spielen sie mit ihm, füttern Sie ihn, gehen Sie mit ihm Gassi, und legen Sie ihn dann in sein Körbchen.

2. Verhalten Sie sich ruhig. Legen Sie sich hin, und lesen Sie ein Buch. Achten Sie nicht auf den Welpen. Vermeiden Sie Augenkontakt.

3. Jaulen, Wimmern und selbst Schreien sollten Sie einfach ignorieren.

4. Wenn der Welpe nachts jault, schreit und aus seinem Körbchen hinaus will, kann das bedeuten, dass er sich erleichtern will. Dann müssen Sie schnell aus dem Bett und den Kleinen hinausbringen. Danach loben Sie ihn, geben ihm ein Leckerli und legen ihn ohne viel Aufhebens wieder in seinen Korb.

5. Die nächsten zehn Minuten brauchen Sie Ohrenstöpsel, denn vermutlich will Ihr Welpe jetzt spielen. Wenn Sie jetzt konsequent sind, lernt er schnell, dass Schreien nichts hilft.

Feste Gewohnheiten

Innerhalb einer Woche sollte Ihr Hund so weit sein, dass er allein in einem Raum schlafen kann, den Sie dafür bestimmen. Natürlich wird er zuerst quengeln, aber viel weniger, als wenn Sie ihn gleich in der ersten Nacht nach seiner Ankunft allein gelassen hätten. Lassen Sie Ihren Hund nicht in einem kalten, feuchten oder ungemütlichen Zimmer schlafen, sondern richten Sie ihm eine gemütliche Liegestatt her. Sonst heult Ihr Hund vielleicht die ganze Nacht – und das geschähe Ihnen recht!

Wenn der Schlafplatz feststeht, sollte man als erstes eine Hundetoilette anlegen. Als unterste Schicht legt man eine wasserundurchlässige Plastikplane auf den Boden. Darauf kommen mehrere Schichten Zeitungspapier. (Es gibt Hunde, die sich die Langeweile damit vertreiben, dass sie die Plastikplane in winzige Stückchen reißen, selbst wenn Zeitungspapier darüber liegt.)

Um Ihren jungen Hund daran zu gewöhnen, nachts diese Toilette zu benutzen, gehen Sie wie folgt vor: Zum Spaziergang nehmen Sie Papiertaschentücher oder Q-Tips mit und tauchen diese in den Urin des Hundes. Zu Hause betupfen Sie das Zeitungspapier der »Toilette« damit – das wird den Hund animieren, sich dort nachts zu erleichtern.

Manche großen Hunderassen wie Schäferhunde, Labrador Retriever und Golden Retriever möchten keine »Haustoiletten« benutzen. Wenn der Welpe nachts weint und jault und Sie merken, dass er hinaus muss, sollten Sie ihn gewähren lassen. Gehen Sie mit ihm vor die Tür, lassen Sie ihn sein Geschäft machen, und gehen Sie wieder mit ihm ins Haus, ohne mit ihm zu spielen. Begleiten Sie ihn nur zum »Pipi-Machen« – mehr nicht. Sonst lernt er nur, dass nächtliches Jaulen mit Spielen belohnt wird.

■ **Eine weiche Liegestatt** *mit einem waschbaren Überzug wird von allen Hunden gern angenommen.*

Betten und Bettzeug

EGAL, WO IHR Hund schlafen soll – er braucht eine solide Liegestatt. Bedenken Sie, dass der Hund noch wächst und als erwachsener Hund mehr Platz braucht. Auch wenn Sie den kleinen Hund in den ersten Wochen bei sich schlafen lassen, sollten Sie einen festen Liegeplatz für ihn planen. Berücksichtigen Sie dabei den Zahnwechsel – in dieser Zeit neigen Hunde dazu, ihre Zähne zu wetzen. Ein Weidenkorb eignet sich für einen erwachsenen Hund – für einen Welpen ist er eine zu große Versuchung ...

Liegeplätze

Hunde lieben es, einen eigenen Liegeplatz zu haben. Hierhin sollten sie sich immer zurückziehen können, wenn irgendetwas geschieht, das ihnen unheimlich ist, oder wenn sie schlafen möchten. Große Hunde legen sich gern flach auf die Seite und strecken die Beine aus. Daran sollte man bei der Planung des Liegeplatzes denken.

Fast alle Hunde legen sich gern gegen eine Begrenzung. Vermutlich fühlen sie sich sicherer, wenn sie »mit dem Rücken zur Wand« liegen. Daher haben viele käufliche Hundebetten eine Rückwand, viele sogar halbrunde seitliche Begrenzungen. Kaufen Sie kein Hundebett, bevor Ihr Hund etwa ein Jahr alt ist, und achten Sie dabei eher aufs Praktische als aufs Modische.

■ **Legen Sie Ihrem Welpen** *einen Kauknochen auf die Liegestatt. Besonders während des Zahnwechsels schont das andere Materialien.*

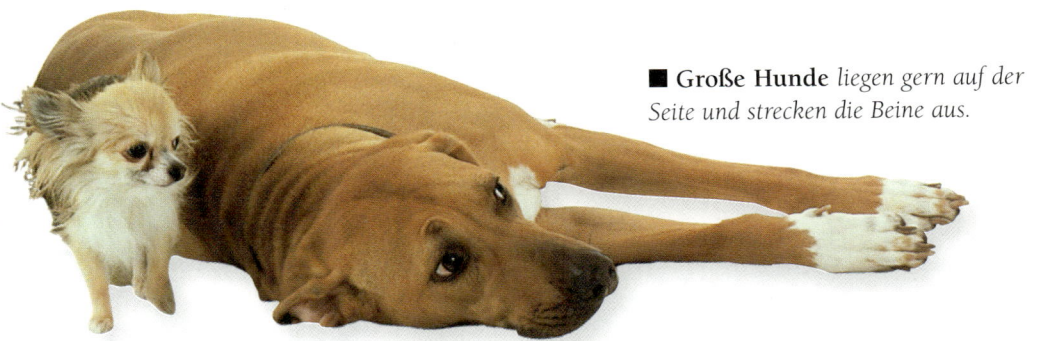

■ **Große Hunde** *liegen gern auf der Seite und strecken die Beine aus.*

Die Schlafstelle

Die Schlafstelle sollte hygienisch, waschbar, bequem und schützend sein. Rechtwinklige, runde oder ovale, mit leichten Styroporflocken gefüllte Kissen sind ideal. Meist sind sie mit einem Reißverschluss versehen, sodass man den Bezug in die Waschmaschine tun kann. Und sollte das Kissen einmal durch Urin oder etwas anderes völlig verunreinigt sein, kann man es sogar komplett waschen.

Viele Hunde lieben es, »ihr Bett zu machen«, bevor sie sich genüsslich hinlegen. Manche Hunde haben ganz bestimmte Vorstellungen davon, wie ihr Kissen zum Schlafen aussehen muss, und arbeiten lange und ernsthaft daran, bis die Form, deren Bedeutung uns immer verborgen bleiben wird, endlich zu ihrer Zufriedenheit ist. Solche Hunde sind mit einer Decke hervorragend bedient, denn aus Decken kann man Berge formen, man kann die Nase darin verstecken, kann sich Höhlen bauen.

Barrieren

Ein engmaschiges Gitter oder ein Babygitter ist eine hervorragende Sache. Am richtigen Ort platziert, hindert es Ihren Hund daran, den Teil des Hauses zu verlassen, in dem er bleiben soll. Dennoch ist er nicht völlig eingesperrt und kann die anderen Räume sehen. Handelsübliche Babygitter werden Ihnen gute Dienste leisten, wenn Sie Besuch bekommen oder wenn Ihr Baby im Flur herumkrabbelt.

INTERNET

www.zoozoo-spezial.de

Hier finden Sie auch Gitterboxen.

> ## Übrigens ...
>
> *Lexys Hundebett ist ein Weidenkorb. Jedes Mal, wenn wir ihr Kissen und den Überzug gewaschen haben und es wieder ordentlich in den Korb legen, arbeitet sie lange und systematisch, bis es über den Rand hängt. Dann lehnt sie sich dagegen. Wenn wir es wieder »richtig« in den Korb legen, sieht sie uns an, als ob sie dächte »Sind die dumm! Wissen die nicht, wohin das Kissen gehört ...?«*

■ **Die Gitterbox** des Welpen sollte sein Spielplatz sein. Es muss Spielzeug und etwas zum Kauen darin sein.

Eine Gitterbox ist kein Gefängnis

Eine Gitterbox, am besten eine, in der der Welpe auch spielen kann, ist eine praktische Sache. Wenn man es geschickt anstellt, gehen die Hunde gern in ihre Box und betrachten sie als ihr Reich.

Sperren Sie Ihren Hund aber nicht zur Strafe darin ein. Die Box ist »sein Reich«, aus dem man ihn niemals gewaltsam herausholen darf. Es sollte groß genug sein, dass sich auch der erwachsene Hund noch darin ausstrecken kann.

Einer der großen Vorteile einer Gitterbox ist, dass man die Hunde auf Autofahrten darin unterbringen kann. Die Box wird hinter das Hundegitter gesetzt und gibt Ihnen und Ihrem Hund während der Fahrt Sicherheit.

■ **Lassen Sie die Tür** *offen, und legen Sie Spielzeug oder eine Kaustange in die Box – Ihr Welpe wird es schnell inspizieren.*

Erste Bekanntschaft mit der Gitterbox

Legen Sie die Box mit Zeitungspapier aus; eine Decke, etwas Spielzeug und etwas Futter kommen auch hinein. Die Tür bleibt offen. Ihr Welpe wird neugierig hineingehen, das Spielzeug und das Fressen finden und sich in der Gitterbox gleich wohl fühlen. Der beste Standort ist ein Raum, in dem immer etwas los ist, die Küche z. B.

Gewöhnung an die Gitterbox

Sowie Ihr Welpe ganz selbstverständlich in »seine« Box geht, sagen Sie das Kommando »Box« (o. Ä.) oder locken ihn mit etwas Leckerem und dem gleichzeitigen Kommando hinein. Jetzt können Sie die Tür eventuell einige Minuten schließen.

Wenn Ihr Welpe in der Gitterbox bellt, beachten Sie ihn einfach nicht. Schimpfen Sie nicht, und reden Sie nicht mit ihm. Erst wenn er still ist, beachten Sie ihn wieder. Sowie er einige Minuten still ist, lassen Sie ihn heraus und spielen mit ihm. Die einzige Ausnahme ist, wenn er sich erleichtern muss.

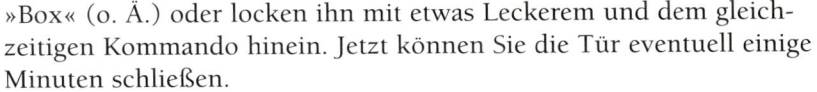

■ **Wenn Ihr Hund entspannt** *in seiner Gitterbox liegt, können Sie die Tür schließen.*

Zwinger

ES GIBT NUR WENIGE GRÜNDE, weshalb man einen Hund in einem Außenzwinger halten sollte. Denn dies unterbricht den sozialen Kontakt zur Familie in geradezu dramatischer Weise. Es behindert zudem das Lernen. Hunde, die im Freien leben müssen, entwickeln ihre eigene Art von Ersatzbefriedigung wie Scharren oder endloses Bellen.

Mir persönlich ist der Gedanke, einen Familienhund im Freien zu halten, äußerst unsympathisch. Hunde sind Herdentiere und brauchen Gesellschaft. Wenn Sie wirklich meinen, Ihr Hund müsse zeitweise im Freien leben, sollten Sie ihm zumindest eine Kombination aus beidem anbieten.

In den ersten so wichtigen und prägenden Lebensmonaten sollte Ihr Welpe lernen, in der Küche zu schlafen und seine Gitterbox zu akzeptieren. Gleichzeitig zeigen Sie ihm den Zwinger im Garten. Hunde lernen schnell, dass der Zwinger und die Gitterbox beides sichere Schlafstätten sind.

Das Schlafhaus

Der Zwinger sollte hell und trocken sein und eine hygienische, waschbare Schlafstelle haben. Außerdem muss er so geräumig sein, dass sich auch ein großer Hund flach auf der Seite liegend ausstrecken kann.

Sie sollten den Zwinger immer nur kurze Zeit benutzen. Zwar ist es erlaubt, Hunde ständig im Zwinger zu halten, dann gelten für die Erstellung des Zwingers aber gesetzliche Vorschriften. Ihr Hund sollte nur stundenweise in seinem Zwinger untergebracht sein und bei schlechtem Wetter die Möglichkeit haben, im Haus zu schlafen.

■ **Sie sollten Ihren Hund nur** *mit Futter, Wasser und Spielzeug in den Zwinger sperren.*

Routinen und Rituale

Hunde brauchen, genau wie kleine Kinder, feste Rituale und genaue Grenzen. Hunde sind absolute Gewohnheitstiere. Sie brauchen Ordnung im Leben.

Konsequenz

Von Anfang an sollte man feste Regeln und Rituale einführen. Es ist unfair, wenn Sie Ihrem Welpen erlauben, Dinge zu tun, die Sie ihm als erwachsenem Hund dann verbieten. Wenn Sie plötzlich mit ihm wegen Dingen schimpfen, die er früher tun durfte, wird er das nicht begreifen; für ihn bricht dann eine Welt zusammen.

Seien Sie also streng mit sich selbst! Schaffen Sie sich keine Probleme für die Zukunft, nur um im Moment vielleicht Ihre Ruhe zu haben – Hunde sind smarter, als Sie denken!

■ **Seien Sie konsequent!**
Und wenn Ihr Hund noch so bettelt – halten Sie sich an Ihre Regeln!

■ **Ihr Hund bekommt** *sein Fressen erst, wenn Sie mit dem Essen fertig sind. So merkt er schnell, wer der Boss ist.*

Sparkys Tagesablauf

Schreiben Sie den Tagesablauf Ihres Hundes irgendwo auf, damit er auch eingehalten wird, wenn Sie einmal nicht zu Hause sind. Ich habe hier den Tagesablauf eines sehr jungen Welpen aufgeschrieben, wie ich ihn mir vorstelle. Wenn Ihrer davon – nicht allzu viel – abweicht, ist das auch in Ordnung.

7.30 Uhr	Kurzer Spaziergang und ein bisschen Spielen
8.00 Uhr	Familienfrühstück
8.30 Uhr	Sparkys erste Mahlzeit
9.00 Uhr	Hinausgehen – spielen – ausruhen
10.30 Uhr	Längerer Spaziergang – andere Leute treffen – ausruhen
12.00 Uhr	Hinausgehen – Übungen – ausruhen
12.30 Uhr	Mittagessen der Familie
13.00 Uhr	Sparkys zweite Mahlzeit
13.45 Uhr	Hinausgehen – ausruhen
14.30 Uhr	Hinausgehen – spielen – bürsten – ausruhen
16.00 Uhr	Hinausgehen – üben – ausruhen
17.00 Uhr	Sparkys dritte Mahlzeit
17.15 Uhr	Hinausgehen – ausruhen
18.45 Uhr	Hinausgehen – ausruhen
19.00 Uhr	Abendessen der Familie
20.00 Uhr	Hinausgehen – spielen – ausruhen
21.00 Uhr	Sparkys vierte Mahlzeit
21.15 Uhr	Hinausgehen – spielen – ausruhen
22.30 Uhr	Hinausgehen – müde spielen – schlafen gehen

■ **Natürlich verändert sich** *der Tagesablauf eines Hundes im Laufe seines Lebens.*

Kurze Zusammenfassung

✓ Wenn Sie einmal Regeln und Routinen für Ihren Hund aufgestellt haben, müssen Sie diese auch einhalten.

✓ Dabei müssen Sie nicht nur Ihren Hund kontrollieren, sondern auch Ihre Familie und die anderen Haustiere.

✓ Überlegen Sie es sich gut, wo Ihr Hund schlafen soll.

✓ Ihr Hund sollte bei Ihnen im Haus leben.

■ **Das erste Zusammentreffen** *von Hund und Katze sollte gut vorbereitet sein.*

✓ Die Gitterbox sollte Spiel- und Ruheplatz für Ihren Hund sein und darf niemals zur Strafe oder für ein langes Einsperren benutzt werden.

✓ Hunde lieben das Gleichmaß, seien Sie also konsequent.

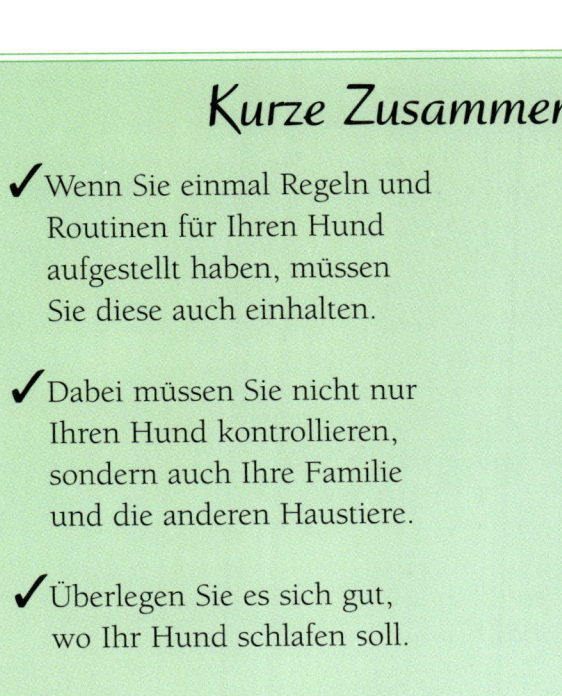

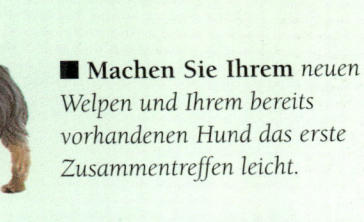

■ **Machen Sie Ihrem** *neuen Welpen und Ihrem bereits vorhandenen Hund das erste Zusammentreffen leicht.*

Kapitel 7

Den Hund eingewöhnen

SOZIOLOGEN HABEN HERAUSGEFUNDEN, dass Einkaufen zu den beliebtesten Freizeitbeschäftigungen zählt. Dem können Sie jetzt auf eine völlig neue Art frönen. Genießen Sie es, aber bedenken Sie immer, dass Sie für einen Hund einkaufen. Seine praktischen – ja sogar seine ästhetischen – Ansichten sind anders als die Ihren.

Alles muss funktionell sein. Ist das Halsband gleichzeitig sicher und leicht genug, dass es Ihrem Hund nicht wie ein Mühlstein um den Hals hängt? Ist die Futterschüssel schön, aber auch schwer genug, dass sie bei Benutzung nicht quer durch den Flur fliegt?

In diesem Kapitel ...

✓ Grundausstattung

✓ Reinigung und Pflege

✓ Spielzeug

✓ Für die Reise

✓ Die Jahreszeiten

GEWÖHNEN SIE IHREN HUND RUHIG UND SYSTEMATISCH AN SEINE NEUE UMGEBUNG.

Grundausstattung

Tief in unserem Inneren sind wir Menschen immer noch Jäger und Sammler – deshalb kaufen wir auch so gern ein. Das Einkaufen für einen neuen Hund macht besonders viel Spaß, denn dabei sucht und findet man Dinge, von denen man bisher nicht einmal wusste, dass es sie gibt.

Einige Dinge brauchen alle Hunde: Futter- und Wasserschüsseln, Halsbänder, Namensschildchen und eine oder zwei Leinen. Beim Kauf sollten Sie sich nicht vom Stil oder vom Preis leiten lassen, wichtig ist lediglich, dass der Gegenstand praktisch ist. Nehmen Sie nur Dinge mit, die wirklich zu Ihrem Hund passen – natürlich sollten sie auch Ihnen gefallen!

■ **Hochrandige Keramik-** *oder Metallschüsseln sind besser als Plastikschüsseln.*

Futter- und Wasserschüsseln

In der freien Natur leben Hunde in der Meute – da bekommt das Tier am meisten vom Futter ab, das am schnellsten frisst. Außer den ganz kleinen Hunden wie Yorkshires und Chihuahuas fressen Hunde extrem schnell. Wählen Sie daher schwere, große Futterschüsseln mit hohem Rand, die nicht über den Küchenfußboden rutschen, wenn der Hund die Reste ausschleckt. Am besten eignen sich schwere Keramik- oder Metallschüsseln, die unten einen Gummiboden aufweisen. Auch die Wasserschüssel sollte einen Gummiboden haben, damit sie nicht rutscht.

Halten Sie die Utensilien Ihres Hundes so sauber wie Ihre eigenen. Futter- und Wasserschüssel müssen täglich gereinigt werden. Wenn Sie Dosenfutter füttern, sollten Sie für die Hundefutterdosen einen gesonderten Dosenöffner haben und ihn regelmäßig spülen. Futterreste können Sie in einer geschlossenen Plastikschüssel im Kühlschrank bis zu drei Tage aufbewahren.

Hunde schlabbern, besonders beim Trinken. Am besten legt man eine Wasser abweisende, leicht zu reinigende Matte unter Futter- und Wasserschüssel, die die meisten Tropfen auffängt.

■ **Hunde brauchen ständig** *frisches Wasser. Futter- und Wasserschüsseln müssen täglich gereinigt werden.*

Gewöhnung an Halsband und Leine

Ihr Hund sollte von Anfang an lernen, ein Halsband mit Namensschildchen zu tragen. Welpen kratzen sich erst einmal ausgiebig am Hals, wenn sie das Halsband spüren. Geben Sie nicht nach, sondern lassen Sie den kleinen Hund sich an den fremden Gegenstand am Hals gewöhnen. Meist geschieht das innerhalb weniger Tage.

Das Halsband muss der Dicke des Halses angepasst sein und darf nicht zu fest sitzen. Zwei Finger sollten zwischen Hals und Halsband passen. Außer bei dicknackigen Hunden sitzt das Halsband dann angenehm lose, aber der Hund kann sich nicht daraus befreien, selbst wenn er rückwärts zieht.

Das erste Mal ziehen Sie das Halsband vor dem Füttern an. Durch Anblick und Geruch des Futters ist der Hund abgelenkt. Nach der Mahlzeit nehmen Sie das Halsband ab. Genauso machen Sie es mit der Leine.

Wenn er sich an das Halsband gewöhnt hat, legen Sie die Leine an und rufen ihn. Dabei ziehen Sie sacht in Richtung Fressen. Dadurch assoziiert Ihr Hund diese Gegenstände mit etwas Positivem und wird sich nicht dagegen wehren, sie zu tragen.

FLEXI-LEINE

2 M LANGE LEINE AUS GEWEBTER BAUMWOLLE

LEDERLEINEN

Halsbänder

Halsbänder (und Leinen) gibt es in nahezu unendlichen Variationen, fast jeder Preislage und den interessantesten Designs. Meist sind sie aus gewebtem Nylon, Leder oder Metall. Für einen Welpen, der bald aus dem Halsband herauswächst, wählt man am besten eines aus gewebtem Nylon mit Namensschild. Vorsicht: Manche Hunde sind gegen Nylon allergisch! Hunde mit langem Hals, wie beispielsweise Whippets oder Greyhounds, sollten breite Halsbänder tragen, während gerollte Lederhalsbänder sich für Rassen mit kurzem Hals und dichtem Fell eignen.

DESIGNER-HALSBAND

HALSBAND MIT REFLEKTIERENDEN STREIFEN

Wenn Ihr Hund gern schwimmt, sollten Sie keine Lederhalsbänder benutzen: Leder schimmelt, wenn es zu oft feucht wird. Würgehalsbänder aus Metall, wie sie von professionellen Hundetrainern benutzt werden, gehören nicht an den Hundehals. Ein Halsband aus Nylon mit einer kurzen Kette ist ideal — damit kann man den Hund kontrollieren, ohne ihm wehzutun.

Leinen für Arbeit und Freizeit

Sie brauchen zwei Leinen: eine normale, kurze zum Spazierengehen und eine lange für das Training. Zum Gewöhnen ist eine normal lange, leichte Nylon-Leine mit einem ebenfalls leichten Schnappverschluss ideal. Die sollten Sie sich auf jeden Fall anschaffen. Für ernsthaftes Arbeiten mit Ihrem Hund brauchen Sie dann eine sechs Meter lange Baumwoll-Leine.

Die sogenannte Flexi-Leine erfüllt zwei Zwecke. Bei Spaziergängen kann man den Hund kurz halten, andererseits ist sie auch lange genug für die Arbeit. Auf eine einfache Nylon-Leine sollten Sie aber dennoch nicht verzichten. Die genaue Handhabung der Leinen und des anderen Zubehörs wie beispielsweise das so praktische »Halti« beschreibe ich in Kapitel 12.

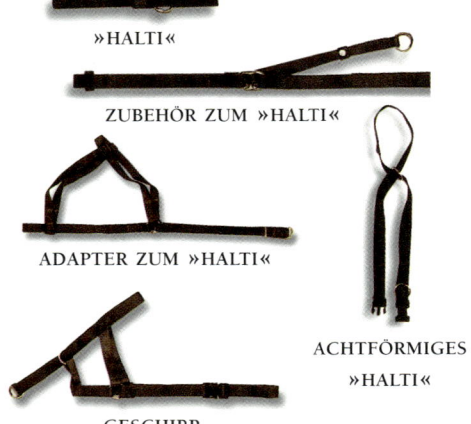

»HALTI«

ZUBEHÖR ZUM »HALTI«

ADAPTER ZUM »HALTI«

ACHTFÖRMIGES »HALTI«

GESCHIRR

Geschirr

Manche Hunde eignen sich einfach nicht dafür, am Halsband geführt zu werden. Bulldoggen und Möpse beispielsweise haben einen Nacken, der dicker als ihr Kopf ist. Wenn Ihr Hund also zu dieser Sorte Hund gehört, sollten Sie ihm ein Geschirr kaufen. Das für den Hund angenehmste ist aus gewebten Nylonbändern, ein »vornehmeres« aus Leder.

Manche kleinen Hunderassen, besonders die Yorkshireterrier, haben extrem weiche Luftröhren. Solche Hunde können zwar ein Halsband mit Namensschild tragen, zum Spazierengehen sollte man ihnen aber ein Geschirr anziehen.

■ **Manche Hunde** *sollten kein Halsband tragen, weil ihr Nacken dicker als ihr Kopf ist. Hier sollte man auf ein Geschirr zurückgreifen.*

Namensschild

Ihr Hund sollte ständig ein Namensschildchen tragen, am besten in doppelter Form. Die einfachste Form ist ein Namensschildchen am Halsband, in das der Name des Hundes und Ihre Telefonnummer eingraviert sind. Für mehr ist darauf meistens nicht Platz.

Besser ist eine winzige Metalldose mit Schraubverschluss, die am Halsband hängt. In dieser Dose kann man einen Zettel mit dem Namen des Hundes, der eigenen Telefonnummer, der Anschrift und eventuell noch der Telefonnummer des Tierarztes deponieren. Die Metalldosen neigen allerdings dazu, von selbst aufzugehen. Das kann man durch einen winzigen Tropfen Nagellack am Verschluss verhindern.

Es ist üblich, junge Hunde im Ohr zu tätowieren und die Tätowierungsnummer in seine Stammpapiere einzutragen. Allerdings verblassen die Tätowierungen mit der Zeit und sind dann nur noch schwer lesbar.

Mikrochips

Die beste Methode ist die Kennzeichnung mit einem Mikrochip. Dabei wird ein elektronischer Responder von der Größe eines Reiskorns unter die Haut gespritzt, meist in der Nähe des Schulterblattes. Der Transponder gibt ein Signal von sich, das man mit einem speziellen Lesegerät empfangen kann, das man an die Schulter des Tieres hält. Diese Methode hat sich bei Züchtern, Tierärzten und Tierheimen bestens bewährt.

Die Kennzeichnung mit einem Mikrochip ist darüber hinaus international anerkannt; das könnte Ihnen zugute kommen, wenn Sie mit Ihrem Hund verreisen. Sprechen Sie mit Ihrem Tierarzt darüber, dass er Ihrem Hund von vornherein einen international lesbaren Mikrochip implantiert.

Dennoch sind Tätowierungen ebenso nutzlos wie Mikrochips, wenn die Nummer Ihres Hundes nicht beispielsweise beim Deutschen Tierschutzbund registriert ist. Dort können Sie auch die Anschriften der anderen Registrationsagenturen erfahren, bei denen man die Nummer hinterlassen kann. Das ist meist kostenlos; es wird lediglich eine kleine Spende erbeten.

■ **Am leichtesten sieht** *man ein Namensschildchen mit Gravur, das der Hund am Halsband trägt.*

Reinigung und Pflege

SO VIELE RASSEN ES GIBT, *so viele unterschiedliche Felltexturen gibt es. Darunter sind absolut pflegeleichte, andere erfordern intensive Pflege. Die Körperpflege ist so wichtig, dass ich darauf in Kapitel 19 nochmals ausführlich eingehen werde. Hier möchte ich nur darüber sprechen, dass Sie die richtigen Pflegeutensilien für das Fell Ihres Hundes kaufen.*

Kurzhaarige Hunde wie beispielsweise Boxer benötigen wenig Haarpflege. Hier reichen eine Gummibürste und eine Haarbürste aus. Die brauchen Sie nicht öfter als zweimal wöchentlich in die Hand zu nehmen. Bürsten Sie das Fell gründlich gegen den Strich, damit entfernen Sie Schmutz und lose Haare. Dann bürsten Sie das Haar wieder mit dem Strich und gehen anschließend noch mit einem Fensterledertuch übers Fell – das gibt optimalen Glanz.

> ## Übrigens ...
>
> *Die Körperpflege beim Hund ist nicht nur deshalb wichtig, weil der Hund anschließend sauber ist. Sie festigt darüber hinaus auch Ihr Ansehen als Anführer, denn Aufheben, Festhalten und das Fell pflegen – alles das darf im Rudel nur der Ranghöhere.*

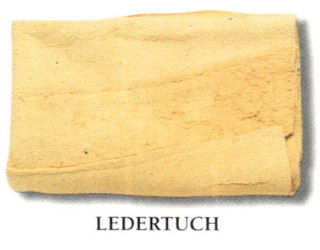

LEDERTUCH

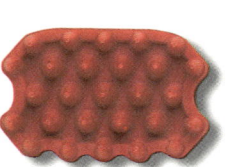

GUMMIBÜRSTE

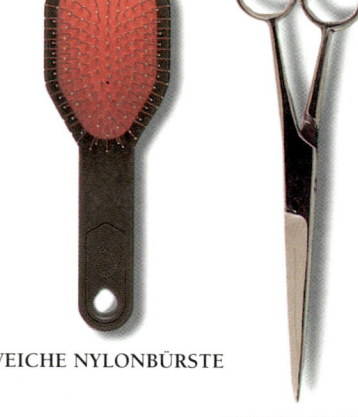

WEICHE NYLONBÜRSTE

TRIMM-SCHERE

GROBE REISBÜRSTE

■ Pflegezubehör

HUNDE-ZAHNPASTA

ENGZAHNIGER KAMM

ZAHNSTEINENTFERNER

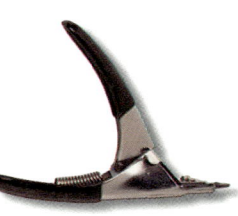

NAGELSCHERE

WATTEBÄLLE

Ein kurzes dickes Fell wie beispielsweise das des Labrador Retrievers braucht verschiedene Pflegeinstrumente, z. B. eine Kardätsche, mit der man zweimal wöchentlich das Fell entwirrt. Danach bürstet man mit einer normalen Haarbürste nach und entfernt Schmutz und Schuppen aus dem Fell. Hunde mit längerem Fell wie beispielsweise der Golden Retriever müssen öfter gebürstet werden, am besten täglich, sonst setzt sich zu viel Schmutz im Fell ab und die Haare verwirren sich. Für die langen Haare an den Beinen oder am Schwanz benötigen Sie noch einen breitzinkigen Metallkamm. Die langen Haare an den Füßen, an der Brust und an den Hinterbeinen müssen gelegentlich auch gekürzt werden.

Es gibt Rassen wie den Yorkshireterrier, die ein langes, seidenweiches Fell haben, denen aber die Unterwolle fehlt, die der Golden Retriever oder der Collie hat. Dieses empfindliche Fell braucht eine sorgfältige Pflege: Zu festes Bürsten kann zu Hautverletzungen führen. Solche Hunde sollten mit einer weichen Bürste gebürstet und täglich gekämmt werden, damit sich keine Fellknoten bilden.

■ **Kardätschen eignen** *sich besonders gut für Hunde mit weichem Fell und wenig oder keiner Unterwolle wie z. B. für Yorkshireterrier.*

■ **Das kurze Fell** *von Hunden wie Boxern reinigt man am besten mit einer Gummibürste, indem man gegen den Strich bürstet.*

INTERNET

www.chihuahua.de

Viele gute Tipps zur Fellpflege speziell von Hunden mit feinen langen Haaren wie Chihuahuas, kleinen Terriersorten und Windhunden.

Bei manchen Hunderassen wie Pudeln oder Bichon Frisés wachsen die Haare ständig nach. Sie müssen meist im Abstand von sechs bis acht Wochen getrimmt werden. Wenn Sie das selbst machen möchten, sollten Sie sich von einem erfahrenen Hundefriseur einweisen lassen. Am besten lassen Sie es die ersten Male den Hundefriseur machen und sehen zu.

■ **Hunde mit ständig** *nachwachsendem Fell müssen alle sechs bis acht Wochen getrimmt werden.*

Krallen kürzen

Hunde hassen es, wenn man ihnen die Krallen kürzt. Aber oft ist es gerade bei leichtgewichtigen Hunden notwendig, weil die Krallen sonst einwachsen. Schwerere Hunde, die viel auf hartem Untergrund laufen, wetzen sich die Krallen dabei automatisch ab. Aber man sollte auch hier von Zeit zu Zeit nachsehen.

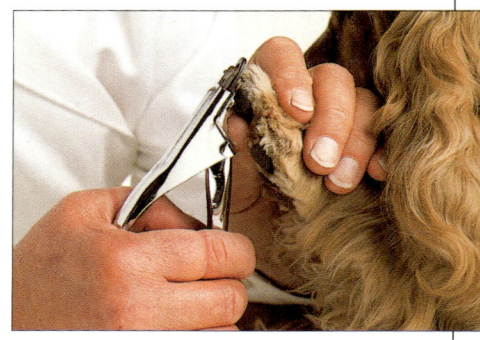

■ **Am besten** *lassen sich die Krallen im Anschluss an ein Bad kürzen*

Übrigens …

Übermäßiges Krallen-wachstum kann ein Zeichen für eine Schilddrüsen-Erkrankung sein. Wenn Ihnen auffällt, dass die Krallen extrem schnell wachsen, sollten Sie einen Tierarzt aufsuchen.

Die Krallen kürzt man am besten nach einem Bad. Die Krallen der Hunde sind aus demselben Material wie unsere Nägel, nämlich aus Kreatin. Kreatin ist weicher, wenn es feucht ist. Kaufen Sie sich beim Tierarzt oder im Zoogeschäft eine spezielle Nagelzange, die ohne viel Druck schneidet, und achten Sie darauf, dass sie immer scharf ist.

Das Innere der Kralle lebt, besteht aus Blutgefäßen und empfindlichen Nerven. Blutgefäße und Nerven dürfen nicht verletzt werden, denn das ist sehr schmerzhaft.

Manche Hunde haben durchsichtige Krallen, sodass man das Innere gut sehen kann. Die meisten Hunde aber haben dunkle Krallen, und das macht das Schneiden etwas komplizierter.

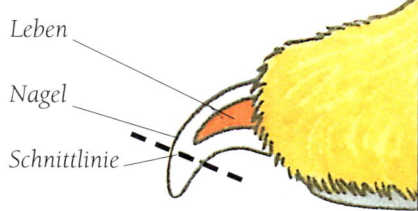

Leben

Nagel

Schnittlinie

■ **Kürzen Sie die Kralle** *sehr vorsichtig.*

Spielzeug

SPIELZEUG SOLL DEM HUND SPASS MACHEN –

deshalb ist es so wichtig, dass Sie gerade hier das richtige kaufen. Es gibt vielerlei Spielzeug: zum Kauen, zum Werfen, quietschendes oder solches, das man herrlich herumzerren kann. Mit dem Spielzeug spielen zu dürfen muss für Ihren Hund immer eine Belohnung sein; benutzen Sie es genauso, wie Sie sonst mit Futter belohnen würden.

INTERNET

www.petspyjamas.co.uk

Unter dieser Adresse finden Sie jede Menge Spielzeug und Ausrüstung für Hunde.

Kauspielzeug sollte Ihr Hund immer haben. Das ist sein eigenes Spielzeug. Damit kann er allein spielen und braucht Sie nicht. Spielzeuggegenstände hingegen, die quietschen oder die man fangen kann, gehören Ihnen. Halten Sie sie unter Verschluss, das macht sie für den Hund viel interessanter. Nehmen Sie das Spielzeug, das Sie eben benutzt haben, nach dem Spiel wieder weg. Ihr Hund wird begreifen, dass es von Ihnen ab-hängt, wann er damit spielen kann.

FRISBEE-SCHEIBE

■ **Verschiedenes Spielzeug**

SEIL

BALL

SPIELZEUG ZUM ZIEHEN

Überhäufen Sie Ihren Hund nicht mit Spielzeug. Wenn er zu viel davon hat, weiß er bald nicht mehr, was Spielzeug ist und was nicht. Das Ergebnis wird sein, dass er glaubt, mit allem, was er findet, spielen und es zerkauen zu dürfen.

Kauspielzeuge

Genau wie kleine Kinder möchten Hunde immer etwas zum Kauen haben. Die Spielzeug-industrie weiß das auch, und so gibt es mittlerweile Nylonknochen mit Fleischgeschmack, Gummiringe, einen Gummiball an einem Nylonseil, Rohhautknochen usw. – alles herrliche Spielzeuge. Bei Rohhautknochen sollten Sie allerdings darauf achten, dass das Herkunfts-land genannt ist, um Vergiftungen zu vermeiden.

Ausgekochte Knochen und Hufe können zu Problemen führen. Klar, dass diese »natürlichen« Spielzeuge von den Hunden bevorzugt werden, aber als Tierarzt muss ich Sie auf Zahn-verletzungen durch die harte Knochenstruktur hinweisen. Meine eigenen Hunde haben oft ausgekochte Knochen bekommen, wenn ich dabei war. Dennnoch hat sich einer meiner Golden Retriever einen Vorderzahn ausgebissen und musste operiert werden.

Ideal sind Spielzeuge, in die man etwas hineinfüllen kann, das beim Kauen in kleinen Mengen herauskommt, also beispielsweise Dosenfutter oder Käsestückchen. Das können Sie dem Hund hinlegen, wenn Sie fortgehen. Es hilft ihm über die Einsamkeit, wenn er während Ihrer Abwesenheit versucht, an das leckere Futter zu kommen. Es gibt aber auch Futterbälle mit Löchern. Man kann sie mit Trockenfutter füllen, und wenn die Hunde sie herumrollen, fällt das Futter heraus. Das beschäftigt sie für eine Weile.

■ **Verschiedene Kau-Spielzeuge**

BALL AUF DEM SEIL

ROHLEDER-BALL

PLASTIKKNOCHEN

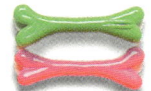
GUMMIKNOCHEN

SEIL

GUMMIRING

WEICHER SPIELZEUGKNOCHEN

AUSGEKOCHTE KNOCHEN

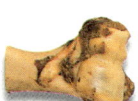

WURFBALL

KONG

HOHLER KNOCHEN

ROHHAUTKNOCHEN

KAUSPIELZEUG

QUIETSCHMAUS

SPIELZEUG ZUM ZIEHEN

■ **Einen Kauknochen** *können Sie noch interessanter machen, indem Sie ihn mit Schmelzkäse füllen.*

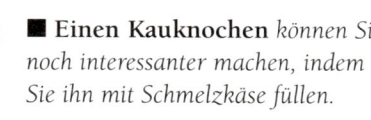
KAU-STICKS

KAU-STICKS MIT GESCHMACK

Quietsch-Spielzeug

Solches Spielzeug gehört Ihnen und nicht Ihrem Hund. Es hält auch wesentlich länger, wenn Ihr Hund nur jeweils eine kurze Zeit damit spielen darf, besonders, wenn es sich um einen Welpen handelt, der gerade zahnt. Ideal hierfür sind weiche Schaffell-Spielzeuge, die einen »Quieker« umhüllen, ebenso gut sind aber weiche Gummibälle mit Quieker. Meist mögen Hunde Quietsch-Spielzeug, das schon bei der kleinsten Berührung losquietscht, gar nicht so gern – sie möchten ordentlich darauf herumkauen können. Lassen Sie Ihren Hund nur jeweils kurz damit spielen, und geben Sie ihm eine Belohnung in Form von Futter, wenn Sie es ihm wegnehmen.

■ **Geben Sie Ihrem Hund** *einen Kauknochen, wenn Sie ihn allein lassen müssen.*

Wiederbringen und Zerren

Ein Tennisball, ein Ball auf dem Seil, ein verknotetes Nylonseil oder eine Frisbee-Scheibe eignen sich hervorragend zum Werfen. Allerdings sollten Sie von Ihrem Hund nicht erwarten, dass er Ihnen das Spielzeug sofort zurückbringt, wenn Sie es werfen. Das müssen Sie mit ihm üben. Bewaffnen Sie sich anfangs also mit mehreren Wurfgeschossen, damit sie herausbekommen, was er am liebsten zurückbringt.

Hunde mit einem starken Willen lieben Spielzeug, an dem sie zerren können. Und sie wollen diesen Kampf gewinnen! Seien Sie also auf der Hut: Meistens sollten Sie gewinnen. Wenn Sie Ihren Hund aber niemals gewinnen lassen, wird er das Interesse an dem Spiel verlieren. Wenn Sie Ihren Hund jedoch immer gewinnen lassen, wird er glauben, er sei stärker als Sie – und könnte den Respekt vor Ihnen verlieren, was weitere Probleme mit sich bringt.

■ **Hunde mit einem starken Willen** *sollte man bei Zieh-Spielen nicht oft gewinnen lassen.*

Für die Reise

VERMUTLICH WIRD IHR HUND noch oft mit Ihnen verreisen oder im Auto fahren. Das sollten Sie planen. Eine Autofahrt kann für einen Hund genauso gefährlich sein wie für Sie oder ein kleines Kind – meist noch gefährlicher, denn Kinder sitzen im Kindersitz, und Sie sind angeschnallt. Ein Hund auf dem Rücksitz wird bei einem heftigen Bremsmanöver jedoch zum fliegenden Gegenstand. Das ist nicht nur für den Hund gefährlich, sondern auch für die menschlichen Mitfahrer.

■ **Ein professionell** installiertes Hundegitter macht die Autofahrt sicher.

■ **Gut passende** *Sicherheitsgurte können Ihrem Hund das Leben retten.*

Ein kräftiger Hund kann seine Schüsseln mit einem speziellen Rucksack übrigens selbst tragen.

Zum Schluss möchte ich Ihnen noch etwas empfehlen, das Ihnen vielleicht gerade bei so Wasser liebenden Hunden wie Labradoren albern vorkommen mag – aber ziehen Sie Ihrem Hund eine Schwimmweste über, wenn Sie mit ihm Boot fahren. Ich weiß, dass Hunde gute Schwimmer sind, aber auch ein Hund kann in reißendem Wasser Probleme bekommen. Wenn Ihr Hund über Bord geht, kann man ihn mit einer solchen Schwimmweste in Signalfarben schneller ausmachen.

■ **Obwohl Hunde wirklich** *gut schwimmen können, sollte man ihnen beim Bootfahren eine Schwimmweste überziehen.*

Mittlerweile sind mehrere Sicherheitsgeschirre für Hunde auf dem Markt, die an die normalen Verschlüsse der Sicherheitsgurte im Auto angeschlossen werden können. Wenn Sie einen Kombi oder einen anderen großen Wagen besitzen, sollten Sie sich dafür eine Transportkiste kaufen, die immer im Wagen bleibt. Wenn Ihr Hund frei auf der Ladefläche herumlaufen kann, sollten Sie wenigstens ein TÜV-geprüftes Hundegatter einbauen, das so stark ist, dass Ihr Hund es selbst bei einem plötzlichen Bremsmanöver nicht durchbrechen kann.

Aktive Hunde lieben lange Ausflüge mit ihrem Besitzer. Wenn Sie einen Ganztagesausflug planen oder gar über Nacht bleiben wollen, sollten Sie sich tragbare Futter- und Wasserschüsseln anschaffen. Es gibt sogar welche zum Zusammenfalten oder Ineinanderstecken.

Die Jahreszeiten

JE NACHDEM, WO SIE WOHNEN und welches Fell Ihr Hund hat, ist eine kleine Decke durchaus angebracht. Ich weiß, es klingt albern, aber für ein Windspiel kann der Regen in der norddeutschen Tiefebene ekelhaft sein und der Nebel in ostdeutschen Flussniederungen geht kleinen Yorkshireterriern bestimmt in die Knochen. Und ein Boxer friert im Winter in den Alpen garantiert.

Regen- und Winterdecken sollten Sie nach den Bedürfnissen Ihres Hunden aussuchen, keinesfalls nach Ihrem Geschmack. Eine gute Regendecke lässt keine Feuchtigkeit durch und ist innen weich gefüttert. In besonders kalten, schneereichen Wintern sollten Sie sich nach Pfotenschuhen umsehen, wie man sie für Schlittenhunde braucht. Diese Pfotenschuhe kann man auch bei Pfotenverletzungen benutzen.

■ **Älteren Hunden** *tut man mit einer Decke oft etwas Gutes.*

In heißen Sommern sollten Sie einem hellhäutigen Hund wie beispielsweise einem Collie Sonnencreme auftragen. Wenn man sie ungeschützt der Sonne aussetzt, bekommen Hunde genauso einen Sonnenbrand wie Menschen.

Im Haus braucht Ihr Hund lediglich sein eigenes Fell und ein Halsband. Pfirsichfarbene Baby-Doll-Anzüge aus Satin können die Hundebesitzer anziehen, ihre Hunde sollten sie damit verschonen.

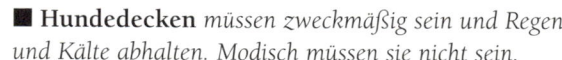

■ **Hundedecken** *müssen zweckmäßig sein und Regen und Kälte abhalten. Modisch müssen sie nicht sein.*

Kurze Zusammenfassung

✓ Zur Grundausstattung des Hundes gehören Halsband und Leine, Futter- und Wasserschüsseln und ein Namensschildchen.

✓ Ebenso wichtig sind die richtigen Instrumente zur Pflege des Hundes.

✓ Das Spielzeug für den Hund muss ungefährlich sein.

✓ Denken Sie auch an scheinbare Nebensächlichkeiten wie Sicherheitsgurt für den Hund, Schwimmweste, Sonnencreme und Decke.

■ **Bedenken Sie**, *dass Ihr Hund für jede Anregung dankbar ist. Spielzeug kann in vielfältiger Weise für körperliches und geistiges Training benutzt werden.*

Kapitel 8

Denken wie ein Hund

IHR HUND VERTRAUT IHNEN VÖLLIG. Sie sind sein Leben und seine Sicherheit. Denken Sie also wie ein Hund, wenn Sie Ihr Haus und Ihren Garten auf den Neuankömmling vorbereiten. Das heißt im Grunde, wie ein Kind zu denken. Stellen Sie sich das Ungestüm und die Spiel- und Entdeckungslust eines Kleinkindes vor – genauso benimmt sich ein Welpe. Die größten Gefahrenquellen sollten Sie ihm also zumindest in der Entdeckungsphase – also im ersten Lebensjahr – aus dem Weg räumen. Lenken Sie seine natürliche Energie in produktive Kanäle, vermeiden Sie Gefahren und bedenken Sie, dass er aus allem, was er tut, lernt.

In diesem Kapitel ...

✓ **So lernen Hunde**

✓ **Gutes Timing**

✓ **Ist Ihr Haus hundegerecht?**

✓ **Der Geschmack der Freiheit**

✓ **Gefahren im Haushalt**

ACHTEN SIE DARAUF, DASS HAUS UND GARTEN FÜR DEN JUNGEN HUND UNGEFÄHRLICH SIND.

So lernen Hunde

JEDER HUND – sei es Welpe oder erwachsener Hund, Rüde oder Hündin, Stadt- oder Landhund – lernt auf dieselbe Art und Weise: durch Versuch und Irrtum. Zwar bekommt jeder Hund von seinen Eltern bestimmte Merkmale mit, seine ganz individuelle Persönlichkeit aber wird durch die Erfolge und Misserfolge in seinem Leben gebildet, wobei die Erfahrungen der ersten drei Monate prägend sind.

Das Verstehen und die Erziehung eines Welpen und eines erwachsenen Hundes unterscheiden sich nur wenig voneinander. Aber es gibt einen Unterschied, der von grundsätzlicher Bedeutung ist: Ein Welpe ist formbar, er ist wie nasser Ton in Ihrer Hand. Sie können ihn so formen, wie Sie ihn haben möchten und wie er zu Ihrem Leben passt.

Erwachsene Hunde haben schon Erfahrungen gemacht. Sie erlebten bereits Erfolge und Misserfolge, die ihre Persönlichkeit geformt haben. Daher ist die Erziehung eines erwachsenen Hundes schwieriger als die eines Welpen. Wenn Sie die ersten Lernschritte Ihres Welpen kontrollieren können, werden Sie ihn später viel leichter trainieren können. Lernen Sie zu denken wie ein Hund – dann können Sie viel leichter verstehen, warum Ihr neuer Freund sich manchmal so oder so benimmt.

Natürliche Neugier

Zurzeit lebt die zehn Wochen alte Labrador-Hündin Inca bei uns. Inca wird in einigen Monaten mit unserem Sohn Ben nach Schottland ziehen. Hat Inca ihrer Mutter und ihren Geschwistern nachgetrauert? Sollte das je der Fall gewesen sein, hat sie sich zumindest nichts anmerken lassen. Ihre natürliche Neugier war so stark, dass das Entdecken des neuen Heimes den Verlust Ihrer Familie und ihrer Spielgefährten völlig überdeckte.

Junge Hunde wollen alles untersuchen, deshalb sollten sie immer beaufsichtigt werden. Ihre natürliche Neugier kann zu unerwarteten und gefährlichen Situationen führen. Sie sollten die Neugier Ihres Hundes in vernünftige Bahnen lenken.

Als wir Inca mit Lexy bekannt machten, haben wir Lexy erlaubt, ihren Unwillen darüber kundzutun, dass die Kleine ihre Ohren durchkaute. Gleichzeitig haben wir darauf geachtet, dass Inca die ältere Lexy mit ihrer Neugier nicht zu sehr belästigte. Inca musste ihre Grenzen kennen lernen, ohne dass darunter die Freundschaft zu Lexy litt.

Der Geschmack ist wichtig

Der Geruchssinn ist der am stärksten ausgebildete Sinn des Hundes. Während der Welpenzeit jedoch überwiegt der Geschmackssinn. Seien Sie also darauf gefasst, dass der Hund sein neues Leben »schmecken« will: Wenn Sie nach Hause kommen und Ihren Mantel über die Stuhllehne hängen, wird er auf seinen Geschmack hin geprüft.

Welpen müssen kauen. Sie sollten darauf achten, ihnen etwas zum Kauen zu geben. Bedenken Sie, dass der Hund aus Versuch und Irrtum, aus Erfolg und Misserfolg lernt. Vermutlich werden Sie mit Ihrem Hund gewisse Übungen wie beispielsweise Gehorsamsübungen machen. Berücksichtigen Sie, dass der Hund nicht nur während dieser Übungen lernt, sondern während der gesamten Zeit, die er wach ist. Diesen ständigen Lernprozess können Sie jedoch durch vorausschauende Planung beeinflussen.

Eine wunderbare Freundschaft

Ich mag den Gedanken, wie sich die absolute Abhängigkeit des Kindes von seinen Eltern im Laufe der Jahre in eine wunderbare Freundschaft verwandelt. Auch Ihr Verhältnis zu Ihrem Hund sollte von Anfang an beides beinhalten: Freundschaft und Dominanz. Hunde haben ein feines Gespür für Dominanz. Sie müssen in Ihrer Beziehung also darauf achten, dass Ihr Hund Sie in allen Situationen als ihm überlegen ansieht.

■ **Zeigen Sie Ihrem Hund**, *wer der Boss ist. Ihr Hund muss zu Ihnen kommen, er frisst, wenn Sie gegessen haben und geht hinter Ihnen durch die Tür.*

Wenn Sie die Übungen mit Ihrem Hund effektiv gestalten möchten und darauf Wert legen, dass Sie beide Spaß daran haben, müssen Sie darauf achten, dass Ihr Hund entspannt lernen kann. Dann lernt er leichter. Er wartet auf Ihr Lob und möchte Ihnen gefallen.

Es gibt immer noch Leute, die auf antiquierte Erziehungsmethoden schwören. Eine davon ist, die Nase des Hundes in seinen Urin zu drücken, wenn er ins Haus gemacht hat, oder ihn mit dem Würgehalsband festzuhalten, wenn er zu heftig wird. Manchmal funktioniert das sogar – aber es löst in Ihrem Hund große Ängste aus.

In den letzten Jahren haben uns Verhaltensforscher und Hundetrainer bewiesen, dass Hunde viel besser arbeiten und schneller lernen, wenn man sie motiviert und nicht mit Lob spart. Das ist viel besser als die harten Erziehungsmethoden, die ursprünglich für Armeehunde entwickelt wurden.

Gutes Timing

Selbst wenn Sie Ihren Hund nicht trainieren wollen, ist gutes Timing unheimlich wichtig. Belohnen Sie Ihren Hund, indem Sie ihm ein Spielzeug oder ein Leckerli geben, und loben Sie ihn, sobald Sie merken, dass er auf dem richtigen Weg ist. Das hört sich ein bisschen abstrakt an, aber im Grunde ist es ganz einfach. Wenn ich abends nach Hause komme und meiner kleinen Hündin Inca genau in dem Moment, in dem sie freundlich auf mich zukommt, »Guten Abend« sage und sie kraule, ist das für sie ein verbales Lob.

Lob und Tadel müssen sofort erfolgen, nicht erst ein paar Sekunden später. Wenn Sie einen Haufen im Flur finden, sagen Sie am besten nichts dazu – es ist zu spät. Harte Worte sind für Ihren Hund eine Strafe. In diesem Fall weiß er nicht einmal mehr, wofür.

Hunde sind erfreulich intelligent. Aber Sie können von Ihrem Hund nicht erwarten, dass er so abstrakt denken kann wie Sie. Ich fände das zwar toll, aber es ist leider nicht so. Natürlich kann ich sagen: »Wenn du dieses oder jenes noch mal machst, Inca, passiert das oder das mit Dir!« Ihr Hund wird sie voller Unverständnis ansehen, weil er überhaupt keinen Zusammenhang herstellen kann.

INTERNET

www.hundezeitung.de/ausbildung

*Die **Grundausbildung** des Hundes wird hier in allen Schritten genau und kenntnisreich beschrieben.*

■ **Geben Sie Ihrem Hund** *keine alten Schuhe zum Durchkauen. Dadurch sieht er Schuhe als Spielzeug an.*

Ist Ihr Haus hundegerecht?

Sie können Ihren Hund besser erziehen und Ihren Welpen auch einmal aus den Augen lassen, wenn Sie mögliche Gefahrenquellen entfernen. Das ist genau dasselbe wie bei Kleinkindern. Sie müssen seine Umgebung kontrollieren, damit ihm nichts passieren kann. Dann können Sie ihn auch einmal kurzzeitig unbeaufsichtigt lassen.

Hier sind einige Gefahrenquellen im Haus:

1. Entfernen Sie alle elektrischen Leitungen, um einen elektrischen Schlag zu verhindern.
2. Lassen Sie keine Elektroschnüre herunterbaumeln. Hunde spielen gern damit und könnten sich verletzen.
3. Entfernen Sie alle Haushaltsreiniger aus der Reichweite des Hundes. Die meisten sind nämlich giftig.
4. Überlegen Sie genau, wie Sie Ihren Abfall verstauen. Ein Treteimer ist für Ihren Hund kaum zu öffnen – eine herumliegende Plastiktüte jedoch mit Leichtigkeit!
5. Geben Sie Ihrem Hund keine alten Schuhe zum Kauen. Ein Welpe sieht keinen Unterschied zwischen ausgelatschten und neuen Schuhen!
6. Überlegen Sie, woran Ihr Hund seine Zähne wetzen könnte. Hölzerne Tischbeine beispielsweise sind ideal. Erlauben Sie Ihrem Hund nicht, daran zu kauen.
7. Entfernen Sie anfangs Bettvorleger und kleine Teppiche. Sie sind einfach eine zu große Versuchung für Ihren kleinen, noch unerzogenen Hund. Machen Sie es ihm leicht, indem Sie sie einfach wegnehmen.

■ **Augenscheinlich ungefährliche** *Haushalte sind für neugierige kleine Hunde voller Gefahren.*

Ein Bügeleisen kann man herunterziehen.

Diese Zimmerpflanze ist giftig.

Haushaltschemikalien sind meist giftig.

Die Verlängerungsschnur ist gefährlich.

■ **Hier sind** *alle Gefahrenquellen beseitigt.*

Gefährliche Dinge wie Giftpflanzen und Verlängerungsschnüre müssen sich außerhalb der Reichweite des Welpen befinden.

Der Geschmack der Freiheit

WENN SIE EINEN GARTEN haben, sollten Sie ihn einmal mit den Augen Ihres Hundes betrachten. Checken Sie die Umgrenzung nach zwei Gesichtspunkten ab: Ist sie sicher genug, dass der Welpe nicht entweichen kann, und hält sie Ihren Hund auch im Innern, wenn er erwachsen ist? Ein 1 m hoher Zaun reicht für kleine Hunde aus, aber große Rassen brauchen einen 2,50 m hohen Zaun. Der Zaun sollte nicht nur hoch genug, sondern auch möglichst stabil sein – besonders, wenn Sie einen Hund haben, der gerne buddelt! Prüfen Sie alle Türen und Tore, ob sie nicht irgendwelche Lücken haben, durch die Welpen und kleine Hunde entweichen könnten. Am sichersten sind Türen, die sich automatisch schließen. Und stellen Sie nichts in die Nähe des Zaunes, auf das der Hund springen könnte – viele Ausbrüche haben so begonnen!

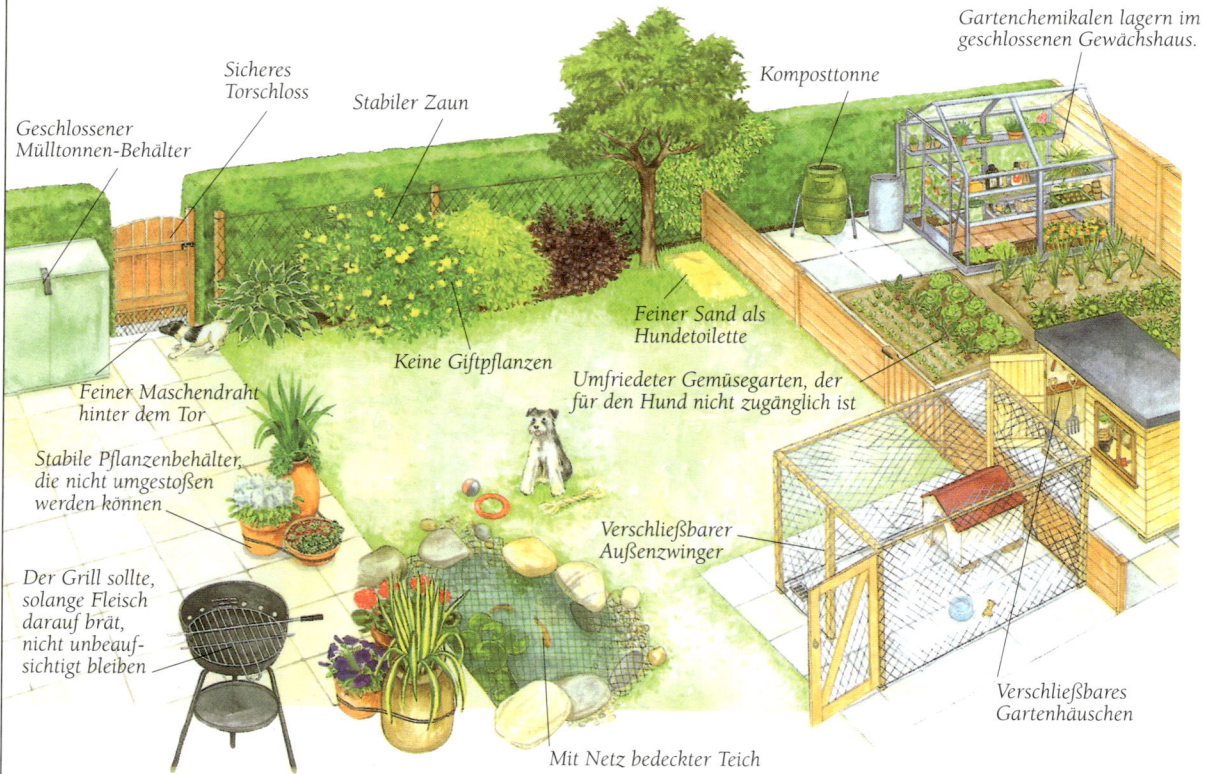

Gartenchemikalen lagern im geschlossenen Gewächshaus.

Sicheres Torschloss

Stabiler Zaun

Komposttonne

Geschlossener Mülltonnen-Behälter

Feiner Maschendraht hinter dem Tor

Keine Giftpflanzen

Feiner Sand als Hundetoilette

Umfriedeter Gemüsegarten, der für den Hund nicht zugänglich ist

Stabile Pflanzenbehälter, die nicht umgestoßen werden können

Verschließbarer Außenzwinger

Der Grill sollte, solange Fleisch darauf brät, nicht unbeaufsichtigt bleiben

Verschließbares Gartenhäuschen

Mit Netz bedeckter Teich

■ **Machen Sie Ihren Garten hundesicher,** und achten Sie darauf, dass der Hund nicht weglaufen kann.

DIESE REGELN SOLLTEN SIE BEFOLGEN, WENN IHR HUND IM GARTEN IST

1. Achten Sie auf Ihren Hund, wenn Sie im Garten grillen oder kochen.
2. Bedecken Sie den Gartenteich mit einem Drahtnetz, damit der Hund nicht hineinspringt.
3. Platzieren Sie Blumentöpfe und Pflanzencontainer so, dass sie nicht umgestoßen werden können.
4. Zäunen Sie den Komposthaufen und den Gemüsegarten ein.
5. Hunde buddeln gern. Wenn Sie keine schmutzigen Hundepfoten und Hundenasen mögen, richten Sie Ihrem Hund eine Buddelzone mit frischer Erde oder Sand ein.
6. Hunde stellen manchmal verrückte Sachen an. Lassen Sie Ihren Hund also wirklich nur in dem Teil des Gartens laufen, in dem er keinen Schaden anrichten kann.

Den Swimmingpool sichern

Wenn Sie einen Swimmingpool haben, sollten Sie ihn (wie für Kleinkinder) mit einem Sicherheitszaun umgeben, damit der Welpe nicht hineinfallen kann. Der Zaun muss unten dicht sein, damit der Welpe nicht unten durchkrabbeln, und so hoch, dass er nicht darüber springen kann.

Sichere Lagerung

Alle Chemikalien für den Garten und die Gartengeräte sollten Sie so verstauen, dass Ihr Hund sie nicht erreichen kann. Hunde werfen gern Müll- oder Komposttonnen um und wühlen darin. Verwenden Sie einen Deckel, den sie nicht öffnen können.

DEFINITION

Knotengitterzäune sind sinnvoll bei »Ausbrechern«. Hierbei handelt es sich um Drahtzäune, wie sie beispielsweise im Wald um Schonungen gesetzt werden, um diese vor Wildverbiss zu schützen. Die Knotengitterzäune gibt es in verschiedenen Höhen. Als »Schafszäune« gibt es sie auch aus Nylon mit Stäben, die man in den Boden stecken kann; dann kann man den Zaun mobil benutzen.

Gartenplanung

Wenn Sie Ihren Hund in den Garten lassen wollen, müssen Sie giftige Bäume, Büsche und Blumen entfernen. Sichern Sie den Teil des Gartens, in dem Ihr Hund sich aufhalten darf, mit einem Zaun. Planen Sie auch, wo Sie das Trinkwasser hinstellen wollen. Am besten suchen Sie sich dafür einen schattigen Platz aus, sodass Ihr Hund auch an heißen Tagen frisches, kühles Wasser hat.

■ **Legen Sie Ihrem Hund** einen eigenen Buddelplatz an, wo er nach Herzenslust graben kann.

Giftpflanzen

Es gibt giftige Blumen, Pflanzen, Hecken und Bäume. Manche von ihnen verursachen nur Übelkeit, aber es gibt auch tödlich wirkende Pflanzen. Achten Sie darauf, dass diese sich nicht in der Reichweite Ihres Hundes befinden!

AMARYLLISBLÄTTER
UND -BLÜTEN

Amaryllisblätter und -blüten
Herbstzeitlose
Azaleenstiele und -blätter
Vogelbeerenstiele
Tränendes Herz (Blüten und Stiele)
Buchsbaum (ganze Pflanze)
Lorbeerblätter und -stängel
(sehr giftig)
Robinienblätter und -holz
Clematisstiele und -blätter
Osterglocken
Rittersporn
Efeu (Früchte)
Alle Blumenzwiebeln
Fingerhutstiele und -blüten
Stechpalme

Übrigens ...

Werfen Sie Hunde- und Katzenkot nicht auf den Komposthaufen. Die darin entstehenden Würmer können für Sie und Ihren Hund zu einem Gesundheitsrisiko werden. Kot von reinen Pflanzenfressern wie Enten oder Kaninchen dagegen ist unbedenklich.

STECHPALME

FINGERHUTSTIELE UND -BLÜTEN

Schützen Sie Ihren Rasen

Sie können Ihren Rasen vor ausgebrannten Urinflecken schützen, indem Sie Ihrem Hund einen Sandhaufen als Toilette zur Verfügung stellen. Erleichtert sich Ihr Hund auf dem Rasen, ist der Rasen kaputt – dagegen hilft nichts. Erziehen Sie Ihren Hund dazu, nur in eine bestimmte Ecke zu urinieren (darüber reden wir noch in Kapitel 12). Wenn Ihr neuer Hund schon erwachsen ist und überall hinmacht, sollten Sie den Urin so schnell wie möglich mit einem Eimer Wasser verdünnen.

Jasminblätter
Tollkirschenblüten und -blätter
Maiglöckchen
Tomaten
Kartoffeln
Oleander
Misteln
Rhododendron
Rhabarberblätter
Rittersporn
Goldregen: Rinde, Blüten und Samen
Lupinen: Stängel und Blüten
Mistelbeeren (hochgiftig)
Pilze – alle, die auch für Menschen
      giftig sind
Weihnachtsstern: Blätter
Kermesbeere
Liguster: Stängel und Blätter
Wilder Wein: Rinde und Stängel
Glyzinien: Rinde und Blätter
Eibe: Rinde, Nadeln und Samen
    (hochgiftig)

MAIGLÖCKCHENBLÜTEN
UND -BLÄTTER

RHODODENDRONBLÄTTER

BLÜTEN UND BLÄTTER VON
ORCHIDEENGEWÄCHSEN

MISTELBEEREN

EIBENHOLZ, -NADELN UND -SAMEN

Gefahren im Haushalt

WELPEN SIND VON NATUR AUS neugierig. Wir sind dafür verantwortlich, die Risiken möglichst gering zu halten. Das größte Risiko ist der Verkehr, aber auch im Haushalt gibt es tödliche Gefahren. Hier finden Sie eine Liste der üblichen Haushaltsreiniger, Chemikalien und Medikamente, mit denen Ihr Hund in Kontakt kommen kann.

Bedenken Sie, dass es für den Hund ganz natürlich ist, jeden neuen Gegenstand genau zu inspizieren, manchmal auch durch Kauen.

Gifte im Haushalt

GIFT	QUELLE	ANZEICHEN	WAS TUN?
Lauge	versehentliches Verschlucken	gerötete Haut	Erbrechen lassen.
Farblöser	Entfernen von Farbe aus dem Fell	Erbrechen, Durchfall Krämpfe, Geschwüre auf der Zunge	Haut und Fell mit Wasser und Seife waschen, Tierarzt aufsuchen.
Antifrost	Aus der Leitung getropft. Hunde lieben den Geschmack.	Zittern, Kollaps, Krämpfe, Koma	Den Hund mit einem Stück Seife zum Erbrechen bringen. Sofort zum Tierarzt, kann tödlich sein.
Aspirin	Gestohlen oder vom Besitzer gegeben.	Appetitlosigkeit, Depression, Erbrechen, evtl. Blut im Stuhl, Krämpfe	Erbrechen lassen. Zum Tierarzt gehen. In großen Mengen sehr giftig.
Antidepressiva oder Sedativa	Gestohlen oder vom Besitzer gegeben.	Depression, Hinwerfen, keine Koordination, Koma	Erbrechen lassen, wenn gerade. gefressen. Sofort zum Tierarzt.

Die meisten Medikamente sind nicht lebensgefährlich, für kleine Hunde aber dennoch sehr gefährlich.

GIFT	QUELLE	ANZEICHEN	WAS TUN?
Marihuana	Gestohlen.	Keine Koordination, Angst, Hektik, Beißen, erweiterte Pupillen	Ruhig halten, nach Angaben des Tierarztes Beruhigungsmittel geben.
Kohlenmonoxyd	Auspuffgase, Gasheizung Grillen im Haus	Rote Schleimhäute, Schwanken, Bewusstlosigkeit	Frische Luft, künstliche Beatmung
Chlor	Sterilisationsmittel für Swimmingpool	Rote Augen und Maul	Augen mit 3%iger Salzwasserlösung auswaschen. Mund mit Wasser oder Milch spülen.
Flüssige Reinigungsmittel	Beim Putzen gestohlen.	Schaum vor dem Maul	Maul mit viel frischem Wasser auswaschen
Fliegenmittel	Spray, Puder Lösungen	Hektik, Schwitzen, Unruhe, Speichel Krämpfe, Koma	Wenn keine Krämpfe, so viel wie möglich auswaschen. Sofort zum Tierarzt, sehr gefährlich.

■ **Giftige Lösungen** *müssen so schnell als möglich mit viel Wasser und Seife aus dem Fell gewaschen werden.*

■ **Aspirin und andere Medikamente** *sollten Sie außerhalb der Reichweite Ihres Hundes aufbewahren. Hunde kauen gern auf der Plastikverpackung herum.*

GIFT	QUELLE	ANZEICHEN	WAS TUN?
Floh-mittel	Sprays, Shampoos, Halsbänder, »Spot-On"	Muskelzittern, Taumeln, schweres Atmen, häufiges Urinieren und/oder Kot absetzen	Substanz gut abwaschen. Tierarzt aufsuchen.
Kerosin	Heizöl, Reinigungs-mittel	Unterleibsschmerzen	Erbrechen lassen, Tierarzt aufsuchen. Abführmittel geben.
Blei	Alte Farbe, alte Rohre, Angelgewichte, Batterien, Gardinen-blei, Löt-Zinn, altes Linoleum, Schmieröle	Erbrechen, Durchfall, Unterleibsschmerzen, danach verwirrter Blick, Nervösität, Weinen, Licht-empfindlichkeit, Schwanken, Lähmungen	Erbrechen lassen, wenn gerade erst gefressen. Sofort zum Tierarzt. Es trifft meist junge, neugierige Hunde.

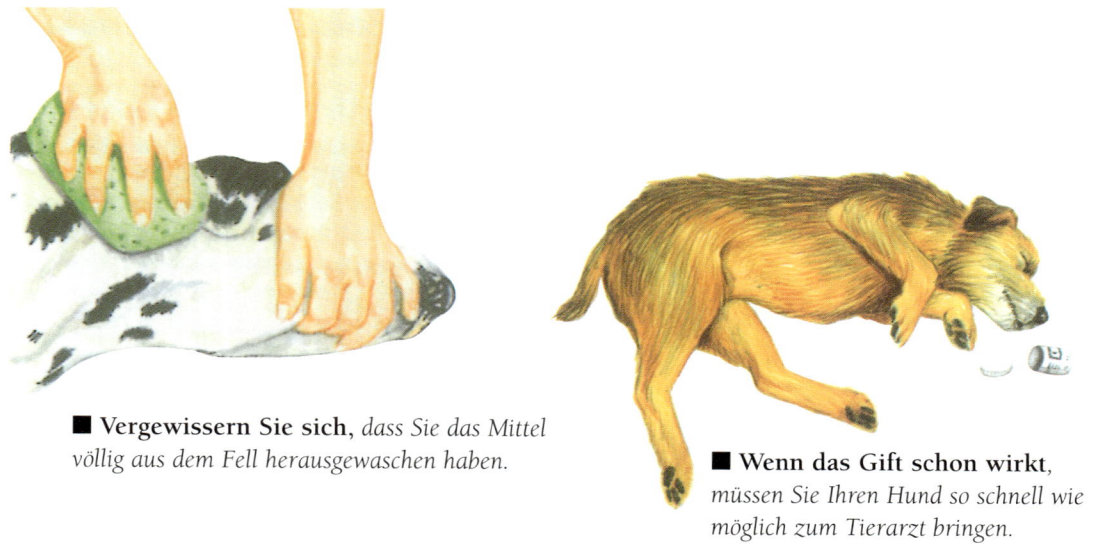

■ **Vergewissern Sie sich,** *dass Sie das Mittel völlig aus dem Fell herausgewaschen haben.*

■ **Wenn das Gift schon wirkt**, *müssen Sie Ihren Hund so schnell wie möglich zum Tierarzt bringen.*

GIFT	QUELLE	ANZEICHEN	WAS TUN?
Phenol	Holzschutzmittel, Einige Fungizide, Desinfektionsmittel, Fotoentwickler	Schwanken, Schwitzen, Depression, Koma	Erbrechen lassen. Milch und Pflanzenöl einflößen. Danach Abführmittel. Fell gut abwaschen. Sofort zum Tierarzt. Desinfektionsmittel nur bei Hunden anwenden, wenn dies ausdrücklich angegeben ist.
Schneckenkorn	Hunde fressen die Köder manchmal gern, weil sie gut schmecken.	Zittern, Taumeln, Krämpfe, Koma. Kann sehr gefährlich werden.	Erbrechen lassen, wenn gerade aufgenommen. Bei Verdacht auf Vergiftung sofort zum Tierarzt. Schneckengift ist sehr gefährlich.

■ **Wenn nötig, flößen Sie** *Ihrem Hund ein salzhaltiges Brechmittel ein.*

■ **Das Fell muss so gründlich** *gewaschen werden, dass der Hund keine Chemikalien mehr ablecken kann.*

GIFT	QUELLE	ANZEICHEN	WAS TUN?
Strychnin	Pestizide, illegale Köder	Ängste, Steifheit, Schlaganfall, Tod	Erbrechen lassen. Sofort zum Tierarzt. Vergiftungen mit Strychnin werden meist bewusst verursacht. Wenn möglich, Materialprobe mit zum Tierarzt nehmen.
Tabak	Aus geklauten Zigaretten oder Zigarren	Kann Erbrechen hervorrufen	Kohletabletten zuführen.
Comarin	Rattengift	Inneres Verbluten	Erbrechen lassen Sofort zum Tierarzt, Injektionen mit Vitamin K zum Blutverdicken.

NICHT ERBRECHEN LASSEN!

Wenn Ihr Hund ein ätzendes, alkalisches oder petroleumhaltiges Produkt verschluckt hat, kann Erbrechen die Symptome verschlimmern. Wenn Ihr Hund folgende Substanzen verschluckt hat, sollten Sie ihn nicht zum Erbrechen bringen:

Ätzendes Soda	Backofenreiniger
Chlorbleiche	Farbentferner
Geschirrspülmittel	Farbverdünner
Abflussreiniger	Petroleum
Kerosin	Möbelpolitur/Schuhcreme
Reinigungskonzentrate	Toilettenreiniger
Lauge	Holzschutzmittel

Kurze Zusammenfassung

✓ Hunde lernen durch Versuch und Irrtum. Als Mensch braucht man also Geduld und Konsequenz.

✓ Lernen sollte für Hund und Herr gleichermaßen eine positive Erfahrung sein.

✓ Das Haus ebenso wie der Garten/das Außengelände sollten keine Gefahren für den Hund bergen.

✓ Betrachten Sie das alles mit den Augen eines Hundes, und überlegen Sie, was Sie anstellen könnten. Dann können Sie Vorsorge treffen.

✓ Viele Pflanzen und Haushaltsgegenstände sind giftig – sie müssen außerhalb der Reichweite des Hundes aufbewahrt werden.

■ **Leere Dosen** *oder andere Krach machende Dinge werden Ihren Hund an dem Versuch hindern, über den Zaun zu springen.*

■ **Bedenken Sie,** *dass Ihr Hund sehr hoch springen und sehr tief buddeln kann, und treffen Sie entsprechende Vorkehrungen.*

■ **Ihr Hund soll sich** *auf das Training freuen. Das tut er, wenn Sie ihn ausgiebig loben oder zur Belohnung mit ihm spielen.*

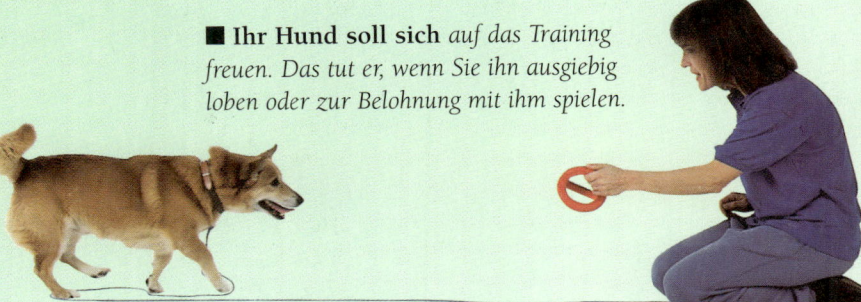

Kapitel 9

Denken Sie an die Nachbarn

WENN SIE SICH EINEN HUND ANSCHAFFEN, betrifft das Ihre Familie und Ihre Nachbarn. Denken Sie daran, und planen Sie im Voraus. In vielen Haushalten gibt es Hunde oder Katzen. Im Allgemeinen werden Ihre Nachbarn Ihrem neuen Hausgenossen gegenüber also freundlich sein, aber verlassen Sie sich nicht darauf. Teilen Sie ihnen frühzeitig mit, dass Sie einen neuen Hund bekommen, und achten Sie darauf, dass Sie gesetzliche Vorschriften (Leinenzwang etc.) einhalten.

In diesem Kapitel ...

✓ Sozial denken

✓ Hundehaufen entfernen

✓ Bellen und beißen

✓ Allein zu Hause

✓ Der Streuner

✓ Familienplanung

IHR NEUER HUND GEHT NICHT NUR SIE ETWAS AN, SONDERN AUCH IHRE FAMILIE UND IHRE NACHBARN.

Sozial denken

HUNDE UND KATZEN gehören zu den häufigsten Gründen für Nachbarschaftsstreite. Sie können aber auch der Anlass zu Freundschaften unter Nachbarn, zum gegenseitigen Erfahrungsaustausch und zur Nachbarschaftshilfe »auf tierischer Ebene« sein. Wenn Sie sich einen Hund anschaffen, ist das keineswegs nur Ihre persönliche Angelegenheit, sondern von wesentlich weiter reichender Bedeutung. Selbstverständlich kommt es in erster Linie darauf an, dass Ihre Familie einverstanden ist, aber man sollte die Nachbarn nicht unterschätzen, besonders, wenn man nur durch einen einfachen Zaun von ihnen getrennt lebt.

■ **Ihr Hund muss sich erst** *eingewöhnen. Das kann bedeuten, dass er einige Zeit lang viel bellt. Das sollten Sie Ihren Nachbarn im Vorhinein erklären.*

Im Voraus planen

Informieren Sie Ihre Nachbarn rechtzeitig, dass Sie ein neues Familienmitglied bekommen. Und erwähnen Sie auch gleich, dass der neue Hund anfangs vielleicht viel bellt oder winselt. Mit dieser Ankündigung und der Entschuldigung, dass es in nächster Zeit bei Ihnen etwas hektischer und lauter werden kann, haben Sie bei Ihren Nachbarn schon einen Bonus.

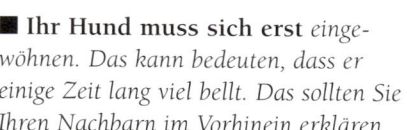

Laden Sie Ihre Nachbarn ausdrücklich ein, mit dem neuen Hund Bekanntschaft zu machen, sowie er da ist. Ein wuscheliger kleiner Welpe erweicht selbst das härteste Herz, und wenn Sie Ihren Hund vorstellen, beugen Sie eventuellen Problemen schon einmal vor. Nachbarn werden nämlich nicht gern übergangen und vor vollendete Tatsachen gestellt. Wenn Ihr Nachbar den Hund erst einmal gestreichelt hat, ist die Sache »geritzt«.

■ **Stellen Sie Ihren neuen Hund** *den Nachbarn vor. Damit bauen Sie Vorurteile ab, die diese vielleicht haben.*

Hundehaufen entfernen

NATÜRLICH SPRICHT NIEMAND GERN DARÜBER, aber es muss nun einmal sein. Herumliegende Kothaufen und Gebell – das sind die beiden Sachen, über die sich Nachbarn bei Hunden am meisten ärgern. Sagen Sie Ihren Familienmitgliedern von vornherein, dass sie Hundehaufen gleich wegräumen sollen, sei es im eigenen Garten, auf der Straße oder dem Nachbargrundstück.

Übrigens ...

Aus meiner Sicht als Tierarzt hat es sogar einen medizinischen Nutzen, wenn Sie den Kot Ihres Hundes beseitigen. Wenn Sie den Hundekot aus der Nähe begutachten, bemerken Sie Veränderungen in dessen Konsistenz sehr schnell – derartige Veränderungen sind oft ein erstes Anzeichen für Verdauungsstörungen.

Mittlerweile gibt es viele mehr oder weniger praktische Geräte und Gegenstände, mit denen man Hundekot entfernen kann. Die meisten sind leider eher nach ästhetischen Gesichtspunkten als nach praktischen gestaltet. Es gibt kleine »Entsorger«, die wie Alligatorkiefer den Kot umfassen, der dann in eine kleine verschließbare Tüte gleitet. Sie werden in die Hand genommen, und dazu muss man sich bücken. Wenn Ihnen das schwer fällt, können Sie sich auch ein kleines Gerät zulegen, das unten an einem Stab befestigt ist. Mittels einer sinnvollen Vorrichtung können Sie dann den Kot aufsammeln und in eine angehängte Tüte gleiten lassen. Das ist aufwendig – und man muss das Gerät immer bei sich haben.

Ich rate Ihnen, in diesem Fall Ihre ästhetischen Bedenken über Bord zu werfen und eine einfache Plastiktüte zu verwenden. In jedem Supermarkt gibt es Rollen mit kleinen Tüten – für jeden Haufen eine. Die kann man verknoten und wegwerfen. Ich mache das auch so. Manche Leute haben – und das kann ich verstehen – ein Problem damit, den noch warmen Kot durch die Plastiktüte anzufassen. Da muss man eben durch!

■ **Wenn Sie mit Ihrem Hund** *spazieren gehen, sollten Sie seine Hinterlassenschaften sofort entfernen.*

Bellen und beißen

BELLEN UND BEISSEN sind natürliche Gemütsäußerungen des Hundes. Sie gehören zum Sozialverhalten der Hunde, sind bei uns aber unerwünscht. Wenig sozialisierte Hunde bellen hemmungslos jeden Fremden und andere Hunde an. In Kapitel 14 werden Sie erfahren, wie Sie dem vorbeugen können, und in Kapitel 15, was Sie tun können, wenn Ihr Hund schon hemmungslos bellt.

■ **Bringen Sie Ihren Welpen** *von klein auf mit vielen Menschen und anderen Hunden zusammen, damit er Fremde nicht gleich anbellt.*

Ständiges Gebelle stört. Mit systematischem Training kann man es jedoch in geordnete Bahnen lenken. Viele Hunde bellen, wenn sie allein zu Hause sind und sich verlassen fühlen.

Allein zu Hause

VON ZEIT ZU ZEIT muss man auch den neuen Hund für einige Zeit allein lassen. Viele Hunde versuchen dann durch Scharren oder stundenlanges Bellen und Heulen, mit anderen Hunden Kontakt aufzunehmen. Ihren Nachbarn gegenüber, aber auch gegenüber Ihrem Hund, sind Sie verpflichtet, dass sich der Hund auch in Ihrer Abwesenheit ruhig verhält. Hier gibt es folgende Möglichkeiten:

■ **Lassen Sie Ihrem Hund** *ein Spielzeug da, das er liebt, und lassen Sie ihn nicht so lange allein, dass er sich langweilen könnte. Denn das führt oft zu wahren Bellorgien.*

Hundeklappe

Wenn Sie einen sicher umzäunten Garten haben, könnten Sie eine Hundeklappe installieren, durch die Ihr Hund hinein- und hinausgehen kann, wie er möchte. Dadurch kann er am Leben im Freien teilnehmen und fühlt sich nicht so eingeengt.

Hundesitter

Wenn Sie regelmäßig für längere Zeit abwesend sind, sollten Sie einen Hundesitter suchen, der in die Wohnung kommt, mit Ihrem Hund spielt und mit ihm Gassi geht. Viele Hundesitter haben ein enges Verhältnis zu ihrem Pflegehund und nehmen ihn dann vielleicht auch einmal im Urlaub einige Wochen zu sich.

Hundepension

Es gibt Hundepensionen, in denen man seinen Hund tagsüber abgeben kann, wenn man berufstätig ist oder während eines längeren Zeitraums tagsüber keine Zeit hat. In diesen Tageszentren kann Ihr Hund mit anderen Hunden spielen. Aber Sie sollten diese Hundepensionen kritisch prüfen.

Hilfe auf Gegenseitigkeit

Vielleicht findet sich ja jemand in der Nachbarschaft, der ebenfalls einen Hund hat und Ihren einmal nimmt, wenn Sie weg müssen. Im Gegenzug nehmen Sie dann den anderen Hund zu sich, wenn Ihr Nachbar eine Verpflichtung außer Haus hat.

INTERNET

www.tiermedizin.de/ gtvt

Sie wissen nicht, warum Ihr Hund bestimmte Dinge tut? Die **Gesellschaft für Tier- Verhaltenstherapie** *gibt Hilfestellung. Auf den Seiten findet man kompetente Ansprechpartner und eine Bücherliste.*

■ **Wenn Sie berufstätig sind**, *sollten Sie jemanden suchen, der regelmäßig mit Ihrem Hund Gassi geht.*

155

Der Streuner

DIESES PROBLEM KANN MAN ganz einfach lösen: Lassen Sie Ihren Hund nicht allein hinaus. Das ist nämlich nicht nur für ihn gefährlich, es ärgert auch die Nachbarn.

Ich erinnere mich, dass in meiner Kindheit viele Hunde frei herumstreifen durften. Wenn ich meine Mutter zum Metzger begleitete, hörte ich schon einmal, dass unser Yorkshireterrier Angus heute früh schon da war und seine übliche Scheibe Wurst bekommen hatte. Der Friseur erzählte uns, dass er Angus einen Schluck Wasser gegeben hatte. Zweifellos hatte Angus ein herrliches, freies Leben – aber damals bestand auf Grund des geringeren Verkehrsaufkommens auch ein viel geringeres Risiko überfahren zu werden.

Nach dem Krieg lebten wir in Toronto, und dort war es durchaus üblich, Hunde frei laufen zu lassen. Die Yorkshireterrier, die Angus nachfolgten, streiften also herum, verschwanden kurzzeitig im Wald, kamen stinkend wie Skunks und mit Stachelschwein-Stacheln übersät wieder nach Hause und waren absolut glücklich.

Was damals normal war, ist heute undenkbar. Heute ist es weder in der Stadt noch auf dem Dorf möglich, Hunde einfach so herumstreunen zu lassen. Sie sind es Ihren Nachbarn schuldig zu wissen, wo Ihr Hund sich gerade aufhält.

Gesetzliche Bestimmungen

Wenn Ihr Hund fremdes Eigentum zerstört, müssen Sie dafür aufkommen. Deshalb sollten Sie in jedem Fall eine ausreichende Hunde-Haftpflichtversicherung abschließen, die Personen- sowie Sachschäden abdeckt. Dann müssen Sie nicht selbst bezahlen, wenn Ihr Hund Nachbars Katze oder ihn selbst beißt und Blumenbeete in eine Buddelgrube verwandelt. Auch für indirekte Schäden kommt Ihre Haftpflichtversicherung auf, z. B. für den Schaden an einem Auto, das Ihrem Hund ausweichen musste und deshalb gegen einen Baum fuhr. Andererseits aber gibt es auch Gesetze, die einen Hund schützen, falls jemand ihm »vermeidbare Schmerzen oder Leiden« zufügt oder ihn massiv vernachlässigt.

■ **Führen Sie Ihren Hund** *im Freien grundsätzlich an der Leine.*

Familienplanung

VIELE HUNDEBESITZER *denken über dieses Thema nicht nach – oder erst, wenn es »zu spät« ist. Sie aber sollten von vornherein entscheiden, ob Sie mit Ihrem Rüden oder Ihrer Hündin züchten wollen oder nicht. Kastration und Sterilisation von Rüde und Hündin sind in unserem Kulturkreis mit Vorurteilen belastet. Hier sind einige Fakten.*

■ **Entscheiden Sie von vornherein,** *ob Sie züchten wollen, und bedenken Sie dabei die Folgen: Die Hündin sollte offiziell eingetragen werden. Zucht ist immer auch ein Gesundheitsrisiko, und Sie müssen gute neue Besitzer für die Welpen finden.*

Die Auswirkungen der Kastration

Bei der Kastration werden die Organe entfernt, die für die Ei- bzw. die Spermaproduktion notwendig sind. Bei der Kastration des Rüden werden nach einem kleinen Schnitt in den Hodensack die Testikel entfernt; sie produzieren Sperma und Testosteron, das Männlichkeitshormon. Die Vasektomie, bei der die Samenstränge durchtrennt werden, um die Befruchtung zu verhindern, wird bei Hunden selten vorgenommen.

Die Kastration der Hündin ist ein ungleich schwererer Eingriff. Durch einen Schnitt in den Unterleib werden die Eierstöcke (die die Eier produzieren) und die Gebärmutter (in der sich die Welpen entwickeln) entfernt. In den Eierstöcken bilden sich die weiblichen Hormone. Das Durchtrennen der Eileiter wird bei Hündinnen kaum vorgenommen.

Sexuell aktive Hunde müssen ständig unter Kontrolle sein, sie dürfen ihren natürlichen Trieb kaum ausleben und sind daher meist ziemlich frustriert.

■ **Sexuell frustrierte Hunde** *müssen ihre Energie anders ausleben und brauchen mehr Beschäftigung als kastrierte Tiere.*

Soziale Konsequenzen

Kastrierte Rüden sind leichter zu handhaben als nicht kastrierte. Sie sind ruhiger und gehorchen besser. Sie verbringen auch nicht so viel Zeit damit, ihr Revier zu markieren. Sie leeren ihre Blase eher, weil sie voll ist, als dass sie dadurch Botschaften hinterlassen wollen. Kastrierte Rüden verteidigen zwar ihr Revier, sind anderen Hunden gegenüber aber weniger aggressiv.

Durch die Kastration ist der Rüde zeugungsunfähig, die Hündin wird nicht mehr trächtig. Die Kastration verhindert aber auch fast vollständig die Bildung von Sexualhormonen und hat viele positive Folgen.

Kastrierte Hündinnen werden nicht mehr wie früher zweimal im Jahr »heiß«. Damit sind sie Stimmungsschwankungen auch kaum noch unterworfen. Kein Wunder, dass fast alle Gebrauchshunde, die richtig arbeiten müssen, kastriert werden. Denn sie sind leichter zu erziehen und wesentlich mehr auf ihren Besitzer oder Ausbilder fixiert.

■ **Auch nach einer** *Kastration behalten Wachhunde ihr ursprüngliches Verhalten bei.*

Mögliche Probleme

Das häufigste Problem nach der Kastration ist eine Gewichtszunahme. Auch einer unserer drei Hunde hatte nach der Kastration massiv zugenommen. Das kommt daher, weil der Hund keine Energie mehr für sexuelle Aktivitäten braucht. Man kann die Gewichtszunahme aber durch entsprechende Fütterung kontrollieren. Kastrierte Hunde sollten einfach weniger kalorienreiches Futter bekommen.

Der richtige Zeitpunkt für die Kastration

In manchen Büchern steht, dass man Hündinnen erst nach der ersten Läufigkeit und die Rüden erst kurz vor der Geschlechtsreife kastrieren sollte. Diese Empfehlungen entbehren jeder Grundlage. Im Gegenteil: Die Kastration der Hündin vor der ersten Läufigkeit hat überhaupt keine Nachteile, sondern viele Vorteile: Die Gefahr der Urininkontinenz ist wesentlich geringer. Ebenso ist das Risiko von hormonbedingten Problemen wie beispielsweise einer besitzergreifenden Aggression geringer. Die Gefahr von Mammatumoren, der häufigsten Todesursache von Hündinnen, ist durch die Kastration vor der ersten Läufigkeit ausgeschlossen.

Rüden werden durch die Kastration friedlicher. Sie streunen weniger, sind anderen Rüden gegenüber nicht mehr so aggressiv und markieren ihr Revier nicht mehr so massiv durch Urinabsetzen. Rüden und Hündinnen, die vor der Pubertät kastriert wurden, haben weniger Gewichtsprobleme als diejenigen, bei denen der Eingriff nach der Pubertät vorgenommen wurde.

■ **Wenn Ihr Rüde sehr viel markiert,** *sollten Sie eine Kastration in Betracht ziehen.*

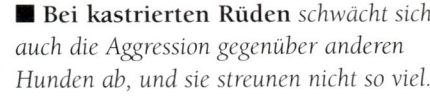

■ **Bei kastrierten Rüden** *schwächt sich auch die Aggression gegenüber anderen Hunden ab, und sie streunen nicht so viel.*

Kurze Zusammenfassung

✓ Ein neuer Hund ist nicht nur ein Teil Ihrer Familie, sondern auch Ihrer Nachbarschaft. Daher sollte auch Ihre Beziehung zu Ihren Nachbarn freundlich sein.

✓ Als guter Nachbar beseitigt man selbstverständlich die Hinterlassenschaften seines Hundes.

✓ Hunde sollten nicht frei herumstreunen dürfen.

✓ Ein ständig bellender Hund ist lästig – erlauben Sie das Ihrem Hund nicht. Die Nachbarschaft wird es Ihnen danken.

✓ Die Kastration beugt gesundheitlichen wie sozialen Problemen vor. Nicht kastrierte Hunde sind oft frustriert und entwickeln manchmal unangenehme Eigenschaften.

TEIL DREI

Kapitel 10
Anführer, nicht Boss sein

Kapitel 11
Sauberkeit

Kapitel 12
Gutes Benehmen

Kapitel 13
Mit dem Hund gehen

Kapitel 14
So leben Hunde

Kapitel 15
Jugendsünden verstehen

AUCH BEIM SPIELEN SAMMELN HUNDE ERFAHRUNG

GRUNDREGELN

Bauen Sie zu Ihrem Hund eine tiefe Beziehung auf, aber verwechseln Sie diese nicht mit menschlichen Beziehungen. Sie sollten immer der *Anführer* sein, derjenige, dem der Hund gehorcht. In ihrem natürlichen Umfeld leben Hunde in Gruppen, die hierarchisch geordnet sind. Sie kennen den Gehorsam dem Ranghöheren gegenüber und fügen sich. Zufriedene Hunde, die ihrem Führer gehorchen, werden nie »straffällig«.

Die Erziehung beginnt zu Hause. Wenn Sie sorgfältig vorgehen, werden Sie Ihrem Hund schnell gute Manieren beibringen können. Er wird Ihnen und Ihrer Familie als *Freund* ergeben sein und gehorchen. Natürlich wird es anfangs Probleme geben, aber mit der Zeit und Lob im richtigen Moment wird der Hund sich anpassen und unerwünschte Dinge von selbst bleiben lassen.

Kapitel 10

Anführer, nicht Boss sein

JETZT GEHT ES LOS! Ihr Hund kam als Fremdling in Ihre Familie, aber er wird schnell ein Familienmitglied werden. Sie wollen sicherlich eine gute Beziehung zu Ihrem Hund aufbauen. Wenn Sie verstehen, wie Ihr Hund denkt und Vorkommnisse interpretiert, sind Sie auf dem Weg zu einer wunderbaren Freundschaft.

Wenn Sie dagegen anfangs zu schwierige Regeln aufstellen oder inkonsequent sind, schaffen Sie sich selbst Probleme, die später kaum mehr zu lösen sind. Sie verbringen Ihre Zeit besser damit, Ihren Hund verstehen zu lernen.

In diesem Kapitel ...

✓ Niemals zu jung

✓ Wie ein Hund denken

✓ Seien Sie konsequent und positiv!

✓ Disziplin

DIE ERZIEHUNG SOLLTE IHREM HUND SPASS MACHEN.

Niemals zu jung

MAN KANN JEDEN HUND ERZIEHEN. *Je jünger der Hund ist, desto leichter geht es. Ein junger Hund ist ein noch unbeschriebenes Blatt. Sein Vertrauen in Sie wird sich beispielsweise dadurch festigen, dass Sie ihn Neues entdecken lassen, ihn aber vor Gefahren schützen. Wenn Sie möchten, dass Ihr Hund gelassen mit Menschen umgeht, sollten Sie ihn im Haus und auch im Freien mit möglichst vielen Menschen konfrontieren – Kleinkindern, Schulkindern, Leuten mit Hunden, Spaziergängern, Müttern mit Babys im Kinderwagen usw. Je mehr Kontakt Ihr Hund mit unterschiedlichen Menschen hat, desto weniger Angst wird er vor Fremden entwickeln.*

■ **Junge Hunde sollten** *so früh wie möglich mit Kindern in Kontakt kommen.*

Eine frühe Sozialisierung ist von unschätzbarem Wert. Es gibt aber ein Problem: Junge Hunde sind durch die Muttermilch automatisch gegen Infektionen geschützt, aber das dauert nur kurze Zeit.

Zwar gibt es mittlerweile Impfungen, die in der 8. und 10. Lebenswoche vorgenommen werden können, aber sie schützen nur etwa zwei Wochen lang. Danach kann sich Ihr Hund bei nicht geimpften kranken Hunden infizieren. Sie sollten sich eingehend mit Ihrem Tierarzt beraten, welche Impfungen in Ihrer Region für einen Welpen angebracht sind.

■ **Lassen Sie Ihren jungen Hund** *erst dann mit anderen Hunden zusammenkommen, wenn er geimpft ist.*

Ich empfehle meinen Klienten immer, ihren Welpen möglichst viel mitzunehmen und ihn – selbstverständlich kontrolliert – möglichst viel kennen lernen zu lassen. Damit meine ich die Hunde von Freunden; Hunde sollten lernen, im Auto mitzufahren, mit Ihnen auf belebten Straßen zu gehen und auf Hundespielplätzen frei herumzulaufen, wenn Sie sicher sind, dass sich dort nur gut geimpfte Hunde aufhalten.

Eine frühe Sozialisierung ist die Basis für gute Manieren beim erwachsenen Hund.

LERNSTADIEN

Die Lernfähigkeit junger Hunde wächst mit fortschreitender Entwicklung in genau festgelegten Phasen. Diese Phasen machen alle Hunde durch, allerdings ist die Dauer der einzelnen Phasen individuell verschieden.

Dritte bis zwölfte Woche

Dies ist eine sehr prägende Phase im Leben Ihres Hundes. Erfahrungen, die er in diesen Wochen macht, wird er nie vergessen. Ab der 8. Woche – das ist die Zeit, in der der Hund vom Züchter weggegeben werden sollte – durchläuft er eine Phase, in der er gefallen möchte. Gleichzeitig »arbeitet« er aber an seinem Rang im neuen Familienverband. Jetzt sollte er lernen, dass alle menschlichen Familienmitglieder ranghöher sind als er. Wenn Sie ihm das nicht klar machen, wird er versuchen, in der Hierarchie aufzusteigen.

■ **Bringen Sie Ihrem Hund bei,** *sitzen zu bleiben, wenn Sie kurz den Raum verlassen.*

Dritter bis sechster Monat

Bei Kindern ist dies das Alter unter zehn Jahren. Zu Beginn dieser Phase schließt Ihr Hund sich Ihnen noch enger an und möchte Ihnen noch mehr gefallen.

Mit dem einfachen Gehorsamstraining fängt man an, wenn der Hund am meisten gefallen möchte, also in der frühen Jugend. Später, wenn der Hund schon Eigenheiten entwickelt hat, kann sich das schwieriger gestalten.

Vom 2. zum 18. Monat – und weiter

Das sind die Teenager-Jahre. In dieser Zeit prüfen manche Hunde extrem den Führungsanspruch des Menschen. Das Territorialverhalten erwacht. Das ist eine schwierige Zeit, die man aber gut übersteht, wenn man dem Hund eine ordentliche Basiserziehung gegeben hat. Dem körperlichen und sexuellen Erwachsenwerden folgt dann das emotionale, wobei der Zeitpunkt nicht nur nach Individuum, sondern auch nach Rasse variiert. Golden Retriever sind relativ früh erwachsen, während Boxer die längste Entwicklungszeit von allen Rassen haben.

■ **Boxer sind selten** *früher als mit drei Jahren erwachsen.*

Wie ein Hund denken

IHR HUND ERLEBT die Welt völlig anders
als Sie. Die Lehrmethoden, die Sie für Kinder anwenden, kommen beim Hund völlig anders an.
Als meine Kinder noch klein waren, haben sie von
mir im Affekt schon einmal einen leichten Klaps
bekommen. Auch Welpen, die ja noch keine Selbst-
sicherheit haben, kann man durchaus einmal
einen Klaps vor die Brust oder auf den Po geben.

■ **Hunde darf man
niemals** *am Kopf tätscheln,
sie sehen das als Dominanz-
gebärde an.*

Körpersprache

Von klein an benutzen Hunde in Kombination mit
Augenkontakt ihren Schwanz, ihre Ohren
und ihren Körper, um sich auszudrücken und zu kommunizieren. Auch
ihre Stimme benutzen sie – bellen, heulen, knurren und winseln –, aber
die Stimme ist eher von untergeordneter Bedeutung.

Hunde achten eher auf die Körpersprache als auf die Stimme. Deshalb reagieren
kleine Hunde so gut auf Handsignale. Versuchen Sie, die Kommunikation mit Ihrem
Hund hauptsächlich auf Körpersprache aufzubauen, und benutzen Sie Stimmsignale nur
sekundär. Wenn Sie beispielsweise hoch aufgerichtet vor ihrem Hund stehen und auf
ihn herabsehen, wird er das als Strafe empfinden. Gehen Sie aber auf seiner Körperhöhe
in die Knie und breiten Sie Ihre Arme weit aus, ist das für ihn eine einladende Geste.
Die meisten Hunde reagieren darauf, indem Sie spontan auf Sie zukommen. Wenn Ihr
Welpe das tut, sagen Sie sofort »Komm!«. Er wird bald lernen, auf dieses Wort hin zu
Ihnen zu kommen.

Versuchen Sie, die Körpersprache Ihres Hundes zu verstehen. Wenn er
Sie anstarrt, kann das durchaus Interesse bedeuten – es kann aber
auch ein Zeichen von Dominanzstreben sein. Zähnefletschen ist
meistens ein Zeichen von Dominanzstreben, manche Hunde
zeigen ihre Zähne aber auch als eine Art Begrüßungsgrinsen –
Wolfsspitze beispielsweise »lachen« regelrecht freundlich!
Lernen Sie diese Sprache zu verstehen. Sehr bald können Sie
sie »lesen«, wie Ihr Hund Ihre »liest«.

Stimmlage

Wenn Sie Ihre Stimme benutzen, bedenken Sie bitte, dass Hunde auf bestimmte Tonlagen instinktiv reagieren. Wölfe heulen nachts, um Kontakt zueinander aufzunehmen. Das tun Hunde auch. Ein Singsang »Spar-ky« (Ihr persönliches Heulen) wird Sparkys Aufmerksamkeit auf sich ziehen. Wenn ein Welpe etwas falsch macht, also vielleicht die Mutter zu hart attackiert, wird er durch ein Knurren zurückgewiesen. Ein kurzes, hartes »Sparky!«, mit tiefer Stimme ausgesprochen, ähnelt dem Knurren der Mutter und wird von ihm sofort verstanden werden. Wenn Sparky im Spiel mit den Geschwistern etwas zu stürmisch ist, quieken diese – und sofort wird er damit aufhören. Machen Sie es genauso. Sagen sie deutlich »Aua!«, und gehen Sie weg. Ihr Hund wird Ihre stimmliche Reaktion und Ihre Körpersprache sofort verstehen.

■ **In der Wildnis** *verständigen sich Wölfe nachts durch Heulen.*

Laute

Hunde hören viel besser als wir – viermal so gut, haben Wissenschaftler festgestellt. Hunde hören auch viel höhere Frequenzen als wir. Das hat Vor- und Nachteile für sie. Der Nachteil ist, dass manche Hunde überempfindlich gegenüber Geräuschen sind und Ängste vor Geräuschen entwickeln, die weit weg sind, wie beispielsweise Donner. Der Vorteil für uns bei der Hundeerziehung ist, dass die meisten Hunde auf einfache Geräusche wie einen Pfiff oder ein Fingerschnipsen schnell reagieren. Überlegen Sie, ob Sie Ihre Erziehung nicht auf einfachen Lauten wie Pfeifkommandos aufbauen wollen. Denken Sie an die Hunde der Schäfer. Lediglich mit Pfiffen kontrolliert und dirigiert der Schäfer seinen Hund, auch wenn dieser weit weg von ihm ist.

> **DEFINITION**
>
> *Clicker Training war ursprünglich eine Methode, um Delphine zu trainieren, wird aber zunehmend auch bei Hunden und Pferden angewandt. Der Clicker gibt auf Fingerdruck einen »Klick« von sich. Wenn man klickt, und der Hund kommt, wird er belohnt. Nach längerer Übung verbindet er mit diesem Klick etwas Positives.*

»Nein!« ist ein machtvolles Wort. Benutzen Sie es sparsam und nur dann, wenn Ihr Hund wirklich etwas falsch macht. Schreien Sie nicht »Nein!«, murmeln Sie es nicht, und sagen Sie es nicht zögernd – Ihr Hund wird es dann nicht beachten. Sie müssen es mit tiefer Stimme regelrecht knurren.

■ **Wenn Ihr Hund** *widersetzlich ist, knurren Sie mit tiefer Stimme »Nein!«.*

Bitte keine Demokratie!

Die Erziehung von Kindern und Hunden ist nicht vergleichbar. Wenn Kinder größer werden, kann man ihnen bestimmte Dinge erklären. Sie verstehen beispielsweise, was fair und was unfair ist. Kindern kann man auch klar machen, was Demokratie ist. Sie begreifen, dass man Kompromisse machen muss, und vieles andere. Kindern können Sie Bedingungen stellen – einem Hund nicht. Er wird das nie begreifen, weil er nicht abstrakt denken kann.

In Bezug auf die Rangordnung sind Hunde von Natur aus besitzergreifende, territorial gesinnte und scharfäugige Beobachter. Hunde sind Opportunisten und nehmen hemmungslos jeden Vorteil wahr. Vergessen Sie also in der Beziehung zu Ihrem Hund hehre Begriffe wie Konsens und Demokratie ...

Seien Sie nicht der Boss, sondern der Anführer. Und seien Sie konsequent. Unterschätzen Sie niemals die Fähigkeit Ihres Hundes, Ihre Inkonsequenz sofort zu erkennen und auszunutzen.

Ängstliche Welpen

Achten Sie darauf, ob ein Welpe besonders ängstlich ist. Er bedarf besonderer Fürsorge und Aufmerksamkeit. Manche Rassen (wie z. B. der deutsche Schäferhund oder der Collie) neigen im Gegensatz zu anderen (z. B. Spitzen und Terriern) zur Unterwürfigkeit. Unterwürfige Hunde profitieren genauso von einer sorgfältigen Sozialisierung wie die selbstbewussten, aber das Heranführen an neue Gegenstände, Geräusche und Gerüche muss wesentlich sensibler geschehen.

■ **Schüchterne Hunde**
lockt man mit Leckerchen aus ihrem Versteck.

Beschützen Sie Ihren Hund nicht allzu sehr. Wenn Sie ihn vor Kindern schützen, die zu Besuch kommen, bestärken Sie nur seine allgemeine Abneigung gegen Besucher.

Bitten Sie die Kinder lieber, nicht so laut zu sein. Und sagen Sie ihnen, dass sie den Augenkontakt mit dem kleinen Hund vermeiden sollen. Geben Sie den Kindern kleine Leckereien, die sie für den Welpen so verstecken, dass er sie leicht findet. Hüten Sie sich, den kleinen Hund ständig beschützen zu wollen. Wenn Sie ihn beispielsweise auf den Arm nehmen, sowie er sich vor einem lauten Geräusch fürchtet, lehren Sie ihn, dass Furcht belohnt wird. Damit machen Sie ihn nicht tapfer ...

Seien Sie konsequent und positiv!

WIR MENSCHEN SIND ALLE (na ja, fast alle) konsequent. Je älter wir werden, desto konsequenter werden wir – als Erwachsene sehen wir den Sinn fester Regeln viel eher ein, als Kinder das tun. Mit Hunden ist es dasselbe. Man muss ihnen deutlich klar machen, was sie dürfen und was nicht. Inkonsequenz verwirrt sie nur. Später geben ihnen diese festen Regeln Sicherheit: Sie wissen, wann es Futter gibt, kennen die Trainingszeiten, wissen, wann man bellen soll und darf, usw. All das funktioniert nach dem Prinzip: »Das war immer schon so, also mache ich es weiterhin.« Hunde brauchen eine feste Ordnungsstruktur und Konsequenz. Dann ist ihre Welt in Ordnung.

INTERNET

www.hundezeitung.de/ausbildung

Hier werden Lerntechniken für die weitere Ausbildung von (Wach-, Hüte- usw.) Hunden mit vielen Tipps beschrieben.

Loben

Achten Sie darauf, dass Sie mit dem Hund eindeutig sprechen. Hunde wollen deutliche Anweisungen haben, keine Vorschläge. Denken Sie »ja« oder »nein« – niemals aber »vielleicht« –, wenn Sie mit Ihrem Hund reden.

Seien Sie in grundsätzlichen Dingen (sei es zu Hause oder im Freien) immer konsequent, und denken Sie positiv. Selbst wenn Ihr Hund irgendetwas gemacht hat, das verboten war, und Sie ihn bestrafen müssen, sollten Sie ihm danach sagen, dass sie ihn immer noch lieben, und etwas Positives mit ihm tun. Respekt und Freundschaft sind die Schlüssel zu einer wirklich guten Beziehung. Das ist im Grunde genau dasselbe wie bei uns Menschen, nur dass wir nicht hierarchisch, sondern demokratisch denken.

■ **Seien Sie konsequent** *mit Ihrem Hund, sonst versteht er Sie nicht.*

Futter als Belohnung

Verbales Lob ist gut, aber ein Lob, das mit Futter verbunden ist, ist natürlich das Höchste für Ihren Hund. Das kann ein Hundekeks oder ein Stück Wurst sein – irgendetwas, das lecker schmeckt. Manchmal reicht sogar ein Stückchen Brot, wenn man es dem Hund nur mit den richtigen Worten gibt. So lecker das Futter ist – es ist doch eher eine symbolische Geste.

Stecken Sie sich immer ein kleines Leckerli in die Tasche, wenn Sie mit Ihrem Hund unterwegs sind. Trockenfutter beispielsweise eignet sich hervorragend dafür, weil es in der Jackentasche nicht schmilzt und auch nicht allzu sehr krümelt.

Spielzeug als Belohnung

Nicht alle Hunde kann man mit Futter rumkriegen. Manche muss man anders belohnen. Es gibt Hunde, die (fast) alles tun, um mit einem bestimmten Spielzeug spielen zu dürfen, einer Quietsche-Ente z. B. oder einem Kauknochen. Für manche Rassen wie Schäferhunde und Bordercollies sind solche Spielzeuge die beste Belohnung. Ideal sind Gegenstände, die klein genug sind, um sie in der Jackentasche zu verstauen, aber nicht so klein, dass der Hund sie verschlucken könnte.

GUMMIKNOCHEN UND SEIL

> ### Übrigens ...
> *Wenn Sie Ihren Hund damit belohnen, dass er mit seiner Quietsche-Ente oder mit einem anderen Spielzeug spielen darf, müssen Sie immer darauf achten, dass Sie es jederzeit von ihm zurückbekommen. Es gehört Ihnen! Ihr Hund bekommt das alles nur zur Belohnung ausgeliehen. Am Ende verschwindet das Spielzeug wieder in Ihrer Tasche. Lediglich Kauknochen und das tägliche Spielzeug stehen Ihrem Hund zur ständigen Verfügung.*

Manchmal muss man einem Hund ein Spielzeug erst »schmackhaft« machen. Dann nehmen Sie es auffällig aus Ihrer Tasche, »riechen« daran und stecken es wieder ein. Sprechen Sie mit dem Ding und erregen Sie so die Aufmerksamkeit Ihres Hundes, selbst an dem Ding zu schnuppern und mit ihm zu spielen.

QUIETSCHBÄLLE

■ **Verführen Sie** *Ihren Hund zum Spielen, indem Sie ihn mit dem Spielzeug necken.*

Sanftes Streicheln

Sanftes Lecken der Mutter beruhigt den Welpen. Ebenso ist es mit einem sanften Streicheln Ihrer Hand.

Nutzen Sie den Körperkontakt als Lob, wenn Ihr Hund darauf reagiert.

Belohnen Sie Ihren Hund gleichzeitig mit Futter und lobenden Worten. Es ist immer von Vorteil, wenn sich der Hund während des Fressens berühren lässt. Später werden Sie lernen, wie Sie dem Hund für kurze Zeit sein Futter wegnehmen. Das vermindert nämlich das Risiko, dass er sich während des Fressens allzu besitzergreifend und damit aggressiv gegenüber anderen Tieren und Menschen zeigt.

■ **Die Hündin leckt** *ihre Jungen sanft ab, während sie fressen.*

Beruhigende Worte

Wenn Sie Ihren Hund mit Futter oder einem Spielzeug belohnen, sollten Sie das gleichzeitig mit der Stimme tun. Die Worte »So ist es brav!« oder »Guter Hund!« wird Ihr Hund schnell lernen und als Lob empfinden. Loben Sie Ihren Hund zu Beginn seiner Ausbildung überschwänglich, und reduzieren Sie die Belohnung später auf das rein Verbale.

PROBLEMLÖSUNG

Wenn Ihr Hund auf Futter oder Spielzeug als Belohnung allzu freudig und heftig reagiert, sollten Sie das einfach ignorieren und weggehen.
Wiederholen Sie das Ganze, wenn er sich wieder beruhigt hat, und belohnen Sie diesmal nur mit Worten. Wenn der Hund auf Belohnung überhaupt nicht reagiert, sollten Sie die Übungen vor die Fütterungszeit legen – dann sieht der Hund einen Zusammenhang.

■ **Wenn Ihr Hund überreagiert**, *ignorieren Sie ihn einfach, bis er sich wieder beruhigt hat.*

Disziplin

IN GEWISSEN SITUATIONEN muss man den Hund leider auch einmal strafen. Strafen Sie ebenso überlegt, wie Sie loben. Strafen Sie niemals mit Emotion (auch wenn es immer einmal wieder vorkommt, dass Ihr Hund Sie zur Weißglut treibt).

Strafen Sie auf unterschiedliche Art, sodass Ihr Hund immer wieder davon überrascht wird.

Bedenken Sie dabei immer, dass der einzige Grund zu strafen der ist, dass Ihr Hund den Unterschied lernt zwischen dem, was er tun darf, und dem, was er nicht tun darf. Seiner Meinung nach ist er im Recht, wenn er heult, sobald er von seiner Familie getrennt wird. Er ist auch im Recht, wenn er an harten Gegenständen knabbert und sein eigenes Futter verteidigt. Ihr Hund lernt von Ihnen nicht den Unterschied zwischen Recht und Unrecht, sondern Ihre Regeln zu akzeptieren.

Harte Worte

Ich sagte bereits, dass Sie das Wort »Nein!« nicht überstrapazieren sollten. »Böser Hund!«, in einem harten Ton gesagt, ist ebenso gut. Ich selbst knurre gern »Arghhh!«, wie es die Mutter tut, wenn ihre Welpen ungezogen sind. Eine meiner Arzthelferinnen brachte ihr italienisches Windspiel mit, als er noch ein Welpe war. Wir haben uns gekugelt vor Lachen, als wir ständig ihr »Arghhh!« hörten. Das Ergebnis jedoch gab ihr Recht: Heute braucht sie nur noch die Oberlippe ein bisschen hochzuziehen (als wenn sie »Arghhh!« sagen wollte), und ihr Hund hört mit irgendwelchem Unsinn auf, den er gerade anstellen wollte, und geht widerspruchslos in sein Körbchen.

Böse schauen

Dies ist eine sehr subtile Strafe, die Hunde aber sehr leicht verstehen. Sie kennen den Unterschied, ob man freundlich oder strafend blickt. Dominante Hunde starren rangniedrigere an, bis diese den Blick senken. Genau das können Sie tun, zumal Sie von oben herab blicken können. Hoch aufgerichtet »Böser Hund!« zu sagen und den Hund dabei streng anzublicken, ist eine Strafe für ihn. Später reicht dann nur ein strafender Blick.

■ **Dominante Hunde** *starren rangniedrigere so lange an, bis diese den Blick senken.*

Meine Golden-Retriever-Hündin Liberty hat hervorragende Möglichkeiten, Futter zu klauen, denn in unserer Nähe befinden sich mehrere Fast-Food-Restaurants. Für einen Hund ist das einfach himmlisch. Lib klaut, was sie kriegen kann. Aber wenn sie einen halb aufgegessenen Hamburger auf der Straße liegen sieht und meinen Blick auffängt, brauche ich nicht einmal »Nein!« zu sagen. Sie weiß auch so Bescheid ...

Isolation

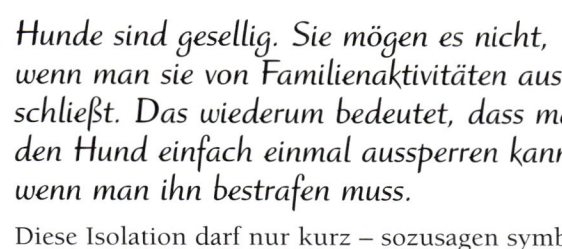

Hunde sind gesellig. Sie mögen es nicht, wenn man sie von Familienaktivitäten ausschließt. Das wiederum bedeutet, dass man den Hund einfach einmal aussperren kann, wenn man ihn bestrafen muss.

Diese Isolation darf nur kurz – sozusagen symbolisch – sein. Wenn Ihr Hund während des Spielens zu fest zubeißt, schreien Sie kurz auf, verlassen das Zimmer und schließen die Türe hinter sich. Warten Sie eine halbe Minute, und gehen Sie dann wieder ins Zimmer, beachten Sie Ihren Hund aber eine Minute lang nicht. Dann rufen Sie ihn zu sich. Sind zu viele Menschen in dem Raum, bringen Sie Ihren Hund in ein leeres Zimmer, vielleicht das Badezimmer, und schließen die Tür hinter ihm. Dann zählen Sie bis 30 und lassen ihn wieder heraus, beachten ihn aber eine Minute lang nicht. Das reicht!

■ **Wenn Ihr Hund nicht gehorcht,** *können Sie ihn für kurze Zeit vom Geschehen ausschließen.*

DEFINITION

Hündinnen nehmen das Nackenfell ihrer Welpen ins Maul und **schütteln sie kräftig,** *wenn diese sie allzu sehr strapazieren. Das können Sie auch tun, aber bitte etwas sanfter und eher selten. Es könnte sein, dass der Hund sonst handscheu oder aber aggressiv wird.*

Unerwartetes

Es gibt Zeiten, in denen ein hartes Wort, ein scharfer Blick oder kurzes Wegsperren einfach nichts nützen. Dann braucht man etwas Dramatischeres, um den Hund zu beeindrucken. Wasserpistolen, Krachmacher oder ein *Schütteln* am Genick können den Respekt wiederherstellen. »Was ist denn jetzt los?«, wird Ihr Hund denken und Ihnen seine ungeteilte Aufmerksamkeit schenken. Solch eine ungewöhnliche Strafe wirkt manchmal Wunder.

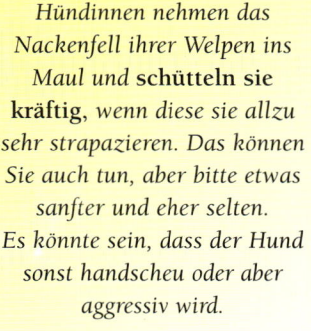

■ **Als allerletztes Mittel** *sprühen Sie Ihrem Hund etwas Wasser ins Gesicht.*

Sofort loben und strafen

Ob Sie loben oder strafen – beides wirkt nur dann, wenn Sie es sofort tun. Sowie Ihr Hund sich anschickt, das Richtige zu tun, belohnen Sie ihn sofort mit einem Leckerli, einem Spielzeug oder Worten.

Zu späte Strafe oder zu spätes Lob – selbst nur einige Sekunden zu spät – verwirren den Hund. Manche Leute haben ein Gefühl für gutes Timing, andere müssen es mühsam erlernen. Ältere Hunde begreifen aber glücklicherweise, dass manche Leute etwas langsam und »ungeschickt« mit ihrem Lob sind. Welpen hingegen begreifen das noch nicht. Also müssen Sie schnell handeln. Schlechtes Timing, das den Hund verwirrt, schadet Ihrer gemeinsamen Beziehung.

Eine positive Beziehung

Egal, was geschieht – ob Ihr Hund sie amüsiert oder gerade schrecklich ärgert: Bedenken Sie immer, dass Sie gleichzeitig Anführer und Freund sind. Die gute Beziehung zu Ihrem Hund und sein Gehorsam basieren auf seinem Respekt Ihnen gegenüber und seiner Erwartung, dass Sie immer die richtige Entscheidung treffen. Sowie der Hund sich als gleichberechtigt ansieht, verliert er den Respekt vor Ihnen, und Sie verlieren Ihre Stellung als Anführer.

■ **Alle Familienmitglieder**
müssen sich mit dem Hund befassen.

SO SICHERN SIE DIE RANGORDNUNG

■ **Ihr Hund muss** *immer wissen, dass Sie der Ranghöhere sind.*

1 Alle Familienmitglieder kümmern sich um den Hund.

2 Ihr Hund weiß, dass Sie zuerst essen. Er selbst bekommt sein Futter erst dann, wenn Sie fertig gegessen haben.

3 Menschen gehen grundsätzlich zuerst durch die Tür.

4 Bürsten Sie Ihren Hund täglich. Nehmen Sie ihn hoch. Inspizieren Sie das Maul, die Ohren, die Augen. Berühren Sie die Pfoten und den Schwanz, und drehen Sie ihn auf den Rücken.

Wenn Sie möchten, dass Ihr Hund entspannt ist, darf er keine Angst vor Ihnen haben. Sie sind sein Freund, Ihnen möchte er gefallen, weil ihm Ihr Lob so wichtig ist, dass er dafür fast alles tun würde!

Das ist das Schöne an Hunden: ihr offen dargelegter Wunsch, zu gefallen. Zerstören Sie diesen Wunsch nicht durch Strafen oder Inkonsequenz. Sie können eine wunderbare Freundschaft mit Ihrem Hund eingehen – aber sie beruht auf Ihrem Verständnis, Ihrer Konsequenz und Ihrer Führungsposition.

Ein guter Rat: Wenn irgendwie möglich, sollten Sie sich eine oder zwei Wochen Urlaub nehmen, wenn Sie einen neuen Hund zu sich holen. Die Zeit, die Sie jetzt »investieren«, lohnt sich allemal.

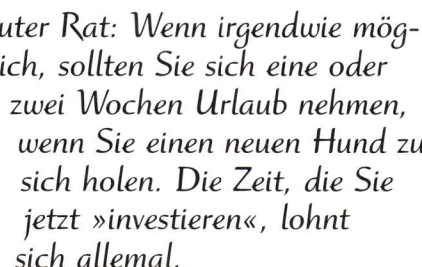

■ **Am leichtesten** *kann man natürlich eine Beziehung zu einem jungen Hund aufbauen.*

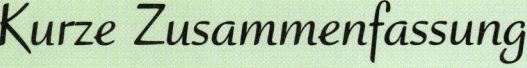

Kurze Zusammenfassung

✓ Welpen lernen sehr früh. Beginnen Sie mit der Erziehung, gleich wenn Sie den Welpen holen.

✓ Körpersprache wird von Hunden am besten verstanden. Nutzen Sie das, um zu loben und um zu strafen.

✓ Denken Sie immer daran, wie wichtig der Tonfall ist, wenn Sie mir Ihrem Hund sprechen.

✓ Egal, welche Regeln Sie aufstellen – Sie müssen dafür sorgen, dass Ihr Hund sie konsequent befolgt, und daher auch selbst konsequent sein.

✓ Strafe muss nicht wehtun – ein Wort des Missfallens, ein böser Blick oder ein kurzes Wegsperren wirken genauso.

✓ Hunde wollen geführt werden – also müssen Sie der Anführer sein!

Kapitel 11

Sauberkeit

Es HÄNGT VIEL DAVON AB, OB IHR HUND »SAUBER« IST. Ihm das beizu-bringen ist der Grundstein für das Gehorsamstraining. Andererseits spielt es keine Rolle, ob Ihr Hund sich auf Kommando hinsetzt, wenn er ständig ins Haus »macht«. Man kann einen Hund leicht zur Sauberkeit erziehen. Von Natur aus sind Hunde saubere Tiere, die ihre Behausung nur ungern beschmutzen. Sie müssen dem Hund klar machen, dass die ganze Wohnung, das ganze Haus »seine« Behausung sind.

In diesem Kapitel ...

✓ Aller Anfang ist schwer

✓ Passieren kann immer einmal etwas

✓ Häusliche Sauberkeit

✓ Erwachsene Hunde

✓ Fehler

✓ Urinieren aus Angst

HUNDE SIND SAUBERE TIERE UND ENTLEEREN SICH GERN WEIT WEG VON IHRER BEHAUSUNG.

Aller Anfang ist schwer

AM EINFACHSTEN IST *die Erziehung zur Sauberkeit, wenn ein Park oder ein Garten in der Nähe des Hauses liegt. Wenn man in einem Hochhaus wohnt oder behindert ist, ist das nicht so leicht.*

1. Lassen Sie Ihren Hund sich möglichst in einer ruhigen Ecke entleeren.
2. Suchen Sie sich im Garten oder in einem öffentlichen Park eine Stelle aus, von der Sie den Kot problemlos entfernen können.
3. Nehmen Sie immer ein Behältnis mit, in dem Sie den Kot aufsammeln können (Plastiktüte o. Ä.). Sammeln Sie den Kot sofort auf.

Üben Sie mit dem Hund

Welpen sind von Haus aus sauber. Ihre Behausung verschmutzen sie normalerweise nicht. Sie entleeren sich zu folgenden Zeiten:

■ **Kot** *kann man in eine Plastiktüte geben.*

1. nach dem Fressen (oft innerhalb einer Minute)
2. nach dem Spielen oder dem Üben
3. nach jeder Aufregung wie beispielsweise einer Begrüßung
4. nach dem Aufwachen

Jungen Hunden muss man die Gelegenheit geben, sich stündlich zu entleeren. Das bedeutet, dass man spät nachts noch einmal mit ihnen Gassi geht.

So meldet sich Ihr Hund

Achten Sie bei Ihrem Welpen auf folgende Anzeichen:

1. Er schnüffelt am Boden herum.
2. Er läuft im Kreis.
3. Er hockt sich hin.

Wenn Sie diese Anzeichen bemerken, gehen Sie sofort mit ihm ins Freie. Bringen Sie ihm bei, zur Tür zu gehen und sich zu melden, wenn er »muss«.

■ **Hunde schnüffeln** *oft am Boden herum, wenn sie urinieren müssen.*

Die Gitterbox

Hunde sind genau wie Katzen und im Gegensatz zu Affen sehr saubere Tiere. Aus diesem Grund haben wir sie ja auch so gern um uns.

Hunde fühlen sich in ihrer Box sicher und wohl und werden sie nie beschmutzen. Das lernen sie schon ganz zu Anfang ihres Lebens, wenn ihre Mutter ihre kleinen Hinterlassenschaften sofort auffrisst, indem sie die Welpen ableckt.

Eine Gitterbox ist wie eine Höhle. Uns mag sie wie ein Gefängnis erscheinen – das ist sie aber nur, wenn wir sie dazu machen. Hunde lieben Gitterboxen – genauso wie sie beispielsweise gerne unter dem Küchentisch oder hinter dem Sofa liegen. Die Gitterbox sollte bequem und mit Spielzeugen ausgestattet sein. Sie sollte aber nicht so groß sein, dass der Hund in der einen Ecke spielen und schlafen und in der anderen »sein Geschäft« machen kann. Die Gitterbox sollte in der Größe gekauft werden, die Ihr Hund benötigt, wenn er erwachsen ist. Wenn sie anfangs noch etwas zu groß erscheint, trennen Sie einen Teil mit Pappe o. Ä. ab, bis der Hund größer geworden ist.

INTERNET

www.zoozoo-spezial.de

Gitterboxen *findet man hier ebenso wie Kuschelhöhlen für Schoßhündchen und große Hundehütten für Bernhardiner.*

Wenn Ihr Hund die Gitterbox kennt und akzeptiert, haben Sie es viel leichter, ihm Sauberkeit im Haus beizubringen, denn entweder ist Ihr Hund

✓ in der Gitterbox oder
✓ im Freien an dem Ort, den Sie für sein »Geschäft« vorgesehen haben, oder

✓ bei der Entdeckung der Welt nicht vom Urinieren abgelenkt, weil er das in Ihrer Anwesenheit schon getan hat.

Wenn Sie eine Gitterbox haben, brauchen Sie sich nicht 24 Stunden am Tag auf Ihren Welpen zu konzentrieren.

■ **Diese Gitterbox** *ist zu klein. Außerdem fehlt ein Spielzeug für den Hund.*

Stichworte

Suchen Sie sich irgendein Wort aus, mit dem Sie Ihrem Hund bedeuten, dass er sich entleeren soll oder darf. Ihr Hund wird das schnell begreifen. »Mach!« geht beispielsweise oder »So, hier darfst du!« Es muss nur immer dasselbe Wort sein, damit ihr Hund das auch mit der Handlung assoziieren kann. Sie können auch pfeifen – Ihr Hund muss nur den Zusammenhang begreifen. Auf diese Art und Weise können Sie kontrollieren, wo und wann Ihr Hund sein Geschäft macht (aus verständlichen Gründen werden Elefanten in dieser Beziehung sehr gut erzogen ...).

Im Freien

Gehen Sie mit Ihrem Hund regelmäßig ins Freie. Doch Sie müssen wirklich selbst mit hinausgehen! Die Tür aufzumachen und ihn laufenzulassen reicht nicht. Ihr Hund soll sich ja entspannen. Wenn er draußen ist und Sie sind in der Wohnung, konzentriert er sich mehr darauf, zu Ihnen zurückzukommen, als Pipi zu machen. Er sieht Sie an der Tür stehen und hat Stress, weil er zu Ihnen möchte. Sie missverstehen das möglicherweise,

■ **Lassen Sie Ihren Hund** *vor dem Urinieren herumschnüffeln.*

weil er nicht wie sonst schnüffelnd herumläuft, um einen passenden Platz zu finden, und lassen ihn wieder ins Haus, weil Sie denken, er »muss« gar nicht ... Innerhalb weniger Minuten erledigt er das dann in der Wohnung (klar – bei der Aufregung und dem Stress). Das Ergebnis ist, dass Sie alles wegputzen müssen und der Hund etwas Falsches gelernt hat.

Egal, wie das Wetter ist: Mindestens fünf Minuten müssen Sie dafür einkalkulieren. Wenn es regnet, müssen Sie eben einen Regenmantel anziehen, einen Regenschirm und einen Hut mitnehmen – da hilft alles nichts! Spielen Sie jetzt nicht mit dem Hund, sondern verhalten Sie sich still. Sowie er zu schnüffeln anfängt, geben Sie ihm das vertraute Stichwort. Und wenn er mit seinem Geschäft fertig ist, müssen Sie ihn kräftig loben.

Wenn das Wetter gut ist, sollten Sie etwas länger mit ihm draußen bleiben. Hunde sind so gern im Freien!

Wenn der Hund sich nach fünf Minuten nicht erleichtert hat, sollten Sie wieder ins Haus gehen, aber ein Auge auf ihn haben. Dann sind Sie bereit, wenn es schnell gehen muss.

■ **Bringen Sie Ihrem Hund** *ein bestimmtes Stichwort bei. Dann kommt er zu gewissen Zeiten schnell zu Ihnen.*

Passieren kann immer einmal etwas

WENN SIE SEHEN, *dass Ihr Hund sein Geschäft im Haus erledigt, rufen Sie ihn zu sich – Sie sollten aber nicht mit ihm schimpfen oder ihm Angst machen. Er soll ledigich zu Ihnen kommen. Wenn Sie ihm Angst machen, wird er denken, Sie seien wütend, und sich eine andere Stelle im Haus aussuchen, wo er sein »Geschäft« verrichten kann. Das wird er dann heimlich tun, weil er befürchtet, dass Sie wieder wütend werden. Damit hat er das Falsche gelernt.*

Sowie er aber zu Ihnen kommt, gehen Sie schnell mit ihm zur Tür und fordern ihn auf mitzukommen. Das wird er tun, und da er Ihnen ja gefallen will, wird er hier das im Haus Begonnene beenden. Dann loben Sie ihn und nehmen ihn mit ins Haus. Während Sie dort seine Hinterlassenschaften entsorgen, sperren Sie ihn kurz in ein anderes Zimmer.

Es ist schwierig, mehrere Hunde gleichzeitig zur Sauberkeit zu erziehen. Wenn es aber sein muss, leistet eine Gitterbox hier gute Dienste. Dann können Sie gezielt einen Hund herausholen.

■ **Eine Gitterbox** als »Welpen-Spielhöhle« *erleichtert die Erziehung zur Sauberkeit bei zwei oder mehr Welpen.*

Niemals strafen

Strafen Sie Ihren Hund niemals für etwas, das er vor kurzer Zeit getan hat. Er begreift zwar, dass Sie ärgerlich sind, und wird versuchen, das irgendwie auszugleichen. Aber den Grund, weshalb Sie ärgerlich sind, wird er nicht verstehen.

Denken Sie immer daran: Strafe ist unsinnig, wenn der Hund schon etwas getan hat. Ihr Hund wird Sie lediglich als unberechenbar ansehen. Wenn Sie Ihren Hund bestrafen, wenn Sie nach Hause kommen und einen Haufen vorfinden, wird Ihr Hund glauben, dass Sie ihn bestrafen, weil Sie nach Hause kommen. Das kann beim Hund zu Ängsten führen, wenn Sie ihn einmal allein lassen müssen.

Häusliche Sauberkeit

ES IST AUFWÄNDIGER, dem Hund beizubringen, dass er eine bestimmte Stelle aufzusuchen hat, wenn Sie mit ihm ins Freie gehen. Aber innerhalb einiger Tage begreift er auch das. Suchen Sie sich eine Stelle aus, die nicht zu weit von Ihrer Wohnung entfernt ist. Sie müssen sie regelmäßig aufsuchen und Ihren Hund ausgiebig loben, wenn er hier sein Geschäft macht.

Wenn man wirklich nicht stündlich mit dem jungen Hund Gassi gehen kann, sollte man ihm beibringen, auf eine Zeitung oder in ein Hundeklo zu gehen.

TERRY RYANS GLOCKE

Terry Ryan ist Hundetrainerin. Genauer gesagt, bildet sie Hundetrainer aus, die wiederum Hundebesitzer lehren, ihren Hunden etwas beizubringen. Eine dieser Übungen ist die Sache mit der Glocke, wenn der Hund ins Freie möchte.

Die meisten Hunde lernen schnell, an die Tür zu gehen, wenn sie »müssen«. Viele setzen sich nur still hin und hoffen, dass sie jemand sieht. Terry hängt einen Strick mit Glöckchen an die Türklinke. Dann holt sie ein kleines Leckerli und hält ihre Hand ganz nahe an den Glockenstrang. Die meisten Hunde versuchen jetzt, mit dem Maul oder der Pfote das Leckerli zu bekommen und berühren dabei den Glockenstrang. Sowie die Glocken läuten, sagt Terry »Guter Hund«. Sie gibt dem Hund das Leckerchen, und beide gehen hinaus. Diese Übung wird wiederholt, bis der Hund den Zusammenhang Läuten–Hinausgehen begriffen hat und kein Leckerli als Lob mehr braucht, sondern nur noch eine verbale Belohnung – und natürlich gleich hinaus darf. Im Freien darf er dann ausgiebig spielen.

Wenn man das täglich ein paar Mal macht, sollte es der Hund innerhalb von einigen Wochen geschafft haben, dass er die Glocke läutet, wenn er hinaus muss.

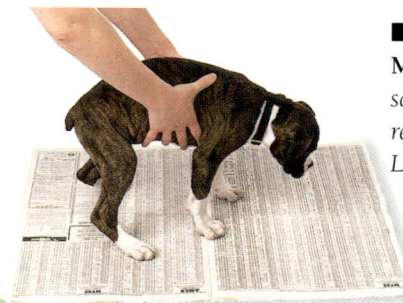

■ **Wenn Sie nicht die Möglichkeit** *haben, schnell hinauszugehen, reicht zur Not auch eine Lage Zeitungspapier.*

■ **Loben Sie Ihren Hund,** *wenn er das richtig gemacht hat!*

Eine dicke Lage Zeitungspapier

Wenn sich Ihr Hund vor allem in der Wohnung aufhält, können Sie ihn lehren, sein Geschäft auf einer Lage Zeitungspapier zu verrichten. Das aber verlängert das Sauberkeitstraining. Sie bringen Ihrem Hund nämlich bei, dass er ins Haus machen darf. Und wenn er später seine Blase besser kontrollieren kann, verbieten Sie es ihm wieder.

Wenn Sie keine Gitterbox haben, sollten Sie als Platz für die Hundetoilette eine Stelle aussuchen, an der der Boden mit Linoleum oder Fliesen bedeckt ist. Suchen Sie sich mehrere Stellen aus. Darauf legen Sie eine dicke Lage Zeitungspapier. Ihr Hund wird schnell begreifen, dass er sich hier erleichtern darf. Innerhalb einiger Tage werden Sie sehen, dass er diese »Toiletten« von selbst aufsucht.

Nach und nach reduzierten Sie die Zahl der Stellen, an denen Ihr Hund »machen« darf, bis sie nur noch zwei oder drei haben. Meist begreifen Hunde innerhalb einer Woche, wo »ihre« Toilette ist.

Selbstverständlich sollten Sie Ihren Hund aber auch so oft wie möglich hinausbringen, damit er lernt, sich auch im Freien zu erleichtern. Lassen Sie Ihren Hund erst dann in die anderen Räume, wenn er auf seine Zeitung oder in sein Hundeklo gegangen ist. Die Häufigkeit der Blasenentleerung reduziert sich übrigens mit zunehmendem Alter.

GERUCH- UND FLECKENTFERNUNG

Der Geruchssinn des Hundes ist viel stärker ausgeprägt, als wir Menschen überhaupt begreifen können. Normales Reinigen und Desinfizieren überdeckt für unsere Nasen zwar die Gerüche, für Hunde aber keineswegs. Der Geruch zieht den Hund immer wieder an, sodass man jene gründlich entfernen muss. Reiniger, die Ammoniak enthalten, sind dafür ungeeignet, denn Ammoniak ist ein Abfallprodukt, von dem sich Hundenasen eher angezogen als abgestoßen fühlen.

Verschmutzter Fußboden oder Teppich sollte mit einem speziellen Geruchsentferner behandelt werden. Hervorragend eignet sich hierfür mit Wasser verdünnter Essig.

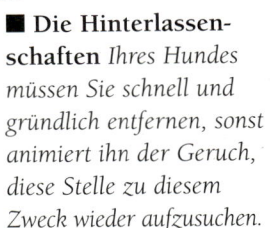

■ **Die Hinterlassenschaften** *Ihres Hundes müssen Sie schnell und gründlich entfernen, sonst animiert ihn der Geruch, diese Stelle zu diesem Zweck wieder aufzusuchen.*

Erwachsene Hunde

MEINER ERFAHRUNG NACH wirken Geruchsentferner, die Enzyme beinhalten, hervorragend. Wenn man keinen bekommt, kann man auch ein Waschmittel nehmen, das Enzyme enthält (fast alle Waschmittel enthalten sie) und die Stelle damit reinigen. Auch Alkohol vertreibt Gerüche.

Ältere Hunde sind schwieriger zur Sauberkeit zu erziehen, wenn sie es als Welpen nicht gelernt haben, weil sie umlernen müssen.

Mit der Gitterbox

Gitterboxen sind eine ausgezeichnete Sache. Ältere Hunde, die sie nicht kennen, muss man allerdings langsam daran gewöhnen. Ich würde Ihnen raten, anfangs einen Hundekorb oder ein Hundebett dorthin zu stellen, wo später die Gitterbox stehen soll. Wenn der Hund das Hundebett als das seinige angenommen hat, können Sie es in die Gitterbox stellen, die Tür aber offen lassen. Ab jetzt wird der Hund in der Gitterbox gefüttert, die Tür wird aber nicht geschlossen. Der Hund wird sich bald an seine »Höhle« gewöhnen. Wenn die Gitterbox nachts in Ihrem Schlafzimmer ist, klappt das noch schneller.

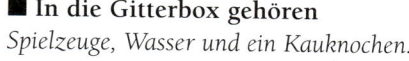
■ **In die Gitterbox gehören**
Spielzeuge, Wasser und ein Kauknochen.

■ **Hunde müssen langsam** *an die Gitterbox gewöhnt werden.*

Da erwachsene Hunde ihre Blase und ihren Darm viel länger als Welpen kontrollieren können, kann man sie auch länger in der Gitterbox lassen. Sperren Sie Ihren Hund ein, wenn Sie ihn nicht im Auge behalten können – aber natürlich nicht den ganzen Tag lang! In der Gitterbox sollte immer ein Spielzeug sein oder etwas, das ihn beschäftigt, wie z. B. ein gut schmeckender Kauknochen. Viermal am Tag müssen Sie aber in jedem Fall mit ihm nach draußen gehen. Sagen Sie immer wieder das entsprechende Kommando, wenn er sich entleert, und loben Sie ihn hinterher ausgiebig.

Ohne Gitterbox

Wenn Sie keine Gitterbox besitzen, sollten Sie Ihren Hund so lange in Ihrer Nähe behalten, bis Sie sicher sind, dass er sich draußen entleert hat. Wenn er das im Haus zu tun versucht, verbieten Sie es ihm mit einem harten »Nein!« und gehen gleich mit ihm ins Freie. Wenn er dann draußen sein Geschäft gemacht hat, müssen Sie ihn selbstverständlich ganz besonders viel loben!

■ **Bestrafen Sie Ihnen Hund nicht,**
wenn er ins Haus macht – seien Sie in Zukunft aufmerksamer.

Am besten bieten Sie dem Hund keine Gelegenheit, sein Geschäft im Haus zu erledigen. Seien Sie konsequent, aber auch darauf gefasst, dass immer einmal etwas »passieren« kann. Nehmen Sie das leicht. Wenn es allerdings öfter geschieht, liegt es vermutlich daran, dass Sie Ihren Hund nicht genau genug beobachten. Konsequenz und Geduld sind hier die Schlüsselworte.

Bei älteren Hunden ist Inkontinenz keine Seltenheit, denn im Alter erschlaffen die Muskeln. Dagegen gibt es mittlerweile aber Medikamente, die unbedenklich über Jahre hinweg verabreicht werden können.

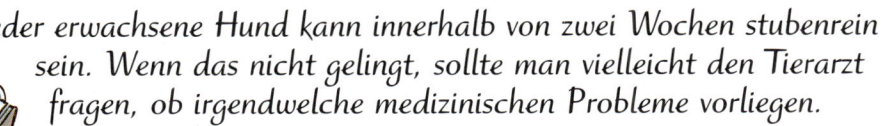

Jeder erwachsene Hund kann innerhalb von zwei Wochen stubenrein sein. Wenn das nicht gelingt, sollte man vielleicht den Tierarzt fragen, ob irgendwelche medizinischen Probleme vorliegen.

Fehler

ES IST FASZINIEREND, *wie schnell junge Tiere lernen, ihr »Geschäft« dort zu erledigen, wo wir es möchten. Man sollte aber bedenken, dass das Denkvermögen eines Hundes bis zum Alter von etwa einem Jahr dem eines Kleinkindes entspricht. Rückfälle sind fast programmiert:*

1   in der Pubertät

2   bei besonderen Vorkommnissen im Haus wie z. B. einer Party

3   Veränderungen in der Hierarchie innerhalb des Hauses

4   bei emotionalen Turbulenzen innerhalb der Familie

5   bei der Ankunft eines weiteren Hundes

■ **Ihr Hund gewöhnt sich schnell** *an eine tägliche Routine mit Zeiten fürs Gassi gehen und die Fütterung.*

Routine

Hunde haben eine stark ausgeprägte biologische Uhr, die am besten funktioniert, wenn es einen geregelten Tagesablauf gibt — bei den Futterzeiten beispielsweise. Was zu einer bestimmten Zeit »hineingeht«, kommt zu einer bestimmten Zeit »heraus«.

Nutzen Sie die Vorliebe Ihres Hundes für einen geregelten Tagesablauf aus, loben Sie ihn, wenn er sein Geschäft gemacht hat, ausführlich, und gehen Sie anschließend ein Stück mit ihm spazieren. Wenn Ihr Hund sich nicht entleert hat, holen Sie ihn wieder ins Haus und machen ein paar Minuten später einen zweiten Versuch. Der belohnende Spaziergang erfolgt erst nach dem »Erfolg«, sodass der Hund ihn damit assoziiert.

■ **Hunde, die einen geregelten** *Tagesablauf gewöhnt sind, erinnern Sie rechtzeitig an den Spaziergang.*

Nächtliches Urinieren

Bei manchen Hunden klappt »es« tagsüber prima, aber nachts leider nicht. Wenn Ihr Hund älter als fünf Monate ist und nachts »muss«, ist das vermutlich lediglich eine Angewohnheit. Physiologisch gesehen besteht dazu keine Notwendigkeit. In diesem Fall sollten Sie Ihren Hund nachts in Ihrem Schlafzimmer in einer Gitterbox halten. Wenn er sich dann entleeren muss, wird er winseln. In der ersten Nacht können Sie noch aufstehen und mit ihm hinausgehen. In der nächsten Nacht jedoch bleiben Sie liegen und warten zehn Minuten, bis sie mit ihm hinausgehen: kein Spaziergang, nur »Pipi-Machen«. Raus, rein! Ganz kurz. In der nächsten Nacht warten Sie zwanzig Minuten, bis Sie hinausgehen, usw. Innerhalb einer Woche wird Ihr Hund seinen Körper so weit trainiert haben, dass er bis zum Morgen durchhalten kann. Sie müssen ihm aber klar machen, dass er dazu ins Freie muss – in der Wohnung wird nicht Pipi gemacht – auch nachts nicht und nicht bei Regen! Im Allgemeinen klappt das ganz gut.

> ## Übrigens ...
>
> *Mangelnde Sauberkeit kann mehrere Gründe haben:*
> - *Ihr Hund wurde nie korrekt erzogen.*
> - *Urinieren aus Angst*
> - *allerhöchste Aufregung*
> - *ein medizinisches Problem*

■ **Beim Markieren vergessen**
Hunde manchmal ihre gute Erziehung.

Urinieren aus Angst

Wissen Sie, was Tierärzte einfach schrecklich finden? Sie sehen einen Hund nur an, und er macht automatisch Pipi. Wenn das passiert, weiß man sofort, dass der Hund vor dem Tierarzt furchtbare Angst und sein ganzes Selbstvertrauen verloren hat.

Hunde urinieren oft, wenn sie verängstigt sind. Hündinnen tun das auch oft als Zeichen von Unterwürfigkeit. Bedenken Sie das bei Ihrer Erziehung zur Sauberkeit.

Unterwürfiges Urinieren ist beim Umgang von Hunden untereinander üblich. Daher ist das unterwürfige Urinieren auch eher ein Problem bei jungen als bei ausgewachsenen Hunden. Die meisten Welpen sehen uns als für sie riesige Menschen automatisch als ranghöher an. Lässt Ihr junger Hund ein paar Tröpfchen Wasser, wenn er Sie ansieht, sollten Sie ihn also nicht bestrafen. Sie sollten sich aber auch nicht herabbeugen und ihm den Kopf streicheln oder ihn irgendwie berühren. Das wird als Dominanzzeichen gewertet. Ignorieren Sie ihn einfach, und gehen Sie mit ihm in eine Ecke, in der er sich auf Papier oder seiner Hundetoilette entleeren kann, oder gehen Sie mit ihm nach draußen.

■ **Eine Gitterbox eignet** *sich hervorragend als Sauberkeitstraining für junge und ältere Hunde.*

Die meisten Welpen verlieren das untertänige Wasserlassen, wenn sie älter und selbstbewusster werden. Diese Welpen sind meistens diejenigen, die man am leichtesten erziehen kann, weil sie sehr auf ihren Besitzer fixiert sind. Daher muss man mit ihnen bei der Erziehung auch besonders vorsichtig umgehen und darf sie nicht bestrafen.

Wenn Ihr Hund untertänig uriniert, halten Sie eine Plastikschüssel und etwas saugfähiges Papier innerhalb der Wohnung bereit. Damit sind Sie gegen kleine Missgeschicke gewappnet und können das Selbstbewusstsein Ihres Hundes stärken, indem Sie nicht viel Aufhebens davon machen brauchen.

■ **Üben Sie die Benutzung** *der Zeitung genau, und fordern Sie den Hund im Freien mit denselben Gesten zum Wasserlassen auf.*

Kurze Zusammenfassung

✓ Im Grunde ist die Erziehung zur Sauberkeit einfach. Man muss nur konsequent und geduldig sein. Der Aufwand, den man in die gründliche Erziehung steckt, lohnt sich allemal, denn dann hat man einen stubenreinen Hund.

✓ Welpen muss man direkt nach dem Essen, dem Spielen, dem Aufwachen und bei Aufregung ins Freie bringen.

✓ Eine Gitterbox leistet bei der Erziehung zur Sauberkeit gute Dienste. Der Hund muss die Gitterbox als angenehmen Ort empfinden und darf nie zu lange darin eingesperrt sein.

✓ Wenn ein »Unglück« passiert, darf man den Hund niemals strafen, das hat keinerlei erzieherischen Wert. Unterbrechen Sie den Hund in seinem Tun, wenn Sie es sehen. Sonst wischen Sie Urin oder Kot einfach weg.

■ **In der Aufregung des Spiels** *geht bei jungen Hunden schon einmal etwas »verloren«.*

✓ Jungen Hunden kann man beibringen, im Haus auf Zeitungspapier zu machen, muss sie aber wieder umgewöhnen, wenn sie ins Freie können.

✓ Erwachsenen Hunden bringt man Sauberkeit genauso bei wie jungen, also mit festen Zeiten und möglicherweise einer Gitterbox.

✓ Sie können Ihrem Hund ein Stichwort beibringen, auf welches hin er sich entleert. Danach bitte viel loben!

✓ Manche Hunde urinieren aus Angst – das ist kein Problem der Stubenreinheit, sondern ein Mangel an Selbstvertrauen.

Kapitel 12

Gutes Benehmen

SOBALD IHR HUND SIE ALS ANFÜHRER ANERKENNT und auf seinen Namen hört, kann man mit dem Gehorsamstraining beginnen. Bei Welpen ist das natürlich am einfachsten, denn die sehen Sie automatisch als den Größten an, während das bei älteren Hunden länger dauern kann. Aber bei konsequenter und vertrauensvoller Behandlung wird Sie auch ein erwachsener Hund bald respektieren.

In diesem Kapitel ...

✓ So fängt man an

✓ Herkommen

✓ Sich freudig hinsetzen

✓ Gelassen dableiben

✓ Sich willig hinlegen

HUNDE MÖCHTEN IHREM HERRN GEFALLEN. DAS MACHT DIE ERZIEHUNG EINFACH.

So fängt man an

BENUTZEN SIE Hand- und Wortsignale, und achten Sie darauf, unbedingt konsequent zu sein. Sie haben Belohnungen für Ihren Hund parat, und der Hund weiß das auch. Sie kennen die Bedeutung von Augenkontakt und Körpersprache und wissen, wie wichtig das richtige Timing ist. Sie verlangen von Ihrem Hund niemals etwas, das er nicht tun kann. Und dann?

Kurze Lernabschnitte

Eine oder zwei Minuten lernen sind für einen Welpen genug. Fünf Minuten sind zu viel. Ältere Hunde können sich besser und länger konzentrieren, aber mehr als fünfzehn Minuten hintereinander kann man nicht erwarten. Die Trainingsabschnitte sollen also kurz sein, dafür aber mehrmals täglich wiederholt werden.

Mit Freude lernen

Ist Ihr junger Hund müde oder verängstigt, oder friert er? Wenn es ihm nicht gut geht, sollte man nicht mit ihm lernen. Wenn er andererseits so vor Energie platzt, dass er sich erst einmal austoben muss — lassen sie ihn ruhig! Wenn er sich ausgetobt hat, kann er sich viel besser auf Sie konzentrieren.

Planvoll ausbilden

Planen Sie im Voraus. Überlegen Sie sich bestimmte Kommandoworte und Hand- oder Körpersignale, und achten Sie darauf, dass alle Familienmitglieder diese genauso benutzen. Hier sind einige Beispiele dafür.

■ **Wenn Ihr Hund lernen** soll, zu Ihnen zu kommen, breiten Sie die Arme aus und sagen »Komm!«

»Komm!«

»RUHIG!«

■ **Wenn Sie Ihren Hund** *beruhigen wollen, sagen Sie »Ruhig!«*

»IST GUT!«

■ **Wenn Sie mit einer** *Übung fertig sind, sagen Sie »Ist gut!«*

KOMMANDOS UND SIGNALE FÜR SPARKY

DAS SOLL ER TUN	WORTKOMMANDO	HAND- UND KÖRPERSPRACHE
Auf Sie achten	Sparky!	Eine Hand mit der Handfläche nach oben gerichtet
Herkommen	Komm!	Beide Arme weit ausbreiten
Sitzen	Sitz!	Hände zeigen zum Boden
Dableiben	Bleib!	Handflächen gerade ausstrecken
Sich hinlegen	Platz!/Down!	Hände gehen nach unten
Ein guter Hund sein	Braver Hund!	Daumen nach oben
Mit dem, was er gerade tut, aufhören	Nein!	Hände übereinander kreuzen
Nicht ganz richtig	Falsch!	Kein Signal
Mit der Übung aufhören	Ist gut!	Beide Hände anheben
Mitgehen	Komm!	Kein Signal
Anhalten	Warte!	Kein Signal
Ruhig liegen bleiben	Ruhig!	Kein Signal

IHRE KOMMANDOS UND SIGNALE

Wie gesagt, das waren einfache Beispiele. Besprechen Sie mit Ihrer Familie, welche Kommandos und Signale Sie benutzen möchten, und schreiben Sie sie hier auf. Fotokopieren Sie die Liste, hängen Sie eine Kopie in die Küche, und geben Sie jedem Familienmitglied ein Exemplar.

DAS SOLL DER HUND TUN	WORTKOMMANDO	HAND- UND KÖRPERSIGNAL
Aufmerksam sein		
Herkommen		
Sitzen		
Dableiben		
Sich hinlegen		
Freundlich sein		
Mit dem aufhören, was er gerade tut		
Nicht ganz richtig		
Mit der Übung aufhören		
Mitkommen		
Warten		
Ruhig liegen bleiben		

Zur richtigen Zeit üben

Die ideale Zeit zum Lernen ist die vor dem Fressen. Bei jungen Hunden hat man dann sogar drei oder vier Trainingsmöglichkeiten pro Tag. Wenn der Hund erwachsen wird und weniger Mahlzeiten am Tag erhält, können Sie nach dem Aufwachen und nachdem er sich erleichtert hat, mit ihm üben.

Anfangs sollten Sie loben und gleichzeitig Futter als Belohnung geben. Wenn der Hund zwischendurch immer einmal wieder ein Häppchen erhält, und zwar in unregelmäßigen Abständen, bleibt er länger aufmerksam.

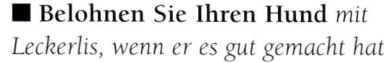

■ **Üben Sie nur,** *wenn Ihr Hund wach und munter ist.*

■ **Belohnen Sie Ihren Hund** *mit Leckerlis, wenn er es gut gemacht hat.*

Ablenkungen vermeiden

Die ersten Übungen, also Hinsetzen, Dableiben, An-der-Leine-gehen und Neben-einem-gehen, macht man im Haus. Am besten eignet sich dafür ein Flur, denn Flure sind meistens ziemlich eintönige Räume.

Sowie Ihr Hund Ihnen im Haus gehorcht, gehen Sie irgendwo hin, wo mehr los ist, beispielsweise in den Hof oder den Garten. Erst wenn Ihr Hund Ihnen hier zuverlässig gehorcht, sollten Sie an wirklich »aufregende« Orte, wie in den Park oder auf die Straße, gehen.

Üben Sie in kleinen Trainingseinheiten und Schritt für Schritt. Übergehen Sie niemals einen Schritt, und arbeiten Sie immer nur mit einem Hund. Es ist nämlich schier unmöglich, einen Hund außer Hör- und Sichtweite zu halten, während man den anderen Hund lobt oder straft.

■ **Beginnen Sie mit dem Üben** *in der dem Hund vertrauten Wohnung.*

Immer mit etwas Positivem enden

Diese Trainingseinheiten sollten Ihnen und Ihrem Hund Spaß machen und dementsprechend mit etwas Positivem beendet werden. Wenn Ihr Hund an einem Tag einmal nichts richtig gemacht hat, gehen Sie zurück zu irgendeiner Übung, die er wirklich beherrscht, und beenden die Sitzung damit. Danach spielen Sie mit dem Hund.

Die beliebteste Belohnung sollte allerdings nie am Ende der Arbeit stehen. Wenn Sie das tun, trainieren Sie Ihren Hund unwissentlich darauf, dass die Übungseinheit so schnell wie möglich beendet wird, damit er die ersehnte Belohnung erhält.

■ **Nach dem Üben sollten Sie** *mit dem Hund spielen, damit er das Training mit Spaß assoziiert.*

Übrigens ...

Machen Sie Ihrem Hund das Lernen nicht schwer. Wenn er lange Haare hat, streichen Sie sie ihm aus dem Gesicht. Setzen Sie bei der Arbeit mit Ihrem Hund keine Sonnenbrille auf – ihr Hund braucht den Augenkontakt.

195

Nicht nervös werden

Vermeiden Sie es, Kommandos ständig zu wiederholen. Das verwirrt Ihren Hund nur. Wenn es einmal nicht klappt, hören Sie einfach auf und denken noch einmal darüber nach. Das Problem liegt fast immer beim Menschen, nicht beim Hund.

Die meisten Hunde lernen die Grundbegriffe des Gehorsams sehr schnell – meist innerhalb weniger Tage oder maximal innerhalb einiger Wochen (bei Hunden, die langsamer begreifen). Scheuen Sie sich nicht, Hilfe zu holen. In Ihrer Tierarztpraxis kann man Ihnen sicherlich jemanden empfehlen, der Ihnen beratend zur Seite stehen kann. Auch Tierheime verfügen meist über Fachleute, die gern helfen.

■ **Wenn Ihr Hund nicht lernen will** *oder kann, suchen Sie sich professionelle Hilfe.*

WELPENSCHULEN

Welpenschulen sind so etwas wie Vorschulen für Kinder, also die ideale Möglichkeit, früh gutes Benehmen zu lernen. Aber sehen Sie sich die Welpenschule vorher gut an, bevor Sie mit Ihrem Hund hingehen.

Achten Sie auf Folgendes:

✓ Sind wirklich nur Welpen bis zu einem Alter von ca. 16 Wochen zugelassen?
✓ Darf die ganze Familie mitkommen?
✓ Spielen die Welpen frei in kleinen Gruppen miteinander?
✓ Dauern die Spieleinheiten nicht länger als ca. eine Stunde?
✓ Wird darauf geachtet, dass neu hinzukommende Welpen geimpft und entwurmt sind?
✓ Ist die Spielgruppe einem Hundesport- oder einem -zuchtverein angeschlossen?

Sehen Sie sich die Sache erst einmal ohne Ihren jungen Hund an. Achten Sie bei den Welpengruppen auf Folgendes:

✓ Die einzelnen Gruppen werden kontinuierlich überwacht.
✓ Auch teilnehmende Kinder in den Gruppen werden überwacht.
✓ Allzu forsche Junghunde werden von schüchternen getrennt.
✓ Kleine Raufer kommen in eine Extragruppe
✓ Das Spiel muss für Hund und Besitzer immer positiv enden.
✓ Der Besitzer wird bei Problemen beraten.

Herkommen

DAS IST DAS ERSTE, das der Hund lernen muss. Locken Sie ihn mit Futter – die beste Möglichkeit, dem Hund beizubringen, zu Ihnen zu kommen.

DIE LEKTION

1 Stellen Sie sich ein Stück entfernt von Ihrem Hund hin, und zeigen Sie ihm das Futter. Sagen Sie seinen Namen und sofort »Komm!«, sowie er beginnt, auf Sie zuzukommen.

2 Wenn er kommt, sagen Sie »Brav!« oder etwas Entsprechendes.

3 Geben Sie ihm das Futter.

4 Wiederholen Sie diese Übung zwischen den Mahlzeiten mehrmals täglich. Dabei können Sie ein Leckerli als »Köder« benutzen.

5 Achten Sie darauf, dass Sie aufrecht stehen und die Aufmerksamkeit Ihres Hundes Ihnen gilt. Sagen Sie »Komm!«, sowie er auf Sie zukommt. Als Belohnung bekommt er sein Leckerli und wird gestreichelt.

Bereits nach einigen Tagen wird Ihr Hund bereitwillig zu Ihnen kommen, wenn er seinen Namen und das Kommando »Komm!« hört.

»Komm!«

■ **Das Herkommen** *ist die einfachste Übung für Ihren Hund.*

■ **Wenn der Hund gekommen ist**, *wird er mit Futter belohnt.*

INTERNET

www.hundezeitung.de/ ausbildung

*Manches, was man bei der Eingewöhnung des **Welpen** »aus dem Bauch heraus« macht, ist falsch und zeigt weit reichende Folgen. Auf dieser Website wird gezeigt, wie man es sich und dem Neuankömmling leichter machen kann.*

Trainingsvarianten zu »Komm!«

Ältere, eigenwillige oder scheue Hunde kommen manchmal nicht gleich. In solchen Fällen ist eine sehr lange Leine sinnvoll, an der man den Hund halten und mit der man seine Aufmerksamkeit immer wieder auf sich lenken kann.

DEFINITION

Eine lange Leine sollte aus leichtem Material gemacht sein. Während des Übens soll der Hund Ihnen gehorchen, und mit der Leine können Sie ihn auf sich aufmerksam machen. Eine solche Leine kann man aus einem leichten Seil selbst herstellen.

Benutzen Sie die Leine nicht wie eine Angelleine, mit der Sie Ihren Hund zu sich herziehen. Er wird dem Zug genauso widerstehen wie der Barsch am Angelhaken. Rucken Sie kurz an der Leine, um die Aufmerksamkeit des Hundes auf sich zu lenken, dann locken Sie ihn beispielsweise mit etwas Leckerem zu sich und loben ihn, sowie er kommt. Auf keinen Fall sollten Sie ihn bestrafen.

LANGE LEINE AUS NYLON

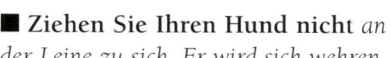

■ **Ziehen Sie Ihren Hund nicht** *an der Leine zu sich. Er wird sich wehren.*

DIESE FEHLER SOLLTEN SIE VERMEIDEN

1 Sagen Sie nur dann »Komm!«, wenn Sie sicher sind, dass der Hund Ihnen gehorcht. Wenn Sie nicht sicher sind, wird der Hund sich denken, dass er Ihnen keineswegs jederzeit gehorchen muss.

2 Rufen Sie Ihren Hund niemals mit »Komm!« von irgendetwas weg, das ihm Spaß macht, um mit ihm etwas weniger Interessantes zu machen. Der Ruf »Komm!« muss immer mit etwas Positivem verbunden sein.

3 Benutzen Sie das Wort »Komm!« niemals, wenn Sie Ihren Hund bestrafen wollen. Er ist nicht dumm und wird bald merken, dass dem Wort »Komm!« auch etwas Negatives folgen kann, und weglaufen.

Sich freudig hinsetzen

Sich auf Kommando hinzusetzen lernen junge Hunde fast so schnell wie das Herkommen. Wenn wir »Sitz!« sagen, konzentrieren wir uns auf den Kopf des Hundes. Kontrollieren Sie seinen Kopf – sein Körper wird tun, was Sie möchten.

DIE LEKTION

1 Stehen Sie Ihrem Hund gegenüber, und nehmen Sie seinen Futternapf oder ein Leckerchen in die Hand. Sagen Sie »Komm!« Um sicher zu sein, dass Ihr Hund folgt, können Sie die lange Leine benutzen. Bleiben Sie ruhig. Ihr Hund hat vielleicht Hunger, und Sie sollten ihn nicht überfordern.

»KOMM!«

2 Wenn er zu Ihnen kommt, gehen Sie mit dem Futternapf auf die Höhe seines Kopfes, dann von der Nase über die Augen zu den Ohren. Wenn sein Kopf jetzt dem Napf auf den Boden folgt, senkt er ihn. Sowie Sie sehen, dass er die Hinterbeine einknickt, sagen Sie »Sitz!«

»SITZ!«

3 Wenn der Hund sitzt, sagen Sie »Brav!« und geben ihm sofort sein Futter.

4 Wenn er gehorsam sitzt und Sie ansieht, bleiben Sie bei ihm stehen und sagen mehrfach »Sitz!« Anfangs geben Sie ihm eine kleine Futterbelohnung, wenn er sitzen bleibt, später reicht eine verbale Belohnung.

Trainingsvarianten zu »Sitz!«

Die meisten Hunde setzen sich automatisch hin, wenn sie etwas beobachten, das sich unter ihnen befindet. Wenn Ihr Hund sich für ein Leckerchen jedoch nicht hinsetzt, nehmen Sie sein Halsband in eine Hand und drücken seine Hinterbeine mit der anderen Hand in die sitzende Position. Dabei geben Sie das Kommando »Sitz!« und belohnen den Hund sofort mit etwas Leckerem und einem herzlichen »Brav!«

Wenn der Hund sich auf Kommando zuverlässig hinsetzt, können Sie das auch beim Spazierengehen von ihm verlangen, wenn Sie anhalten oder seine Aufmerksamkeit auf sich lenken möchten.

■ **Wenn Ihr Hund sich nicht hinsetzen will**, *drücken Sie seine Hinterhand in eine sitzende Position.*

DIESE FEHLER SOLLTEN SIE VERMEIDEN

1. Üben Sie nicht zu lange. Für jeden Hund ist es schwer, still zu sitzen, wenn er aufgeregt ist. Wenn der Hund so futtergierig ist, dass er sich nicht auf Ihr Kommando konzentrieren kann, sollten Sie kein Futter als Belohnung geben. Üben Sie mit ihm, wenn er satt ist, und belohnen Sie ihn mit Spielzeug.

2. Geben Sie das Kommando nur dann, wenn Sie sicher sind, dass Ihr Hund Ihnen gehorcht. Sonst signalisieren Sie Ihrem Hund, dass er Ihnen nur manchmal gehorchen muss.

Gelassen dableiben

MIT »KOMM!« UND »SITZ!« hat Ihr Hund schon zwei wichtige Kommandos gelernt. Das nächste Kommando heißt »Bleib!« oder »Warte!«. Das ist ein sehr wichtiges Kommando. »Bleib!« ist im Grunde nur die Verlängerung von »Sitz!«. Wenn Ihr Hund sitzen bleibt und auf seine Belohnung oder sein Lob wartet, sagen Sie »Bleib!« und geben dabei das entsprechende Signal mit der Hand.

DIE LEKTION

1 Achten Sie darauf, dass Ihr Hund Sie ansieht. Stehen Sie nicht zu nahe bei ihm, Sie sollen nicht direkt auf Ihn herabblicken.

2 Wenn der Hund sitzt, heben Sie die Hand mit der Handfläche nach vorn und sagen »Bleib!«.

3 Die Zeit zwischen »Sitz!« und »Bleib!« ist anfangs kurz, dann folgt eine kleine Belohnung.

4 Verlängern Sie die Dauer von »Bleib!« nach und nach, und belohnen Sie nach einiger Zeit nur noch mit Worten.

5 Üben Sie das etwa eine Woche lang, und vergrößern Sie dabei die Distanz zwischen sich und dem Hund. Beenden Sie die Übung mit dem Kommando »Ist gut!«. An Ende der Übung belohnen Sie Ihren Hund.

Trainingsvarianten bei »Bleib!«

Üben Sie das Sitzen mit Ihrem Hund an einer Mauer. Das verhindert, dass er rückwärts rutscht. Wenn Ihr Hund nicht gleich gehorcht oder aufsteht, wenn er sitzen bleiben soll, vermeiden Sie das Wort »Nein!«. Heben Sie sich das für den Ernstfall auf. Benutzen Sie ein neutrales Wort, wenn der Hund etwas falsch macht. Ich sage gern »Falsch!«. Wenn der Hund sich beispielsweise auf den Rücken rollt oder aufsteht, sagen Sie »Falsch!« und bringen ihn in eine ursprüngliche Position zurück.

■ **Loben Sie den Hund** *für jeden kleinen Erfolg, aber nicht überschwänglich, sonst regen Sie ihn zu sehr auf.*

DIESE FEHLER SOLLTEN SIE VERMEIDEN

1 Loben Sie Ihren Hund nach der Übung »Bleib!« nicht zu überschwänglich. Das erregt ihn, und er springt möglicherweise aufgeregt herum und kann sich nicht mehr konzentrieren. Loben Sie also in Maßen.

2 Sagen Sie niemals »Bleib!«, wenn es die Umstände Ihrem Hund schwer machen, sich auf Sie zu konzentrieren. Wenn zu viele Hunde um ihn herum sind, interessiert ihn das mehr als Sie, und er kann einfach nicht lernen. Üben Sie lieber kurz, aber intensiv mit ihm.

Sich willig hinlegen

Die Befolgung des Kommandos »Platz!« erfordert etwas mehr Arbeit von Ihrer Seite, denn es ist für den Hund schwer zu begreifen. Dieses Kommando verlangt von dem Hund etwas, das er natürlicherweise zwar auch tut, unter Hunden aber eine Geste der Unterwürfigkeit ist. Er muss umlernen und das Hinlegen als etwas Positives begreifen.

DIE LEKTION

1 Veranlassen Sie Ihren Hund zum Sitzen, und knien Sie sich rechts neben ihn. Das Halsband halten Sie mit der linken Hand fest, in der rechten haben Sie ein Leckerli.

2 Dieses halten Sie jetzt Ihrem Hund vor die Nase, aber immer so, dass der Hund es nicht erwischen kann. Dann beschreiben Sie mit Ihrer Hand einen Bogen und legen sie auf den Boden. Jetzt wird Ihr Hund kriechend versuchen, sein Leckerli zu bekommen. Genau in dem Moment sagen Sie »Platz!«. Sein Leckerli aber bekommt er noch nicht.

3 Sie streichen mit der Hand weiterhin über den Boden. Wenn der Hund sich dann hinlegt, loben Sie und geben ihm die Belohnung.

4 Wenn er das Kommando »Platz!« begriffen hat, können Sie es mit »Bleib!« kombinieren und ihm zwischendurch immer wieder eine kleine leckere Belohnung geben und ihn loben. Das üben Sie weiter, bis Sie ihn nur noch verbal loben.

5 Wenn der Hund wieder aufstehen darf, sagen Sie »Ist gut!« und beenden diese Übung.

Trainingsvarianten zu »Platz!«

Wenn Ihr Hund sitzen bleibt und sich nicht hinlegen will, sollten Sie sich neben ihn knien und Ihre Hände unter seine Vorderbeine schieben. Heben Sie diese vorsichtig hoch, und legen Sie den Hund seitwärts nieder. Danach folgt ein großes Lob.

Will er nicht liegen bleiben, üben Sie mit beiden Händen einen sanften Druck auf seinen Hals aus. Loben Sie ihn sehr, wenn er liegen bleibt, und entlassen Sie ihn mit »Ist gut!«

DIESE FEHLER SOLLTEN SIE VERMEIDEN

1 Lassen Sie Ihren Hund anfangs nur einige Sekunden liegen. Später können Sie das bis zur Dauer von einer Minute von ihm verlangen.

2 Langweilen Sie Ihren Hund nicht mit zu langen Trainingseinheiten. Ein paar Mal täglich jeweils zwei bis drei Minuten reichen aus. Üben Sie vor dem Füttern, dann ist das Futter seine Belohnung.

Seien Sie geduldig

Sie bringen Ihrem Hund eine neue Sprache bei. Erinnern Sie sich daran, wie es war, als Sie eine Fremdsprache lernen mussten. Ich bin sicher, da gab es Zeiten, in denen Sie frustriert waren, weil Sie es einfach nicht begriffen. Seien Sie also geduldig mit Ihrem kleinen Schüler, und denken Sie daran, wie schwer es ist, eine Sprache zu lernen. Diese Geduld zahlt sich sicherlich aus.

»Komm!«, »Sitz!« und »Platz!« sind die wichtigsten Kommandos für Ihren Hund. Darauf basiert seine ganze weitere Erziehung und auch sein gutes Benehmen.

Kurze Zusammenfassung

✓ Die Übungseinheiten müssen kurz sein und Spaß machen.

✓ Nutzen Sie den Hunger des Hundes vor den Mahlzeiten aus, und belohnen Sie mit Futter. Bei manchen Hunden ist Spielzeug als Lob beliebter – das müssen Sie selbst herausfinden.

✓ Vermeiden Sie Ablenkungen, und beenden Sie jede Übung mit etwas Positivem.

✓ Achten Sie darauf, dass alle Familienmitglieder dieselben Kommandos und Signale benutzen. Schreiben Sie diese auf, und hängen Sie die Liste an einen gut sichtbaren Ort.

✓ »Komm!«, »Sitz!« und »Bleib!« sind die Grundlagen für alle weiteren Übungen

Kapitel 13

Mit dem Hund gehen

EIN GLÜCKLICHER, SCHWANZWEDELNDER, KLEINER HUND, der nicht an der Leine zieht und gesittet neben Ihnen geht – das ist eine der schönsten Seiten im Zusammenleben mit dem Hund. Sobald der Hund die Kommandos »Sitz!«, »Lieg!« und »Bleib!« gelernt hat, muss er lernen, an der Leine zu gehen. Das ist nicht so einfach zu lernen wie die Grundkommandos in Kapitel 12, denn hier müssen Sie selbst auch gut koordinieren können.

In diesem Kapitel ...

✓ Im Voraus planen

✓ Zuerst im Haus üben

✓ Ohne Leine gehen

✓ An der Leine gehen

✓ Im Freien gehen

✓ Weitere Gehorsamsübungen

ES MACHT VIEL SPASS, MIT EINEM HUND SPAZIEREN ZU GEHEN, DER NICHT AN DER LEINE ZIEHT.

Im Voraus planen

Welchen Fuß setzen Sie zuerst nach vorn, wenn Sie losgehen? Das sollten Sie wissen, denn an dieser Seite sollten Sie den Hund während des Trainings konsequent gehen lassen. Der Anstoß loszugehen kommt für ihn durch das Vorsetzen des Fußes, der neben ihm steht. Für Sie bedeutet das ein ganz bewusstes Losgehen.

Die richtige Ausrüstung ist wichtig. Bevor Sie das Gehen an der Leine üben, muss Ihr Hund das Halsband akzeptiert haben. Wenn er das nicht tut, fangen Sie noch einmal von vorn an. Legen Sie ihm das Halsband vor dem Spielen und vor dem Füttern an, sodass er es mit etwas Positivem assoziiert. Das Halsband mit eingearbeitetem Metallring sollte leicht und flach sein. Ihr Hund sollte die Kommandos »Sitz!«, »Platz!« und »Bleib!« beherrschen. Am wichtigsten ist »Sitz!«, denn aus dem Sitzen entwickelt sich das Bei-Fuß-Gehen.

■ **Benutzen Sie anfangs** *eine leichte Leine.*

■ **Normalerweise gehen Hunde** *links von ihrem Besitzer.*

Übrigens …

Meist gehen Hunde an der linken Seite ihres Herrn. Das ist eine Tradition aus der Jagdhundausbildung, weil an der rechten Seite des Herrn das Gewehr hing. Das ist auch praktisch auf Straßen ohne Bürgersteig, auf denen man links geht, denn damit ist der Hund auf der dem Verkehr abgewandten Seite. Letzten Endes sollte der Hund später auf beiden Seiten bei Fuß gehen, anfangs übt man der Einfachheit halber aber nur auf der linken Seite.

Zuerst im Haus üben

MACHEN SIE ES SICH UND DEM HUND EINFACH,
denn dies wird eine Konzentrationsübung. Vor jedem Üben lassen
Sie Ihren Hund richtig spielen und somit überschüssige Energie
verbrauchen. Erst dann beginnen Sie. Die Gewöhnung an die
Leine kann schon bei der Übung »Komm!« geschehen, indem
Sie sie dabei anlegen.

Üben Sie an einem ruhigen Ort, an dem es möglichst wenig Ablenkungen
gibt. Ein Bekannter von mir übte grundsätzlich im Wohnzimmer, indem
er das Sofa in die Mitte stellte und einmal rechts, einmal links um
dieses herumging. Wenn das im Haus klappt, gehen Sie in den
Garten. Und auch da lassen Sie Ihren Hund erst ein paar
Minuten toben, hören, schnüffeln und springen, bevor
Sie mit dem Training anfangen.

Die erste »Stunde« muss wie immer sehr kurz sein, vielleicht sogar nur ein paar
Sekunden und nur zwei Schritte lang. Das machen Sie zweimal am Tag – jedes
Mal ein bisschen länger. Sie werden erstaunt feststellen, wie schnell Ihr Hund
lernt, neben Ihnen zu gehen – Sie müssen nur Geduld
haben und nicht zu schnell vorgehen.

■ **Vor dem Training**
spielen Sie mit Ihrem
Hund, um seine über-
schüssigen Kräfte
abzubauen.

Mit oder ohne Leine – das ist egal

Im Grunde ist es egal, ob sie die Übungen mit
oder ohne Leine machen. Beides ist richtig – probieren Sie
aus, wie es Ihnen und Ihrem Hund am angenehmsten
ist. Der einzige zwingende Grund, den Hund an die
Leine zu nehmen, könnte die gesetzliche Vorschrift sein,
den Hund in bestimmten Gegenden an der Leine zu führen.
Erkundigen Sie sich vorher danach.

Wichtig ist auch hier wieder, dass das Üben Spaß macht – Ihr Hund muss dabei
mit dem Schwanz wedeln! Üben Sie nie, wenn Sie schlechte Laune haben, schieben
Sie es lieber auf! Ich beginne also mit dem Training ohne Leine, gebe Ihnen ein paar
Variationsmöglichkeiten und zeige Ihnen dann, wie Sie mit Leine trainieren.

Ohne Leine gehen

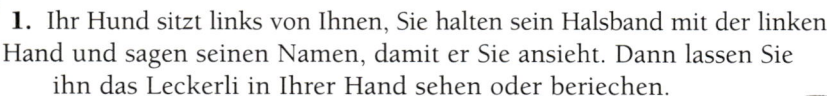

BEI DER FOLGENDEN ÜBUNG *sollten Sie Ihren Hund mit einem Leckerli belohnen:*

1. Ihr Hund sitzt links von Ihnen, Sie halten sein Halsband mit der linken Hand und sagen seinen Namen, damit er Sie ansieht. Dann lassen Sie ihn das Leckerli in Ihrer Hand sehen oder beriechen.

2. Wenn Sie jetzt den linken Fuß vorsetzen und er dem Leckerli folgt, lassen Sie das Halsband los und geben das Kommando »Bei Fuß!« oder »Komm mit!« – wie Sie möchten.

3. Nach ein paar Schritten sagen Sie »Halt!«, beugen sich zu ihm hinunter (damit er nicht hochspringt) und geben ihm seine Belohnung. Wenn nötig, legen Sie Ihren linken Arm vor seine Brust, damit er aus der »Halt!«-Position nicht vorgeht.

Ende der Lektion. Wenn Sie beide noch Spaß daran haben, können Sie sie wiederholen, aber übertreiben Sie nichts. Bei jeder Übung gehen Sie ein Stück weiter geradeaus. Wenn Ihr Hund auf »Bei Fuß!« und »Halt!« gehorcht, können Sie auch einmal rechts- oder linksherum gehen.

Rechtsherum

1. Gehen Sie mit dem Hund an Ihrer linken Seite vorwärts. Ihre rechte Hand mit der Belohnung hängt vor der Nase Ihres Hundes herunter. Wenn Sie sich abwenden, geben Sie das Kommando »Bei Fuß!«

2. Jetzt muss Ihr Hund sich beeilen, denn er muss die größere Kurve gehen. Nach einigen Schritten in die neue Richtung sagen Sie »Halt!«, halten an und belohnen diesen Fortschritt mit einem Leckerli und Streicheln oder Worten.

Linksherum ist schwieriger

1. Links abwenden ist für Sie beide schwieriger. Ihr Hund geht also an Ihrer linken Seite, und Sie sagen »Langsam!«, während Sie mit Ihrer rechten Hand und dem Leckerli einen Bogen nach links beschreiben.

2. Ihr Hund wird langsamer werden (und lernt dabei den Sinn des Kommandos »Langsam!«), seine Nase und dann sein Körper folgen dem Leckerli nach links. Vielleicht sollten Sie ihn anfangs mit der linken Hand sanft am Halsband dirigieren. Wenn er mit Ihnen nach links abgebogen ist und ein paar Schritte gemacht hat, sagen Sie »Halt«, halten an und belohnen ihn mit seinem Leckerli, Streicheln und freundlichen Worten.

Problemlösungen

Die meisten jungen Hunde arbeiten gern mit, aber manchmal gibt es doch Probleme.

Futter zieht nicht ...

Der Hund muss natürlich gierig auf das Leckerli sein, mit dem er belohnt werden soll. Es gibt mittlerweile eine Vielzahl von Hundeleckerlis, die für Hundenasen wunderbar riechen und die man mühelos und ohne dass sie schmelzen in die Jackentasche stecken kann. Wenn Ihr Hund an Futter aber nicht interessiert ist, müssen Sie ein Spielzeug finden, das sein Interesse weckt und mit dem er zur Belohnung spielen darf.

Hochspringen

Wenn Ihr Hund hochspringt, um sein Leckerli zu bekommen, halten Sie es so hoch, dass er es nicht erreichen kann. Halten Sie Ihre Hand tiefer, und hindern Sie den Hund gleichzeitig mit der linken Hand am Hochspringen. Wenn Ihr Hund zu den futtergierigen Geschöpfen gehört, üben Sie am besten nach dem Fressen (und beim Gassi gehen, damit er sich entleeren kann).

Nicht konzentrieren können

Wenn Ihr Hund sich nicht konzentrieren kann, üben Sie vielleicht zum falschen Zeitpunkt oder am falschen Ort. Versuchen Sie es zu einem anderen Zeitpunkt und an einem anderen Ort noch einmal. Wenn der Hund sich während des Übens ablenken lässt, drücken Sie ihn mit der linken Hand am Halsband in die Sitzposition, achten drauf, dass er sich auf Sie konzentriert, und fahren mit der Übung fort. Wenn er sich immer wieder ablenken lässt, geben Sie es für dieses Mal auf.

An der Leine gehen

WENN IHR HUND IHNEN *ohne Leine willig folgt, ist das Anleinen nur noch eine Formsache. Benutzen Sie eine Leine mit einem leichten Schnappverschluss. Wenn Sie bisher keine Leine benutzt haben, lassen Sie Ihren Hund erst daran schnuppern.*

1. Machen Sie die Leine an dem gut sitzenden, bequemen Halsband fest. Der Hund geht links von Ihnen, und Sie halten das Ende der Leine und das Leckerli in der rechten Hand. Ihre linke Hand fasst die Leine etwa in der Mitte. Vermeiden Sie es, an der Leine zu ziehen, und lassen Sie Ihren Hund sich setzen.

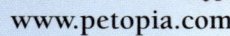

INTERNET

www.petopia.com

Hier kann man schöne Halsbänder, Leinen und anderes Zubehör für den Hund kaufen.

2. Gehen Sie vorwärts (mit dem linken Fuß zuerst), und sagen Sie »Bei Fuß!«, wenn Ihr Hund mitgeht. Jetzt lassen Sie ihn einen ganz leichten Zug an der Leine fühlen. Wenn er vorwärts zieht, senken Sie Ihre Hand mit der Leine und sagen »Langsam!«.

3. Nach ein paar Schritten geben Sie das Kommando »Halt!«, beugen sich zu ihm hinunter (damit er nicht hochspringt), geben ihm seine Belohnung und streicheln ihn. Das wiederholen Sie.

4. Wenn er an der Leine sicher geradeaus geht, können Sie Richtungsänderungen üben. Nach rechts dirigieren Sie ihn mit dem Leckerchen in Ihrer linken Hand und sagen »Bei Fuß!«, wenn er mit Ihnen geht.

5. Die Wende nach links leiten sie ein, indem Sie langsamer werden. Die Leine liegt in der rechten

»BEI FUSS!«

Hand, Ihre linke Hand greift hinunter ans Halsband. Dann dirigieren Sie die Nase des Hundes mit dem Leckerchen in der rechten Hand sanft nach links. Wenn er gelernt hat, langsam linksherum zu wenden, können Sie das in Ihrem normalen Tempo wiederholen – dann muss er ja langsamer werden. Sowie er das tut, sagen Sie »Langsam!«

Einfache Variationen

1. Erst lassen Sie Ihren Hund im Spiel wieder einmal seine über- schüssige Energie loswerden. Dann legen Sie die Leine an und locken ihn mit etwas Futter an Ihre linke Seite. Wenn er kommt, wird er mit dem Futter belohnt.

2. Halten Sie die Leine eng am Körper, sodass sie immer in der gleichen Länge locker herunterhängt, aber nicht so tief, dass sie den Boden berührt. Fordern Sie die Auf- merksamkeit Ihres Hundes, indem Sie ihn ansprechen, und gehen Sie dann vor- wärts. Normalerweise wird der Hund mit Ihnen vorwärts gehen. Schütteln Sie die Leine leicht, und sagen Sie »Hierher!«.

3. Achten Sie auf die Leine. Sowie sie sich spannt, halten Sie an. Denken Sie daran, dass sie immer dieselbe Länge haben soll. Wenn Ihr Hund auf Ihre Körpersprache achtet, hält er gleichzeitig mit Ihnen an.

4. Belohnen Sie den Hund mit einem Leckerli, wenn er neben Ihnen geht. Warten Sie, bis er ganz ruhig ist, bevor Sie die Übung nochmals beginnen. Wenn er hinter oder vor Ihnen geht, halten Sie wieder an und locken ihn links neben sich. Verändern Sie selbst Ihre Stellung nicht, um dem Hund zu helfen – er muss seine Position verän- dern, um zu Ihnen zu kommen, nicht umgekehrt!

5. Dies wiederholen Sie und sprechen dabei die ganze Zeit mit Ihrem Hund. Nach einer Woche sollte er dann, ohne dass Sie ziehen müssen, ordentlich an der Leine neben Ihnen gehen können. Das Üben erfordert sehr viel Konzentration von Ihnen beiden. Erwarten Sie von Ihrem Hund nicht mehr Konzentration als von sich selbst!

Noch ein paar Probleme ...

Je mehr Sie üben, desto mehr Fehler kann Ihr Hund machen. Hier sind einige, mit denen Sie vielleicht nicht gerechnet haben.

In die Leine beißen

Wenn Ihr junger Hund in die Leine beißt, müssen Sie »Nein!« sagen und sich von ihm entfernen. Lassen Sie ihn sich setzen, und beginnen Sie von vorn.

An der Leine kauen

Wenn Ihr Hund es lustiger findet, die Leine im Maul zu tragen und sie durchzukauen, anstatt einfach an ihr zu gehen, schmieren oder sprayen Sie sie mit irgendetwas bitter Schmeckendem ein. Sie bekommen entsprechende Sprays in Zoofachgeschäften oder beim Tierarzt und können sie auch für andere Gegenstände benutzen, die Ihr Liebling ankaut.

> **DEFINITION**
>
> *Dinge, die Ihr Hund nicht ankauen darf, sollten Sie mit einem speziellen* **Spray** *aus dem Zoofachgeschäft oder vom Tierarzt einsprühen. Dann meidet Ihr Hund sie von selbst.*

Sich hinwerfen

Es gibt Hunde, die sich aus Unterwürfigkeit hinwerfen. Andere tun es zum Spaß. Unterwürfige Hunde brauchen viel Ermunterung, Freundlichkeit und Geduld. Verspielte Hunde hingegen muss man eher zur Ordnung rufen und ihnen klar machen, dass Training Training ist. Wenn Ihr Hund sich nur aus Spaß hinlegt, sowie Sie ihm die Leine anziehen, lassen Sie ihn sich ruhig hinsetzen, bevor Sie mit dem Training beginnen.

Losziehen

Auf keinen Fall dürfen Sie schreien oder wütend werden, wenn Ihr Hund völlig außer Kontrolle gerät, sowie Sie die Leine holen. Sie müssen üben, üben, üben. Korrekt an der Leine zu gehen ist die Voraussetzung dafür, dass Sie Ihren Hund in die Öffentlichkeit mitnehmen können. Wenn Sie ihm das verwehren, verwehren Sie ihm auch ein Stück Lebensqualität.

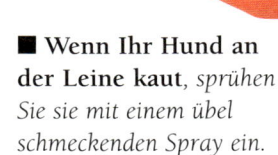

■ **Wenn Ihr Hund an der Leine kaut,** *sprühen Sie sie mit einem übel schmeckenden Spray ein.*

Im Freien gehen

WENN SIE MIT IHREM HUND im Haus und im Garten ausreichend geübt haben, können Sie sich mit ihm auch in die Öffentlichkeit wagen. Er sollte auf das Kommando »Bei Fuß!« allerdings folgen. Gehen Sie anfangs nur kurz mit ihm, und achten Sie ständig auf ihn. Zu Beginn meiden Sie allzu belebte Plätze, die ihn ablenken könnten. Aber bald schaffen Sie auch das. Wichtig sind immer Leckerlis als Belohnung. Sie dienen dazu, Situationen, in denen Ihr Hund Ihnen sonst entgleiten würde, enorm zu entschärfen. Ein Leckerli ist für Ihren Hund immer ein Grund, sich gut zu benehmen.

Gehen Sie nicht immer in demselben Tempo, sonst trottet Ihr Hund unaufmerksam neben Ihnen her. Wechseln Sie das Tempo, sodass er Ihnen seine Aufmerksamkeit schenken muss. Solange sein Schwanz wackelt, passt er auf und langweilt sich nicht. Wenn er sich ablenken lässt – und das passiert garantiert –, versuchen Sie mit allen Mitteln, seine Aufmerksamkeit wieder auf sich zu ziehen.

Praktische Ausrüstungsgegenstände

Es gibt einige Ausrüstungsgegenstände, die dem Hund das Gehen an der Leine erleichtern.

■ **Geben Sie** *Ihrem Hund ein Leckerli, wenn Sie ihm das »Halti« anziehen.*

»Halti«

Aus unerfindlichen Gründen werden Pferde seit Jahrhunderten an einem Halfter geführt, Hunde fast nie! »Warum eigentlich nicht?«, fragten sich einige Hersteller und erfanden das »Halti«.

Beim »Halti« führt ein Lederriemen um das Maul. Unterhalb des Unterkiefers ist ein Ring für die Leine angebracht. Wenn der Hund vorwärts zieht, zieht er seinen Kopf automatisch nach unten. Das gefällt ihm nicht. Wenn er damit aufhört, kann er den Kopf wieder hochhalten.

■ **Das »Halti«** *wird am Nacken zugeschnallt und darf nicht zu fest sitzen.*

»Haltis« wurden von Fachleuten entwickelt und eignen sich hervorragend für kräftige, sture und widersetzliche Hunde, weil sie sich selbst belohnen und strafen. Der Riemen um das Maul, der sich beim Ziehen strafft, vermittelt dem Hund die Botschaft, dass Sie ein extrem kraftvoller Anführer sind.

Geschirre

Die Alternative zum üblichen Halsband ist ein Geschirr. Es eignet sich besonders für Rassen, bei denen der Hals dicker als der Kopf ist, wie beispielsweise bei Bulldoggen, ebenso für Rassen mit einer empfindlichen Luftröhre wie Yorkshireterrier und Chihuahuas.

■ **Hunde mit einem dicken Hals** *oder einer weichen Luftröhre sollten ein Geschirr tragen.*

Würgehalsband

Würgehalsbänder werden meist von professionellen Trainern benutzt. Wenn ein Hund vorwärts stürmt, zieht sich das Halsband automatisch zusammen, und der Hund bekommt keine Luft mehr. So lernt er, nicht an der Leine zu ziehen – theoretisch wenigstens. Denn ein Würgehalsband ist kein Ausbildungs-, sondern ein Bestrafungsinstrument. Besonders gefährlich sind Würgehalsbänder, die sich nicht automatisch öffnen, wenn der Hund mit dem Ziehen aufhört.

DEFINITION

*Ein **Kettenhalsband** schließt sich nur bis zu einem bestimmten Grad, wenn der Hund zieht. Mit ihm kann man dem Hund nicht so weh-tun wie mit einem Würge-halsband. Die besten Halsbänder dieser Art bestehen zur Hälfte aus Nylon, zur Hälfte aus Metallketten. Das hat den Vorteil, dass das weiche Nylon auf der Luftröhre liegt, wenn das Halsband sich zuzieht.*

■ **Benutzen Sie keine Würgehalsbänder.** *Ein einfaches **Kettenhalsband** ist die bessere Alternative.*

Weitere Gehorsamsübungen

Jetzt kennt Ihr Hund schon die Kommandos »Komm!«, »Sitz!«, Bleib!«, »Leg dich!«, »Komm mit!«, »Langsam!« und »Halt!«. Nun ist es Zeit für weitere Übungen, die von den Hunden meist ganz leicht gelernt werden und wirklichen praktischen Nutzen haben.

»Aus!«

Ich sagte schon, dass in meiner Nähe etliche Selbstbedienungsrestaurants sind. Egal, ob man wie ich mit weggeworfenen Hamburgern und Fritten leben muss oder auf dem Land, wo Hunde andere Dinge aufnehmen – der Hund sollte in jedem Fall das Kommando »Aus!« kennen.

1. Am besten bringen Sie Ihrem Hund die Sache so bei: Lassen Sie ihn sich setzen, und gehen Sie vor ihm in die Hocke. Dann legen Sie etwas Futter auf Ihre Hand und machen mit der anderen Hand eine Faust mit erhobenem Zeigefinger. Wenn der Hund jetzt das Futter nehmen will, fassen Sie ihn unter den Unterkiefer und halten ihm leicht (nicht zu viel drücken, es soll nicht wehtun) das Maul zu. Gleichzeitig sagen Sie »Aus!«.

2. Bieten Sie ihm das Futter noch einmal an, und wiederholen Sie die Übung. Machen Sie das so lange, bis er zögert oder den Kopf abwendet. Dann loben Sie ihn ausgiebig mit Worten und Streicheln, geben ihm aber natürlich nicht das Futter. Fast alle Hunde lernen das Kommando »Aus!« sehr schnell.

Rüden schnüffeln meist erst herum, bevor sie markieren. Auch hier können Sie das Wort »Aus!« benutzen, sowie er dort ein Bein hebt, wo Sie es nicht möchten, oder etwas aufhebt, was er nicht haben soll.

■ **Sagen Sie »Aus!«,** *wenn Ihr Rüde überall herumschnüffelt und markieren will.*

»Runter!«

Meine alte, taube Hündin Lexington hat ganz vergessen, dass ich in der Bibliothek bin. Ich aber sehe sie im Wohnzimmer auf dem Sofa liegen und tief schlafen. Sie kennt das Kommando »Runter!«. Wenn jemand zu Hause ist, geht sie auch nicht auf das Sofa. Vor Jahren kamen wir einmal heim und merkten, dass das Sofa schön angewärmt war. Aber wir wussten nicht, welcher unserer Hunde das getan hatte, denn es war verboten. Erst, als Lexy taub wurde und nicht mehr hörte, wenn wir heim kamen, kriegten wir heraus, wer der Sünder war. Sie weiß, dass es verboten ist, auf das Sofa zu springen (wenn jemand in der Nähe ist), aber niemand in der ganzen Familie hat bei ihrem hohen Alter das Herz, sie hinunterzujagen.

1. Wenn Ihr Hund ohne Ihre Erlaubnis auf dem Sofa (Couch, Bett, Tisch o. Ä.) sitzt, nehmen Sie ihn am Halsband, sagen »Runter!« und setzen ihn auf den Fußboden. Dort loben Sie ihn dann.

2. Wenn Ihr Hund das nicht einsieht, sollten Sie ihm im Haus Halsband und Leine anziehen. Sowie er irgendwo hinauf springt, ziehen Sie ihn kurz an der Leine und fordern ihn auf, hinunter zu springen. Wenn er wieder unten ist, loben Sie ihn ausgiebig.

»Geh schlafen!«

Es kommt immer einmal wieder vor – eigentlich ziemlich oft –, dass der Hund stört. Mehrere Mitarbeiter in meiner Praxis bringen ihre Hunde mit. Zwei ältere Boxer, ein Windspiel mittleren Alters und ein junger Legato Romano sind ein bisschen viel an der Anmeldung. Daher lernen alle Hunde hier als erstes das Kommando »Geh schlafen!«

■ **Wenn Ihr Hund ständig da sitzt,** *wo er nicht sitzen soll, und sogar knurrt, wenn Sie ihn hernunterholen wollen, müssen Sie ihm eine Leine anlegen.*

1. »Geh schlafen!« heißt im Grunde, dass der Hund sich ins Körbchen legen soll. Stellen Sie sich daneben, und loben Sie ihn.

2. Lassen Sie sich nicht erweichen, wenn er wieder ankommt – schicker Sie ihn in seinen Korb.

Hier muss man natürlich geduldig und konsequent sein, denn Hunde sind beharrlich, wenn sie zu einem kommen wollen. Aber es ist einfach praktisch, seinen Hund ins Körbchen schicken zu können, wenn man es eilig oder Gäste hat, die Hunde vielleicht nicht so sehr schätzen.

Kurze Zusammenfassung

✓ Den Hund gesittet neben sich gehen zu lassen ist schwieriger als ihn einfach sitzen oder sich hinlegen lassen.

✓ Fangen Sie mit den Übungen im Haus an, wo weniger Ablenkungen drohen.

✓ Ob Sie mit oder ohne Leine üben, ist egal.

✓ Benutzen Sie ein Leckerli, um Ihrem Hund Wenden beizubringen, und üben Sie immer nur kurz.

■ **Wenn der Hund** *im Haus korrekt neben Ihnen geht, können Sie mit ihm ins Freie gehen.*

✓ Auch wenn der Hund an der Leine geht, können Sie Futter zum Locken verwenden. Lassen Sie die Leine aber immer gleich lang, damit der Hund nicht daran zieht.

✓ Wenn Ihr Hund im Haus neben Ihnen geht, können Sie ihn mit ins Freie nehmen.

✓ »Aus!«, »Runter!« und »Geh schlafen!« sind wichtige Gehorsamsübungen, die das Zusammenleben enorm fördern.

■ **Loben Sie Ihren Hund** *mit Leckerlis beim Üben der Wenden.*

Kapitel 14

So leben Hunde

HUNDE SIND AUCH KEINE PERFEKTEN WESEN, aber in den wichtigen Dingen des Lebens sind sie tatsächlich netter als wir. Sie planen beispielsweise keine Revanche oder Rache. Wenn sie etwas anstellen, dann deshalb, weil sie sich zu sehr freuen – oder langweilen. Hunde haben kein Schuldgefühl. Wenn Sie nach Hause kommen und die Zerstörung sehen, die Ihr Hund angerichtet hat, kauert er sich nicht deshalb hin, weil er sich schuldig fühlt, sondern weil er Ihre Körpersprache liest.

In diesem Kapitel ...

✓ Geistige, körperliche und soziale Aktivitäten

✓ Systematisch vorgehen

✓ Üben, üben, üben

✓ Hilfe! Wo bekommt man die?

✓ Langeweile – ein Problem

✓ Übererregung

HUNDE LIEBEN DAS EINFACHE LEBEN.

Geistige, körperliche und soziale Aktivitäten

Seien wir ehrlich: Wir halten uns Hunde zu unserem, nicht zu deren Nutzen! Wir erwarten von ihnen, dass sie sich unserem Lebensstil anpassen – keineswegs umgekehrt! Und sie müssen in einer Umgebung leben, die uns gefällt – ihnen nicht immer!

Und dann ärgern wir uns darüber, wenn unser Hund sein natürliches Verhältnis zu anderen Hunden verliert, wenn er faul wird, wenn er seine natürlichen Instinkte verliert, stundenlang nach der Gesellschaft anderer Hunde bellt, jault oder uns voll überschäumender Freude im unpassenden Moment anspringt. Hunde haben kein Problem damit – wir haben eines. Wir sorgen dafür, dass wir unsere mentalen, physischen und sozialen Aktivitäten ausleben können – tun Sie dasselbe für Ihren Hund, aber »hündisch«! Hier sind einige Vorschläge.

■ **Hunde buddeln** *für ihr Leben gern, um Energie abzubauen. Suchen Sie nach einer Alternative für Ihren Hund, wenn er das nicht darf.*

Geistige Aktivität

»Komm!«, »Sitz!«, »Bleib!«, »Runter!«, »Bei Fuß!« und später »Bring!« – das reicht an geistigen Aktivitäten für Ihren Hund. »Bring!« ist übrigens eine wunderbare Übung für Leute mit sitzenden Tätigkeiten. Ein »Kong«, den man in Tierhandlungen kaufen kann, ist ein hervorragendes Wurfgeschoss, weil es relativ unkontrolliert fliegt.

Schon kleinen Hunden kann man beibringen, Gegenstände zu apportieren. Bei Welpen beginnt man damit, indem man ein Spielzeug ein Stück wirft. Lassen Sie es den Welpen durchkauen oder mit ihm spielen – wie er möchte. Dann rufen sie ihn mit »Komm!« zu sich und zeigen ihm eine kleine Belohnung. Wenn der Welpe sein Maul öffnet und den Gegenstand loslässt, sagen Sie das Kommando »Aus!« und belohnen ihn.

■ **Halten Sie Ihren Hund in Schwung** – *sonst sucht er sich eigenes Spielzeug ...*

Achten Sie darauf, dass Ihr Hund mit einem Spielzeug beschäftigt ist, wenn Sie nicht zu Hause sind. Hervorragend eigenen sich Plastikknochen, in die man halbfestes Hundefutter o. Ä. schmieren kann. Auch Plastikbälle, mit kleinen Löchern versehen und mit Trockenfutter gefüllt, sind hervorragend – beim Herumrollen verlieren sie immer etwas … lecker!

Körperliche Aktivitäten

Das ist einfach: Jogging, Fahrradfahren und Schwimmen – alles prima. Suchen Sie sich das Passende nach der Größe und dem Alter Ihres Hundes aus. Den Hund allerdings allein in den Garten oder den Hof zu schicken gilt nicht. Dabei bewegt er sich nicht. Wenn Sie joggen, sollten Sie ein flottes Tempo vorlegen. Beim Fahrradkauf sollten Sie darauf achten, dass Sie die Leine am Fahrrad befestigen können und so beide Hände frei haben. Fahren Sie so langsam, dass ihr Hund traben kann und nicht zu rennen braucht. Wasser liebende Hunde wie Spaniels und Retriever schwimmen für ihr Leben gern! Lassen Sie sie aber nie in einen Swimmingpool springen, der keine Treppen, sondern nur eine Leiter zum Aussteigen hat! Glücklich ist derjenige, der wie ich das Land und somit genügend Weite vor der Haustür hat. Dadurch haben die Hunde nicht nur viel Platz, sondern sie können auch ihr Bedürfnis nach sozialen Kontakten befriedigen.

Bevor Sie mit Ihrem Hund irgendwelche größeren Aktivitäten durchführen, sollten Sie mit ihm zum Tierarzt gehen und fragen, was für ihn das Richtige ist. Bedenken Sie auch, dass Hunde nicht wie wir Menschen schwitzen können. Trainieren Sie daher nie bei Hitze und nehmen Sie immer Wasser für Ihren Hund und sich mit. Eine unzerbrechliche Plastikflasche kann man sich leicht über die Schulter hängen.

Junge Hunde dürfen keinem anstrengenden Training ausgesetzt werden. Damit wartet man, bis sie 12 – 15 Monate alt sind. Vorher soll der Hund erst einmal wachsen, sonst nichts.

■ **Eines der einfachsten** *Spiele ist »Bringen«.*

■ **Achten Sie darauf**, *dass Ihr Hund von klein auf Kontakt zu anderen Hunden hat.*

Soziale Kontakte

Jetzt ist Inca noch ein kleiner Nobody und lernt bei ihren zwei täglichen Spaziergängen im Park, wie man sich anderen Hunden gegenüber benimmt. Ich bin immer wieder tief beeindruckt davon, wie sich Stadthunde, die sich noch nie zuvor getroffen haben, im Park gegenseitig beschnüffeln und fast immer zu spielen anfangen. Auch Inca spielt hier mit jedem Hund.

Liberty, eine meiner Retriever-Hündinnen, hatte eine ganz eigene Art, speziell mit großen dunklen oder falbfarbenen Hunden zu spielen. Sie ging mit einem kindlichen Bambiblick ans Tor und warf sich dann plötzlich dagegen – das wirkte besonders bei einigen Rottweilern, die ich aus meiner Praxis kannte: allesamt völlig unsozial – aber die Körpersprache verstanden sie! Lexy, meine andere Hündin, spielte hingegen besonders gern mit kleinen Hunden wie Yorkshire- oder Westhighlandterriern. Und obwohl sie sterilisiert war, flirtete sie hemmungslos mit Dalmatinern und streckte jedem Tier, das sie sah, ihr Hinterteil entgegen. Hunde brauchen das, es macht ihnen Spaß und stärkt ihr Sozialgefühl. Wir sollten es ihnen gönnen und auch unseren Spaß daran haben.

■ **Es gibt Hunde,** *die ausgesprochen gern flirten.*

Es gibt auch unerwünschte Aktivitäten

Jeder Hund entwickelt Angewohnheiten, die stören – manchmal so stark, dass man sie ändern möchte. Man kann ihnen gelegentlich aber auch vorbeugen.

IST IHR HUND UNSOZIAL?

Lesen Sie sich die Liste durch. Wenn Sie Ihre Antworten häufig in der linken Spalte finden, wird Ihr Hund Ihnen vermutlich kaum Probleme machen. Wenn Ihre Antworten eher in der rechten Spalte liegen, können Sie die Probleme dennoch ziemlich leicht in den Griff bekommen.

1. Woher haben Sie den Hund?	Züchter/Freund	Tierheim/Zooladen/Händler
2. Wie alt war Ihr Hund, als Sie ihn bekommen haben?	Jünger als zehn Wochen	Älter als zehn Wochen
3. Ist oder wird Ihr Hund kastriert?	Ja	Nein
4. Hatten Sie schon einmal einen Hund?	Ja	Nein
5. Wann füttern Sie Ihren Hund?	Zu festen Zeiten	Bei Bedarf
6. Bekommt Ihr Hund sein Fressen, wenn Sie gegessen haben?	Ja	Nein
7. Wann entleert Ihr Hund sich?	Zu festen Zeiten	Bei Bedarf
8. Wo schläft Ihr Hund?	In seinem Korb	Im Bett
9. Wie oft bürsten Sie Ihren Hund?	Regelmäßig	Unregelmäßig
10. Wird Ihr Hund gern gebürstet?	Ja	Nein
11. Wann arbeiten Sie mit Ihrem Hund?	Zu festen Zeiten	Gelegentlich
12. Wie lange üben Sie?	Mindestens eine Stunde täglich	Weniger als eine Stunde täglich
13. Kann Ihr Hund ohne Leine gehen?	Ja	Nein
14. Wo ist das Hundespielzeug aufbewahrt`?	In einer festen Kiste	Liegt auf dem Fußboden
15. Wie oft spielt Ihr Hund mit anderen Hunden?	Regelmäßig	Unregelmäßig
16. Wie oft trifft oder spielt Ihr Hund mit andern Menschen?	Regelmäßig	Unregelmäßig
17. Wie lange lassen Sie Ihren Hund allein zu Haus?	Weniger als vier Stunden	Mehr als vier Stunden
18. Wie oft kann Ihr Hund mit Ihnen allein spielen?	Regelmäßig	Unregelmäßig

■ **Schlechte Angewohnheiten** *sollten Sie schon beim Welpen im Keim ersticken.*

Systematisch vorgehen

WAS MACHEN SIE bei auftretenden Problemen? Am besten räumen Sie sie aus dem Weg, damit erledigt sich manches von selbst. Wenn Ihr Hund einen Besen völlig zerfleddert, hängen Sie den nächsten Besen so hoch, dass er ihn nicht erreichen kann. Wenn Ihr Hund plötzlich entdeckt, das Katzenkot im Katzenklo herrlich schmeckt, machen Sie das Katzenklo für ihn unzugänglich. Und wenn er meint, aus der Toilette trinken zu müssen, machen Sie den Toilettendeckel zu (egal, was Ihr halbwüchsiger Sohn dazu sagt). Wenn Ihr Hund jault, wenn er allein bleiben muss, geben Sie ihm einen mit leckerem Futter gefüllten Kauknochen – auch das beseitigt ein Problem.

Kleine Kompromisse

Es gibt Probleme, die sich bei einer bestimmte Art von Hund häufen. Das hängt erstens einmal vom Individuum ab, aber auch von der Rasse, der Aufzucht, der Sozialisierung und der manchmal mangelnden Möglichkeit, Beziehungen zum Menschen aufzubauen.

Wenn Sie sich beispielsweise in einen Foxterrier verguckt haben, dann müssen Sie sich einfach damit abfinden, dass er Ihren Garten in einen Mondkrater verwandeln wird. Das ist einfach so. Sie brauchen gar nicht erst versuchen, ihm das abzugewöhnen. Lenken Sie seine Aktivitäten lieber in die richtige Richtung – eine Extraecke zum Buddeln im Garten. Viel Glück!

INTERNET

www.hundezeitung.de/ausbildung/unart1.html

Unarten entwickeln sich schnell, abzuschaffen sind Sie oft nur langsam. Hier finden Sie Tipps zum Vermeiden bzw. Abgewöhnen häufiger Unarten.

Der Sache auf den Grund gehen

Stellt Ihr Hund das Haus auf den Kopf, wenn er allein bleiben muss? Vielleicht langweilt er sich oder hat Angst. Sie müssen den Grund herausfinden. Es gibt immer einen – und bestimmt nicht die Vergeltung dafür, allein gelassen zu werden …

■ **Wenn Ihr Hund zahnt,** sollte er einen Kauknochen haben – sonst sucht er sich etwas Kaubares!

Verkehrte Belohnung

Das passiert beispielsweise am Mittagstisch. Ihr Hund bettelt. Wenn sich nun irgendein Familienmitglied erweichen lässt und ihm etwas gibt, sieht er das als verdiente Belohnung an. Verbieten sie das – und das Betteln hört von selbst auf. Auch in anderen Situationen kann es Missverständnisse geben: Ihr Hund zittert beispielsweise, wenn er einen anderen Hund sieht; Sie nehmen ihn hoch, um ihn zu schützen – dann belohnen Sie ihn im Grunde für sein Zittern.

Andere Belohnungen ausdenken

Wenn Ihr Hund gern Schuhe zerkaut, dürfen eben keine Schuhe herumliegen, dafür bekommt der Hund aber einen Kauknochen. Wenn Ihr Hund bei der Begrüßung an Ihnen hochspringt, üben Sie das Niedersetzen mit ihm, wenn Sie kommen. Lassen Sie ihn sitzen, und belohnen Sie ihn dafür, anstatt ihn für sein Hochspringen zu bestrafen. Wenn er bellt, sowie er etwas hört, werfen Sie einen Ball oder irgendetwas, das er zurückbringen kann – mit vollem Maul kann er nicht bellen.

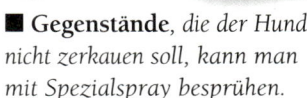

■ **Gegenstände**, *die der Hund nicht zerkauen soll, kann man mit Spezialspray besprühen.*

Automatische Abwehr

Am besten ist es natürlich, wenn man den Hund ohne Strafe davon abhalten kann, Verbotenes zu tun. Da wäre z. B. das Spezialspray gegen das Zerkauen von Schuhen. In Zoofachgeschäften gibt es mittlerweile eine breite Palette – testen Sie, welches Spray Ihr Hund eklig findet. Auch Geräusche kann man als Abwehr benutzen. Es gibt beispielsweise Warnanlagen, die angehen, wenn Fenster oder Türen geöffnet werden. Oft sind das kleine mechanische Gegenstände, die lediglich in irgendeine Ecke geklemmt zu werden brauchen. Klemmen Sie so etwas auf das Sofa, auf dem Ihr Hund es sich in Ihrer Abwesenheit bequem machen will – er wird es erschreckt meiden. Wenn Ihr Hund sich aber in Ihrer Anwesenheit anschickt, etwas Verbotenes zu tun, können Sie ihn mit einem gezielten Strahl aus einer Wasserpistole davon abhalten und energisch »Nein!« sagen. Das wirkt!

Seien Sie kreativ, und gestalten Sie diese Abwehrmaßnahmen ruhig etwas dramatisch. Für den Hund müssen sie sozusagen aus dem Nichts kommen, er darf sie nicht mit Ihnen in Verbindung bringen. Geben Sie Ihrem Hund die Chance, aus der Situation zu lernen, ohne dass Sie augenscheinlich eingreifen.

■ **Wenn Ihr Hund sich gern** *auf dem Sessel rekelt, verstecken Sie eine kleine Alarmvorrichtung unter dem Kissen.*

Üben, üben, üben

HUNDE SIND AUSGESPROCHEN KREATIV *und entwickeln daher manchmal auch Angewohnheiten, die wir gar nicht schätzen. Aber auch diesen Lastern kann man beikommen.*

1. Machen Sie Gehorsamsübungen, bis Ihr Hund Ihnen wieder ganz gehorcht.
2. Loben Sie Ihren Hund nie ohne Grund. Achten Sie darauf, dass er irgendetwas tut, was Sie von ihm verlangen – und sei es nur hinsetzen –, bevor Sie ihn loben.
3. Vermeiden Sie Konflikte; festigen Sie das Gelernte, bevor Sie fortfahren.
4. Achten Sie darauf, dass Ihr Hund niemals ein Erfolgserlebnis hat, wenn er etwas Verbotenes tut.
5. Erwarten Sie keine Wunder, wenn Sie eine Unart ausmerzen möchten. Manchmal dauert es Wochen, bis man das schafft.
6. Wenn Sie nicht mehr weiterwissen oder wenn Aggressionen aufkommen, sollten Sie sich professionelle Hilfe suchen.

■ **Erfüllen Sie** *die Bedürfnisse Ihres Hundes nach Bewegung und Spielen im Freien.*

Hilfe! Wo bekommt man die?

ZU PROFESSIONELLER HILFE *möchte ich etwas sagen. Ich bin sicher, dass wir in der gesamten Zeit des Zusammenlebens mit Hunden nie so viele Möglichkeiten hatten, professionelle Hilfe in Anspruch zu nehmen wie heute.*

Glauben Sie bloß nicht, Hundetrainer hielten Sie für unfähig, nur weil Sie sich Hilfe suchend an sie wenden. Meiner Erfahrung nach wird Ihnen gerade das hoch angerechnet, denn Sie streben ja ein harmonisches Miteinander von Hund, Familie und Nachbarn an. Das ist doch etwas!

■ **Wenn Ihr Hund sich** *in Ihrer Gegenwart schlecht benimmt, können Sie eine Wasserpistole benutzen – das merkt er sich!*

Sozialisierungsgruppen

In der *Welpenschule* lernen die kleinen Hunde, wie man sich gut benimmt. Die meisten Welpenschulen sind für Hunde in einem Alter von unter 16 Wochen (manche sogar von bis zu einem halben Jahr) gedacht und sollen den Welpen einmal in der Woche Gelegenheit geben, mit vielen anderen Welpen zusammenzukommen. Meist ist ein erfahrener erwachsener Hund dabei, der auf die Kleinen »aufpasst« und die Rambos unter ihnen zur Ordnung ruft.

Gehorsamstraining

Gute Hundetrainer bringen Hunde nur mit positiven Methoden Gehorsam bei. In solche Gruppen kommen ältere Hunde, aber auch Junghunde, die der Welpenschule gerade entwachsen sind. Ihr Tierarzt kann Ihnen sagen, wer solche Kurse abhält, aber auch der Zuchtverband Ihres Hundes oder der VDH.

Übrigens ...

*Diese **Welpenschulen** waren eine Idee des britischen Tierarztes Ian Dunbar. Er nannte diese Welpenschulen »Welpenpartys«. Mittlerweile erfreuen sie sich auch bei uns großer Beliebtheit.*

Weitere Ausbildung

Um die Grunderziehung kommt kein Hund herum. Auf ihr kann man aufbauen. Man kann mit dem Hund Agility, Hundesport oder eine Jagdhundausbildung machen. Dabei sollte man auf die Eignung des Hundes achten, die meist rassebedingt ist.

Ausbildung durch Fremde

Bei bestimmten Spezialausbildungen – beispielsweise zum Blindenhund o. Ä. – kann es sinnvoll sein, den Hund wegzugeben. Wenn man aber ein Problem mit dem Hund hat, halte ich das für wenig effektiv, denn das müssen Sie mit Ihrem Hund gemeinsam lösen. Geben Sie Ihren Hund also nicht in »Korrektur«, nur weil Sie manchmal Stress mit ihm haben!

Individueller Trainer

Es gibt nichts Besseres als einen Trainer, der sich stundenweise nur mit Ihnen und Ihrem Hund beschäftigt. Vor einigen Jahren noch undenkbar, gibt es heute zumindest im städtischen Bereich viele professionelle Hundeerzieher. Am besten fragen Sie Ihren Tierarzt danach.

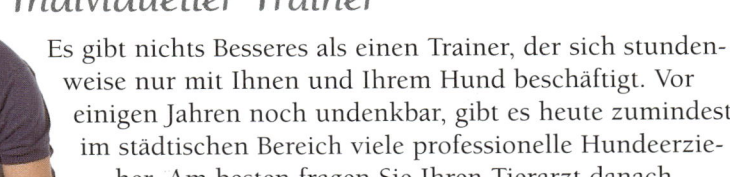

■ **Denken Sie immer daran**, *Ihrem Hund nur dann eine Belohnung zu geben, wenn er wirklich etwas dafür getan hat.*

Verhaltensforschung

In den letzten Jahrzehnten ist die Verhaltensforschung bei Hunden weit fortgeschritten. Großen Verdienst daran hat u. a. Eberhard Trummler, der anhand größerer Gruppen von Hunden die Prägephasen des Welpen genau festlegen konnte. Das hat uns einen großen Schritt weitergebracht, wissen wir doch jetzt, wann der Welpe durch andere Hunde und wann durch den Menschen geprägt wird. Dieses Wissen hat auch Eingang in die Tiermedizin gefunden.

Wenden Sie sich daher zuerst vertrauensvoll an Ihren Tierarzt, wenn Sie mit Ihrem Hund nicht mehr zurechtkommen. Er kann Ihnen als Erster einen fachlich fundierten Rat geben.

Unerwünschtes Verhalten

Unerwünschtes Verhalten teile ich in drei Kategorien ein: Langeweileprobleme, Über-erregungsprobleme und Aggressionsprobleme. In diese drei Kategorien kann man eigentlich sämtliche Verhaltensprobleme einordnen. Da die Aggressionsprobleme von größter Wichtigkeit sind, werde ich ihnen ein ganzes Kapitel widmen.

Langeweile – ein Problem

Hunde planen keine bösen Taten. Aber übermäßige Langeweile oder Ängste finden ihren Ausdruck oft in Aktionen, die von uns absolut unerwünscht sind. Viele Hunde leiden beispielsweise unter Trennungsängsten – ganz besonders Hunde aus dem Tierheim oder solche, die eine extrem enge Bindung an ihren Besitzer haben.

■ **Allein gelassen bellen** *oder heulen viele Hunde aus Frustration. Lassen Sie Spielzeug oder Kauknochen als »Trost« da.*

So drückt sich Langeweile aus:

✓ Der Hund kaut alles an: Stuhlbeine, Papier, Kleidung, Wäsche, Schuhe und sich selbst. Labrador Retriever und Dobermann-Pinscher neigen dazu, exzessiv ihre Vorderbeine zu lecken, wenn sie sich langweilen. Das ruft Hautprobleme hervor.

✓ Auch Scharren oder das im Bett oder im Schmutz Herumgraben können Zeichen von Langeweile sein. Verwechseln Sie dieses Buddeln nicht mit dem normalen Buddeln im Freien, wo der Hund einen Knochen ein- oder eine Maus ausbuddelt.

✓ Heulen und bellen, wenn der Hund allein gelassen wird (besonders stark, wenn er ein Geräusch hört).

✓ Den Zaun anspringen und/oder am Zaun hin- und herlaufen. Manchmal heult, buddelt oder uriniert der Hund dabei noch.

Der Langeweile vorbeugen

Vorbeugung ist besser, als ein Problem erst aufkommen zu lassen.

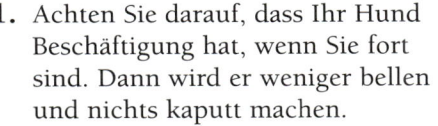

■ **Rhythmisches und ständiges Hochspringen** *am Zaun kann ein Zeichen von Langeweile sein.*

1. Achten Sie darauf, dass Ihr Hund Beschäftigung hat, wenn Sie fort sind. Dann wird er weniger bellen und nichts kaputt machen.

2. Füttern Sie den Hund, bevor sie fortgehen. Mit vollem Magen schlafen die Hunde meist.

3. Nehmen Sie sein Spielzeug in die Hand, bevor sie gehen, damit es Ihren Geruch behält.

4. Gehen Sie ruhig hinaus. Lassen Sie Radio und Fernsehen ruhig an, das übertönt die Geräusche von draußen ein wenig.

5. Lassen Sie Ihren Hund niemals den ganzen Tag allein.

6. Beauftragen Sie einen Freund, regelmäßig nach Ihrem Hund zu sehen und mit ihm Gassi zu gehen, wenn Sie einmal über längere Zeit fortmüssen. Das verkürzt Ihrem Hund die Wartezeit.

■ **Bevor Sie fortgehen,** *sollten Sie Ihren Hund füttern. Mit vollem Magen schläft er dann vielleicht ein.*

Übrigens ...

Viele, sehr viele Hunde sind dazu verurteilt, in Zwingern oder in Tierheimen zu leben, weil sie verhaltensauffällig sind. Die meisten dieser Probleme hätte man mit einer guten Grunderziehung von vornherein vermeiden können. Dazu noch etwas mehr Zeit für den Hund, ein bisschen mit ihm spielen, etwas mehr Aufmerksamkeit – das brauchen Hunde nun einmal!

Andere Gründe

Untugenden aus Langeweile kann man vermeiden. Wenn Ihr Hund jedoch deshalb bellt, scharrt, Dinge zerstört oder wegläuft, weil er seinem Sexualtrieb folgt, sollten Sie eine Kastration in Betracht ziehen.

■ **Achten sie darauf**, *dass Ihr Hund viele verschiedene Spielzeuge hat und darüber hinaus ausreichend spielt. Denn ein gelangweilter Hund ist ein unglücklicher Hund.*

Kauen

Es gibt Spezialsprays, die verhindern, dass ein Hund Dinge ankaut. Wenn Ihr junger Hund gerade in seiner »Ich-kaue-alles-an«-Phase ist, sollten Sie ihn zwischenzeitlich in seiner Gitterbox unterbringen. Diese Phase durchlaufen Hunde meist im Alter zwischen acht und neun Monaten. Geben Sie Ihrem Hund gezielt etwas zum Kauen, denn das braucht er.

Scharren

Wenn Sie einen Buddelhund haben, sollten Sie ihn diese Energie möglichst weit weg vom Blumenbeet austoben lassen. Legen Sie ihm in einer Ecke des Gartens einen eigenen Sandhaufen an.

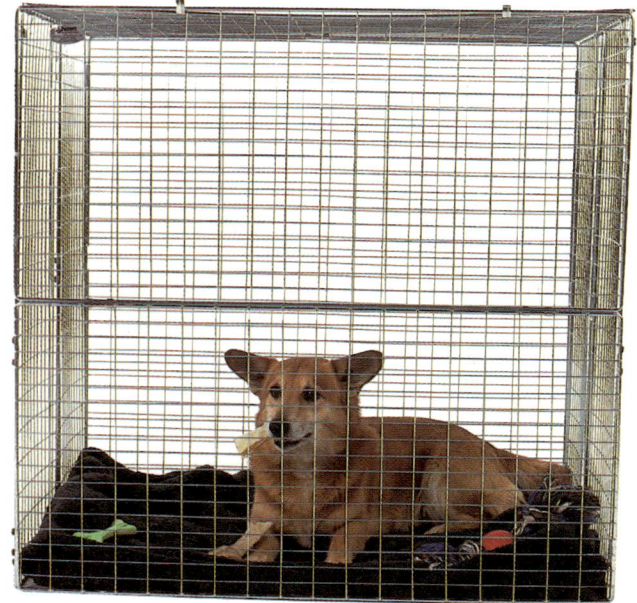

■ **In der »Zerstörungsphase«** *zwischen dem achten und dem neunten Monat sollten Sie Ihrem Hund ein Kauspielzeug in die Gitterbox legen.*

Ständiges Bellen

Die beste Art, unkontrolliertes Bellen zu vermeiden, ist Ihrem Hund das Bellen auf Kommando beizubringen. Und das geht so:

1. Binden Sie Ihren Hund mit der Leine an den Zaun, gehen Sie ein paar Schritte weit weg, und locken Sie ihn mit einem Spielzeug. Sowie er aus Frustration zu bellen anfängt, geben Sie das Kommando »Gib Laut!« Sofort bekommt er sein Spielzeug als Belohnung.
2. Wenn er den Zusammenhang begriffen hat, brauchen Sie ihm das Spielzeug nicht mehr ständig zu geben, sondern können ihn mit »Brav!« o. Ä. loben.
3. Sowie er das Kommando »Gib Laut!« kennt, sagen Sie »Ruhig!« und geben ihm sein Spielzeug, wenn er aufhört zu bellen. Haben Sie Geduld – das dauert!
4. Wenn er auch das begriffen hat, gehen Sie etwas weiter weg und wiederholen die Übung. Sowie der Hund gehorcht, gehen Sie zu ihm und belohnen ihn.
5. Gehen Sie dann sehr bald zu einer rein verbalen Belohnung über.
6. Wenn das klappt, geben Sie ihm das Kommando »Ruhig!« und gehen zur Tür hinaus. Bleiben Sie draußen stehen. Wenn der Hund bellt, machen Sie irgendein Geräusch, vielleicht schlagen Sie auf eine Aluminiumpfanne. Sowie der Hund zu bellen aufhört, gehen Sie hinein und loben ihn dafür, dass er ruhig ist.

Für diese Übungen brauchen Sie Zeit und Geduld. Diese Investition lohnt sich aber, wenn Ihr Hund es gelernt hat, nicht mehr ständig zu bellen.

■ **Bringen Sie Ihrem Hund bei,** *auf das Kommando »Gib Laut!« zu bellen.*

Hochspringen

Wenn Ihr Hund gerne Zäune überspringt, sollten sie etwa 30 cm entfernt vom Zaun in ca. 1 m Höhe ein Seil spannen und leere Dosen daran aufhängen. Das erzeugt ein unangenehmes, schepperndes Geräusch. Auch Maschendraht ist ein wirkungsvolles Hindernis, wenn man ihn im richtigen Abstand vom Zaun spannt. Er muss nur kleinmaschiger sein als die Hundepfoten. Eingegraben hindert Maschendraht Ihren Hund daran, sich zu Nachbars Grundstück durchzubuddeln.

Übererregung

HUNDE ZEIGEN IHRE FREUDE auf unterschiedliche Art. Manche bellen, andere ziehen an der Leine. Wieder andere springen hoch und wollen das Gesicht lecken. Terrier kneifen einen oft vor Freude ein bisschen, während Bullterrier die Tendenz haben, ihren eigenen Schwanz zu jagen.

Vorbeugung

Die beste Vorbeugung sind eine gute Grunderziehung und häufiges Üben. Aber man kann auch im Voraus planen. Wenn Sie beispielsweise Besuch erwarten, Ihr Hund Besucher aber normalerweise anspringt, sollten Sie ihn kurzzeitig festbinden oder in ein anderes Zimmer bringen.

■ **Übermäßige Freude** *kann man mit vorbeugendem Training eindämmen.*

An der Leine ziehen

Stellen Sie sich vor: Sie lungern den ganzen Tag herum und haben nichts zu tun – und dann kommt die Sache mit der Leine! Für eine halbe Stunde werden Sie aus Ihrem langweiligen Gefängnis erlöst! Würden Sie sich nicht auch freuen? Die Lösung heißt: mehr Aktivität. Wenn Ihr Hund an der Leine zieht, sollten Sie Folgendes versuchen:

1. Seien Sie nicht zu streng zu Ihrem Hund, aber lassen Sie ihn Gehorsamsübungen machen, bis er Ihnen wieder gehorcht.
2. Trainieren Sie vermehrt, ihn bei Fuß gehen zu lassen. Wenn Ihr Hund weiterhin an der Leine zieht, fassen Sie diese kurz hinter dem Halsband, ziehen den Hund zurück und befehlen ihm, sich zu setzen.
3. Beginnen Sie wieder mit »Bei Fuß!« Wenn der Hund zieht, lassen Sie ihn sich setzen.
4. Wiederholen Sie diese Übung, bis der Hund ohne zu ziehen neben Ihnen geht. Dann belohnen Sie ihn.
5. Führen Sie diese Übung immer wieder und in wechselnder Umgebung durch.

■ **Wenn Ihr Hund Besucher** *anzuspringen pflegt, binden Sie ihn kurzzeitig fest.*

Anspringen

Das positive Kommando »Sitz!« ist besser als das negative Kommando »Runter!«. Wenn Ihr Hund Sie ablecken will, wenn Sie nach Hause kommen, beachten Sie diese überschäumende Begrüßung einfach nicht. Vermeiden Sie Augenkontakt, und tun Sie, als wäre der Hund nicht da, bis er alle vier Füße auf dem Boden hat. Heben Sie Ihre Stimme nicht, wedeln Sie nicht mit den Armen, und steigern Sie seine Aufregung nicht. Wenn der Hund dann nachgibt, geben Sie das Kommando »Sitz!« und belohnen ihn mit »Hallo!« und einem Streicheln.

Kneifen

Besonders Terrier neigen bei Erregung dazu, in die Kleidung oder gar in Körperteile zu beißen. Dies können Sie vermeiden, indem Sie dem Hund ein Spielzeug ins Maul geben – dann kann er es nicht anderweitig benutzen. Verbinden Sie dieses Spielzeug mit den Basisübungen »Sitz!« und »Bleib!«

Bellen

Mit einem solch Spielzeug kann man auch das unangenehme Bellen vermeiden. Man sollte dem Hund aber außerdem das Bellen auf Kommando beibringen.

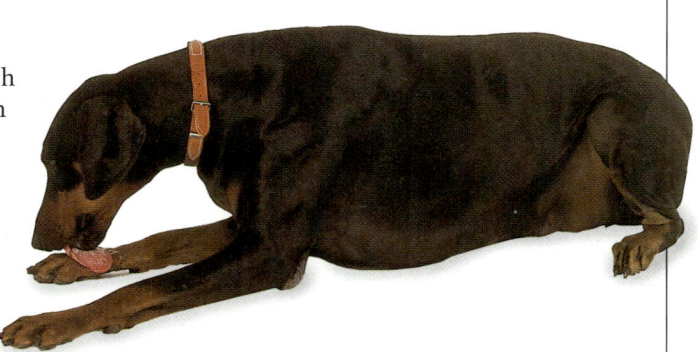

■ **Gelangweilte Hunde,** *besonders Dobermannpinscher, neigen dazu, sich exzessiv die Vorderpfoten zu lecken.*

Kurze Zusammenfassung

✔ Hunde sind ehrliche Kreaturen. Ihre Bedürfnisse resultieren daraus, dass sie Hunde und keine Menschen sind. Deshalb sind sie anders.

✔ Hunde brauchen zu ihrem Glück verbales Lob ebenso wie Streichel-einheiten.

✔ Unangenehme Eigenschaften entwickeln sich schnell. Man sollte sie im Keim ersticken.

✔ Nehmen Sie professionelle Hilfe in Anspruch, wenn Sie selbst nicht mehr weiterwissen.

✔ Gelangweilte Hunde machen mehr Probleme als beschäftigte. Denken Sie daran!

Kapitel 15

Jugendsünden verstehen

J UGENDLICHE »VERBRECHEN« können durch frühe Sozialisierung weit-gehend vermieden werden. Ein gut sozialisierter Hund wird selten aggressiv oder ein Beißer.

Wissenschaftler der Universität Cambridge ließen Besitzer von Cockerspaniels Fragebogen zu ihrer Person ausfüllen und stießen auf einen Zusammenhang zwischen den Aggressionsproblemen der Hunde und den jeweiligen Persönlichkeiten ihrer Besitzer. Ihre Persönlichkeit können Sie zwar nur schwer ändern, aber Sie sollten darauf achten, dass die Kindheit Ihres Hundes möglichst harmonisch verläuft.

In diesem Kapitel ...

✓ Warum Hunde aggressiv sind

✓ Rassebedingte Probleme

✓ Verschiedene Aggressionsarten

✓ Futter- und Spielzeugneid

✓ Kastration

ACHTEN SIE DARAUF, DASS IHR HUND VON KLEIN AUF EIN GUTES BENEHMEN AN DEN TAG LEGT.

Warum Hunde aggressiv sind

HUNDE BEISSEN NICHT AUS SPASS. Sie haben immer einen Grund dafür, wir erkennen diesen manchmal lediglich nicht. Wir übersehen Warnsignale oder beachten sie nicht weiter.

Wenn ein Hund aggressiv ist, ändert sich das niemals von selbst. Hunde reagieren aggressiv auf Stress und Angst. Das müssen wir auffangen, reduzieren und dann ganz abstellen. Beantworten Sie für sich zunächst die folgenden Fragen:

■ **Gescheckte Cockerspaniels** *wie dieser hier zeigen kaum dominante Aggressionen.*

■ **Wenn Ihr Hund andere Hunde anknurrt**, *hat er mit Sicherheit aggressives Potenzial in sich.*

MACHT IHR HUND DAS?

1. Knurrt er Sie, andere Menschen oder Tiere an?
2. Zeigt er Ihnen oder anderen Familienmitgliedern die Zähne?
3. Schnappt er nach Ihnen, wenn Sie ihm Spielzeug, einen Knochen oder Futter wegnehmen wollen?
4. Hat er Angst vor Fremden und versteckt sich dann hinter Ihnen?
5. Schnappt er bei einem etwas wilderem Spiel nach Ihren Fersen?
6. Jagt er hinter sich bewegenden Objekten her?
7. Starrt er Sie minutenlang an?
8. Erfinden Sie manchmal Ausreden für sein aggressives Benehmen wie »Das ist nur eine vorübergehende Phase.«?

MACHT IHNEN ...

9. sein Benehmen nichts aus, weil er ein Yorkshireterrier und kein Pitbull und somit »ungefährlich« ist?

Wenn Sie eine dieser Fragen mit Ja beantwortet haben, besitzt Ihr Hund das Potenzial dazu, aggressiv zu werden.

Rassebedingte Probleme

DAS AGGRESSIONSPOTENZIAL variiert von Rasse zu Rasse. Im Allgemeinen sind Terrier und als Hütehunde gezüchtete Rassen aggressiver als beispielsweise Jagdhunde. Das bedeutet aber nicht, dass Jagdhunde grundsätzlich nicht aggressiv sind. Gerade bei den Golden Retrievern beispielsweise gibt es außerordentlich viele Exemplare, die ihr Futter aggressiv verteidigen.

Frühes Lernen ist wichtig

Da einige Hunde mit einer größeren Tendenz zur Aggressivität geboren werden, kann das bei ihnen zum echten Problem werden, wenn der Besitzer ihre Aggressivität wissentlich oder unwissentlich fördert.

Andererseits kann man die Entwicklung dieses Aggressionspotenzials durch frühe Sozialisierung in der Familie und das Heranführen an Fremde und andere Tiere enorm reduzieren. Nehmen wir z. B. einen Pitbull. Aufgrund seiner genetisch fixierten Tendenz, mit anderen Tieren zu kämpfen, und wegen seiner extremen Beißkraft ist der Pitbull ein gefährliches Tier. In meiner Praxis habe ich – bevor man die Pitbulls ächtete – viele gut erzogene, voll sozialisierte und freundliche Pitbulls gesehen. Der Instinkt zum Jagen und Töten ist zwar sicherlich noch in dem Hund, und ich würde einen Pitbull nicht unbedingt als Familienhund empfehlen, aber bei früher Sozialisierung und guter Erziehung ist das Aggressionspotenzial doch sehr gering.

Übrigens ...

Es ist keine Frage, dass die frühe Sozialisierung und eine gute Erziehung die Aggression bei Hunden schwinden lassen. Man darf aber auch nicht verschweigen, dass sie teilweise genetisch fixiert ist. Wissenschaftler haben festgestellt, dass rote Cocker beispielsweise ein Gen in sich haben, das sie dominanter macht als andersfarbige Cocker. Aggression vererbt sich auch in bestimmten Linien. Kaufen Sie sich daher nie einen Junghund, der aggressive Eltern hat.

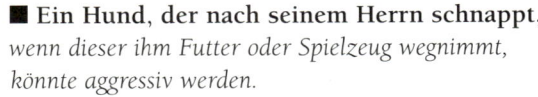

■ **Ein Hund, der nach seinem Herrn schnappt,** *wenn dieser ihm Futter oder Spielzeug wegnimmt, könnte aggressiv werden.*

Ein männliches Problem

Es gibt viele Arten von Aggressionen, die bei Hündinnen und Rüden gleichermaßen ausgebildet sind. Dennoch beweist uns die Statistik Folgendes:

✓ Aggression ist hauptsächlich ein Problem bei erwachsenen Rüden.
✓ Meist sind Familienmitglieder die Opfer dieser Aggression.

Der Grund dafür ist die Hierarchie in der Gruppe. Mit Beginn der Geschlechtsreife beginnt für den Hund ein neuer Kampf um die Rangordnung in der Gruppe. Manchmal fühlt sich der Hund dann sogar dem Menschen überlegen, meist den Kindern. Zur selben Zeit beginnen die Rüden untereinander zu rivalisieren. Die meisten Bissverletzungen in meiner Praxis stammen aus Kämpfen mit anderen Rüden. Auch hier liegt die Lösung des Problems wieder in der frühen Sozialisierung (und der Kontrolle der Hormone, aber darauf komme ich noch zurück).

■ **Die meisten Hundekämpfe** *finden zwischen unkastrierten Rüden statt.*

Absichten erkennen

Kleine Hunde im Alter von unter sieben Monaten beißen selten absichtlich, eher aus Angst. Sie verstecken sich lieber, rennen fort oder sind unterwürfig, wenn fremde Hunde kommen.

Mit der Geschlechtsreife wächst auch das Selbstvertrauen. Jetzt benutzen die Hunde auch ihre Körpersprache, um sich auszudrücken: Sie richten sich hoch auf, der Schwanz steht empor. Wenn das nicht wirkt, folgen Knurren und Zähnezeigen. Und wenn das immer noch nicht reicht, endet das Ganze in Aggression.

Die meisten Rassen (als klassisches Beispiel kann man den deutschen Schäferhund nennen) haben eine klare Körpersprache. Dadurch können wir ihre Absichten leicht erkennen. Es gibt aber auch andere Rassen wie beispielsweise den Rottweiler, die eine sehr sparsame Körpersprache haben. Sie überspringen gewisse Stadien. Der Grat zwischen Spiel und Aggression ist hier sehr schmal. Ihre Absichten sind nicht immer leicht zu erkennen, und das macht die Rasse für Menschen, die sie nicht gut kennen, gefährlich.

■ **Lesen Sie die Körpersprache** *Ihres Hundes, und unterdrücken Sie Aggressivität durch einen scharfen Blick.*

Verschiedene Aggressionsarten

FRÜHER SAH MAN AGGRESSION als isoliertes Problem an. Heute wissen wir, dass es sehr unterschiedliche Arten von Aggressionen gibt, die jede einen anderen Grund hat und anders behandelt werden muss. Für Sie ist es wichtig zu wissen, was in Ihrem Hund vorgeht, wenn er andere Menschen oder Tiere bedroht. Wenn er Sie beißt, weil Sie ihn dort anfassen, wo er verletzt ist, handelt es sich um eine Art Aggression, die man noch rechtfertigen könnte. Wenn er Sie aber beißt, weil Sie ihn vom Sofa herunterholen wollen, ist das ein Verbrechen!

Aggression darf nie unterschätzt werden. Wenn Sie einen aggressiven Hund haben, sollten Sie professionelle Hilfe in Anspruch nehmen. Fragen Sie Ihren Tierarzt.

Dominante Aggression

Sie ist der Hauptgrund, warum Hunde ihren Besitzer anknurren oder beißen. Sie glauben vielleicht, dieser Angriff käme aus heiterem Himmel – so war es aber nicht. Ihr Hund hat Ihre Machtposition schon eine Zeit lang angezweifelt und beschlossen, diese zu übernehmen.

MIT DOMINANZ UMGEHEN

Wenn Ihr Hund Anzeichen von Dominanz zeigt, wenden Sie folgende Technik an. Sie wirkt bestimmt.

1. Vermeiden Sie körperliche Strafe. Das kann alles verderben.
2. Lassen Sie Ihren Hund durch Ihre Körpersprache (hoch aufgerichtet), Ihren Gesichtsausdruck und den Tonfall in Ihrer Stimme unzweifelhaft spüren, dass Sie der Anführer der Gruppe sind.
3. Legen Sie dem Hund die Leine an, und bringen sie ihn für einige Minuten allein in ein anderes Zimmer. Damit werten Sie Ihre Autorität wieder auf.
4. Grollen Sie Ihrem Hund nicht, sondern überlegen Sie lieber, woher dieser Sinneswandel bei ihm kommt. Ab jetzt essen immer SIE zuerst, SIE gehen als Erster durch die Tür und erwarten SOFORTIGEN Gehorsam auf Ihre Kommandos hin. Manchmal sind es die kleinen Dinge im Leben, die die Hierarchie wieder zurechtrücken.

Dominanzaggression unter Hunden

Das tritt meist bei gleichaltrigen, gleich starken, gleichgeschlechtlichen Hunden auf. Hunde, die sehr unterschiedlich im Rang sind (der eine sehr ranghoch, der andere sehr rangniedrig) haben meist kein Problem im Umgang miteinander. Krach bekommen immer die gleich Starken miteinander. Es gibt natürlich Rassen wie z. B. den Dobermann, die untereinander aggressiver sind als andere. Um das Problem lösen zu können, müssen Sie erst einmal wissen, welcher der ranghöhere Hund ist. Den sollten Sie entsprechend behandeln. Ihren Instinkt, den rangniedrigen Hund zu beschützen, sollten Sie jedoch unterdrücken. Hunde leben in einer strengen Hierarchie – sie fühlen sich wohl, wenn sie wissen, wo ihr Platz ist. Der ranghöchste Hund bekommt also als Erster sein Fressen, wird zuerst von Ihnen gestreichelt usw. Wenn die Aggression jedoch stärker wird, sollten Sie Ihren Tierarzt konsultieren. Eine Kastration senkt den Rang des Hundes und ist oft die richtige Lösung.

■ **Sie müssen akzeptieren**, *dass Hunde eine strenge Rangordnung haben. Versuchen Sie gar nicht erst, diese zu ändern.*

Ich empfehle, Hunde mit Aggressionsproblemen zu kastrieren. Wenn das nicht möglich ist, sollte man zumindest den rangniedrigeren Hund kastrieren. Das erscheint unfair, löst das Dominanzproblem aber.

EIN WORT ZUR EIFERSUCHT

Eifersucht ist für Hunde genauso selbstverständlich wie für uns. Das kann ohne weiteres zu Aggressionen führen. Wenn ein neuer Hund ankommt, wird der andere eifersüchtig. Achten Sie darauf, dass jeder Hund genügend Aufmerksamkeit bekommt. Wenn der junge Hund schläft, brauchen Sie Ihren »alten« Hund nicht besonders zu beachten, aber Sie sollten ihm viel Aufmerksamkeit und Zeit schenken, wenn der Kleine wach ist. Achten Sie darauf, dass die Hunde beim Fressen keinen Augenkontakt haben. Lassen Sie den neuen Hund nicht mit dem Spielzeug des anderen Hundes spielen. Und verzichten Sie ab jetzt auf Knochen. Es reicht nämlich nicht aus, jedem einen Knochen zu geben, wenn er den anderen sieht. Jeder will beide haben! Und das gibt Krach.

■ **Der neue Hund** *bekommt sein eigenes Spielzeug, das ihm allein gehört.*

Sexuelle Aggression

Die sexuelle Aggression ist hormongesteuert. Bei Rüden ist sie immer vorhanden, bei Hündinnen nur zweimal jährlich während der Läufigkeit, dann sind sie hormonell aktiv. Kastrierte Hündinnen haben dieses Problem nicht mehr.

Mütterliche Aggression

Das ist die gefährlichste Aggression bei Hunden. Hundemütter verstehen überhaupt keinen Spaß. Sie tun alles, um ihre Kinder zu beschützen.

Die frühe Sozialisation und das frühe Zusammenkommen mit vielen Menschen schwächt diese Aggression zwar ab, aber Hündinnen haben gegenüber allen anderen domestizierten Tieren eine Besonderheit. Egal, ob sie tragend sind oder nicht – nach der Hitze durchleben alle Hündinnen eine zweimonatige Schein-schwangerschaft, die sich mehr oder weniger stark äußert. Manche Hündinnen »suchen« sich Junge und sammeln Schuhe, weiches Spielzeug oder Socken. Diese horten sie unter einem Bett oder einem Tisch und verteidigen sie wie ihre Jungen. Das ist eine Art von mütterlicher Aggression. Auch dieses Problem kann man durch eine frühe Kastration beheben.

Aggression von Rüden untereinander

Wesentlich öfter und auch problematischer ist die Aggression von Rüden untereinander. Sie entsteht in der Hauptsache bei Rüden, die als Welpen unbeaufsichtigt wilde Spiele miteinander spielten. Um das zu vermeiden, sollten Sie Ihrem jungen Hund folgende Dinge nicht erlauben:

1. andere Hunde fest zu beißen
2. seine Pfoten einem anderen Hund auf den Rücken zu legen
3. auf irgendein Körperteil eines anderen Hundes zu steigen

Tolerante, ältere Familienhunde lassen jungen Hunden so etwas manchmal durchgehen. Mir gefällt es, wenn Lexy der kleinen Inca erlaubt, auf ihren Hals zu krabbeln und an ihren Ohren zu kauen. Wenn Inca allerdings zu fest zubeißt, zeigt selbst die tolerante alte Hündin ihre Zähne und knurrt. Und vergessen Sie nicht: Wenn sich ein junger Hund bei einem ihm bekannten älteren Hund zu viel herausnehmen darf, wird er das auch bei fremden Hunden tun.

Wenn Sie einen Rüden haben, müssen sie mit gelegentlicher Aggressivität rechnen. Vermuten Sie, dass ein anderer Rüde aggressiv werden will, sollten Sie ihn nicht beachten, sondern mit Ihrem Hund spielen. Dann konzentriert dieser sich auf Sie und lässt sich weniger leicht provozieren.

Es ist ratsam, immer eine Wasserpistole mitzunehmen, denn damit kann man einen fremden, aggressiven Rüden verjagen, wenn er zu nahe kommt. Wenn die Rüden sich aber tatsächlich beißen, halten Sie Ihre Arme und Beine außer Reichweite, damit Sie im Eifer des Gefechts nicht auch noch etwas abbekommen.

■ **Ängstliche Hunde** *sind gegenüber Fremden oft aggressiv.*

Angstaggression

Die meisten Hunde beißen Fremde aus Angst. Angstbeißer sind meistens Hunde, die als Welpen nicht genügend fremde Menschen kennen lernen durften – also wieder einmal schlecht sozialisierte Hunde. Meist sind es auch extrem unterwürfige Hunde.

Angstsignale

Achten Sie auf die Unterwürfigkeitshaltung. Schüchterne, ängstliche Welpen verstecken sich hinter ihrem Besitzer, rennen schnell davon oder rollen sich unterwürfig auf den Rücken. Solche Hunde urinieren oft vor Angst und können später Angstbeißer werden. Das Problem tritt gehäuft bei wesensschwachen Rassen auf, die wenig Stress aushalten – Border Collies z. B. In Stresssituationen reagieren diese Hunde unkontrolliert und versuchen so zu »entkommen«.

■ **Auf dem Rücken liegen** *bedeutet Unterwürfigkeit.*

Achten Sie bei Ihrem jungen Hund auf Anzeichen von Angst – Knurren, Bellen, Zähnezeigen, Auf-dem-Boden-Kriechen –, und arbeiten Sie an dem Problem, bevor Sie einen Angstbeißer bekommen.

Lassen Sie einen ängstlichen Welpen selbst entscheiden, ob er mutig genug ist, nach vorn zu kommen und dann seine Belohnung zu erhalten. Und schützen Sie ihn anfangs vor allzu vielen freundlichen Menschen, die ihn streicheln wollen. Schüchterne Welpen brauchen viel Aufmerksamkeit, um ihr Selbstvertrauen aufzubauen.

Jagdtrieb

Auch wenn Ihr Hund noch so engelsgleich aussieht, er ist dem Wolf verwandter, als Sie glauben. Hunde jagen bewegliche Dinge. Das steckt einfach in ihnen. In allen. Einige Rassen wie z. B. Terrier und Windhunde sind jedoch für das Jagen regelrecht prädestiniert.

Allein das Hinterherrennen ist Hunden eine Lust. Anderen wiederum ist die Beute am Ende des Rennens wichtiger. Sie halten dann den kleinen Hund, den sie gefangen haben, mit der Pfote nieder oder schnappen nach den Fersen des Joggers. Wieder andere verbeißen sich in ihre Beute, töten Katzen und reißen Haustiere. Das ist eine primitive, ursprüngliche Art der Aggression, die potenziell in allen Hunden vorhanden ist.

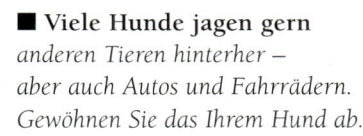

■ **Viele Hunde jagen gern**
anderen Tieren hinterher – aber auch Autos und Fahrrädern. Gewöhnen Sie das Ihrem Hund ab.

Den Jagdinstinkt unterdrücken

Den Jagdinstinkt unterdrückt man am besten durch frühe Sozialisierung und die Kanalisierung des Jagdinstinkts auf Hundespielzeug. Wenn der Hund Joggern und Fahrradfahrern hinterherläuft, sollten Sie Ihre Freunde zusammentrommeln und mit Wasserpistolen bewaffnen. Der Hund glaubt, er jage den Jogger oder den Fahrradfahrer. Wenn diese dann aber plötzlich anhalten und ihm einen kräftigen Strahl Wasser ins Gesicht spritzen, wird er sie nicht mehr als jagdbares Wild ansehen.

■ **Ein kräftiger Schuss** *aus der Wasserpistole in das Gesicht des Hundes wirkt oft Wunder.*

Territoriale Aggression

In seiner häuslichen Umgebung ist der Hund am selbstbewusstesten. Dazu gehören auch der Garten und das Auto. Ein gut erzogener Hund, der alles kennen lernen durfte, sieht nicht in jedem Fremden einen potenziellen Feind. Ohne eine ausreichende Grunderziehung sieht der Hund aber in jedem Fremden eine Gefahr. Der Hund warnt zunächst durch Bellen und kann ziemlich aggressiv werden.

Betrachten Sie das doch einmal vom Standpunkt des Hundes aus: Der Postbote kommt, macht Krach am Briefkasten, der Hund bellt, und der Postbote geht wieder. Die Müllabfuhr kommt, macht Krach mit der Mülltonne, der Hund bellt, und die Müllabfuhr fährt weiter. Aufpassen und Bellen bringen also etwas!

Übrigens ...

Zwar gibt es verschiedene Arten von Aggression, oft aber treten mehrere gleichzeitig auf. Der Jagdinstinkt ist oft gekoppelt mit dem Wunsch, das Territorium zu schützen.

Mit der Aggression umgehen

Dieses Problem kann man verhindern (oder überwinden), indem man den Hund mit den Leuten, die in die Nähe des Hauses kommen, vertraut macht. Lassen Sie sie Ihrem Hund ein Leckerli geben, wenn sie anhalten. Wenn Ihr Hund bei deren Ankunft im Freien ist, lassen Sie in einem wetterfesten Kasten am Tor einige Leckerlis. Ihrem Lieferanten sagen Sie vorher, er soll sie dem Hund geben, wenn das Tor offen ist. Ihr Hund wird also immer aufmerksam sein, wenn jemand kommt, aber er wird dieses aggressive Territorialverhalten ablegen.

Auch das Auto gehört dazu

Gehen Sie im Wagen genauso vor. Ein Auto ist ein herrlich kleines, übersichtliches Territorium. Es liegt an Ihnen, wie sich Ihr Hund im Auto benimmt. Wenn Sie nicht möchten, dass er aggressiv ist, ersticken sie alle Ansätze im Keim und loben ihn nie, wenn er das Auto »verteidigt«.

■ **Bringen Sie Ihrem Hund bei,** *das Auto nicht als sein Territorium anzusehen.*

Futter- und Spielzeugneid

„DAS GEHÖRT MIR, UND DU DARFST ES NICHT BERÜHREN!« *Das darf Ihr Hund nicht einmal denken! Dabei gibt es dieses Verhalten oft bei Hunden, die als Welpen aus einer Schüssel fressen mussten.*

Lehren Sie Ihren Hund, dass er Ihre Berührung während des Fressens dulden muss und dass Ihre Hand in der Nähe der Futterschüssel ihm das Fressen gar nicht weg nimmt. Knien Sie neben ihm nieder, und bieten Sie ihm noch etwas Besseres an als das, was sich gerade im Futternapf befindet. Wenn er das akzeptiert, verstecken Sie das Leckerli in Ihrer Hand, legen diese auf seinen Napf und öffnen sie, wenn er sie mit der Nase berührt. Danach lassen Sie ihn in Ruhe weiterfressen. Sehr bald wird ihm Ihre Nähe beim Fressen angenehm sein. Machen Sie das auch mit Knochen oder mit Spielzeug, von dem er meint, es gehöre ihm. Wenn er aber jemals ein Spielzeug nicht hergibt, lassen Sie es für immer verschwinden!

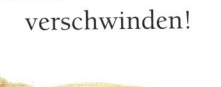

■ **Tauschen Sie ein Spielzeug gegen ein Leckerli aus**. *So vermeiden Sie Besitzdenken.*

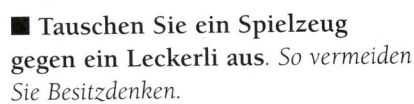

■ **Wenn Ihr Hund Ihnen ein** *Spielzeug nicht willig gibt, lassen Sie es für immer verschwinden.*

Gesundheitlich bedingte Aggression

Kranke Hunde sind oft gereizt. Die natürliche Antwort auf den Schmerz ist Beißen, eine ganz normale Aggression. Seien Sie also vorsichtig, wenn Sie einen kranken oder einen verletzten Hund berühren.

Aggression und Krankheit

Manche Krankheiten rufen aber auch direkte Aggressionen hervor. Wissenschaftliche Studien in den USA haben ergeben, dass Hunde mit einer Unterfunktion der Schilddrüse besonders aggressiv sind.

Die Tierärzte, die diese Studie erarbeitet haben, fordern jeden Tierarzt auf, bei plötzlich auftretender Aggression eines Hundes unbedingt eine Untersuchung der Schilddrüse vorzunehmen.

Wir wissen alle, dass Tollwut und Aggression zusammengehören. Die Erkenntnis, dass viele Verhaltensveränderungen gerade bei älteren Hunden durch Gehirntumore hervorgerufen werden, ist jedoch noch relativ neu.

Erlernte Aggression

Es gibt viele Arten von natürlichen Aggressionen. Wir Menschen haben aber noch eine neue geschaffen. Es gibt Menschen, die ihre Hunde bewusst zur Aggression erziehen. Bei Polizeihunden wäre das undenkbar, sie lernen lediglich, jemanden zu stellen (den Verbrecher nämlich). Es ist mehr als gefährlich, einen Hund so zu trainieren (das ist sowieso die Sache von professionellen Trainern). Denn wenn Sie Ihrem Hund beigebracht haben, jemanden anzugreifen oder zu stellen, wird er Sie selbst zwar möglicherweise als Anführer akzeptieren. Aber was ist mit dem Rest Ihrer Familie, Ihren Nachbarn, Ihren Freunden? Wenn Sie den Geist erst einmal aus der Flasche gelassen haben, kann es sehr schwer sein, ihn wieder hineinzubekommen. Wenn Sie einen Schutzhund für Ihr Haus haben möchten, bringen Sie Ihrem Hund bei, laut zu bellen, oder kaufen Sie sich eine Alarmanlage.

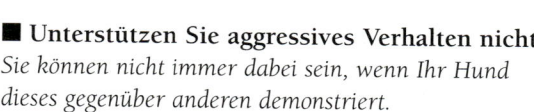

■ **Unterstützen Sie aggressives Verhalten nicht.**
Sie können nicht immer dabei sein, wenn Ihr Hund dieses gegenüber anderen demonstriert.

246

Kastration

KASTRATION IST EIN DELIKATES THEMA. *Wenn ich mit jemandem darüber rede, der einen aggressiven Hund hat, stimmt die Frau dem meist zu, während der Mann dabei sitzt, die Beine übereinander schlägt und nicht einverstanden ist. Reden wir also darüber, was passiert und warum die Kastration eine effektive Möglichkeit ist, um Aggressionsprobleme zu verhindern oder zu lösen.*

Das bewirkt die Kastration

Die Kastration ist ein Maßnahme, um unerwünschten Nachwuchs zu verhindern. Allerdings ändert sich durch sie auch das Verhalten von Hündinnen und Rüden.

Die männlichen Hormone bestimmen das Verhalten des Rüden weitgehend. Die Abwesenheit (oder, besser gesagt, die weitgehende Reduzierung) des Männlichkeitshormons vermindert auch den Drang zu markieren, gegenüber anderen Rüden aggressiv zu sein und der Duftspur einer läufigen Hündin kilometerweit zu folgen.

Die weiblichen Hormone bestimmen die Persönlichkeit der Hündin lediglich während der zweimal jährlich auftretenden Hitze. In dieser Zeit uriniert die Hündin vermehrt und streunt. Das Schwangerschaftshormon Progesteron (das auf das Ei produzierende Hormon Östrogen folgt) hat einen beruhigenden Einfluss auf die Hündin, fördert aber ihr Schutzverhalten gegenüber ihren Jungen (oder dem Spielzeug). Die Kastration verhindert diese Verhaltensänderung. In sehr seltenen Fällen kann durch das Ausbleiben der Hitze und des beruhigenden Hormons Progesteron bei sowieso schon sehr dominanten Hündinnen deren Dominanz noch steigen.

■ **Erlauben Sie Ihrem Hund nicht, aggressiv zu sein** – *Sie werden Probleme mit Ihren Freunden und Nachbarn bekommen!*

DEFINITION

*Bei der **Kastration** werden bei Rüde und Hündin die Organe entfernt, welche die Sexualhormone produzieren. Bei Rüden entfernt man die Testikel, bei Hündinnen Eierstöcke und Gebärmutter.*

INTERNET

www.hundezeitung.de

Neben Tipps zum Verhaltenstraining finden Sie auf dieser Website auch hundemedizinischen Rat und können sich im Forum online mit anderen Hundebesitzern austauschen. Das kann bei vielen Fragen eine gute Entscheidungshilfe sein.

AGGRESSION KANN TÖDLICH SEIN

Jedes Jahr werden Millionen Menschen – oft Kinder – von Hunden gebissen, meistens von ihren eigenen. Manche dieser Bisse sind wirklich gefährlich. Barbara Woodhouse, eine exzellente Hundeausbilderin, hat ein Buch mit dem Titel »No Bad Dogs« (»Es gibt keine bösen Hunde«) geschrieben. Das stimmt zwar nicht immer, aber fast immer. Es gibt einzelne Hunde, die schlechte Erbanlagen und eine schlechte Aufzucht aufweisen. Die meisten Hunde aber, die wegen Aggression eingeschläfert wurden, hätten gerettet werden können, wenn die Menschen begriffen hätten, was in dem Hund vorging, bevor er so aggressiv wurde und getötet werden musste.

Wenn Ihr Hund Zeichen von Aggression zeigt, warten Sie nicht, bis das zum Problem wird. Reden Sie sofort mit Ihrem Tierarzt darüber. Er wird Ihnen sagen, wo Sie bei diesem Problem professionelle Hilfe erhalten können.

Was die Kastration nicht bewirkt

Die Kastration hat keine Wirkung auf Wachinstinkt, Angstbeißen, jagdliche oder territoriale Aggression. Sie verändert auch den Charakter des Hundes nicht. Die Hunde wenden sich lediglich mehr dem Menschen zu, weil sie im Umgang mit anderen Hunden kein sexuelles Interesse mehr haben.

Wann soll man kastrieren?

Die beste Zeit ist kurz vor der Pubertät. Wenn man einen Hund vor dem Erwachsenwerden kastriert, ändert man nichts an seiner Persönlichkeit. Wenn Sie Ihre jungen Hunde kastrieren lassen wollen, sollten Sie den Zeitpunkt um das Alter von sechs Monaten ins Auge fassen und mit Ihrem Tierarzt darüber reden.

■ **Wenn Ihr Hund Menschen oder Tiere beißt,** *sollten Sie sich professionelle Hilfe suchen.*

Kurze Zusammenfassung

✓ Die frühe Sozialisierung und eine gute Erziehung verhindern viele Aggressionsprobleme

✓ Hunde beißen aus den verschiedensten Gründen, oft aus hierarchischen.

✓ Die Kastration ist ein erster Schritt, das Problem zu lösen.

✓ Schüchterne Hunde beißen oft aus Angst.

✓ Hunde mit einem starken Jagdtrieb beißen oft in sich schnell bewegende Objekte.

✓ Hunde beißen oft, um ihr Territorium oder ihren Besitz zu schützen.

✓ Die Kastration verhindert manche Aggressionsformen.

✓ Mit einem Hund, der beißt, sollten Sie keine Experimente machen. Suchen Sie sich professionelle Hilfe.

■ **Effektives, frühes Training** *kann viele Aggressionsprobleme verhindern.*

TEIL VIER

Kapitel 16
Den richtigen Tierarzt finden

Kapitel 17
Vorsorge

Kapitel 18
Gesunde Ernährung

Kapitel 19
Körperpflege

Kapitel 20
Gesundheitscheck

Kapitel 21
Lebensrettende Maßnahmen

EIN GESUNDER HUND IST EIN GLÜCKLICHER HUND.

GESUNDHEIT UND SCHÖNHEIT

SIE ALS BESITZER SIND FÜR das körperliche und psychische Wohlergehen Ihres Hundes verantwortlich. Dabei gilt die Faustregel: *Vorbeugen* ist besser als heilen! Halten Sie also die regelmäßigen Termine für Routineuntersuchungen und Impfungen ein. Wichtig ist auch, dass Sie sich gut mit Ihrem Tierarzt verstehen und ihm vertrauen können.

Eine Vorsorgemaßnahme ist die regelmäßige Untersuchung auf Parasiten, aber auch die richtige Ernährung des Hundes ist von großer Bedeutung. Hunde, die zu viel wiegen, sind in den meisten Fällen nicht gesund. Außerdem sollten Sie die wichtigsten Erste-Hilfe-Maßnahmen für Hunde beherrschen, um im Notfall schnell helfen zu können.

Kapitel 16

Den richtigen Tierarzt finden

IM GÜNSTIGSTEN FALL BILDEN SIE UND IHR TIERARZT EIN TEAM, das sich um die physischen und die psychischen Bedürfnisse nicht nur Ihres Hundes, sondern auch Ihrer Familie kümmert. Die Voraussetzung dafür ist, dass Sie Vertrauen zu Ihrem Tierarzt haben, dass die Atmosphäre in der Praxis stimmt und die Kosten den Leistungen entsprechen.

Als ich in meinem Beruf anfing, war der Tierarzt meistens nur »die Feuerwehr« – man ging erst hin, wenn das Tier ernsthaft krank war. Dann erwartete man »Wunder«. Heute ist das anders. Die Vorsorge spielt in der tierärztlichen Praxis eine große Rolle, und bei auftretenden speziellen Problemen kennt jeder Tierarzt eine Reihe von Spezialisten, die er befragen und notfalls hinzuziehen kann.

In diesem Kapitel ...

✓ Können Tierärzte alles?

✓ Hingehen und fragen

✓ Kosten

EINE GUTE TIERÄRZTLICHE VERSORGUNG UND EIN VERNÜNFTIGER LEBENSSTIL HALTEN HUNDE GESUND.

Können Tierärzte alles?

IN DEN LETZTEN 30 JAHREN hat sich die Veterinärmedizin enorm verändert. Früher war die Sache einfach: Die Tierärzte kümmerten sich um das Vieh. Hunde und Katzen wurden kaum behandelt. Erst vor 50 Jahren befassten sich die ersten Tierärzte mit Hunden, mit Katzen erst vor 30 Jahren. Plötzlich mussten sich Tierärzte mit jeder Tierart auskennen – vom einfachsten Haustier bis zum Exoten. Lahmt Ihr Pferd? Ich finde die Ursache. Hat sich der Magen der Kuh verdreht? Ich drehe ihn wieder richtig herum! Müssen Ihre Ferkel kastriert werden? Mache ich! Ihre Katze ist schon wieder trächtig? Das verhindern wir in Zukunft! Der Schnabel Ihres Papageis ist zu lang? Ich kürze ihn. Von Tierärzten erwartet man einfach, dass sie alles können – würden wir ja auch gern, aber leider ist das nicht realistisch.

Verschiedene Typen

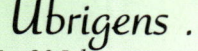

Der allwissende und alles könnende Tierarzt ist ein Produkt unserer Fantasie. Ihn gibt es in Wirklichkeit nicht – das Fachgebiet ist so weit, dass eine Person allein es gar nicht erfassen kann.

Natürlich findet man gerade in ländlichen Gebieten noch den »Allround-Tierarzt«, der meist auch sehr fähig ist. Morgens hilft dieser Tierarzt bei einem Bauern einer Kuh beim Kalben, nachmittags operiert er einen Hamster, und abends diskutiert er mit einem cholerischen alten Herrn darüber, warum dessen Irish Setter aus Unterwürfigkeit Wasser lässt ... Das sind die so genannten gemischten Praxen, in denen gewissermaßen alles vorkommt. Viele Tierärzte haben sich aber entweder auf Klein- oder auf Großtiere spezialisiert, wiederum andere sogar auf bestimmte Körperteile von Tieren.

Übrigens ...

Vor 30 Jahren waren noch mehr als 90 % aller Tiermedizinstudenten Männer. Mittlerweile sind 70 % weiblich. Diese Verschiebung ist hinsichtlich der Denkweise meines Berufsstandes wichtig.

■ **Suchen Sie sich einen Tierarzt,** *dem Sie und Ihr Hund vertrauen.*

Gemischte Tierarztpraxen

Gerade in ländlichen Gebieten herrschen gemischte Praxen vor. Wurden hier vor einigen Jahrzehnten hauptsächlich Rinder und Schweine behandelt, so nimmt das Aufkommen kleiner Haustiere stetig zu. In der Stadt behandeln die Tierärzte dagegen nahezu ausschließlich Kleintiere.

In den meisten dieser gemischten Praxen arbeiten mehrere Tierärzte. Die Tierärzte für Kleintiere, also für Hunde, Katzen und Vögel, behandeln fast ausschließlich in den Praxisräumen, während die Tierärzte für Pferde, Rinder und Schweine Hausbesuche machen. Ihre Autos sind mit allem ausgestattet, was ein Tierarzt braucht.

Kleintierärzte

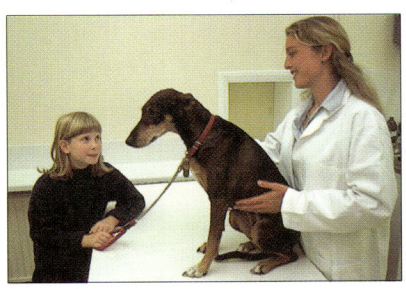

■ **In der Stadt** *findet man meist Kleintierpraxen, gemischte Praxen dagegen eher in ländlichen Gebieten.*

Im städtischen Bereich gibt es kaum Großtiere. Hier konzentrieren sich die Tierarztpraxen auf Kleintiere: Hunde, Katzen, Vögel, Kaninchen, Hamster und sogar zahme Ratten. Auch ich gehöre zu dieser Kategorie von Tierärzten. Wegen der Vielzahl der unterschiedlichen Tierarten gibt es immer mehr Tierärzte, die sich auf eine oder mehrere Tierarten spezialisieren. Dabei sind sie aber keine Spezialisten im medizinischen Sinn, sondern sie fühlen sich nur zu einer bestimmten Tierart besonders hingezogen oder haben aus irgendeinem Grund mehr Erfahrung mit ihr.

Fachtierärzte

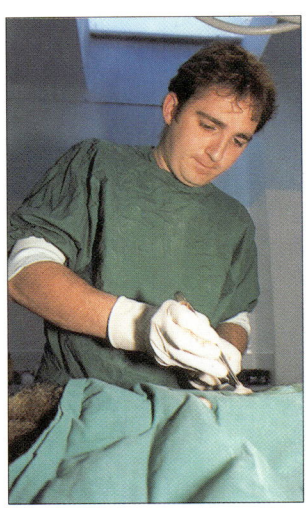

Fachtierärzte müssen nach ihrem normalen Studium und der Doktorarbeit ein weiteres Fachstudium absolvieren und dann drei Jahre lang unter einem Facharzt auf diesem Gebiet gearbeitet haben. Danach dürfen sie sich »Fachtierarzt für …« (je nach Tierart) nennen. Sie sind Spezialisten im medizinischen Sinn.

■ **Fachtierärzte** *müssen nach ihrem Studium noch eine Spezialistenausbildung absolvieren.*

TIERARZT ODER TIERHEILPRAKTIKER?

Jahrzehntelang galten in Deutschland Tierheilpraktiker als Scharlatane. Das hat sich geändert, seit es eine geregelte Ausbildung für Tierheilpraktiker gibt. Zwar darf sich (fast) jeder Tierheilpraktiker nennen, und es wird auch viel Schindluder damit getrieben – aber gute Tierheilpraktiker haben bei gewissen Krankheiten durchaus Erfolge.

Das Tierarztstudium dauert seine Zeit

Tierheilpraktiker wird man, indem man sich entweder selbst dazu ernennt oder eine Tierheilpraktiker-Schule besucht hat. Fragen Sie einen Tierheilpraktiker immer nach seiner Ausbildung! Die Tierheilpraktiker-Schule kann nebenberuflich besucht werden und endet mit einer Abschlussprüfung. Da die Ausbildung relativ kurz ist, ist der Tierheilpraktiker noch mehr als der Tierarzt auf Erfahrung angewiesen. Er sollte also längere Zeit bei einem Kollegen hospitiert haben, bevor er selbständig behandelt. Erkundigen Sie sich auch nach den Behandlungsmethoden, die von Homöopathie über Akupunktur bis hin zu Bachblüten reichen können.

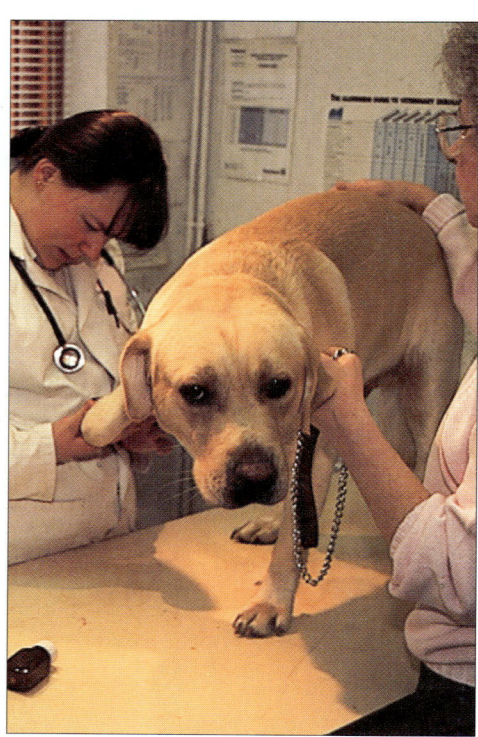

■ **Die tierärztliche Versorgung** *umfasst viele Gebiete: von der richtigen Ernährung bis hin zu Anästhesie und Dermatologie.*

Es ist übrigens nicht wichtig, ob Ihr Tierarzt einen Doktortitel hat. Dieser sagt nichts über seine Qualifikation aus, sondern beweist nur, dass er einmal eine wissenschaftliche Arbeit verfasst hat.

Unterschiedliche Praxen

Große und aufwendig gestaltete Tierarztpraxen sind keineswegs auch immer die besten. Eine gewisse Grundausstattung jedoch sollte jede Tierarztpraxis besitzen. Dazu gehören ein Röntgengerät, die Möglichkeit, Notoperationen durchzuführen, ein kleines Labor und ein Aufwachraum für die Patienten. Das muss überall vorhanden sein. Wenn Ihr Tierarzt eine Ausstattung hat, die darüber hinausgeht – umso besser!

Die meisten Tierarztpraxen sind der Gegend angepasst, in der sie sich befinden, also dem Patientenaufkommen und der sozialen Struktur der Bevölkerung, die bereit ist, wenig oder viel Geld für ihre Tiere auszugeben.

Lage und Kosten

Sie hängen von der Gegend ab. Städtische Praxen sind teuerer als ländliche, da allein schon die Miete und die Gehälter höher sind. Hinzu kommen die Investitionen in die Geräte. Eine kleine Praxis wie meine kommt mit den üblichen Geräten aus. Spezialisten müssen aber oft mehrere tausend Mark allein für ein Gerät ausgeben – und die Wissenschaft forscht weiter und entwickelt immer neue Geräte. Das schlägt sich natürlich auch in den Kosten des Tierarztes nieder.

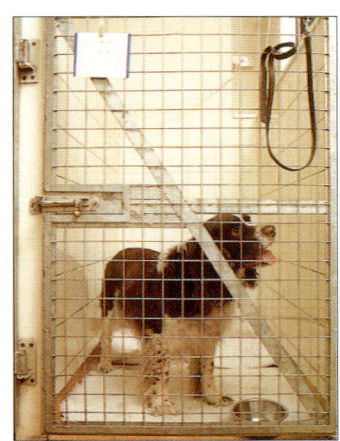

■ **Aufwachräume** *für operierte Patienten gehören zur Routineausstattung einer Tierarztpraxis.*

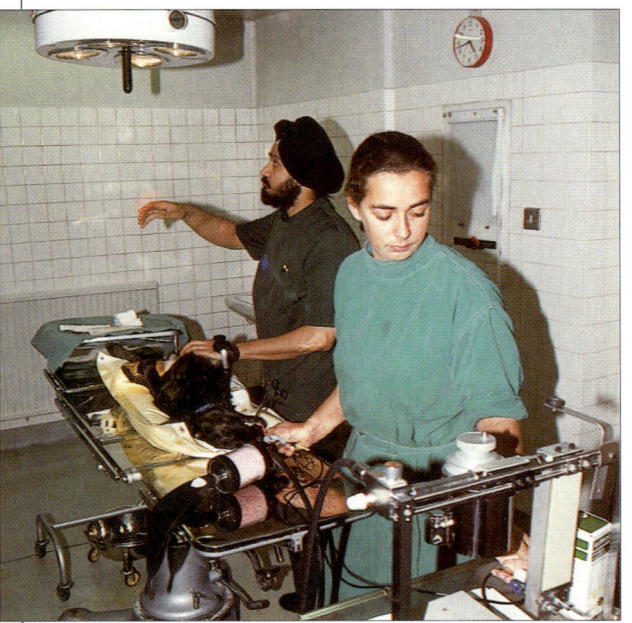

■ **Große Tierarztpraxen** *oder -kliniken verfügen über eine vielfältigere Ausrüstung, was sich oft in den Rechnungen niederschlägt.*

Hingehen und fragen!

Freunde, die selbst Hundebesitzer sind, also Leute, die praktische Erfahrung haben, können Ihnen sagen, welchem Tierarzt Sie vertrauen können. Bevor Sie mit Ihrem Hund hingehen, sollten Sie sich die Praxis (und den Tierarzt) vielleicht einmal allein ansehen. Normalerweise nimmt der Tierarzt oder sein Helfer bzw. seine Helferin sich kurz die Zeit, Ihnen seine Praxis inklusive Ausrüstung, Diagnostikmöglichkeiten, Nebenräumen usw. zu zeigen.

Die junge Dame, die bei mir für die Termine zuständig ist, kümmert sich auch darum, dass ein neuer Hundebesitzer – am besten mit Hund – erst einmal die ganze Praxis und möglichst viele meiner Mitarbeiter kennen lernt. Sie ist die Ansprechpartnerin für allgemeine Fragen.

ETHISCHE FRAGEN

Haben Sie bestimmte Vorstellungen davon, wie Ihr Hund bzw. Hunde überhaupt behandelt werden sollten? Die meisten Leute haben das – Ihr Tierarzt auch, und Sie sollten herausfinden, welche. Heute ist es glücklicherweise verboten, Hundeschwänze und -ohren zu kupieren. Aber auch als es noch nicht verboten war, habe ich mich geweigert, das zu tun, wenn es medizinisch nicht begründet war. Ich sehe keinen Grund darin, ein Tier zu verstümmeln, damit es dem »Schönheitsempfinden« bestimmter Menschen oder einem gewissen Rassestandard entspricht. Wer das haben wollte, musste einen Kollegen von mir aufsuchen, der keine Hemmungen hatte, Hundeschwänze und -ohren auf die Länge zurückzuschneiden, die der Besitzer wollte. Mittlerweile ist es verboten, aber es gibt noch genügend Fälle, in denen man sich entscheiden muss, ob man seiner eigenen Ethik oder den zuweilen abartigen Wünschen der Tierbesitzer folgt.

■ **Heute ist das Kupieren** *von Schwänzen und Ohren glücklicherweise verboten. Manche Hundebesitzer lassen das im Ausland machen.*

Sie können immer einmal in eine Situation kommen, in der Sie schnell über Leben und Tod Ihres Hundes entscheiden müssen. Dann ist ein Tierarzt, dem Sie vertrauen und mit dem Sie sich in derartigen Fällen gut verständigen können, von großer Bedeutung.

Kliniken

In den letzten Jahren nennen sich immer mehr Tierarztpraxen »Klinik«. Das setzt ein Tierarztteam voraus, das vierundzwanzig Stunden lang am Tag erreichbar ist. In einer Klinik muss ständig die Möglichkeit der Notaufnahme und der Operation gegeben sein. Das hat natürlich Vorteile. Der Nachteil ist der oft riesige Patientenkreis und die Größe der Praxis. Nicht jedes Mal behandelt derselbe Arzt Ihren Hund, und das bedeutet, dass er ihn oftmals nur »aus der Karteikarte« kennt.

■ **Sie sollten** *auf jeden Fall die Telefonnummer der nächsten Tierklinik kennen.*

Vertrauen

Die endgültige Entscheidung beruht natürlich auf dem Vertrauen, das Sie zu Ihrem Tierarzt haben. Das ist genauso wie beim Hausarzt. Dazu gehört auch die persönliche Sympathie. Ihre Antipathie würde sich möglicherweise auf Ihren Hund übertragen, und er würde sich von vornherein von diesem Menschen nur ungern behandeln lassen. Suchen Sie also rechtzeitig nach einem Tierarzt, dem Sie vertrauen und der Ihnen sympathisch ist.

■ **Suchen Sie sich einen Tierarzt**, *dem Sie und Ihr Hund vertrauen.*

Kosten

MACHEN WIR EINMAL EINEN VERGLEICH: *Sie gehen zum Arzt, weil Sie ständig müde sind. Er untersucht Sie, nimmt Ihnen Blut ab und ordnet vielleicht eine Röntgenaufnahme an, weil er etwas an Ihrer Milz vermutet. Danach folgen eventuell noch eine Laparoskopie und eine Biopsie, um herauszufinden, was Ihnen fehlt. Ihr Arzt geht also Schritt für Schritt vor und kreist das Problem sozusagen ein. Erst dann kann er die Diagnose stellen.*

DEFINITION

Bei einer **Laparoskopie** *wird ein winziges optisches Gerät durch eine Sonde in den Körper eingeführt, mit dem man das Körperinnere betrachten kann. Bei der* **Biopsie** *wird eine kleine Gewebeprobe zur labortechnischen Diagnose entnommen.*

Und jetzt dieselbe Prozedur beim Tierarzt. Ihr Hund wirkt lethargisch. Ihr Tierarzt nimmt ihm Blut ab und bittet Sie, wegen des Ergebnisses gegen Abend anzurufen. Beim Verlassen der Praxis bezahlen Sie die Untersuchung und den Bluttest. Abends sagt der Tierarzt Ihnen, dass der Bluttest keine genaue Auskunft gegeben hat, er würde den Hund gern röntgen. Also wieder zum Tierarzt, röntgen, später vielleicht noch Ultraschall und eine weitere Spezialuntersuchung. Jedes Mal bezahlen, und zwar nicht wenig … Könnte Ihr Tierarzt die Diagnose nicht einfacher und billiger stellen?

Wie viel müssen Sie bezahlen?

Bei uns selbst akzeptieren wir Spezialuntersuchungen zur Diagnosestellung. Wir lassen das mit uns machen, denn meistens bezahlt es ja die Krankenkasse. Der Tierarzt hingegen muss sich ständig fragen lassen, warum er diese oder jene Untersuchung macht und warum die Diagnose so lang dauert und so viel kostet.

Viele Leute denken, Tierärzte verdienen unheimlich viel Geld, weil die Tierarztrechnungen oft so hoch sind. Das ist ein Irrtum. Verglichen mit anderen Berufen mit gleicher Ausbildung, verdienen Tierärzte eher schlecht.

Mancher Hundebesitzer ist geschockt, wenn ihm eine hohe Tierarztrechnung ins Haus flattert. Davor kann er sich schützen, indem er eine Tier-Krankenversicherung abschließt.

Tier-Krankenversicherung

Seit einigen Jahren wird wegen des höheren Aufkommens an Haustieren auch für diese eine Krankenversicherung angeboten. Damit sind zwar nicht die Routineuntersuchungen, wie sie vor einer Impfung durchgeführt werden, abgedeckt, aber zumindest ist es die Behandlung von üblichen Erkrankungen. Nicht abgedeckt sind meistens altersbedingte Erkrankungen, da sie als »natürlich« gelten. Prüfen Sie die Police sehr genau, bevor Sie eine solche Versicherung abschließen – sie ist nicht gerade billig!

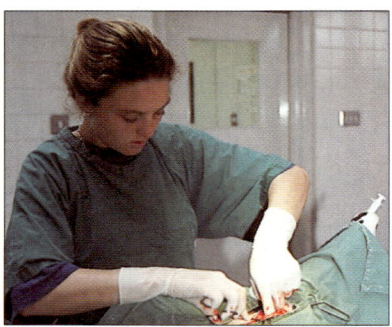

■ **Mit einer Tier-Kranken-versicherung** *können Sie sich vor hohen Tierarztkosten schützen.*

■ **Die Tierarztpraxis** *sollte hell und freundlich eingerichtet sein.*

INTERNET

www.animal-health-online.de

Nachrichten zur **Gesundheit** *vieler Tierarten:* **Medikamente, Gesetzgebung,** *Forschung ...*

Tier-Krankenversicherungen sind sehr teuer und werden vom Versicherer zudem nur unter bestimmten Bedingungen angenommen: Ihr Hund muss über ein tierärztliches Gesundheitszeugnis verfügen, aus dem hervorgeht, dass er keine Krankheiten oder körperlichen Anlagen hat, die später einmal Kosten verursachen könnten. Tiere werden nur bis zu einem gewissen Alter versichert, dann erlischt der Versicherungsschutz. Denn gerade die altersbedingten Krankheiten sind kostenintensiv.

Kurze Zusammenfassung

✔ Wählen Sie nur einen Tierarzt aus, zu dem Sie Vertrauen haben. Sie und und Ihr Hund müssen sich bei ihm wohl fühlen. Die Praxisräume sollten hell und freundlich eingerichtet sein.

✔ In kleinen Tierarztpraxen wird meistens ein breites Spektrum an Tieren behandelt. Erwarten Sie hier keine Spezialisten.

✔ Die Ausbildung zum Fachtierarzt erfordert nach dem normalen Studium noch einige Jahre spezielles Studium und Erfahrung.

✔ Fragen Sie Ihren Tierarzt alles, was Sie wissen möchten.

✔ Sie können eine Tier-Krankenversicherung abschließen oder ein Extrakonto für Notfälle einrichten.

■ **Ihr Tierarzt sollte** *mit Ihrem Hund gut zurechtkommen, dann kann er ihn viel einfacher behandeln.*

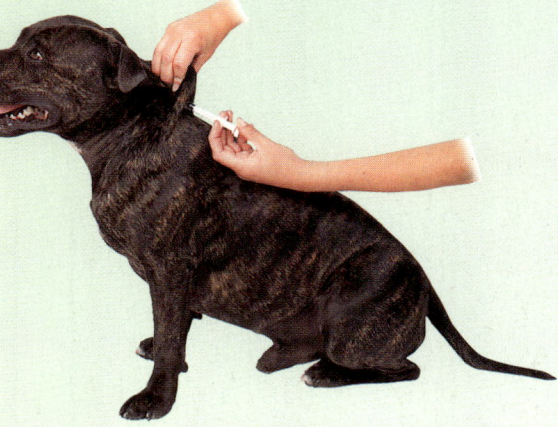

Kapitel 17

Vorsorge

DAS ALTE SPRICHWORT »VORBEUGEN IST BESSER ALS HEILEN« TRIFFT ZU. Planen Sie deshalb systematisch vorbeugende Maßnahmen gegen Parasiten, Würmer und ansteckende Krankheiten. Das geht heute ganz einfach. Die noch vor Jahrzehnten gebräuchlichen Mittel gegen innere und äußere Parasiten hatten nicht ungefährliche Nebenwirkungen. Diese sind durch die moderne Forschung fast völlig beseitigt worden.

Zur Vorsorge gehören auch Impfungen. Abgesehen von den üblichen Impfungen sollten Sie nach Impfungen fragen, die in der Gegend, in der Sie leben, wichtig sein könnten, z. B. gegen Tollwut und Borreliose.

In diesem Kapitel ...

✓ **Innere und äußere Parasiten**

✓ **Hautparasiten**

✓ **Flöhe sinnvoll bekämpfen**

✓ **Impfungen**

VORSORGE SCHÜTZT VOR ERKRANKUNGEN.

Innere und äußere Parasiten

DIE INNEREN PARASITEN des Hundes reichen von mikroskopisch kleinen Einzellern bis zu geradezu riesigen Bandwürmern. Heutzutage sind allerdings Wurmmittel erhältlich, die wirklich alle Würmer vernichten. Wenn Sie Genaueres wissen möchten, können Sie es hier nachlesen. Ansonsten halten Sie sich einfach an die Anweisungen Ihres Tierarztes oder an die Produktinformationen auf den Beipackzetteln der einzelnen Wurmmittel.

■ **Rundwürmer** *werden durch die Muttermilch von der Mutter auf die Welpen übertragen.*

INFEKTIONSZYKLUS

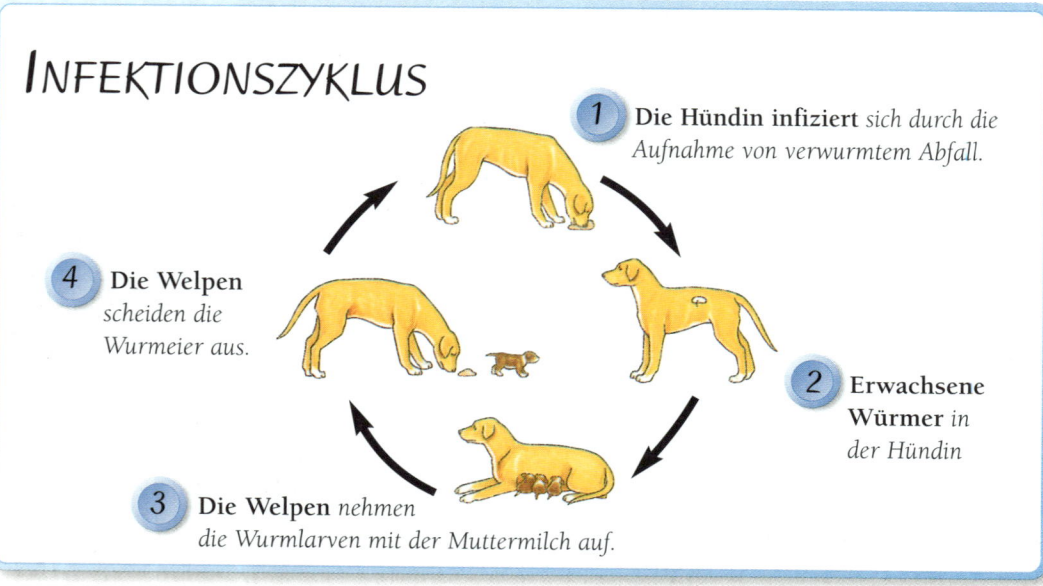

1 **Die Hündin infiziert** *sich durch die Aufnahme von verwurmtem Abfall.*

2 **Erwachsene Würmer** *in der Hündin*

3 **Die Welpen** *nehmen die Wurmlarven mit der Muttermilch auf.*

4 **Die Welpen** *scheiden die Wurmeier aus.*

BEKÄMPFUNG INNERER PARASITEN

PARASITEN	INFEKTIONSHERD	SYMPTOME	BEHANDLUNG
Rundwürmer	Werden von der Mutter im Mutterleib auf die Welpen übertragen.	Extrem aufgeblähter Bauch	Hündinnen während der Trächtigkeit mehrfach entwurmen. Welpen ab der 2. Lebenswoche. Nach Anweisung des Tierarztes.
Hakenwürmer	Eine Art (Uncinaria) lebt in kälterem Klima. Die Eier werden durch Lecken aufgenommen. Die andere Spezies (Ancylostoma) tritt in wärmerem Klima auf und wird durch die Muttermilch oder durch Larven übertragen, die sich durch die Haut bohren.	Gewichtsverlust, Blut im Stuhl, Hautentzündung im Bereich des Bauches und der Pfoten	Hündinnen und Welpen regelmäßig entwurmen und desinfizieren, klinisch sauber halten.
Peitschen	Im schattigen Gebieten können die Wurmeier jahrelang überleben.	In ernsten Fällen ist der Hund apathisch und magert ab. Bauchschmerzen und Krämpfe, Durchfall.	Die Umgebung muss gründlich desinfiziert und der Hund entwurmt werden.

■ **Peitschenwurm-Eier** *können in schattigen Bereichen jahrelang überleben.*

BEKÄMPFUNG INNERER PARASITEN

PARASITEN	INFEKTIONSHERD	SYMPTOME	BEHANDLUNG
Bandwürmer	Der verbreitetste (Dipylidium caninum) wird durch das Fressen infizierter Fliegen übertragen. Auch verfüttern von ungekochten Innereien. Bestimmtes Fleisch, wie beispielsweise Schaffleisch.	Kaum sichtbar, höchstens Ausscheidungen von einzelnen Wurmsegmenten im Kot, die wie Reiskörner aussehen.	Nach Anweisung des Tierarztes entwurmen. Kontakt mit tierischen und ungekochten tierischen Innereien vermeiden.
Giardia	Mikroskopisch kleine Einzeller, die in infiziertem Wasser leben.	Durchfall, auch mit Blut und Bauchschmerzen. Wird oft nicht erkannt. Entfernen, da der Zyklus sonst von vorn beginnen könnte.	Wasser abkochen. Nach Anweisung des Tierarztes entwurmen und alle Exkremente entfernen, da der Kreislauf sonst von vorn beginnen könnte.
Herzwürmer	Die Eier dringen durch Fliegenbisse in die Haut ein und entwickeln sich zu großen Würmern, die im Herzen leben.	Husten und Abmagerung treten erst im späten Stadium auf.	Gründliche, regelmäßige Entwurmung. Hunde, die viel im Freien sind, sind besonders gefährdet.

■ **Hunde können Hakenwürmer** *aufnehmen, wenn sie ihr Fell im Bereich des Bauchs und der Pfoten lecken.*

Häufig und gefährlich: Rundwürmer

Die Eier des Rundwurms können auch auf Menschen übertragen werden. Besonders gefährdet sind Kinder, wenn sie im Schmutz spielen (der infiziert sein könnte) und dann ihre Finger in den Mund stecken.

Die Larven wandern durch den Körper – manchmal bis in die Augen – und hinterlassen dort blutige Wunden. Rundwürmer rufen bei Kindern auch Allergien und Asthma hervor. Füchse, Kojoten und Wölfe haben dieselben Rundwürmer.

■ **Rundwürmer sehen** *wir kleine Erdwürmer aus. Sie leben im Magen des Gastwirtes und werden etwa 10 cm lang.*

■ **Entfernen Sie verseuchten Kot,** *damit sich andere Hunde nicht infizieren können.*

RUNDWÜRMER

1. Entwurmen Sie Ihren Hund regelmäßig mit einem Wurmmittel vom Tierarzt.

2. Trächtige Hündinnen sollten nach Anweisung des Tierarztes entwurmt werden.

3. Nach Cortisongaben sollten Sie Ihren Hund ebenfalls entwurmen, denn dadurch wurde das Immunsystem angegriffen.

4. Bei bestimmten regionalen Risiken (Fuchsbandwurm, Dasseln) sollten Sie Ihren Hund regelmäßig nach Anweisung des Tierarztes entwurmen.

5. Entfernen Sie nach einer Wurmkur den verseuchten Kot, und unterbrechen Sie so den Kreislauf.

6. Ermahnen Sie Ihre Kinder, immer die Hände zu waschen, wenn sie mit dem Hund gespielt haben.

Gefährlich auch für Menschen: Der Bandwurm

Die meisten Bandwurm-Erkrankungen sind für Menschen ungefährlich. Nur ein Bandwurm-Typ, der Echinococcus multilocularis, kann ernsthafte Erkrankungen beim Menschen hervorrufen. Die Hunde infizieren sich, wenn sie tote Nagetiere fressen oder mit dem Kot von Wildtieren, die infiziert sind, in Kontakt kommen. Wenn sich die Tiere infizieren, legt der Bandwurm in ihnen Eier, welche die Tiere wiederum ausscheiden. Diese Bandwurmeier können andere Tiere direkt infizieren und sind so klein, dass man sie nicht sehen kann. Bei Hunden ist der Bandwurm relativ ungefährlich, bei Menschen aber kann er ernsthafte Lebererkrankungen hervorrufen und auch andere Organe befallen.

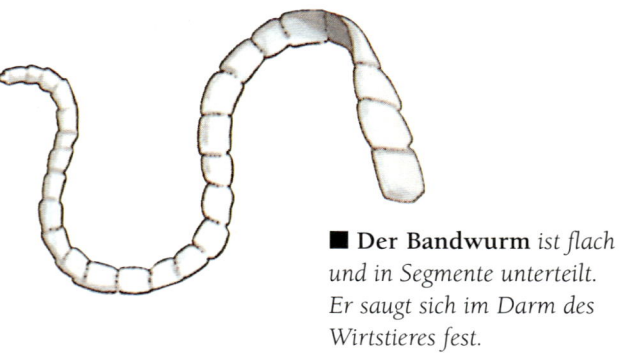

■ **Der Bandwurm** ist flach und in Segmente unterteilt. Er saugt sich im Darm des Wirtstieres fest.

Übrigens …

Wenn Ihr Hund seinen After am Boden oder am Gras entlangdrückt, hat er selten Würmer. Vielmehr sind meist seine Analdrüsen blockiert. Diese Drüsen enthalten eine für Hunde informationsgeladene (für uns unangenehm riechende) Flüssigkeit. Jedes Mal, wenn der Hund kotet, fließen einige Tropfen in den Kot. Größere Hunde lecken sich die Analdrüsen frei, wenn sie blockiert sind, während kleinere und dickere Hunde über den Boden rutschen. In diesem Fall sollten Sie den Tierarzt aufsuchen.

BANDWÜRMER

1 Erlauben Sie Ihrem Hund niemals, tote Tiere zu fressen.

2 Leinen Sie Ihren Hund überall dort an, wo tote Nagetiere herumliegen könnten.

3 Ermahnen Sie Ihre Kinder, sich stets die Hände zu waschen, wenn sie mit Hunden gespielt haben, die sie nicht gut kennen.

4 Entwurmen Sie Ihren Hund ggf. alle sechs Wochen mit einem entsprechenden Wurmmittel, das Sie von Ihrem Tierarzt erhalten.

Hautparasiten

NEBEN INNEREN PARASITEN leiden Hunde oft auch unter äußeren Parasiten, den Hautparasiten. Heute gibt es allerdings hervorragende Mittel, die Hautparasiten verhindern bzw. vernichten. Wenn Sie Näheres wissen wollen, können Sie hier nachlesen. Sonst folgen Sie einfach der Anweisung Ihres Tierarztes und geben dem Hund das von jenem empfohlene Mittel.

BEHANDLUNG VON HAUTPARASITEN

PARASITEN	INFEKTIONSHERD	SYMPTOME	BEHANDLUNG
Flöhe	Flöhe werden durch Körperwärme aktiviert. Es sind saugende Insekten, die auf die Hunde springen. Den Rest ihres Lebens verbringen sie damit, Eier zu produzieren. Flöhe gibt es praktisch überall.	Flöhe nisten in fast jedem Hundefell. Achten Sie auf kleine schwarze Pünktchen auf der Haut, besonders am Rumpf.	Es gibt viele vorbeugende und bekämpfende Medikamente. Behandeln Sie alle Hunde und Katzen im Haus, und verwenden Sie ein spezielles Insektizid.
Zecken	Sie warten im hohen Gras auf einen Schatten, eine Vibration, einen winzigen Temperaturanstieg, der ihnen sagt, dass ein Wirtstier kommt. Die Zecke springt den Hund an, bohrt ihr Beißwerkzeug in dessen Haut und saugt sein Blut. Zecken sind hoch gefährlich, denn sie können Hirnhautentzündungs- und Borrelioseerreger übertragen.	Zecken werden sehr dick wenn sie sich vollgesaugt haben.	Es gibt Zeckenzangen, mit denen man Zecken vollständiges entfernen kann. Das ist wichtig, denn wenn der Kopf im Wirtstier bleibt, kann es zu schweren Krankheiten kommen.

HAUTPARASITEN

PARASITEN	INFEKTIONSHERD	SYMPTOME	BEHANDLUNG
Milben	Ohrmilben werden von anderen Hunden übertragen, oft von der Mutter. Sie sind meist nachtaktiv.	Hunde mit Milben produzieren Ohrenschmalz. Oft fallen dabei die Haare an den Ohren aus.	Ohrentropfen vom Tierarzt.
	Demodex-Milben werden von der Muter übertragen und sind besonders problematisch bei Hunden mit Immunsystemschwächen.	Ohrmilben sind stark juckend und befallen meist die Ohrspitzen oder die Ellenbogen.	Zum Tierarzt gehen.
	Cheyletiella-Milben befallen meistens Welpen, die durch die Mutter infiziert werden.	Sie verursachen eine dicke Schuppenbildung, oft mit Juckreiz verbunden.	Lassen sich mit einem Flohspray leicht bekämpfen.
Läuse	Hundeläuse sind genauso groß wie Menschenläuse. Man findet sie meist unter unhygienischen Verhältnissen. Die Läuse legen ihre Eier – die Nissen – meist in Hundehaare.	Sie verursachen Juckreiz und führen bei starkem Befall zu Blutverlust und Anämie.	Gegen Läuse helfen Antiflohsprays.

■ **Beim Bürsten** *überprüfen Sie, ob Ihr Hund Flöhe hat.*

Eine Gefahr auch für Menschen: Flöhe

Flöhe befallen Hunde, Katzen und leider auch uns Menschen. Verringern Sie dieses Risiko, indem Sie Ihren Hund oder Ihre Katze mit einem wirksamen Flohmittel behandeln. Fragen Sie Ihren Tierarzt danach.

Teebaumöl ist in seiner Reinform für Hunde gefährlich, für kleine Hunde kann es sogar tödlich sein. Es gibt aber Verdünnungen speziell für Hunde, die eine ausgezeichnete antibakterielle und antifungizide Wirkung haben — nur gegen Flöhe wirken sie nicht.

Cheyletiella
Hoch ansteckend. Verursacht starke Schuppenbildung.

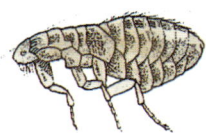

Flöhe
Die kleinen Insekten bewegen sich sehr schnell durchs Fell. Sie befallen Welpen ebenso wie erwachsene Hunde.

Demodex
Diese Milbe lebt in Haarmolekülen und ist nur unter dem Mikroskop sichtbar.

Läuse
Diese gut sichtbaren Parasiten ernähren sich von der Haut und legen ihre Eier in die Haare des Wirtstieres.

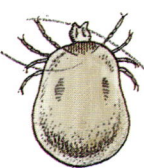

Herbstgrasmilbe
Im Herbst als roter Punkt sichtbar.

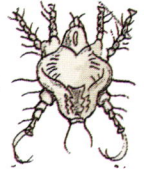

Zecken
Können erbsengroß werden und übertragen Hirnhautentzündungs- und Borrelioseerreger.

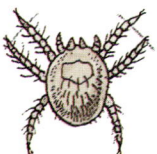

Ohrmilbe
Diese kleine Milbe lebt im und am Ohr sowie am Ellenbogen und juckt stark.

■ **Flöhe, Läuse und Milben** *werden oft miteinander verwechselt, weil sie tatsächlich schwer auseinander zu halten sind.*

Flöhe sinnvoll bekämpfen

EIN PAAR WORTE ZU FLOHPUDER, Flohhalsbändern, Flohshampoos, Flohsprays und Flohanhängern: Vieles davon ist einfach wirkungslos, oder es wirkt, ist für Ihren Hund aber schädlich.

Puder

Flohpuder sind gefährlich. Ich benutze sie nicht. Wenn Sie Flohpuder benutzen, sollten Sie nur pyrethrinhaltige Puder verwenden. Das ist für Hunde relativ ungefährlich, für Flöhe aber giftig.

Flohhalsbänder

Flohhalsbänder sind eigentlich überholt. Man legt sie dem Hund um den Hals – und die empfindlichen Flöhe weichen auf den Rumpf aus. Viele Hunde reagieren allergisch auf Flohhalsbänder. Vermeiden Sie Flohhalsbänder mit Organophosphaten.

Shampoos

Pyrethrinhaltige Flohshampoos sind hochwirksam. Damit können Sie Ihren Hund von der Flohplage befreien und zugleich seine Haut säubern. Kaufen Sie das Shampoo beim Tierarzt. Ein neuer Flohbefall ist dadurch allerdings nicht ausgeschlossen.

Sprays

Ich benutze Pumpsprays, die die Flöhe abtöten, für den Hund aber ungefährlich sind. Achten Sie beim Sprühen darauf, dass weder Sie noch der Hund etwas in die Augen bekommen. Die haushaltsüblichen Insektensprays verhindern in der Umgebung des Hundes übrigens, dass sich Floheier zu erwachsenen Flöhen ausbilden können.

■ **Bevor Sie Ihren Hund** *ein-sprayen, sollten Sie ihn kämmen.*

■ **Benutzen Sie ein Pumpspray,** *besprühen Sie die Augen jedoch nicht.*

■ **Sprühen Sie Flohspray** *auch unters Kinn. Damit halten Sie die Flöhe vom Maul fern.*

Dips

Vergessen Sie die kleinen altmodischen Flohdips. Sie sind ihr Geld nicht wert.

Aufträufelbare Flohmittel (Spot-ons)

Korrekt auf die Haut im Nackenbereich angebrachte Spot-ons sind sehr wirkungsvoll – allerdings nur dann, wenn das Produkt tatsächlich Hautkontakt bekommt und sich über die Hautfläche verteilen kann. Wenn es im Haar hängen bleibt, wirkt es nicht.

Es gibt aber auch moderne Produkte, die die Flöhe nicht abtöten, sondern im Hundefell sterilisieren. Solange Ihr Hund nicht allergisch darauf reagiert, ist das eine hervorragende Art, die Flöhe an ihm und in seiner Umgebung zu eliminieren. Wenn Ihr Hund eine Allergie gegen Flohbisse hat, sollten Sie jedoch ein Produkt wählen, das die kleinen Plagegeister sofort abtötet.

ALTERNATIVEN ZUR FLOHKONTROLLE

Fliegen legen ihre Eier auch in der Umgebung des Hundes ab. Es gibt spezielle natriumhaltige Flohsprays, mit denen Sie die Liegefläche usw. Ihres Hundes einsprühen sollten. Erkundigen Sie sich vor der Benutzung derartiger Sprays aber ausführlich bei Ihrem Tierarzt und Ihrem Hautarzt über die Verträglichkeit dieser Mittel für Mensch und Tier.

1. Kleine, spezielle Duftkissen, die man unter die Liegefläche des Hundes legt, vertreiben Flöhe (aber keine Eier). Das Ergebnis ist unbefriedigend.

2. Es gibt Flohhalsbänder, die Ultraschallwellen abgeben, aber diese sind selbst in den USA noch nicht vollständig ausgetestet.

3. Über verschiedene Umweltorganisationen kann man Nematoden beziehen, die die Parasiten zumindest im Garten beseitigen.

4. Das Füttern von Knoblauch oder der Versuch, dem Hund eine Knoblauchzwiebel umzuhängen, ist zwar modern und hält vielleicht Vampire fern, Flöhe aber nicht. Flöhe lieben Knoblauch!

273

Impfungen

WENN SIE AN EINZELHEITEN NICHT INTERESSIERT SIND, sollten sie die folgenden Zeilen einfach überlesen und sich an die Anweisungen Ihres Tierarztes halten, wann Ihr Hund mit welchem Mittel geimpft werden muss. Regelmäßige Impfungen sind notwendig, Zeitpunkt und Impfstoff variieren jedoch von Tier zu Tier. Manche Leute halten Impfungen aber auch für schädlich. Deshalb empfehle ich Ihnen doch, das Nachfolgende zu lesen und dann zu entscheiden, welche Impfungen Sie wann vornehmen lassen.

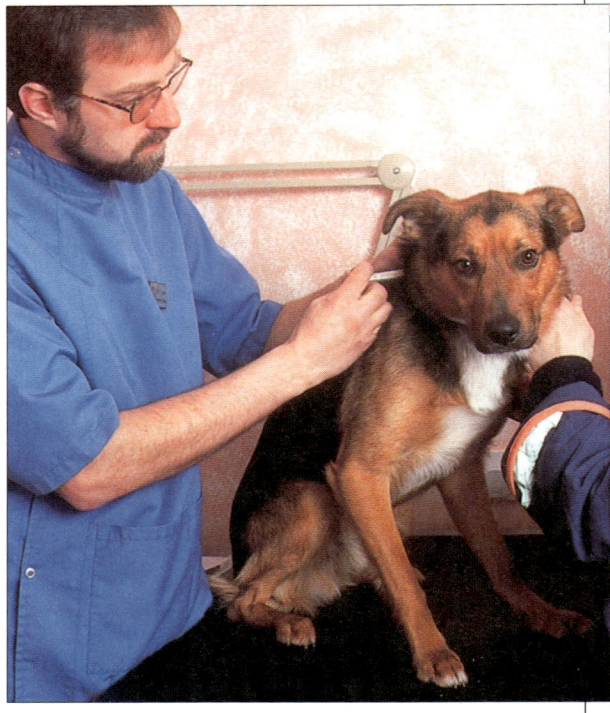

■ **Erarbeiten Sie mit Ihrem Tierarzt** einen individuellen Impfplan für Ihren Hund.

So wirken Impfstoffe

Impfstoffe enthalten Bakterien oder Viren, die so verändert wurden, dass sie nicht krank machen, das Immunsystem des Körpers jedoch genau gegen diese Krankheit aktivieren. Wenn ein Hund also gegen Staupe geimpft wird, produzieren seine weißen Blutzellen Antikörper gegen Staupe. Antikörper sind in der Lage, Krankheiten abzuwehren.

Übrigens ...

In den sechziger Jahren war Staupe noch ein echtes Problem. Dank effektiver Impfstoffe ist die Staupe heute fast verschwunden. Das bedeutet jedoch keinesfalls, dass die Krankheit ausgerottet ist. Hundebesitzer in Finnland machten in den neunziger Jahren den Fehler, das zu glauben. Im Laufe der vorangegangenen Jahre war Staupe dank Routineimpfungen so selten geworden, dass die meisten Hundebesitzer nicht mehr impften. Sozusagen »von gleich auf jetzt« brach die Staupe aus und tötete fast alle Hunde, die nicht geimpft waren. Die geimpften Hunde dagegen blieben gesund.

Wie lange hält der Impfschutz an?

Das ist von Impfstoff zu Impfstoff unterschiedlich. Sprechen Sie also mit Ihrem Tierarzt ab, wann Sie Ihren Hund wogegen impfen lassen, und bedenken Sie dabei auch kombinierte Impfstoffe.

Achten Sie auf Tollwutwarnungen in der örtlichen Presse, wenn Ihr Hund noch nicht geimpft ist. Lassen Sie Ihren Hund dann sofort impfen! Bei Tollwutverdacht greifen die Behörden streng durch: Wenn Ihr Hund von einem tollwutverdächtigen Tier gebissen wurde oder auch nur in Kontakt mit ihm kam, wird er vermutlich von Amts wegen eingeschläfert.

Eine Lektion aus Finnland

Der massive Staupeausbruch in Finnland bewies, wie lange Staupeimpfungen wirksam sind – nämlich drei bis vier Jahre. Die Forschungen zur Wirkungsdauer der Impfstoffe bei Hunden dauern noch an – Genaues kann man nicht sagen. Bei Katzen weiß man, dass der entsprechende Impfstoff gegen den Parvovirus (das ist die Staupe bei Katzen) weit länger als zwei Jahre wirkt.

■ **Egal, wie Sie zu Impfungen stehen:** *Gegen Tollwut sollte Ihr Hund auf jeden Fall geimpft sein!*

INTERNET

www.hundezeitung.de/ medizin

Aktuelle Gesundheitsthemen von der Frage der richtigen Entwurmung, den richtigen Impfungen bis hin zu jahreszeitlich bedingten Erkrankungen werden hier detailliert und wissenschaftlich fundiert behandelt.

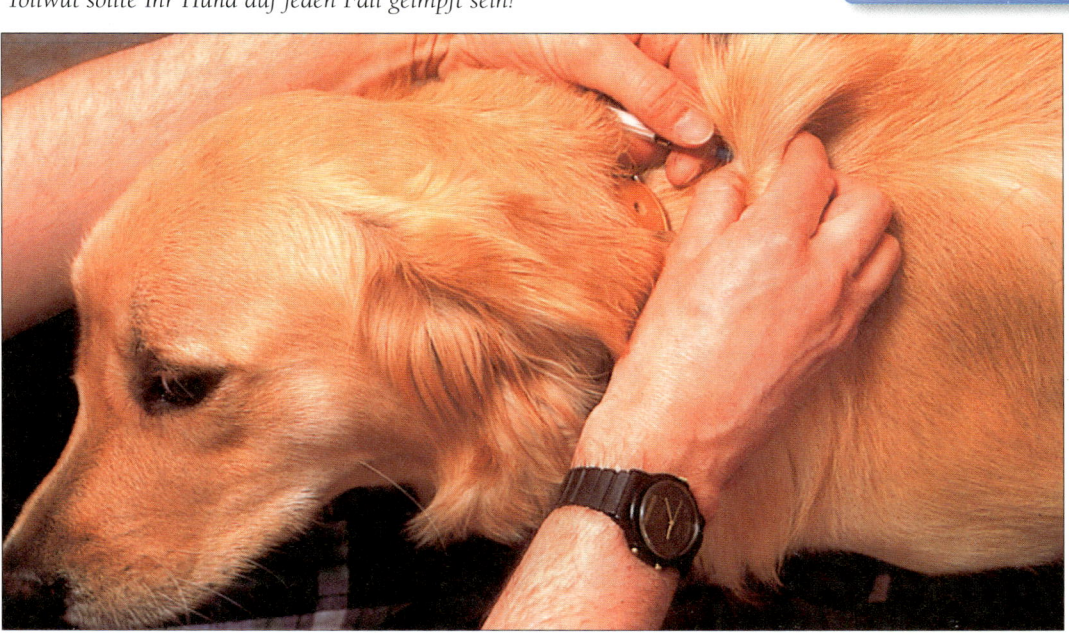

Impfen wir zu oft?

Da niemand weiß, wie lange **Impfstoffe** tatsächlich wirken, ist eine jährliche Impfung die vernünftigste Lösung. Sie wird von den meisten Tierärzten und Herstellern empfohlen. Es gibt aber auch Hersteller und tierärztliche Hochschulen, die zu bedenken geben, dass die ständige Impfung einen negativen Einfluss auf das Immunsystem des Hundes hat. Das ist besonders bei kombinierten Impfstoffen der Fall.

Die Universität Pennsylvania (USA) beispielsweise hat durch Erhebungen festgestellt, dass Erreger, die die roten Blutkörperchen im Körper attackieren, in dem Monat, der einer Impfung folgt, viel häufiger vorkommen als sonst im Leben eines Hundes. Als britische Wissenschaftler die Erhebung genauer analysierten, konnten sie allerdings keine Anhaltspunkte dafür finden.

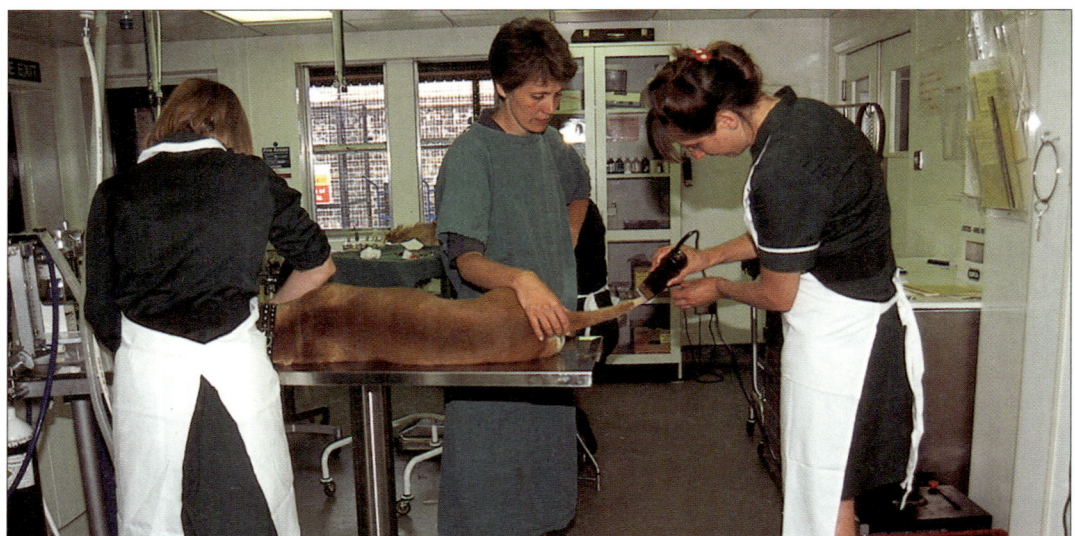

■ **Erleichtern Sie Ihrem Tierarzt die Arbeit,** *indem Sie Ihren Hund gründlich beobachten.*

■ **Manche Tierärzte sind der Meinung**, *dass zu häufiges Impfen das Immunsystem schädigt.*

Es gibt auch Studien, die den Verdacht erregen, dass zu häufige Impfungen zur Bildung von Antikörpern gegen die Schilddrüse führen. Die Schilddrüse ist für den Stoffwechsel im Körper verantwortlich. Diese Studien sind aber noch nicht abgeschlossen.

Auf jeden Fall sind sinnvolle Impfungen die beste Vorsorge für Ihren Hund. Ich empfehlen Ihnen die unten aufgeführten Impfungen gegen die wichtigsten vermeidbaren Erkrankungen. Es handelt sich dabei aber nur um Beispiele. Variieren Sie den Impfplan nach Ihren persönlichen Gegebenheiten, und lassen Sie sich dabei von Ihrem Tierarzt beraten.

■ **Welpen sollten** *ab einem Alter von drei Monaten gegen Tollwut geimpft werden.*

DIE GRUNDIMPFUNGEN

Dies sind die wichtigsten Impfungen für alle Welpen und erwachsenen Hunde. Zusätzliche Impfungen hängen von Ihrem Lebensstil und Ihrer Region ab.

KRANKHEIT	ZEITPUNKT DER IMPFUNG BEI WELPEN	ZEITPUNKT DER IMPFUNG BEI ERWACHSENEN HUNDEN
Tollwut	In Tollwutgebieten notfalls . im Alter von 8 Wochen, sonst mit 3 Monaten.	Alle 2 Jahre.
Parvovirus	Mit 8, 10 oder 12 Wochen, je nach Präparat.	Grundimmunisierung mit 15 Monaten, danach alle 3 Jahre.
Staupe / Hepatitis	Mit 8, 10 oder 12 Wochen, je nach Präparat.	Grundimmunisierung mit 15 Monaten, danach alle 3 Jahre.

ZUSÄTZLICHE IMPFUNGEN

Diese Impfungen sind nicht unbedingt notwendig, werden von vielen Züchtern bei Welpen aber vorgenommen.

KRANKHEIT	ZEITPUNKT DER IMPFUNG BEI WELPEN	ZEITPUNKT DER IMPFUNG BEI ERWACHSENEN HUNDEN
Parainfluenza	Mit 8, 10 oder 12 Wochen, je nach Präparat.	Grundimmunisierung mit 15 Monaten, danach alle 2 Jahre.
Leptospirose	Mit 8, 10 oder 12 Wochen, je nach Präparat.	Grundimmunisierung mit 15 Monaten, danach jedes Jahr.
Zwingerhusten	Etwa 1 Woche vor einer Ausstellung.	Grundimmunisierung mit 9 Monaten, falls notwendig.

Unfälle vermeiden

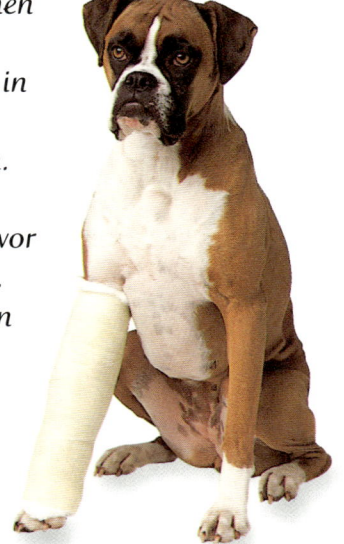

Als es in bewohnten Gebieten noch keinen gesetzlichen Leinenzwang gab, sah ich mindestens zwei- bis dreimal Hunde mit gebrochenen Beinen in meiner Praxis. Damals gehörte es zu meinen Hauptaufgaben, sie wieder zusammenzuflicken. Vermeiden Sie solche Unfälle, kontrollieren Sie Ihren Hund! Lassen Sie ihn nie von der Leine, bevor Sie ganz sicher sind, dass ihm nichts passieren kann. Lassen Sie ihn immer ein Namensschild tragen. Wenn er wirklich einmal verloren geht, können Sie ihn als Besitzer wenigstens ausfindig gemacht werden.

■ **Viele Beinbrüche** resultieren aus Verkehrsunfällen.

Mag sein, dass ich mich wiederhole: Aber seien Sie besonders aufmerksam, wenn Ihre Hündin läufig ist. Dann wird sie von ihren Trieben gesteuert und KANN einfach nicht gehorchen. Vermeiden Sie unerwünschten Nachwuchs!

Verhindern Sie *durch absoluten Leinenzwang, dass Ihre läufige Hündin streunt.*

■ **Wenn Ihre Hündin nicht kastriert ist**, *lassen Sie sie während der Läufigkeit niemals von der Leine.*

Kurze Zusammenfassung

✓ Hunde können von inneren Parasiten befallen werden, die man aber beseitigen kann.

✓ Rundwürmer und Bandwürmer können von Hunden auf Menschen übertragen werden.

✓ Hunde leiden unter Hautparasiten, die mit modernen Mitteln aber beseitigt werden können. Vermeiden Sie Gifte!

✓ Sprechen Sie mit Ihrem Tierarzt über Vorsorgemaßnahmen.

✓ Es besteht keine einhellige Meinung darüber, wie oft man Hunde impfen lassen soll und welche Impfungen wirklich notwendig sind. Am besten arbeiten Sie gemeinsam mit Ihrem Tierarzt einen individuellen Impfplan aus.

Kapitel 18

Gesunde Ernährung

GESUNDE ERNÄHRUNG BEDEUTET EINE AUSGEWOGENE ERNÄHRUNG aus Grundprodukten. So, wie sich Hunde im Laufe ihres Lebens verändern, verändern sich auch ihre Ansprüche an die Ernährung. Achten Sie darauf, dass Sie alters- und leistungsgerecht füttern.

In diesem Kapitel ...

✓ **Was Hunde brauchen**

✓ **Trockenfutter**

✓ **Feuchtfutter**

✓ **Selbst kochen**

✓ **Jeder Hund ist anders**

✓ **Fett vermeiden**

✓ **Spezielle Diäten**

EINE GESUNDE ERNÄHRUNG SIEHT MAN DEM HUND AN.

Was Hunde brauchen

Reden wir erst einmal vom Geschmack. Wir Menschen haben viel davon. Im Vergleich zu uns haben Hunde relativ wenig Geschmack. Wir Menschen sind soziale Esser. Wir laden unsere Freunde ein, um gemeinsam mit ihnen ein Essen zu genießen. Hunde hingegen teilen nicht. Sie fressen, was sie bekommen, und das schnell, bevor es ein anderer kriegt.

Die Grundnahrungsmittel

Fleisch, Fett und Knochen – das brauchen Hunde. Dieses Futter enthält alle essenziellen Aminosäuren, Fettsäuren, Vitamine und Mineralstoffe, die sie benötigen. Ballaststoffe sind nötig, um die Verdauung in Schwung zu bringen.

■ **Wer am schnellsten** *frisst, bekommt am meisten und wird der Stärkste – Hunde teilen nicht.*

Manche Hunde fressen ab und zu Gras, weil es ihnen schmeckt. Aber Gras, Wurzeln, Beeren und Gemüse sind keine vollwertige Nahrung für sie. Sie sind für Hunde selbst in gekochtem Zustand schwer verdaulich.

Was ist in der Dose?

Die wirklich guten Hersteller von Hundefutter benutzen nur Nahrungsmittel, die auch für den menschlichen Verbrauch geeignet sind. Bei sehr guten Markenprodukten werden feste Rezepturen benutzt, d. h. die Zusammensetzung der einzelnen Komponenten ist immer dieselbe. Bei der nächstniedrigen Preisklasse sind die Anteile von Rohproteinen, Rohfetten etc. immer gleich, während die Inhaltsstoffe variieren. Das zu wissen ist wichtig, wenn man einen Hund hat, der auf Futterwechsel empfindlich reagiert.

Ausgewogene Nahrung

Erst vor einigen Jahren fand man heraus, wie die wirklich ausgewogene Hundenahrung zusammengesetzt sein sollte. Die großen Hundefutterhersteller mit hochwertigen Produkten richten sich danach.

Im Verdauungsapparat Ihres Hundes gibt es ein fein ausgearbeitetes Ökosystem von rivalisierenden Bakterien. Diese sind dafür verantwortlich, dass das Futter gut verdaut wird. Sie tun aber weit mehr. Einige von ihnen schützen das Immunsystem des Hundes vor gefährlichen, fremden Bakterien. Hochwertige Hundefutter mit ausgeglichenen Inhaltsstoffen fördern die Bildung dieser Bakterien und reduzieren dadurch beispielsweise Bakterien, die Durchfall auslösen.

Futterdeklaration lesen

Es ist gesetzlich vorgeschrieben, dass auf jedem Hundefutterprodukt eine Futteranalyse vermerkt ist. Sie enthält die prozentuale Zusammensetzung der Grundstoffe Rohprotein, Fett, Ballaststoffe und Feuchtigkeit. Viele Hundebesitzer achten darauf, wie viel Rohprotein das Futter enthält, wissen aber nicht, in welchem Verhältnis die einzelnen Komponenten zueinander stehen sollten.

Um den Gehalt der einzelnen Komponenten beurteilen zu können, müssen Sie den Gehalt der so genannten »Trockenmasse« wissen. Die Trockenmasse ist das, was zurückbleibt, wenn das Wasser vollständig entfernt wurde. Ich zeige das hier einmal auf:

Rohproteine	7,5 %	Rohfett	5 %
Ballaststoffe	0,2 %	Feuchtigkeit	80 %

Dieses Futter besteht zu 80 % aus Feuchtigkeit, der Anteil der Trockenmasse beträgt also 20 %. Trockenfutter enthält meist ca. 10 % Feuchtigkeit und 90 % Trockenmasse.

Die richtigen Werte erhalten Sie durch folgende Rechnung:

7,5 x 100	=	750	x	20 %	=	37,5 %	
Rohprotein auf dem Etikett				Prozentgehalt der Trockenmasse		**Nährgehalt des Futters**	

Wenn man das Wasser nicht rechnet, hat dieses Futter also einen Proteingehalt von 35,7 %. Nur durch diese Rechnung kann man den Rohprotein- und den Fettgehalt unterschiedlicher Produkte miteinander vergleichen. Wenn Sie das nicht selbst ausrechnen möchten, fragen Sie beim Hersteller nach: Man wird Ihnen genau Auskunft geben.

■ **Frisches Wasser** *muss dem Hund immer zur Verfügung stehen.*

Trockenfutter

TROCKENFUTTER IST BEQUEM ZU FÜTTERN, da es alle Inhalts-stoffe enthält. Ich füttere es meiner Inca auch. Die Grundstoffe für das Futter wurden gekocht und dann unter Hochdruck getrocknet. Als Geschmacksträger enthält das Futter Fett, und Fett kann schnell ranzig werden. Also muss man Trockenfutter kühl, dunkel und trocken lagern.

MISCHFUTTER

WELPENFUTTER

HOCH ENERGIEHALTIGES FUTTER

SENIORENFUTTER

KALORIENREDUZIERTES FUTTER

STANDARDFUTTER

Konservierungsstoffe

Die sogenannten **Antioxidantien** sind hervorragende Konservierungsmittel. Vitamin C (Ascorbisäure) und Vitamin E (Tocopherol) sind die am häufigsten gebrauchten, aber man benutzt auch synthetische Konservierungsmittel. Da es sich für den Kunden besser anhört, wenn man natürliche Konservierungsmittel benutzt, haben viele Hersteller zu den Vitaminen C und E gewechselt. Besser als die synthetischen Konservierungsmittel sind diese aber auch nicht, zumal die natürlichen Konservierungsmittel nicht so lange halten wie die synthetischen.

Wenn Sie ein Trockenfutter mit natürlichen Konservierungsmitteln kaufen, sollten Sie es von einem erfahrenen Händler beziehen. Lagern Sie es kühl und trocken in einem verschlossenen Behälter.

> **DEFINITION**
>
> **Antioxidantien** sind Substanzen, die freie Radikale zerstören – Moleküle im Körper, die Zellmembranen angreifen. Sie sind also nicht nur gut als Konservierungs-mittel, sondern für den Hund allgemein.

Feuchtfutter

DOSENFUTTER UND TROCKENFUTTER hat in den letzten Jahrzehnten einen ungeheuren Aufschwung erfahren. Das durch Hitze sterilisierte und vakuumverpackte Dosenfutter verdirbt nicht. Deshalb müssen ihm keine Konservierungsstoffe zugegeben werden. Ich füttere es auch meiner alten Lex.

Vor- und Nachteile

Die meisten Dosenfutter sind in ihrer Zusammensetzung relativ ausgewogen. Nur selten muss man Trockenfutter ergänzen. Dosenfutter ist schmackhaft und leicht verdaulich, aber es befriedigt den Kautrieb nicht.

Nicht auf jeder Hundefutterdose steht, wie viele Kalorien das Futter enthält. Gehen Sie davon aus, dass eine normale Dose etwa 40 Kalorien enthält. Wenn dies nicht vermerkt ist, rufen Sie beim Hersteller an.

Übrigens ...

Wenn Sie einen Alaska Malamute oder einen Siberian Husky haben, sollten Sie nur erstklassiges Trockenfutter füttern. Manche Hunde dieser Rassen reagieren auf Zink mit schweren Allergien. Gerade bei minderwertigen Hundefutterprodukten wird manchmal Zink als Antioxidans genommen. (Manchmal findet man es aber auch in hochwertigem Futter. Prüfen Sie das, wenn Sie einen Hund dieser Rassen haben.)

Übrigens ...

Dass manche Hundefutterhersteller das Wort »natürlich« für ihre Produkte benutzen, hat nicht viel zu sagen. Heutzutage kann man fast alles als »natürlich« bezeichnen, da das Adjektiv »natürlich« in den gesetzlichen Vorschriften über Tiernahrung leider nicht genau definiert ist.

STERILISIERTER KNOCHEN **GEPRESSTER KAUKNOCHEN** **BALL**

KNOCHEN **BREZEL** **KAUSCHUH** **HAMBURGER**

■ **Wenn Sie Feuchtfutter füttern**, sollte Ihr Hund ausreichend Kauspielzeug zur Verfügung haben.

Selbst kochen

Ich liebe meine Hunde sehr, aber ich habe weder Zeit noch Lust, für sie zu kochen. Wenn Sie aber für Ihren Hund kochen wollen, sollten Sie daran denken, dass Muskelfleisch allein wenig Vitamin A und D und Calcium enthält.

Hunde fressen nicht nur Fleisch. Muskelfleisch als alleinige Nahrungsgrundlage enthält nicht alle lebensnotwendigen Nährstoffe. Hunde sind Allesfresser, sie mögen also fast alles. Hier ist ein Beispiel für eine selbst gekochte ausgewogene Mahlzeit für Ihren Hund.

INTERNET

www.hundezeitung.de/ratgeber

Ist das Beste tatsächlich gerade gut genug für den Hund? Oft ist es das nicht, denn Hunde haben spezielle Ernährungsbedürfnisse. Hier erfährt man, wie man sie befriedigen kann.

■ **Fleisch und Gemüse** *versorgen einen Hund mit allem, was er für eine ausgewogene Ernährung braucht.*

70 Gramm Huhn
28 Gramm Leber
140 Gramm ungekochter Reis
10 Gramm sterilisiertes Knochenmehl
Eine Prise Jodsalz
½ Teelöffel Sonnenblumenöl

Kochen Sie den Reis, das Knochenmehl, Salz und Öl in der doppelten Menge Wasser, und lassen Sie es etwa 20 Minuten auf kleiner Flamme kochen. Dann fügen Sie das Huhn und die Leber hinzu und kochen es weitere zehn Minuten. Vor dem Verfüttern lassen Sie es auskühlen. Diese Mahlzeit hat etwa 800 Kalorien – das ist die Tagesration für einen agilen 10-kg-Hund.

Die Trockenmasseanalyse dieser Mahlzeit bringt folgendes Ergebnis: 17 % Protein, 31 % Fett und 53 % Kohlehydrate.

■ **Sie sollten Ihrem Hund** *keinen Tofu verfüttern. Tofu fördert die Schleimbildung. Sie kann für manche Hunde tödlich sein.*

Das sollten Sie nicht verfüttern

Vermeiden Sie Tofu und andere Sojabohnenprodukte. Sie können für Hunde mit tiefer Brust wie für dänische Doggen oder Setter gefährlich werden. Tofu stimuliert die Schleimproduktion, die zu einer tödlichen Magenüberladung führen kann.

Übrigens ...

Wir mögen ja vielleicht Genussmittel brauchen – Hunde nicht. Schokolade in großen Mengen ist für Hunde sogar giftig.

Seien Sie auch mit Milchprodukten vorsichtig. Welpen produzieren zwar ein Enzym, das Milch verdaut, erwachsene Hunde aber nur in sehr geringem Maß. Viele Hunde reagieren auf Kuhmilch mit Durchfall.

Knochen?

Hunde lieben Knochen. Aber wie jeder Tierarzt habe ich schon viele Hunde operieren und ihnen Knochensplitter aus Magen und Darm entfernen müssen. Knochen sind auch der häufigste Grund für abgebrochene Zähne. Wenn Sie Ihrem Hund Knochen geben möchten (Knochen massieren das Zahnfleisch und reinigen die Zähne), fangen Sie damit beim Welpen an, damit er lernt, vernünftig damit umzugehen. Geben Sie ihm nur sehr harte Knochen (dicke Rinderknochen) und achten Sie darauf, dass er sie nicht zu besitzergreifend behandelt.

■ **Knochen können den Zähnen schaden**, *wenn die Hunde nicht von klein auf gelernt haben, wie sie zu knabbern sind.*

Katzenfutter

Wenn Sie eine Katze und einen kleinen Hund haben, wird Ihr Hund auch etwas vom Katzenfutter abbekommen wollen. Katzenfutter enthält sehr viel wohl schmeckendes Protein, weil Katzen mehr Protein brauchen als Hunde. Das Problem ist jedoch, dass allzu viel Protein für Ihren Hund ungesund ist. Wenn Sie also eine Katze haben, füttern Sie sie so, dass Ihr Hund deren Futter nicht klauen kann.

Vegetarische Ernährung

Hunde können eine gut ausgewogene, vegetarische Ernährung überleben – freiwillig würden sie sich aber nicht so ernähren. Vegetarismus ist eine ethische Entscheidung des Menschen. Wenn Sie wirklich meinen, dass Ihr Hund Ihre Entscheidung mittragen muss, sollten Sie sich mit Ihrem Tierarzt unterhalten, wie Sie das bewerkstelligen können. Bei Katzen sollten Sie den Versuch nicht wagen. Katzen brauchen Fleisch zum Leben und sterben bei vegetarischer Ernährung.

■ **Überlegen Sie es sich gut**, *bevor Sie Ihrem Hund eine rein vegetarische Ernährung antun!*

Jeder Hund ist anders

JEDER HUND HAT EIGENE Nahrungsbedürfnisse. Das hängt vom Alter und vom
Grad seiner Aktivität ab, ja sogar von der
Jahreszeit. Auch die Sexualität beeinflusst
den Nahrungsbedarf. Während einige Hunde
während der Zeit sexueller Erwartung völlig
appetitlos sind, brauchen andere in dieser
Zeit mehr Energie. Wie bei Menschen wird
das Fressverhalten von Hunden auch durch die
Eltern geprägt. Einige Hunde und sogar einige
Rassen werden allerdings ihren Anlagen nach
eher schlank oder dick.

■ **Sexualität, Aktivität und** *sogar
die Jahreszeiten beeinflussen das Fressverhalten. Danach sollte man sich richten.*

Der Energiebedarf des Hundes verändert sich im
Laufe seines Lebens. Der Bedarf steigt, wenn der Hund aktiver wird, und nimmt mit
zunehmendem Alter ab. Unten sehen Sie eine Tabelle mit Werten für unterschiedliches
Körpergewicht, Aktivitäten und Alter. Hunde, die in einem kühleren Klima leben,
brauchen etwas mehr Kalorien pro Tag, wenn sie sich viel im Freien aufhalten.

DURCHSCHNITTLICHER KALORIENVERBRAUCH FÜR VERSCHIEDENE HUNDE

Gewicht (kg)	4,5–11	12–23	24–44	45–66	67–88	89–110
Lebens-umstände	Kalorien					
Inaktiv	185–370	420–620	665–1040	1,080–1,410	1,445–1,750	1,780–2,070
Aktiv	210–420	480–705	775–1,180	1,225–1,600	1,640–1,990	2,025–2,350
Arbeitshund	295–590	675–990	1,065–1,665	1,725–2,255	2,310–2,800	2,850–3,310
Trächtig	220–440	505–740	800–1,250	1,295–1,690	1,735–2,100	2,140–2,480
Senior	150–300	345–505	545–850	885–1,155	1,180–1,430	1,460–1,690

Manche Hundebesitzer meinen, ältere Hunde bräuchten weniger Protein. Was sie jedoch
brauchen, ist hochwertiges, leicht verdauliches Protein.

Sexualität und Kalorien

Sexuelle Aktivität verbraucht Energie – nicht nur der eigentliche Geschlechtsakt. Rüden halten ständig Ausschau nach Hündinnen und verbrauchen dabei eine Menge Energie. Sexualität bedeutet auch viel Herumlaufen (manchmal sogar Streunen), mehr Beinheben, mehr territoriales Markieren und mehr Aggression.

Die weibliche und die männliche Sexualität beeinflussen auch den jeweiligen Stoffwechsel. Wenn die geschlechtsspezifischen Hormone durch Kastration verringert werden, haben viele Hunde die Tendenz, fett zu werden – oft auch mit zunehmendem Alter. Dabei ist die Gewichtszunahme nach der Kastration einfach zu verhindern.

Wenn Ihr Hund kastriert werden soll, sollte er möglichst normalgewichtig sein. Nach der Kastration reduzieren Sie die Futtermenge um 20 %. So wird Ihr Hund sein Gewicht halten. Wenn er abnimmt, müssen Sie entsprechend mehr füttern.

Trächtigkeit

Trächtige Hündinnen brauchen in der letzten Phase der Trächtigkeit kaum mehr Futter. In den letzten vier Wochen der neunwöchigen Trächtigkeit sollte man die Futtermenge wöchentlich um 10 % erhöhen. Nach der Geburt jedoch braucht die Hündin wegen der Milchbildung wesentlich mehr

■ **Säugende Hündinnen** *haben einen enormen Energiebedarf.*

Energie. Die Muttermilch der Hündin enthält 40 % mehr Energie als Kuhmilch. Auf der Höhe der Laktation braucht sie dreimal täglich Futter. Selbst wenn die Welpen nicht mehr so viel trinken, ist der Stoffwechsel der Mutter noch immer so auf Hochtouren, dass sie bis zu 50 % mehr Kalorien braucht, um ihre frühere Kondition wieder zu erreichen.

Wer arbeitet, braucht mehr

Ist Ihr Hund ein Sportler? Manche Hunde sind regelrechte Hochleistungssportler und »trainieren« bis zur Erschöpfung. Sie verbrauchen mehr Energie als normale Hunde. In Untersuchungen über den Kalorienverbrauch arbeitender Hunde fand man heraus, dass Hüte- und Schutzhunde einen 1,5- bis 2,5-mal höheren Kalorienverbrauch als »normale« Hunde haben, Rennhunde noch mehr. Ein Husky in einer Großstadt braucht etwa 2000 Kalorien pro Tag, ein arbeitender Husky in Alaska etwa 10000 Kalorien.

■ **Auch nach dem Absetzen** *der Welpen braucht die Hündin noch 50 % mehr Futter.*

Fett vermeiden

ICH SELBST HABE NOCH KEINEN halb verhungerten Hund gesehen, selbst dünne Hunde sind in der westlichen Welt selten. Nur ein kleiner Teil meiner Patienten hat sein Idealgewicht. Die meisten sind übergewichtig oder gar fettleibig. Die Besitzer dieser Hunde achten zwar darauf, selbst möglichst fettarm zu leben, die Fettleibigkeit ihrer Hunde übersehen sie aber. So können Sie die Kondition Ihres Hundes abschätzen:

KONDITION UND ERSCHEINUNGSBILD

STARK UNTERGEWICHTIG

- Rippen sind deutlich zu sehen, kein Fett
- Eingefallener Rumpf
- Knochen am Schwanzende stehen hervor, kein Fleisch zwischen Haut und Knochen
- Kein tastbares Fett am Rumpf

DÜNN

- Die Rippen können leicht ertastet werden, wenig Fett
- Taille hinter den Rippen überdeutlich
- Knochen mit wenig Fett, am Schwanzende erkennbar
- Kaum Fett am Rumpf

IDEAL

- Wenig Fett auf den Rippen
- Taille hinter den Rippen erkennbar
- Knochen am Schwanzende von einer leichten Fettschicht bedeckt
- Wenig Fett am Rumpf

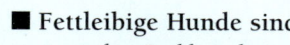

ÜBERGEWICHTIG

- Rippen kaum ertastbar, mit Fett bedeckt
- Taille kaum erkennbar
- Knochen am Schwanzende liegen unter einer Fettschicht
- Mäßige Fettschicht am Rumpf

FETTLEIBIG

- Rippen nicht ertastbar, von dickem Fett bedeckt
- Keine Taille, Rumpf tonnenförmig
- Knochen am Schwanzende durch das Fett kaum ertastbar
- Dicke Fettschicht auf dem Rumpf

■ **Fettleibige Hunde sind** ein typisches Problem der westlichen Welt. Halten Sie sich an die empfohlenen Futtermengen.

Kalorien zählen

Für viele von uns gehört das Kalorienzählen zum Alltag. Den Kalorien-gehalt eines Hundefutters herauszubekommen, ist allerdings manchmal schwierig. Man kann davon ausgehen, dass kalorien-reduziertes Futter etwa 15 bis 25 % weniger Kalorien enthält als das Standardfutter derselben Firma. Dazu muss man aber erst einmal wissen, wie viele Kalorien dieses hat.

Diäten

Wenn Sie der Fettleibigkeit Ihres Hundes beikommen wollen, müssen Sie zu-nächst feststellen, was er frisst. Das hört sich einfach an, aber denken Sie einmal an all die kleinen Snacks, die Sie ihm zwischendurch geben. Füttern Sie ab jetzt wenig fetthaltiges, ballastreiches Futter. Das hat weniger Kalorien. Verschaffen Sie Ihrem Hund mehr Bewegung, und vermeiden Sie in jedem Fall Crash-Diäten: Diese kurbeln den Stoffwechsel Ihres Hundes nur an und bringen gar nichts.

Während der ersten Diätwoche müssen Sie stark sein: Ihr Hund wird Ihnen überall auflauern und Sie wie ein verhungerndes Waisenkind ansehen. Widerstehenden Sie den »hungrigen« Bettelblicken, und lassen Sie sich auch nicht von traurig herabhängenden Ohren, bittend übereinander gelegten Pfoten und ähnlich miesen Tricks erweichen: keine Snacks!

■ **Diesmal bleiben Sie hart**: *Keine Belohnung für das Schüsselbringen!*

GEBOREN, UM DICK ZU SEIN

Wie bei Menschen gibt es auch bei Hunden dicke Familien. Die Kondition des Hundes wird zwar eher durch sein Futter bestimmt als durch genetische Faktoren, allerdings gibt es Rassen, die zum Dicksein neigen. Achten Sie bei diesen Rassen be-sonders auf eine ausgewogene, kalorienarme Ernährung. Zu diesen Rassen gehören:

Bernhardiner • Basset • Beagle • Cairn Terrier • Spaniel • Collie • Dachshund • Labrador Retriever • Spitz • Mops

Spezielle Diäten

ES GIBT EINE DERARTIGE VIELZAHL an Hundefuttervarianten auf dem Markt, dass es vermutlich leichter ist, einen Hund ausgewogen zu ernähren als sich selbst. Da gibt es normales Welpenfutter, Welpenfutter für schnellwüchsige Rassen, hoch energiehaltiges Futter für Arbeitshunde, kalorienreduziertes Futter für übergewichtige Hunde, extra nährstoffreiches Futter für Hunde, die nach einer Krankheit wieder aufgebaut werden müssen, Spezialfutter mit besonders ausgeglichenen Komponenten für Hunde mit allergischen Hautproblemen usw. Die großen Hersteller stellen darüber hinaus noch Spezialfutter her, das über den Tierarzt bezogen werden kann. Da gibt es Futter für Hunde mit Blasen- oder Nierenproblemen, für herzkranke Hunde, Hunde mit Leberschäden und allergischen Hautreaktionen usw. Dieses Futter ist nicht billig, aber es ist auf die jeweiligen Krankheiten abgestimmt und für einen wirklich kranken Hund sicher sinnvoll.

Die »ursprüngliche« Nahrung des Menschen bestand aus rohem Fleisch, Würmern, Wurzeln, Beeren und Insekten. Aber irgendwann haben wir herausgefunden, dass gekochte Nahrung besser schmeckt. Mit Hunden ist es ähnlich. Im Grunde brauchen Hunde kein rohes Fleisch, obwohl ein Stück rohes Suppenfleisch ab und an eine Delikatesse für sie ist. Dennoch sollte das Risiko der bakteriellen Infektion und in manchen Gegenden auch der Parasiten nicht unterschätzt werden.

■ **Huhn ist leicht verdaulich** *und enthält weniger Kalorien als rotes Fleisch.*

■ **Reis ist leicht verdaulich** *und in Kombination mit Huhn eine hervorragende Nahrung für genesende Hunde.*

■ **Wenn Sie Fisch füttern,** *müssen Sie vorher alle Gräten entfernen.*

Kurze Zusammenfassung

✓ Die Ernährung des Hundes sollte auf Fleisch basieren, er braucht aber auch andere Nährstoffe.

✓ Hochwertiges Hundefutter besteht aus Inhaltsstoffen, die menschlicher Nahrung entsprechen. Fertigfutter muss nach einer festen Rezeptur hergestellt werden.

✓ Durch den Feuchtigkeitsgehalt des Futters kann man den Nährwert einzelner Produkte nur schwer miteinander vergleichen. Sie müssen dazu die Werte der Trockenmasse berechnen.

✓ Jeder Hund hat einen individuellen Kalorienbedarf, den Sie kennen sollten. Denn nur durch individuelle Fütterung können Sie Ihren Hund gesund erhalten. Benutzen Sie die Herstellerempfehlungen als Richtlinie, und variieren Sie sie nach den Bedürfnissen Ihres Hundes.

✓ Antioxidantien als Konservierungsmittel wirken nicht so lange wie synthetische Konservierungsmittel.

✓ Fettleibigkeit ist bei Hunden ein häufig vorkommendes Problem. Um dem vorzubeugen, sollten Sie hochwertige Produkte in geringen Mengen füttern und die Mengen sofort reduzieren, wenn der Hund zu dick wird.

✓ Rohes Fleisch ist wegen eines möglichen Befalls durch Bakterien und Parasiten problematisch.

■ **Rühreier sind für Welpen** *und Hunde in der Rekonvaleszenz eine hervorragende leichte Diät.*

■ **Zuckerfreies Müsli mit Milch** *ist eine leichte Mahlzeit und ein guter Vitaminlieferant.*

Kapitel 19

Körperpflege

D**IE RICHTIGE** K**ÖRPERPFLEGE HÄLT** I**HREN** H**UND GESUND**, senkt die Tierarztkosten und festigt das Band zwischen Ihnen und Ihrem Hund.
Beginnen Sie mit der Körperpflege Ihres Hundes am besten im Welpenalter,
und belohnen Sie ihn, wenn er brav war.

In diesem Kapitel …

✓ Bürsten

✓ Fellpflege

✓ Waschen

✓ Krallenpflege

✓ Ohren kontrollieren

✓ Augen kontrollieren

✓ Massage

GUT GEPFLEGTE HUNDE SIND EIN SCHÖNER ANBLICK.

Bürsten

BÜRSTEN HAT ZWEI VORTEILE: Zum einen sieht der Hund schön und gepflegt aus, zum anderen geben Sie ihm bei jedem Mal Bürsten das Signal: »Ich bin der Anführer.«

Kurzes Fell wie beim Boxer

Dieses Fell ist einfach zu pflegen. Bürsten Sie mit einer nicht zu harten Bürste erst gegen den Strich und dann mit dem Strich. Einmal wöchentlich bürsten reicht aus.

■ **Boxer sollte man** *einmal wöchentlich mit einer weichen Bürste durchbürsten.*

»Drahthaar« wie bei Foxterriern

Einen Labrador beispielsweise sollte man einmal pro Woche durchbürsten und seine losen Haare einmal monatlich ausbürsten – am besten mit einem Enthaarungskamm, der loses Haar entfernt. Krause Haare sollten alle drei Monate von einem Hundefriseur getrimmt werden. Es gibt Spezialshampoos, die das Fell weicher machen. Regelmäßiges Bürsten ist sehr wichtig.

DEFINITION

Der »Strich« ist die Richtung, in die das Fell wächst. Bei Hunden wächst es meist in Richtung Schwanz und am Rumpf hinunter zu den Füßen. Unterfell nennt man die weichen Haare, die auf der Haut liegen. Das äußere Fell nennt man Schutzhaar.

■ **Das Schwanzhaar kurz-haariger** *Hunde wird mit einem engzinkigen Kamm aus-gekämmt.*

Kurze Haare wie beim Labrador Retriever

Die meiste Aufmerksamkeit muss man der **Unterwolle** widmen. Bürsten Sie mit einer groben Bürste in Richtung Fell-wuchs, und entfernen Sie den Schmutz. Dann bürsten Sie gegen den Strich und entfernen lose Unterwolle und tote Haare. Mit einer feinen Bürste gehen Sie mit dem Strich über das Fell, wobei Sie Nacken und Schwanz besonders gründlich behandeln. Es reicht, den Hund einmal pro Woche zu bürs-ten (während des Fellwechsels zweimal).

Übrigens …

Wenn Sie mit einem Hund mit »Drahthaar« auf eine Ausstellung gehen wollen, sollten Sie sich einen professionellen Helfer suchen, der weiß, wie das Fell aussehen sollte.

Langes, seidiges Fell wie bei Yorkshireterriern

Es gibt langhaarige Hunderassen wie beispielsweise die Yorkshireterrier und die Malteserhündchen, die keine Unterwolle haben. Ihr Fell muss man daher besonders vorsichtig behandeln.

Verfilzte Haare entwirrt man mit einer etwas gröberen Bürste und bürstet die Haare dann mit einer weichen Bürste glatt. Danach kämmt man sie durch. Solches Haar muss täglich gepflegt werden. Zu lange Haare schneidet man einmal im Monat zurecht.

Langes, weiches Haar wie bei Shetland Sheepdogs

Verfilztes Haar löst man mit einer groben Bürste. Dann lockert man das Unterfell mit einer Nylonbürste mit langen dünnen Borsten auf und kämmt mit einem weitzinkigen Kamm alles lose Haar aus. Dabei achtet man auf das Haar an den Beinen, der Brust, der Hinterhand und dem Schwanz. Diese Rassen muss man täglich bürsten.

■ **Das seidenweiche Fell** *mancher Hunde muss man sehr vorsichtig behandeln, weil sie keine Unterwolle haben.*

■ **Bei der Pflege von Hunden** *mit langem und dickem Fell muss man besonders auf Haarbüschel achten, die leicht verfilzen.*

Übrigens …

Manche Hunderassen sollte man im Sommer scheren lassen. Dazu gehören die Westhighland Terrier, die Collies und die Schnauzer. Nach dem Scheren fühlen sie sich wohler. Ihre Frisur mag vielleicht nicht dem Rassestandard entsprechen, aber das abgeschnittene Haar wächst schnell nach, und in der Zwischenzeit kann die Haut besser atmen.

Trimmen wie bei Pudeln

Bei manchen Hunderassen wie beispielsweise Pudeln oder Bichon Frisés wächst das Fell ständig nach. Ihr krauses Fell muss regelmäßig (etwa alle sechs bis acht Wochen) getrimmt werden. Das Fell ist insgesamt pflegeintensiv und muss regelmäßig gebürstet werden. Das Trimmen sollten Sie übrigens einem Hundefrisör überlassen. Der besitzt die richtige Ausrüstung und die Erfahrung, um dem Hund die rassetypische Frisur zu verpassen, ohne ihm wehzutun und ohne dass das Fell hinterher wie von Motten zerfressen aussieht. Die ganze Prozedur umfasst Waschen, Trocknen und Trimmen und dauert etwa vier Stunden. Wenn Sie Ihren Hund selbst trimmen wollen, müssen Sie ihn vorher gut bürsten und baden.

■ **Hunderassen wie Pudel** *müssen alle sechs bis achte Wochen getrimmt werden.*

HUNDEFRISÖRE

Suchen Sie sich den Hundefrisör genauso sorgfältig aus wie den Tierarzt. Holen Sie Empfehlungen von anderen Hundebesitzern oder von Ihrem Tierarzt ein. Hundefrisöre, die verlangen, dass der Hund für das Trimmen ein Beruhigungsmittel verabreicht bekommt, haben nicht »das richtige Händchen« für Hunde.

Sagen Sie genau, was Sie möchten. Ohne genaue Instruktionen trimmt der Hundefriseur den Hund einfach nach Standard oder nach seinen eigenen Vorstellungen. Sie müssen ihm also ganz genau erklären, wo Sie bei Ihrem Hund was geschnitten haben möchten.

Geben Sie Ihren Hund nicht an der Haustür des Hundefrisörs ab und holen ihn nach einigen Stunden wieder. Sie wissen nicht, was dort mit ihm geschieht, und schon mancher Hund ist verstört vom Frisör zurückgekommen und hatte hinterher ein Trauma. Das muss nicht sein.

Haare zwischen den Zehen

Bei manchen Hunderassen wie beispielsweise den Spaniels wachsen die Haare zwischen den Zehen ständig nach. Hier sammeln sich dann Schmutz, Grassamen und sogar kleine Stöckchen. Sie setzen sich fest und verursachen

■ **Wenn Ihr Hund zwischen den Zehen** *viele Haare hat, sollten Sie diese kurz halten und eventuell vorhandenen Schmutz regelmäßig entfernen.*

Hautirritationen und Abszesse. Schneiden Sie die langen Haare mit einer stumpfen Schere ab. Seien Sie dabei sehr vorsichtig, denn hier erwischt man schnell ein Stückchen Haut. Und gerade an dieser Stelle entzündet es sich dann schnell.

Haarausfall

Alle Hunde, sogar solche mit extrem kurzem Fell, verlieren Haare. Das ist ganz normal, denn das alte Haar fällt aus, um neuen Haaren Platz zu machen. Hunde, die sich viel im Freien aufhalten, wechseln ihr Fell zu festen Zeiten, meistens im späten Frühjahr und im Spätherbst. Hunde, die ihr Leben hauptsächlich neben der Zentralheizung verbringen, verlieren das ganze Jahr über Haare. Während des Fellwechsels braucht das Fell besondere Pflege.

Fellpflege

SIE WERDEN STAUNEN, *was sich alles im Fell Ihres Hundes ansammelt – nicht nur Flöhe und Zecken. Das Fell ist ein wahrer Magnet, angefangen von Kaugummi zwischen den Zehen über Farbe und kleine Holzstöckchen bis hin zu Disteln, je nach Umgebung sogar Fischgräten und Pferdemist.*

Kaugummi

Am einfachsten schneidet man ihn heraus. Wenn man das aber nicht möchte, kann man Kaugummi mit Öl lösen. Normales Öl, wie man es zum Kochen verwendet, löst ihn aus dem Fell.

Kletten

Auch hier hilft es wieder, Öl um die Klette zu schmieren. So löst sie sich.

■ **Hunde, die viel im Freien sind**, *wechseln ihr Fell zu bestimmten Zeiten, meistens im späten Frühjahr und im Spätherbst.*

299

Farbe und Teer

Das Fell abschneiden. Man darf niemals Farbentferner benutzen, weil dieser schwere Hautschäden verursachen kann.

Verfilztes Haar

Es gibt im Handel hervorragende Spezialsprays, die das Fell glatt machen. Mit Hilfe des eingesprühten Sprays lassen sich Verfilzungen und Knoten leicht lösen.

Angelhaken und Ähnliches

Das ist ein Fall für den Tierarzt. Bei allen Gegenständen, die mit Widerhaken versehen sind, können Hautverletzungen auftreten, wenn man sie selbst entfernt – also besser zum Tierarzt gehen.

Tierkot

Je nachdem, wo Sie wohnen, kommt Ihr Hund auch einmal in Kontakt mit dem »wunderbar« riechenden Kot anderer Tiere – und wälzt sich darin. Sie können zwar versuchen, den »Duft« mir einem anderen Duft zu übertünchen – aber im Grunde hilft nur Abspritzen oder Baden.

> **Übrigens ...**
>
> *Regelmäßiges Baden verhindert Verfilzungen im Fell, wodurch die Haut nicht atmen kann. Das wiederum kann allergische Reaktionen hervorrufen. Regelmäßig heißt bei Rassen wie Cocker Spaniels einmal wöchentlich, bei anderen Rassen, die weniger zu Hautproblemen neigen wie beispielsweise Labradors, alle zwei Wochen. Regelmäßiges Baden gehört zur Körperpflege; es verhindert Hautirritationen und Allergien*

Waschen

Hunde lieben Dreck. Meine Inca war noch keine zehn Wochen alt, da steckte sie ihren Kopf schon in einen Haufen Dreck im Garten – Nase und Pfoten waren lehmverkrustet. Die ältere Lexington sucht systematisch nach Stellen mit Fuchskot und wälzt sich genüsslich darin. Beide lieben tote Fische, die sie am Strand finden, wälzen sich im Sand und rollen dann die Dünen hinunter.

Zum Glück reinigt sich das Hundefell zum größten Teil von selbst – allerdings nicht so weit, dass man es nur ein- bis zweimal im Jahr waschen muss, wie manche Leute glauben. Die meisten Hunde sollte man einmal im Monat baden, wobei ein längeres Fell mehr Aufmerksamkeit braucht als ein kurzes.

SO BADEN SIE IHREN HUND

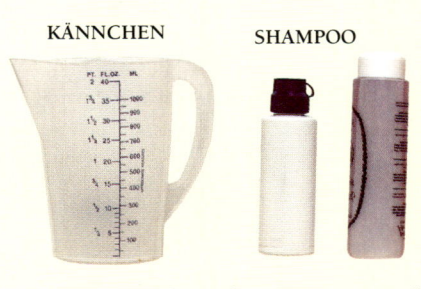

KÄNNCHEN   SHAMPOO   TÜCHER

WATTE

■ **Das brauchen Sie zum Baden**

1. Vor dem Baden müssen Sie Verschmutzungen und Knoten aus dem Fell bürsten.

2. Legen Sie eine Gummimatte in die Badewanne/Dusche, damit Ihr Hund nicht rutscht.

3. Das Wasser darf nicht zu warm sein. Achten Sie auf eine angenehme Temperatur

4. Stecken Sie dem Hund Watte in die Ohren, damit kein Wasser hineinkommt.

5. Ein Lederhalsband sollten Sie abnehmen, weil es sich bei Nässe verengt. Benutzen Sie lieber ein Nylonhalsband, um den Hund festhalten zu können.

6. Benutzen Sie immer spezielle Hundeshampoos. Sie trocknen die Haut nicht so stark aus wie Shampoos für menschliches Haar.

7. Der Hund darf niemals Shampoo in die Augen bekommen.

8. Durchnässen Sie das Fell vorsichtig mit Wasser aus der Dusche, das immer dieselbe Temperatur haben sollte.

9. Halten Sie Handtücher bereit. Ihr Hund wird sich schütteln, um das Wasser aus dem Fell zu bekommen.

10. Lassen Sie einen nassen Hund außer bei extrem warmer Witterung niemals nach draußen.

■ **Zuerst trocknen** *Sie das Gesicht ab. Sie brauchen viele Handtücher für den Hund!*

Shampoos

Mittlerweile gibt es viele verschiedene Shampoos für die unterschiedlichen Haarstrukturen. Fragen Sie Ihren Tierarzt oder den Züchter Ihres Hundes, welches Shampoo er für Ihren Hund vorschlagen würde.

Müssen Sie Ihren Hund einmal schnell und gründlich säubern, können Sie auch ein gut rückfettendes Babyshampoo nehmen, das Sie in jeder Drogerie erhalten.

Kräutershampoo

Diese Shampoos enthalten ausschließlich »natürliche« Inhaltsstoffe, einige dieser Stoffe können aber auch Allergien hervorrufen. Besonders vorsichtig sollte man mit Shampoos sein, die Teebaumöl enthalten. Westhighlands sind übrigens besonders anfällig für Allergien.

Shampoos mit Hafermehl

Sie wirken besonders mild und helfen bei Hautirritationen.

Medizinische Shampoos

Sie gibt es mittlerweile in großer Vielfalt von einfachen säubernden und hautnährenden bis hin zu antiseptischen Shampoos. Man erhält sie beim Tierarzt.

■ **Bei Shampoos,** *die Teebaumöl enthalten, sollten Sie sich gründlich vergewissern, ob Ihr Hund – wie viele andere Hunde – nicht dagegen allergisch ist. Reines Teebaumöl ist übrigens giftig.*

Antiallergische Shampoos

Man erhält sie in Tierhandlungen oder noch besser beim Tierarzt, der das passende Shampoo für Ihren Hund aussuchen kann.

Haarkuren

Viele Shampoos enthalten eine Haarkur. Diese macht – wie beim Menschen auch – das Hundehaar besonders weich. Bei drahtigem Fell sollte man sie daher nicht anwenden.

■ **Shampoos mit Hafermehl** *helfen bei juckender Haut.*

Flöhe und Zecken

Baden reicht bei Flöhen leider nicht aus. Zwar wäscht man einige weg, aber im Grunde braucht man ein spezielles Flohshampoo. Wenn es in Ihrer Gegend häufig Flöhe gibt, behandeln Sie Ihren Hund mit einem Antiflohmittel, das auf die Haut aufgetragen und beim normalen Baden nicht ausgewaschen wird.

Es gibt Floh- und Parasitenshampoos, die eine sofortige Wirkung haben. Die meisten enthalten Pyrethrum, ein natürliches Abwehrmittel, das aus Chrysanthemen gewonnen wird. Es ist wirkungsvoll, aber bei häufiger Anwendung nicht ganz ungefährlich. Bei direkter Sonneneinstrahlung verringert sich seine Wirkung. Im Übrigen sollte das gesamte Umfeld des Hundes in der Wohnung und im Freien mit einem Antiflohmittel behandelt werden, wenn Ihr Hund Flöhe hat.

Glanzshampoos

Glanzshampoos benutzt man höchstens dann, wenn man seinen Hund für eine Ausstellung besonders schön machen will.

■ **Normales Baden** *macht Flöhen überhaupt nichts aus.*

Trockenshampoos

Das ist ein Puder, der auf das trockene Haar aufgetragen und dann ausgebürstet wird. Damit entfernt man Schmutzstellen im Fell, die sich der Hund z. B. beim Wälzen im Sand geholt hat. Man sollte damit aber immer nur kleinere Stellen behandeln, nicht den ganzen Hund.

Vorsichtig trocknen

Legen Sie ein Handtuch über den nassen Hund, rubbeln Sie ihn gut ab, und lassen Sie ihn sich schütteln. Durch das Schütteln wird Wasser aus dem Fell herausgeworfen, also Achtung! Vermutlich wird er versuchen, sich auf dem Boden zu wälzen. Das sollten Sie aber verhindern, bis er trocken ist.

Bei warmem Sonnenwetter trocknet der Hund am besten im Freien. Bei feuchtkaltem Wetter muss er völlig trocken sein, bevor er hinaus darf. Achten Sie besonders auf die Stellen hinter den Ohren und an der Brust.

■ **Achten Sie auf** *eine niedrige Föhntemperatur, um das Hundefell nicht zu schädigen.*

Krallenpflege

ACHTEN SIE DARAUF, dass sie dem Hund nicht »ins Leben« schneiden, wenn Sie die Krallen kürzen. Wenn die Krallen sehr dick und somit schwer zu kürzen sind, sollten Sie Ihren Tierarzt um Rat fragen. Probieren Sie nicht selbst herum, wenn Sie nicht ganz sicher sind – auch Krallenverletzungen können sich böse entzünden.

Hunde mögen es gar nicht, wenn man ihnen die Nägel schneidet. Sie wissen am besten, dass ihr Nagelinneres lebendig ist und dass Nerven und Gewebe verletzt werden können. Seien Sie also vorsichtig.

Am besten kürzen Sie die Krallen nach dem Baden, dann sind sie im warmen Wasser etwas aufgeweicht. Benutzen Sie eine Krallenzange aus dem Zoogeschäft, und achten Sie darauf, dass sie scharf ist. Um die scharfen Kanten glatt zu feilen, können Sie eine normale Nagelfeile benutzen. Denken Sie auch an die fünfte Kralle, die Wolfskralle, die ziemlich weit oben am Bein sitzt.

Die Analdrüse

Während meines ganzen Tierarztstudiums habe ich mich nie mit der Analdrüse befassen müssen. Kaum aber kam ich aus der Theorie in die Praxis, gehörte das Entleeren der Analdrüsen zu einer meiner Hauptaufgaben. Es gibt Rassen wie beispielsweise Dachshunde, Retriever und Spaniels, die ständig Probleme mit ihrer Analdrüse haben. Bei anderen Rassen wie Yorkies, Schäferhunden und Windhunden kommt das fast nie vor. Überprüfen und entleeren Sie die Analdrüse nur nach dem Baden, dann ist sie weich.

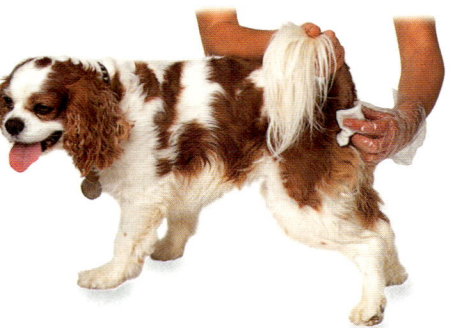

■ **Auf beiden Seiten** *des Afters befindet sich eine kleine Drüse. Wenn diese Drüse voll ist, können Sie das fühlen, weil sie dann hart ist.*

Überprüfen Sie gelegentlich, ob die Analdrüse gefüllt ist und der Hund sie nicht selbst entleeren kann.

Ziehen Sie sich Gummihandschuhe an, und drücken Sie die Drüse vorsichtig von unten nach oben aus. Der Geruch ist für menschliche Nasen fürchterlich – für Hunde ist er unglaublich anziehend.

Mundgeruch

Mundgeruch rührt von den Zähnen und dem Zahnfleisch her und ist normalerweise leicht zu beseitigen. Allerdings kann Mundgeruch auch durch Krankheiten entstehen. Sie sollten Ihrem Hund regelmäßig die Zähne bürsten. Damit beginnen Sie am besten, wenn er noch klein ist, sodass Zähneputzen für ihn später ganz selbstverständlich ist. Sie brauchen dazu Folgendes:

1 eine Hundezahnbürste, eine Gummifinger-Bürste und etwas Watte

2 spezielle Hundezahnpasta

3 eine leckere Belohnung

Die Zähne putzen

Setzen Sie Ihnen Hund bequem hin, und lassen Sie ihn an dem Leckerli riechen. Dann heben Sie eine Oberlippe hoch und bürsten vorsichtig erst die Vorderzähne und das sichtbare Zahnfleisch. Wenn er sich das anstandslos gefallen lässt, geben Sie ihm seine Belohnung.

Wiederholen Sie dies täglich, und putzen Sie jedes Mal etwas länger und gründlicher. Nach etwa zwei Wochen können Sie ihm bestimmt mühelos Zähne von vorn bis hinten putzen.

Verwechseln Sie Ihre Zahnpasta nicht mit der Ihres Hundes, denn jene ist nicht essbar. Wir spucken sie nach dem Zähneputzen aus. Hundezahnpasta ist essbar und wird von den Hunden geschluckt.

■ **Denken Sie nach dem Zähneputzen** *immer an die Belohnung!*

Ohren kontrollieren

Kontrollieren Sie regelmäßig, ob die Ohren Ihres Hundes entzündet sind oder sich Ohrenschmalz gebildet hat. Hunde mit Hängeohren wie Labrador Retriever, Cockerspaniels oder Bassets neigen vermehrt zu Ohrproblemen, weil ihre Ohren sozusagen ein warmes, feuchtes Klima haben – eine hervorragende Brutstätte für Ohrmilben und Bakterien.

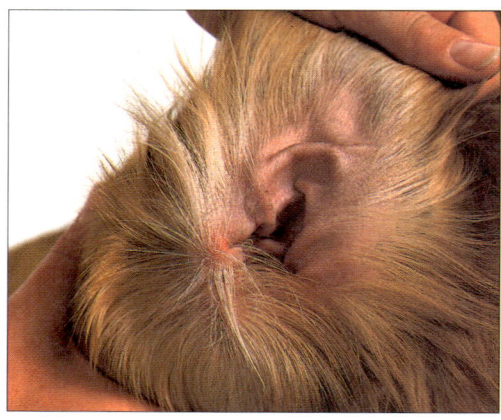

Ohrenschmalz

Ein bisschen Ohrenschmalz ist völlig normal. Es ist der natürliche Schutz des Ohrkanals. Entfernen Sie es nur, wenn es überhand nimmt. Dafür gibt es einen speziellen Entferner, den Sie bei Ihrem Tierarzt erhalten. Oder wischen Sie die Innenseite des Ohrs mit einem mit Babyöl befeuchteten Wattebausch aus. Wenn sich das Ohrenschmalz allerdings innerhalb einer Woche erneut nachbildet, sollten Sie zum Tierarzt gehen.

■ **Kontrollieren Sie die Ohren** *Ihres Hundes regelmäßig auf Entzündungen und Ohrenschmalz.*

Haare in den Ohren

Bei manchen Hunderassen wachsen auch in den Ohren Haare. Alle drahthaarigen Hunde haben Haare in den Ohren, aber auch Pudel, Shih-Tsu, Lhasa Apsos und viele Yorkshireterrier. Diese Haare müssen wöchentlich, manchmal sogar täglich entfernt werden. Das geht ganz einfach mit dem Fingernagel oder der Pinzette. Nehmen Sie einige Haare, und reißen Sie sie aus. Das macht Ihrem Hund nichts aus. Geben Sie ihm dennoch jedes Mal eine Belohnung.

■ **Ohrenschmalz können Sie** *mit einem Wattebausch und Babyöl entfernen.*

Augen kontrollieren

ZWAR SEHEN HUNDE JEDE BEWEGUNG, die sich in der Ferne abspielt, in der Nähe aber sehen sie nicht so gut wie wir Menschen. Das beruht auf der Anordnung ihrer Augen. Hunde sind Jäger und müssen abschätzen können, was in einer gewissen Entfernung von ihnen geschieht. Für die Nähe haben sie ihre Nase. Kontrollieren Sie regelmäßig die Augen Ihres Hundes. Sie sollen nicht tränen und dürfen nicht rot sein. Sollte das einmal der Fall sein, gehen Sie mit dem Hund sofort zum Tierarzt.

■ **Die Augen Ihres Hundes** *sollten immer hell und klar sein.*

»Schlaf« in den Augen

Manche Rassen wie z. B. Yorkshireterrier haben oft »Schlaf« in den Augen – das sind kleine trockene Bällchen in den Augenwinkeln. Es ist lediglich getrockneter Schleim, ein natürliches schützendes Sekret, das die Augen klar hält.

Über Nacht bildet sich manchmal ein kleiner harter Ball in den Augenwinkeln. Man kann diesen leicht mit dem Fingernagel entfernen. Wenn er am Haar festhängt, entfernen Sie ihn mit einem Wattebausch, den Sie in lauwarmes Wasser getaucht haben. Wenn die Augen oder die Haut um die Augen nicht normal aussehen, sollten Sie einen Tierarzt konsultieren.

Übrigens ...

Konjunktivitis ist eine nicht ungefährliche Augenentzündung. Dabei röten sich die Augen und schwellen an; wässriger Schleim wird abgesondert. Später wird der Ausfluss gelbgrün. Allergische Augenentzündungen und allergische Schnupfen scheinen bei Hunden zuzunehmen.

■ **Entfernen Sie den »Schlaf«** *mit einem feuchten Wattebausch.*

Massage

HUNDE LIEBEN SIE, denn eine Massage lockert ihre Muskeln, stimuliert die Blutzirkulation und verbessert Mobilität und Flexibilität. Aber sie kann noch mehr bewirken. Wenn Sie Ihren Hund massieren, bauen Sie Vertrauen auf und bemerken zudem jede kleine körperliche Veränderung. Während einer Massage können Sie quasi nebenbei die Routineinspektionen machen.

Massieren Sie niemals verletzte, entzündete oder empfindliche Stellen. Damit verschlimmern Sie nur den Schmerz.

So massiert man den Hund:

1 Streicheln Sie ihn leicht in einer Richtung. Dabei wird sich der Hund entspannen. Nach und nach verlangsamen Sie Ihre Bewegungen, bis der Hund völlig entspannt ist.

2 Wenn der Hund entspannt ist, drücken Sie jede Stelle des Körpers sacht mit der Handfläche. Danach rollen Sie vorsichtig die Haut.

3 Wenn der Hund das mag und er es sich gefallen lässt, können Sie die Beine vorwärts und rückwärts strecken und jedes Bein sechs bis zehn Sekunden gestreckt lassen.

INTERNET

www.tiermedizin.de

Hier finden sich Tipps, wie sich die häufigsten Hundekrankheiten optimal behandeln lassen.

■ **Bei einer Massage entspannt** *sich der Hund und fühlt sich von Ihnen gelobt.*

Kurze Zusammenfassung

✓ Gründliche Körperpflege hält Ihren Hund gesund und festigt das Band seines Vertrauens zu Ihnen.

✓ Bei der Körperpflege können Sie Ihnen Hund auch routinemäßig untersuchen. So bemerken Sie kleine Probleme, ehe diese sich zu großen auswachsen.

✓ Verschiedene Felltypen verlangen unterschiedliche Pflege. Fragen Sie den Züchter, einen Hundefrisör oder den Tierarzt, wie Sie Ihren Hund am besten pflegen.

✓ Benutzen Sie nur Spezialhundeshampoo, das rückfettend ist.

■ **Bei der Körperpflege** *bemerken Sie jede kleine Veränderung an der Haut oder am Fell.*

✓ Regelmäßige Krallenpflege ist wichtig, muss aber erlernt werden. Fragen Sie Ihren Tierarzt gleich beim ersten Besuch, wenn Sie ihm den Hund vorstellen, wie Sie seine Nägel kürzen sollen.

✓ Die Zähne müssen regelmäßig geputzt werden. Benutzen Sie niemals Zahnpasta für Menschen.

✓ Kontrollieren Sie regelmäßig Ohren und Augen.

■ **Je nach Fellbeschaffenheit** *braucht Ihr Hund eine spezielle Fellpflege.*

Kapitel 20

Gesundheitscheck

Jetzt haben Sie schon Routine in der Pflege Ihres Hundes und können darangehen, einen systematischen Gesundheitscheck durchzuführen. Beobachten Sie Ihren Hund sorgfältig mit allen Ihren Sinnen – Sehen, Riechen, Hören und Berühren –, damit Sie Veränderungen an Ihrem Hund sofort bemerken. Jede Veränderung in seinem Benehmen kann körperliche Gründe haben.

In diesem Kapitel ...

✓ Sorgfältig beobachten

✓ Körperliche Untersuchung

✓ Die Normaltemperatur

✓ Augen, Ohren, Nase und Maul

✓ Körper, Haut und Fell

✓ Augen und Ohren behandeln

UM GESUND ZU BLEIBEN, BRAUCHEN HUNDE VIEL BEWEGUNG.

Sorgfältig beobachten

*MIT DEM, WAS SIE mir als Tierarzt über den allgemeinen Gesundheits-
zustand Ihres Hundes mitteilen, helfen Sie mir maßgeblich bei der Diagnose-
findung, wenn Ihr Hund krank ist. Vermutlich würde ich auch irgendwann allein
herausfinden, was ihm fehlt. Aber mit Ihren Informationen geht es viel schneller
und leichter.*

Sorgfältig beobachten

Hier ist eine einfache Anleitung, worauf Sie bei Ihrem Hund achten müssen. Gehen Sie
diese Liste vor jedem Tierarztbesuch durch, und schreiben Sie sich eventuell auftretende
Veränderungen auf. Diese sollten Sie Ihrem Tierarzt dann mitteilen.

1. Beobachten Sie das allgemeine Verhaltung ihres Hundes und seine Reaktion auf Sie.
2. Beobachten Sie die Atmung.
3. Hören Sie genau hin, wie der Hund atmet.
4. Beobachten Sie, wie sich der Hund bewegt.
5. Achten Sie auf jede Veränderung im Geruch des Hundes, sei es Geruch, der von innen
   kommt oder solcher, der am Hund haftet wie Urin, Kot oder andere Ausscheidungen.
6. Beobachten Sie Veränderungen in seinem Kotverhalten.
7. Beobachten Sie Veränderungen in seinen Ess- oder Trinkgewohnheiten.
8. Beobachten Sie Gewichtsveränderungen.

Plötzliche Gewichtsveränderungen können ein Hinweis auf mögliche Krankheiten sein.
Derartige Gewichtsveränderungen können Sie meist nicht durch einfaches Hinsehen
feststellen. Gewöhnen Sie Ihren Hund daher daran, sich regelmäßig wiegen zu lassen.

*Kleinere Hunde wiegt man am
einfachsten, indem man sich erst
allein und dann zusammen
mit dem Hund auf dem
Arm auf die Personen-
waage stellt. Größere
Hunde können Sie
beim Tierarzt auf einer
begehbaren Waage
wiegen lasen.*

■ **Wenn Ihr Hund ständig hechelt,**
sollten Sie den Tierarzt aufsuchen.

Veränderungen, Atmung, Laute

Hunde haben genauso viele Möglichkeiten sich auszudrücken, wenn es ihnen nicht gut geht, wie wir Menschen. Achten Sie also auf Folgendes:

✓ Vermehrtes Ruhe- und Schlafbedürfnis
✓ Gereiztheit
✓ Vermindertes Interesse am Spielen
✓ Vermindertes Interesse an Ihnen
✓ Nachlassende Aufmerksamkeit
✓ Schnelles Ermüden
✓ Auffallend anschmiegsam
✓ Ungewöhnliche Gerüche
✓ Angst
✓ Sich verkriechen
✓ Sich nicht anfassen lassen
✓ Übererregt
✓ Desorientiert
✓ Unregelmäßiges Atmen im Ruhezustand

■ **Wenn Ihr Hund** *normalerweise nicht gereizt ist, kann Gereiztheit ein Krankheitszeichen sein.*

Bei folgenden Anzeichen sollten Sie sofort einen Tierarzt aufsuchen:

✓ Nach Luft schnappen
✓ Starkes Winseln
✓ Keuchen
✓ Starkes Würgen
✓ Schnelles oder lautes Atmen
✓ Schweres Atmen
✓ Atemstockungen
✓ Ungewöhnlich langsames Atmen

Achten Sie auf ungewöhnliche Laute: Grummeln, Jaulen und Schreien sind Krankheitszeichen. Auch grundloses Bellen kann ein Krankheitszeichen sein. Hunde zittern aus Angst, aber auch vor Schmerzen.

■ **Wenn Ihr Hund sich absondert** *und keinen Kontakt zur Familie haben will, sollten Sie ihn genau beobachten.*

Allgemeines Erscheinungsbild und Bewegungen

Das allgemeine Erscheinungsbild ist ein guter Indikator für die Gesundheit eines Hundes. Das Fell sollte glatt und glänzend sein. Ein stumpfes, struppiges Fell ist meist ein Anzeichen für eine Krankheit. Wenn Sie eines der folgenden Merkmale entdecken, sollten Sie einen Tierarzt aufsuchen:

- ✔ Probleme beim Aufstehen und Hinlegen
- ✔ Langsames Gehen
- ✔ Stolpern, Hinfallen
- ✔ Im Kreis gehen
- ✔ Schwierigkeiten, bequem zu liegen
- ✔ Überreaktion auf Licht, Geräusche oder Berührung
- ✔ Den Kopf schief halten
- ✔ Unruhe
- ✔ Aufgedunsener Leib
- ✔ Ungewöhnliche Bewegungen
- ✔ Muskelzucken
- ✔ Schwellungen am Körper

Fress- und Toilettengewohnheiten

Hunde entwickeln ziemlich feste Gewohnheiten beim Fressen, Trinken, Urinieren und Kotabsetzen. Jede Veränderung sollte Sie misstrauisch machen. Berichten Sie Ihrem Tierarzt genau über jede Veränderung in den Gewohnheiten Ihres Hundes.

Wasser lassen

Ein gesunder Hund riecht nie nach Urin. Wenn Ihr Hund das tut, gehen Sie zum Tierarzt. Achten Sie auch auf:

- ✔ Größere oder geringere Urinmengen
- ✔ Mehr oder weniger regelmäßiges Wasserlassen
- ✔ Probleme beim Wasserlassen
- ✔ Durchnässen beim Liegen (Inkontinenz)
- ✔ Heller oder dunkler Urin
- ✔ Blut im Urin

■ **Wenn Ihr Hund mehr trinkt** *und mehr Wasser lässt, sollten Sie einen Tierarzt aufsuchen.*

Kot absetzen

Ein gesunder Hund setzt regelmäßig Kot ab. Wenn Ihr Hund unregelmäßig »muss«, Sie die Ernährung aber nicht geändert haben, sollten Sie den Tierarzt aufsuchen. Achten Sie auch auf Folgendes:

✓ Setzt der Hund mehr und weniger regelmäßig Kot ab?
✓ Ist der Kot weicher oder fester als normalerweise?
✓ Ist der Kot von Schleim bedeckt?
✓ Hat der Hund Probleme beim Kotabsetzen?
✓ Blut im Kot
✓ Kot oder andere Ausscheidungen bleiben am After hängen

Körperliche Untersuchung

WENN SIE EIN BEIN IHRES HUNDES ANFASSEN, *seinen Schwanz hochheben oder ihm gerade in die Augen sehen, benehmen Sie sich in den Augen Ihres Hundes wie ein Rudelführer. Und das ist gut so. Hunde müssen den Menschen als Rudelführer akzeptieren und seine Anweisungen ohne Widerstand ausführen. Wenn Sie Probleme in der Beziehung zu Ihrem Hund haben, wenn er nicht tut, was Sie möchten, wenn er sich Ihnen widersetzt, wird Ihr Hund sich von Ihnen auch nicht untersuchen lassen. Wenn er Sie dagegen als Rudelführer akzeptiert, ist eine körperliche Untersuchung für Ihren Hund kein Problem, sondern eher langweilig.*

Wenn sich Ihr Hund von Ihnen am ganzen Körper untersuchen lässt, können Sie in einfachen Dingen die Diagnose selbst stellen und den Hund dementsprechend behandeln. Auch Ihr Tierarzt hat es dann leichter, denn wenn Sie ihm erlauben, Ihren Hund gründlich zu untersuchen, wird der Hund sich dem fügen.

■ **Ihr Hund muss es zulassen**, *dass Sie als Rudelführer ihn untersuchen und ihm auch den Schwanz hochheben.*

Was muss Ihr Hund zulassen?

Machen Sie mit Ihrem Hund die unten stehenden Übungen, wenn er gesund und munter ist. Fangen Sie mit einzelnen Übungen an, und belohnen Sie Ihren Hund ausgiebig, wenn er die jeweilige Untersuchung über sich ergehen lässt. Dehnen Sie die Übungen immer weiter aus, bis sich der Hund geduldig am ganzen Körper untersuchen lässt. Ihr Tierarzt wird es Ihnen danken.

✓ Temperatur messen
✓ Augen, Ohren, Nase und Maul untersuchen
✓ Kopf und Nacken untersuchen
✓ Rumpf und Gliedmaßen untersuchen
✓ Schwanz und Anus untersuchen
✓ Haut und Fell untersuchen

■ **Messen Sie Fieber**, *auch wenn Ihr Hund keines hat, um ihn daran zu gewöhnen.*

■ **Inspizieren Sie die Ohren**. *Diese müssen sauber und frei von Ohrenschmalz, Entzündungen und Parasiten sein.*

■ **Untersuchen Sie regelmäßig** *Haut und Fell Ihres Hundes.*

■ **Untersuchen Sie das Maul** *von Anfang an, sodass der Hund dies als ganz normal ansieht.*

INTERNET

www.agrar.de/ infothek

Eine regelmäßige Entwurmung ist wichtig beim Hund. Wie und in welchen Abständen man sie durchführen sollte, erfährt man im Detail auf dieser Website. Außerdem enthält sie Informationen über zahlreiche Hundekrankheiten.

Die Normaltemperatur

HUNDE HABEN NICHT DIESELBE KÖRPERTEMPERATUR wie *Menschen. Sie bewegt sich üblicherweise zwischen 38,1 und 39,2 °C. Alles, was darunter oder darüber liegt, ist gefährlich. Durch Aufregung, beispielsweise bei einem Tierarztbesuch, kann sich die Normaltemperatur Ihres Hundes leicht erhöhen.*

Temperatur messen

Für Hunde sollte man digitale Thermometer benutzen, die die Temperatur innerhalb von 30 Sekunden anzeigen. Das schont die Nerven von Hundebesitzer und Hund. Fetten Sie das Thermometer an der Spitze mit etwas Creme ein – oder spucken Sie kurz darauf –, um es gleitfähiger zu machen, und führen Sie es etwa 2,5 cm tief in den After des Hundes ein. Nach dem Signalton ziehen Sie es heraus, reinigen es gegebenenfalls und lesen die Temperatur ab. Digitalthermometer gibt es zwar auch als Ohrenthermometer, doch für eine genaue Temperaturerfassung sollte man im After messen. Stirn-Fieberthermometer für Menschen kann man bei Hunden nicht anwenden. Auf der Hundehaut sind sie nicht genau genug.

Versuchen Sie bei einem Hund niemals, die Temperatur oral zu messen. Versuchen Sie auch nicht, die Temperatur zu messen, wenn sich Ihr Hund ernsthaft wehrt. Fahren Sie zum Tierarzt.

DAS BEDEUTEN DIE EINZELNEN TEMPERATUREN

°C	SITUATION	MASSNAHMEN
41+	Hitzeschlag	Sofort abkühlen, ein Notfall für den Tierarzt
40,6	Gefährlich	Sofort abkühlen, noch am selben Tag zum Tierarzt
40,0	Hohes Fieber	Noch am selben Tag zum Tierarzt
39,4	Fieber	Den Tierarzt telefonisch um Rat fragen
38,9	Normal	
38,3	Normal	
37,8	Normal	
37,2	Untertemperatur	Noch am selben Tag zum Tierarzt
36,7-	Gefährliche Untertemperatur	Den Hund warm halten, ein Notfall für den Tierarzt

Augen, Ohren, Nase und Maul

BEGINNEN SIE MIT der körperlichen Untersuchung am Kopf. Verletzungen sind dort sofort zu erkennen. Und denken Sie bitte daran, Ihren Hund sofort nach der Untersuchung zu belohnen – dann setzt er sich das nächste Mal wieder geduldig hin.

Die Untersuchung des Kopfes

1. Sehen Sie nach, ob die Augen rot, getrübt oder verletzt sind.
2. Sehen Sie in die Ohren, und achten Sie auf Entzündungen, übermäßiges Ohrenschmalz und Verletzungen
3. Die Nase sollte kühl und leicht feucht sein. Es darf nicht die kleinste Spur von Ausfluss zu sehen sein.
4. Untersuchen Sie die Lefzen. Gerade in gefalteten Lefzen wie etwa denen von Spaniels können sich unbemerkt Entzündungen bilden. Untersuchen Sie das Zahnfleisch auf beiden Seiten des Kiefers, und achten Sie dabei auf den Geruch des Atems.
5. Wenn Ihr Hund zu den Rassen gehört, die ein faltiges Gesicht haben wie z. B. Shar-Peis, heben Sie die Falten hoch und untersuchen sie auf Rötung, kleine Entzündungen oder Geruch.

■ **Auch die Haut** *in den Ohren sollte genau untersucht werden.*

■ **Achten Sie bei der Augen-untersuchung** *auf Verletzungen und Rötungen.*

Übrigens …

Ein gesunder Hund hat eine kühle und feuchte Nase. Eine warme, trockene Nase bedeutet aber nicht unbedingt, dass der Hund krank ist. Beim Schlafen und bei bestimmten klimatischen Verhältnissen wird die Nase warm und trocken. Einige Hunde haben warme, trockene Nasen. Wenn die Nase Ihres Hundes jedoch normalerweise feucht und kalt ist und plötzlich warm und trocken wird, ist das ein Alarmzeichen.

Wenn Sie mitbekommen haben, dass Ihr Hund sich den Kopf angestoßen oder einen Schlag auf den Kopf bekommen hat, sollten Sie auch ohne sichtbare Verletzung sofort den Tierarzt aufsuchen. Das Gehirn ist eine weiche Substanz. Wenn diese gegen den Schädel geschleudert wird, kann das zumindest eine Gehirnerschütterung geben.

Zähne untersuchen

Mit den Jahren verlieren die Zähne des Hundes ihre weiße Farbe. Achten Sie auf Zahnstein, den Sie entfernen lassen müssen. Öffnen Sie das Maul des Hundes, und sehen Sie nach, ob seine Zunge hellrot und der Gaumen nicht entzündet, sondern leicht gewellt und sauber ist.

Wenn Ihr Hund sich mit den Pfoten ans Maul geht, untersuchen Sie das Maulinnere. Manchmal setzen sich kleine Partikel zwischen den Zähnen fest, die Sie herausziehen können. Sollte sich jetzt etwas im Gaumen festgesetzt haben, müssen Sie einen Tierarzt aufsuchen.

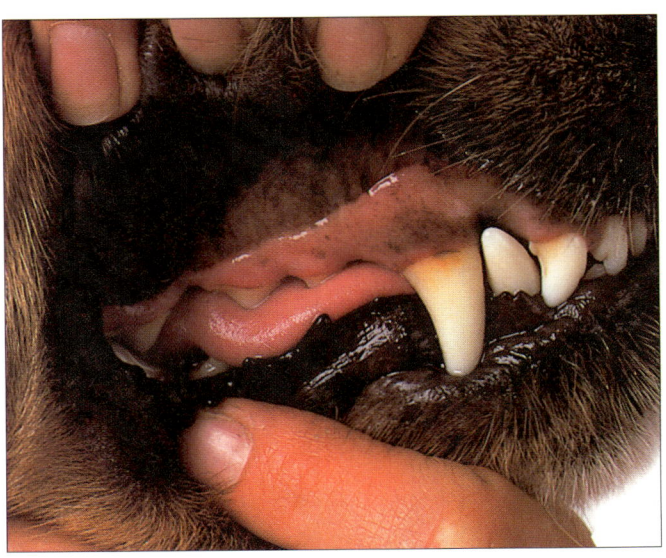

■ **Das Zahnfleisch** *sollte hellrot und frei von Entzündungen sein und nicht riechen. Gehen Sie bei der Zahnuntersuchung vorsichtig vor, damit es nicht zu Missverständnissen zwischen Ihnen und Ihrem Hund kommt!*

Körper, Haut und Fell

BEGINNEN SIE MIT DER UNTERSUCHUNG *vorn, und arbeiten Sie sich nach hinten vor. Folgen Sie der Beschreibung unten, und streichen Sie mit der Hand über den gesamten Körper, um Schwellungen, Hitze oder Schmerz festzustellen.*

Die Untersuchung

1. Befühlen Sie mit der Hand den Kopf, den Kiefer und die Kehle Ihres Hundes.
2. Drehen Sie den Kopf vorsichtig nach links und rechts, nach oben und unten. Widerstand könnte Schmerzen bedeuten.
3. Befühlen Sie den Hals, dann den Nacken, die Seiten und die Brust. Jeder Widerstand Ihres Hundes kann auf eine Hautinfektion oder eine Verletzung, beispielsweise durch einen Biss, hinweisen.
4. Teilen Sie das Fell, um die Haut zu untersuchen. Sie sollte »ruhig« aussehen, also keine Entzündungen aufweisen.
5. Streichen Sie mit der Hand entlang der Leiste über die Hüfte und tasten Sie jedes Bein und jedes Gelenk auf Schwellungen oder Schmerzen hin ab. Muskeln und Gelenke der Beine sollten sich absolut symmetrisch anfühlen. Wenn sich ein Bein weniger muskulös anfühlt als das andere, kann es sein, dass der Hund das Bein weniger belastet hat, weil es ihm weh tut.
6. Betasten Sie den Schwanz, und heben Sie ihn vorsichtig hoch, um den After zu inspizieren. Aus der weiblichen Scheide und dem männlichen Penis darf kein Ausfluss zu sehen sein. Die Hoden des Rüden müssen symmetrisch sein.
7. Strecken Sie jedes Bein. Wenn es dem Hund nicht wehtut, setzt er das Bein sofort wieder auf. Bei Schmerzen setzt er es zögernd und vorsichtig auf.
8. Untersuchen Sie jetzt die Pfoten, und achten Sie dabei auch auf die Zwischenräume zwischen den Zehen und die Länge der Krallen.

■ **Betasten Sie den Rücken** *Ihres Hundes. Wenn er das nicht mag, könnte das ein Hinweis auf Schmerzen sein.*

■ **Untersuchen Sie die Genitalien** *auf Entzündungen oder Ausfluss. Wenn Sie hier etwas bemerken, gehen Sie gleich zum Tierarzt.*

■ **Dehnen Sie jedes Bein,** *und achten Sie darauf, ob der Hund es problemlos absetzt.*

Probleme mit Rüden

Bei älteren Rüden kommt es schon einmal vor, dass ein Hoden verkümmert. Eine leichte Asymmetrie ist noch kein Grund zur Besorgnis, sollte aber dem Tierarzt vorgestellt werden. Junge Hunde produzieren manchmal zu viel Sperma, das dann beim Liegen über die *Vorhaut* aus dem Penis tropft. Wenn das öfter vorkommt, sollten Sie Ihren Tierarzt konsultieren.

> **DEFINITION**
>
> *Die* **Vorhaut** *ist die Haut, die den Penis bedeckt.*

Tabletten verabreichen

Am besten mischen Sie die Tablette unter etwas Futter. Hervorragend eignet sich dafür Dosenfutter. Man presst die Tablette in ein kleines Stück Futter, und der Hund schluckt sie, ohne es zu merken, hinunter. Man kann die Tablette auch in einem Stück Käse oder irgendetwas, das der Hund besonders gern mag, verstecken.

Wenn der Hund nichts fressen darf, kann man diese Methode nicht anwenden. Manche Hunde riechen die Tabletten auch im Futter, lecken das Futter rundherum säuberlich ab und lassen die Tablette liegen. Wenn Ihr Hund das tut, müssen Sie ihm die Tablette direkt ins Maul geben und dafür sorgen, dass er sie schluckt. Das geht so:

Einfache Hunde

1. Lassen Sie Ihren Hund sitzen, öffnen Sie mit einer Hand sein Maul, und legen Sie die Tablette auf die Zunge.
2. Schließen Sie jetzt sein Maul mit der Hand, halten Sie es zu, und massieren Sie die Speiseröhre. Wenn der Hund schluckt und sich die Lefzen leckt, ist die Tablette unten. Dann loben Sie ihn!

Schwierige Hunde

1. Nehmen Sie den Hund hinter seinen Schultern zwischen Ihre Knie. Öffnen Sie sein Maul mit einer Hand, und ziehen Sie mit der anderen vorsichtig den Unterkiefer herab. Versuchen Sie das nicht, wenn Sie befürchten, Ihr Hund könnte beißen.
2. Legen Sie die Tablette so weit hinten als möglich auf die Zunge, schließen Sie das Maul, und massieren Sie die Speiseröhre.

Wenn Sie dem Hund überhaupt keine Tabletten verabreichen können, kann Ihr Tierarzt Ihnen die meisten Medikamente auch in flüssiger Form geben.

Augen und Ohren behandeln

KEIN EINIGERMASSEN sensibler Hund lässt sich gern Ohren- oder Augentropfen geben. Versuchen Sie diese Prozedur mit möglichst wenig Gewalt und für den Hund so angenehm als möglich durchzuführen.

■ **Wenn Sie Ihren Hund** *daran gewöhnen, dass er regelmäßig untersucht wird, ist das im Ernstfall kein Problem.*

OHRENTROPFEN VERABREICHEN

1. Zuerst müssen sie überschüssiges Ohrenschmalz entfernen, damit Sie an den Ohrkanal herankommen. Tun Sie das mit einem Wattebausch, den Sie in warmem Wasser angefeuchtet haben.

2. Halten Sie die Tube mit Ohrentropfen oder sonstiger Medizin eine Zeit lang in der Hand, damit sie warm wird. Achten Sie darauf, dass die Luft vollständig aus der Flasche entwichen ist, bevor Sie diese an das Ohr Ihres Hundes halten.

3. Führen Sie die Flaschenöffnung in den Ohrenkanal ein. Dann drücken Sie auf die Flasche, damit die Medizin in das Ohr tropfen kann.

4. Lassen Sie das Ohr wieder in seine normale Position fallen, und massieren Sie es leicht unterhalb des Ohrenkanals. Achten Sie darauf, dass Ihr Hund das Ohr jetzt nicht schüttelt! Danach sollte das Medikament in das Ohr gelaufen sen.

AUGENTROPFEN VERABREICHEN

1 Reinigen Sie die Augen und die Umgebung der Augen mit einem Wattebausch, den Sie in warmes Wasser getaucht haben, von Staub und eventuell vorhandenem Ausfluss.

2 Halten Sie den Kopf des Hundes mit einer Hand fest, und gehen Sie mit der Flasche von hinten über den Hundekopf ans Auge heran. Achten Sie darauf, dass ihr Hund keine Angst bekommt.

3 Träufeln Sie die Tropfen von oben ins Auge. Augensalbe fließt leichter, wenn man die Tube vorher in der Hand angewärmt hat.

4 Halten Sie die Augen Ihres Hundes nach dem Beträufeln ein paar Sekunden geschlossen. Die Körpertemperatur des Hundes wärmt das Medikament, sodass es sich schnell verteilt und für Sie gar nicht mehr sichtbar ist.

Kurze Zusammenfassung

✔ Beobachten Sie Ihren Hund sorgfältig. Dann bemerken Sie jede Krankheit schon im Anfangsstadium.

✔ Beobachten Sie genau, was Ihr Hund aufnimmt – und was er abgibt! Jede Veränderung im Kot könnte auf ein Problem hinweisen!

✔ Üben Sie mit Ihrem Hund, sich untersuchen zu lassen, wenn er gesund ist.

✔ Die Normaltemperatur des Hundes liegt zwischen 38 und 39 °C.

✔ Seien Sie bei der Medikamentenverabreichung konsequent.

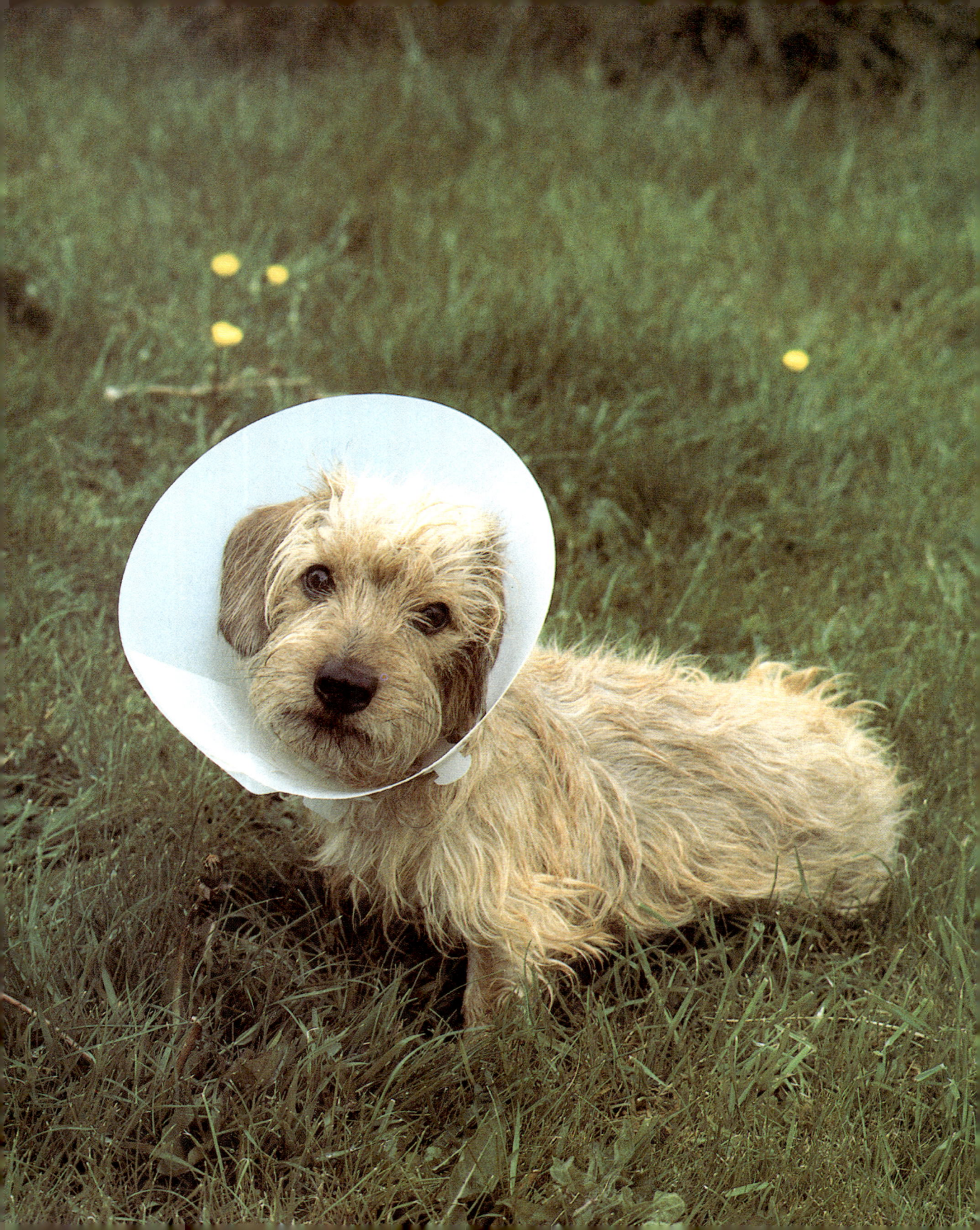

Kapitel 21

Lebensrettende Maßnahmen

HOFFENTLICH KOMMEN SIE NIE IN DIE SITUATION, Ihrem Hund das Leben retten zu müssen. Die Gefahr, in eine solche Lage zu kommen, ist zwar gering, dennoch sollten Sie wissen, was im Ernstfall zu tun ist.

Lebensrettende Maßnahmen sind einfacher durchzuführen, als Sie glauben. Zuerst einmal müssen Sie die Situation erfassen (wobei Sie sich selbst nicht in Gefahr bringen dürfen), dann halten Sie Ihren Hund fest, überprüfen Herzschlag und Atmung und achten auf Merkmale eines Schocks. Wenn das alles in Ordnung ist, untersuchen Sie den Hund auf Verletzungen wie beispielsweise ein gebrochenes Bein.

In diesem Kapitel ...

✓ Erste Hilfe

✓ Ernsthafte Verletzungen

✓ Herz-Lungen-Massage

✓ Blutungen

RICHTIG ANGEWANDTE ERSTE HILFE KANN IHREM HUND DAS LEBEN RETTEN.

Erste Hilfe

DIE GRUNDREGEL in Erste-Hilfe-Situationen heißt: Ruhe und Überblick bewahren! Ist Ihr Hund in aktueller oder kontinuierlicher Gefahr? Sind Sie selbst in Gefahr, oder könnten Sie gebissen werden?
Zuerst müssen Sie also:

- Das Leben Ihres Hundes retten • Weitere Verletzungen verhindern
- Schmerz und Stress vermindern • Den Hund sicher zum Tierarzt bringen

Die Prinzipien der Ersten Hilfe für Hunde sind dieselben wie bei Menschen. Es gibt allerdings zwei Unterschiede. Für Hunde gibt es außer in einigen Großstädten leider keinen mobilen Rettungsdienst, der den Hund zum nächsten Tierarzt transportieren könnte. Zweitens besteht die Gefahr, dass der Hund unter Schock oder vor Schmerz zubeißt. Das müssen Sie verhindern, sonst können Sie ihm keine Erste Hilfe leisten.

Den Hund festhalten

Wenn Sie festgestellt haben, dass Sie selbst nicht in Gefahr sind, gehen Sie ruhig zu dem betroffenen Hund. Reden Sie beruhigend auf ihn ein (wenn Sie den Hund nicht kennen, sollten Sie direkten Augenkontakt vermeiden). Wenn möglich, fassen Sie ihn am Nackenfell und ziehen ihm eine Art Halsband an – Ihren Gürtel, ein Seil o. Ä.

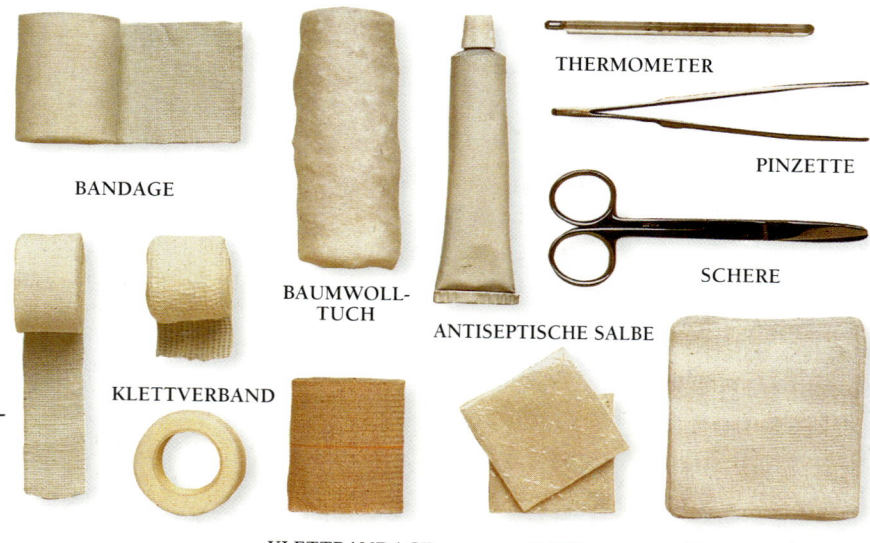

BANDAGE

BAUMWOLL-TUCH

ANTISEPTISCHE SALBE

THERMOMETER

PINZETTE

SCHERE

KLETTVERBAND

■ Erste-Hilfe-Ausrüstung

KLETTBANDAGE

GAZE

STERILE TÜCHER

Das Maul zubinden

Ein verletzter Hund, der ängstlich aussieht und offensichtlich Schmerzen hat, beißt schnell zu. Das muss man verhindern. Eine normale Bandage, sogar ein einfacher Streifen Stoff, ergibt einen effektiven »Maulkorb«. Die Bandage sollte 50–75 cm lang sein.

1. Legen Sie die Bandage einmal um das Maul des Hundes.
2. Kreuzen Sie sie unter dem Kinn, und führen Sie sie hinter den Kopf.
3. Verknoten Sie die Bandage hinten auf dem Nacken, und achten Sie darauf, dass sie weit genug von den Ohren entfernt ist. Der Knoten muss leicht zu öffnen sein.
4. Wenn der Kopf zu flach ist, um das Maul mit einer Bandage zuzubinden, legen Sie dem Hund ein Handtuch um den Hals herum an. Wenn Sie jetzt hinten ins Handtuch greifen, kann der Hund den Kopf nicht drehen und zubeißen. Während der Untersuchung kann das Handtuch fest anliegen.

■ **Wenn Sie keine Bandage** *zur Hand haben, können Sie auch ein Halstuch o. Ä. benutzen, um das Maul zuzubinden.*

Binden Sie das Maul niemals zu, wenn der Hund Atemprobleme hat!

Den Hund festhalten

Der Hund sollte während der Untersuchung fest und sicher gehalten werden. Wenn der Hund sehr groß ist, legen Sie ihm einen Arm um den Hals und drücken das Tier gegen Ihren Körper. Damit haben Sie die andere Hand zur Untersuchung frei und können den Hund abtasten. Kleinere Hunde kann man mit einer Hand ruhig, aber bestimmt am Maul festhalten. Mit dem Ellenbogen der freien Hand drücken Sie den Hund gegen ihren Körper. So können Sie ihn gut untersuchen.

DEFINITION

*Ein Maulkorb besteht aus einem Leder-, Textil- oder Metallgeflecht und soll bissige Hunde am Beißen hindern. Für Erste-Hilfe-Maßnahmen ist es aber besser, das **Maul** des Hundes fest zuzubinden, damit er sich nicht selbst auf die Zunge beißen kann.*

Die Atmung

Große Hunde atmen etwa zehnmal pro Minute, kleine Hunde bis zu 30-mal. Bei Schmerz, Schock, Lungen- oder Herzproblemen steigt die Atemfrequenz. Atmung und Hecheln sind unterschiedliche Dinge. Bei der Arbeit, bei Angst und Schmerzen hechelt der Hund. Das ist die natürliche Art, die Körperwärme zu regulieren. Achten Sie auf die Atmung, nicht auf das Hecheln. Zählen Sie 15 Sekunden lang die Hebungen der Brust und multiplizieren Sie diese Zahl mit 4. Wenn der Hund jedoch bewusstlos und keine Atmung mehr erkennbar ist, müssen Sie ihn künstlich beatmen.

■ **Kontrollieren Sie die Atmung** *des Hundes. Bei Schmerzen, Schock, Herz- oder Lungenproblemen wird sie schneller.*

Das Herz kontrollieren

Das Herz des Hundes schlägt bei großen Rassen etwa 50-mal pro Minute, bei kleinen bis zu 160-mal. Welpen haben oft sogar eine Pulsfrequenz von 200.

Bei Fieber, Schmerzen, Herzerkrankungen und in den ersten Stadien eines Schocks steigt die Zahl der Herzschläge. Um den Herzschlag bei großen Hunden zu überprüfen, legt man die Hand fest auf die linke Brustseite hinter dem Ellenbogen. Bei kleineren Hunden greift man rechts und links hinter die Ellenbogen und fühlt dann das Herz in der Brust schlagen. Bei übergewichtigen Hunden ist das allerdings schwierig.

■ **Sie sollten die normale Herzfrequenz** *Ihres Hundes kennen, denn sie variiert von Rasse zu Rasse zwischen 50 und 200 Schlägen pro Minute. Bei Schock erhöht sich der Herzschlag.*

Alternativ dazu können Sie den Puls fühlen, wenn Sie einen Finger an der Innenseite des Hinterbeins dorthin legen, wo das Bein an den Rumpf stößt. Dort fließt eine große Arterie, die unter der Haut zu ertasten ist. Sie ist leicht zu finden. Zählen Sie 15 Sekunden lang die Herzschläge, und multiplizieren Sie diese Zahl mit 4. Wenn der Hund bewusstlos ist und das Herz nicht mehr schlägt, muss man schnellstens eine Herzmassage durchführen. Darauf komme ich später zurück.

■ **Ihr Hund sieht vielleicht ganz normal aus,** *steht aber vielleicht unter Schock und kann bald darauf ohnmächtig werden.*

Anzeichen für einen Schock

Ein *Schock* kann bei jeder Verletzung auftreten und tödlich enden. Manchmal wirkt der Hund anfangs ganz normal. Wenn er aber beispielsweise bei einem Autounfall verletzt wurde und noch zu Ihnen gerannt kommt, sollten Sie ihn in jedem Fall zum Tierarzt bringen, um einen späteren Schock auszuschließen.

Die Schockbehandlung steht immer an erster Stelle – egal, welche anderen Verletzungen der Hund noch hat. Die Farbe der Schleimhäute ist ein deutlicher Hinweis. Normale Schleimhäute sind rosa. Bei einem Schock werden sie blassrosa oder sogar weiß.

DEFINITION

*Bei einem **Schock** fließt das Blut nicht mehr wie gewöhnlich durch den Körper.*

Wenn Sie bei einem gesunden Hund Ihren Finger auf die Schleimhaut pressen, wird die Stelle weiß. Aber sie bekommt schnell wieder ihre ursprüngliche Farbe, wenn Sie den Finger wegnehmen. Je schwerer der Schock ist, desto länger dauert es, bis das Blut wieder in die Kapillaren fließt. Wenn Sie einen Hund mit normalerweise dunkler Schleimhaut haben, wie das beispielsweise beim Shar-Pei üblich ist, müssen Sie bei einem Schock das Innere der Vagina oder die Farbe des Penis kontrollieren, indem Sie die Vorhaut zurückziehen.

Anzeichen für einen Schock

Die Anzeichen für einen leichten Schock sind:

✓ Schnellere Atmung
✓ Schnellerer Herzschlag
✓ Fahle Schleimhäute
✓ Angst oder Unruhe
✓ Lethargie oder Schwanken
✓ Normale oder Untertemperatur
✓ Langsames Auffüllen der Kapillare (mehr als 2 Sekunden)

Die Anzeichen für einen schweren Schock sind:
✓ Würgen, Erbrechen
✓ Unregelmäßiger Herzschlag
✓ Sehr helle oder blaue Schleimhäute
✓ Extremes Schwanken oder Bewusstlosigkeit
✓ Sehr niedrige Temperatur – unter 36, 7 °C
✓ Langsames Auffüllen der Kapillaren (mehr als 4 Sekunden)

Schockbehandlung

Wenn Ihr Hund Anzeichen eines Schocks zeigt, lassen Sie ihn nicht herumgehen und irgendetwas fressen oder trinken. Machen Sie Folgendes:

1. Stoppen Sie die Blutung, und führen Sie, wenn nötig, eine Herzmassage oder eine künstliche Beatmung durch.
2. Wickeln Sie den Hund in ein Tuch, damit er nicht noch mehr Wärme verliert.
3. Legen Sie ihn mit der Hinterhand höher, damit das Blut leichter ins Gehirn fließen kann.
4. Halten Sie seinen Kopf gestreckt, und fahren Sie zum Tierarzt.

■ **Wenn der Hund einen Schock hat**, *muss man ihn warm zudecken, damit er nicht zu viel Körperwärme verliert.*

329

Ernsthafte Verletzungen

BEI SEHR SCHWEREN VERLETZUNGEN sollten Sie sich nicht damit aufhalten, die Wunde zu reinigen. Leisten Sie Erste Hilfe, und bringen Sie den Hund so schnell wie möglich zum Tierarzt.

Einen verletzten Hund muss man möglichst stabil transportieren, damit er sich nicht noch weiter verletzt. Kleinere Hunde kann man in ein Bettuch einwickeln. Für größere Hunde kann man aus einem Bügelbrett oder einen Holzbrett eine provisorische Trage fertigen und den Hund darauf festbinden. Dabei sollte möglichst eine zweite Person helfen.

INTERNET

www.giftnotruf.de

Diese Seite enthält Links zu allen bundesweiten Giftnotzentralen sowie Tipps zur Ersten Hilfe bei Vergiftungen auch von Haustieren.

Herz-Lungen-Massage

Jede Körperzelle braucht Sauerstoff. Dieser wird in die Lungen gepresst, von den roten Blutkörperchen aufgenommen und vom Herz in den Körper gepumpt. Das Gehirn hat einen enormen Sauerstoffbedarf. Etwa 20 % des Blutes werden in dieses Organ gepumpt. Wenn die Gehirnzellen nicht mit Sauerstoff versorgt werden, nehmen sie massiven Schaden.

In Notfällen kann eine Herzmassage das stillstehende Herz wieder aktivieren, während die künstliche Beatmung Sauerstoff in die Lungen transportiert. Dieses wird zum Gehirn gepumpt, bis der Hund wieder selbstständig atmet. Wichtig ist die Kombination von Herzmassage und künstlicher Beatmung

HERZ-LUNGEN-MASSAGE IST NÖTIG BEI:

- ✓ Blutverlust
- ✓ Zuckerkoma
- ✓ Stromschlag
- ✓ Halb Ertrunkenen
- ✓ Schock
- ✓ Bewusstlosigkeit
- ✓ Rauchvergiftung
- ✓ Herzstillstand
- ✓ Vergiftungen

Künstliche Beatmung

Sie ist nötig, wenn der Hund nicht mehr atmet. Wenn seine Schleimhäute rosa sind, wird noch Sauerstoff im Körper transportiert. Sind sie jedoch weiß oder blau, müssen Sie künstlich beatmen. Wenn Sie nicht feststellen können, ob Ihr Hund noch atmet, halten Sie ihm ein Tuch vor die Nase und beobachten, ob es sich bewegt.

So wird es gemacht

1. Legen Sie den Hund auf die Seite, entfernen Sie Schmutz und Schleim aus dem Maul, und ziehen Sie die Zunge heraus.

2. Schließen Sie das Maul, und bringen Sie Kopf und Hals in eine gerade Linie. Legen Sie Ihren Mund auf die Nase des Hundes, und blasen Sie in diese hinein, bis Sie sehen, wie sich die Brust ausdehnt. Um genügend Luft in die Nase des Hundes blasen zu können, sollten Sie mit Ihren Händen einen Trichter formen.

3. Hören Sie auf zu blasen. Die Lunge des Hundes stößt die Luft jetzt aus. Wiederholen Sie das 10- bis 20-mal pro Minute, bis der Hund wieder selbst atmet.

4. Überprüfen Sie alle 15 Sekunden den Puls, um festzustellen, ob das Herz noch schlägt. Sonst müssen Sie eine Herzmassage vornehmen.

5. Versuchen Sie schnellstmöglich, einen Tierarzt zu konsultieren.

Herzmassage

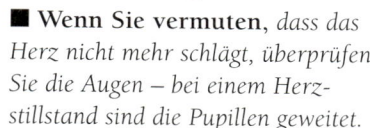

Sie muss nur dann angewandt werden, wenn das Herz nicht mehr schlägt. Überprüfen Sie die Augen des Hundes: Die Pupillen weiten sich, wenn das Herz nicht mehr schlägt. Fühlen Sie den Herzschlag und den Puls. Überprüfen Sie die Schleimhäute. Wenn Sie mit dem Finger darauf drücken und die weiße Farbe wechselt wieder zu Rosa, sowie Sie den Finger wegnehmen, schlägt das Herz noch. Wenn Sie keinen Puls mehr fühlen und die Schleimhäute sich nicht wieder mit Blut füllen, schlägt das Herz nicht mehr.

■ **Wenn Sie vermuten,** *dass das Herz nicht mehr schlägt, überprüfen Sie die Augen – bei einem Herzstillstand sind die Pupillen geweitet.*

Herzmassage bei kleinen Hunden

1. Legen Sie den Hund auf die Seite, wobei der Kopf niedriger als der Rumpf gelagert sein sollte.
2. Umfassen Sie die Brust, indem Sie hinter die Ellenbogen des Hundes fassen. Den Rücken halten Sie mit der anderen Hand fest.
3. Drücken Sie vorsichtig auf den Rippenbogen in Richtung Hals. Wiederholen Sie das etwa 120-mal pro Minute.
4. Nach 15 Sekunden Herzmassage beatmen Sie den Hund zehn Sekunden lang künstlich.
5. Setzen Sie die Herzmassage fort, bis der Puls wieder spürbar ist. Danach führen Sie nur noch künstliche Beatmungsmaßnahmen durch.
6. Rufen Sie so schnell wie möglich einen Tierarzt.

Herzmassage bei größeren und sehr großen Hunden

1. Legen Sie den Hund auf die rechte Seite (den Kopf niedriger als den Rumpf).
2. Legen Sie Ihre Hand knapp unterhalb der Ellenbogen auf die Brust des Hundes und die andere Hand darauf.
3. Drücken Sie die Hand in Richtung Hals nach unten – etwa 100-mal pro Minute.
4. Nach 15 Sekunden Herzmassage müssen Sie zehn Sekunden lang künstlich beatmen.
5. Machen Sie das so lange, bis der Puls wieder spürbar ist. Dann beatmen Sie nur noch.
6. Rufen Sie so schnell wie möglich einen Tierarzt.

Wenn zwei Personen anwesend sind, kann eine die Herzmassage, die andere die künstliche Beatmung durchführen, bis Sie den Herzschlag wieder spüren. Dann kann eine die künstliche Beatmung fortführen, während die andere einen Tierarzt ruft.

Blutungen

PLÖTZLICHE STARKE BLUTUNGEN *sind genauso gefährlich wie leichte Blutungen, die nicht zu stoppen sind. Innere Blutungen kann man kaum feststellen, geschweige denn kontrollieren. Äußere Blutungen hingegen kann man oft durch systematischen Druck stillen.*

Wenn das Blut rhythmisch sprudelt, ist wahrscheinlich eine Arterie verletzt. Das ist schwer zu stoppen, weil der Blutdruck der Arterie, die das Blut vom Herzen weg transportiert, sehr hoch ist. Das Blut, das in den Venen zum Herz hin fließt, ist leichter zu stoppen. Achten Sie auf Anzeichen von Schock: Fahle, weiße Schleimhäute, schnelle Atmung, Schwanken, schneller Puls, kalte Beine oder Pfoten.

■ **Bei stark blutenden Wunden** *sollte man einen Druckverband anlegen.*

Blutungen stillen

1. Wenn ein Erste-Hilfe-Kasten verfügbar ist, sollte man einen der vorgefertigten Druckverbände anlegen. Wenn nicht, kann man jedes saubere und saugfähige Material wie Papiertaschentücher oder Toilettenpapier nehmen und daraus einen Druckverband herstellen.
2. Drücken Sie anfangs mindestens zwei Minuten lang fest auf die Wunde, und sorgen Sie dafür, dass Sie ausreichend Verbandsmaterial zur Hand haben.
3. Versuchen Sie die Blutung möglichst oberhalb des Herzens zu stillen.
4. Entfernen Sie die blutgetränkten Tücher nicht, sie helfen immer noch, die Blutung zu stillen. Warten Sie damit, bis Sie bei einem Tierarzt sind.
5. Suchen Sie so schnell wie möglich einen Tierarzt auf.

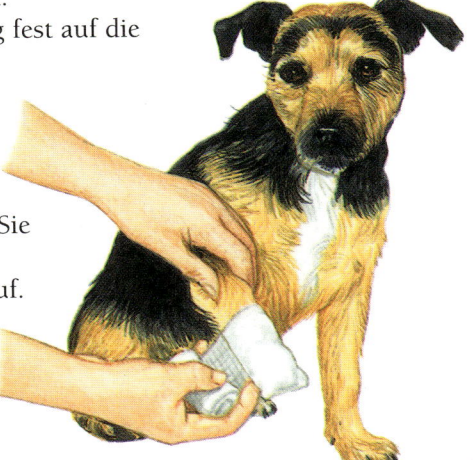

■ **Entfernen Sie blutverschmierte** *Verbände nicht, sondern lassen Sie sie auf der Wunde, und bringen Sie den Hund zum Tierarzt.*

ABBINDEN

Starke Blutungen an den Gliedmaßen stoppt man, indem man das Bein oberhalb der Wunde abbindet. Das kann man mit einem Strick o. Ä. machen – zur Not tut es auch eine Krawatte. Man dreht den Strick am besten um einen Gegenstand, z. B. um einen Kugelschreiber. Auf keinen Fall darf man ihn verknoten. Diese Schlinge hält man fest, bis die Blutung zum Stillstand gekommen ist. Man sollte aber darauf achten, dass man nicht so fest zieht, dass das Gewebe abstirbt. Dies ist ein Notfall, in dem das Tier möglichst schnell zu einem Tierarzt gebracht werden muss – länger als zehn Minuten sollte man eine Gliedmaße nicht abbinden.

Wenn Ihr Hund von einer giftigen Schlange gebissen wurde (auch bei uns gibt es Kreuzottern o. Ä.), binden Sie das Bein nicht ab. Wenn irgend möglich, sollten Sie die Bissstelle mit Eis bedecken, damit sich das Gift nicht weiter ausbreiten kann, und schnellstmöglich zu einem Tierarzt fahren.

■ **Bei Schlangenbissen** *sollte man Eisstücke auf die Bissstelle legen und möglichst schnell zum Tierarzt fahren.*

Blutende Krallen

Eine verletzte Kralle kann stark bluten, die Blutung ist jedoch nur selten lebensgefährlich. Hier hilft meistens schon ein Blut stillender Stift, der beim Tierarzt erhältlich ist. Wenn man einen solchen Stift nicht zur Hand hat, umwickelt man die Stelle mit einem sauberen Tuch und drückt es mindestens zwei Minuten fest auf die Wunde. Danach verbindet man die Stelle und belässt den Verband mindestens zwei Stunden lang. Wenn die Kralle dann immer noch blutet, sollte man einen Tierarzt aufsuchen.

■ **Wenn Ihr Hund verletzt oder krank ist,** *sollten Sie seine Atmung und Herztätigkeit überprüfen.*

ERSTE-HILFE-AUSRÜSTUNG

Richten Sie für Ihren Hund einen besonderen Erste-Hilfe-Kasten ein. Die Telefonnummer Ihres Tierarztes sollte neben dem Telefon liegen oder in das Telefon einprogrammiert sein. Ein Erste-Hilfe-Kasten sollte folgenden Inhalt haben:

- ✔ Thermometer
- ✔ Pinzetten (um Splitter o. Ä. zu entfernen)
- ✔ Medizinischer Alkohol
- ✔ Scheren
- ✔ Desinfektionsmittel (zum Reinigen der Wunden)
- ✔ Antiseptische Salbe
- ✔ Steriles Wasser (zum Auswaschen der Augen)
- ✔ Unterschiedlich breite Mullbinden
- ✔ Saubere Baumwolltücher
- ✔ Sterile Tücher und steriles Verbandsmaterial
- ✔ Desinfektionspuder

■ **Nach einem Unfall** *sollten Sie Ihren Hund immer auf einen Schock hin untersuchen, denn dieser kann tödlich sein.*

Kurze Zusammenfassung

✔ Ein Schock kann tödlich sein. Nach einem Unfall kann der Hund ganz normal wirken und dennoch innerhalb weniger Stunden an einem Schock sterben. Deshalb hat die Schockbehandlung immer Vorrang.

✔ Selbst Ihr Ihnen völlig vertrauender Hund kann bei Schmerzen zubeißen. Seien Sie im Ernstfall also vorsichtig, und binden Sie ihm das Maul zu.

✔ Überprüfen Sie Atmung und Herztätigkeit, und führen Sie im Notfall eine Herzmassage und künstliche Beatmungsmaßnahmen durch.

✔ Versuchen Sie, schwere Blutungen zum Stillstand zu bringen, seien Sie beim Abbinden aber vorsichtig. Meist reicht ein Druckverband aus.

✔ Ihr Erste-Hilfe-Kasten sollte stets griffbereit sein.

TEIL FÜNF

Kapitel 22
Ihr anpassungsfähiger Freund

Kapitel 23
Spaß haben

Kapitel 24
Die Zeit vergeht

Kapitel 25
Der Lebenszyklus

IHR HUND KÖNNTE ÄLTER ALS ZWÖLF JAHRE WERDEN.

EIN FREUND FÜRS LEBEN

Hunde sind erstaunlich anpassungsfähig, aber manchmal brauchen sie doch etwas Hilfe, um sich umzustellen. Wenn Sie Ihrem Hund beistehen, wird er viele Jahre lang Ihr zuverlässigster *Freund* sein. Machen Sie es ihm einfach – dann werden Sie sich beide wohl fühlen!

Hunde lieben ein Leben in physischer und geistiger Aktivität, doch auch sie werden älter. Heutzutage leben Hunde allerdings länger als je zuvor. Das verdanken sie zum Teil der verbesserten medizinischen Versorgung, aber auch der Tatsache, dass wir bereit sind, ihnen bei den natürlichen Problemen zu helfen, die ein langes Leben mit sich bringt. Mit guter *Planung* kann man die Probleme der Alters in den Griff bekommen. Gegen das Altern ist letztendlich kein Kraut gewachsen, aber das Schöne am Leben mit Hunden ist, dass jeder neue Hund wieder ganz unerwartete Freuden in unser Leben bringt.

Kapitel 22

Ihr anpassungsfähiger Freund

Eine der hervorragendsten Eigenschaften von Hunden ist ihre Unwandelbarkeit. Menschen ändern sich. Unsere Freundschaften wachsen und gehen auseinander. Hunde aber bleiben immer gleich, sie begleiten uns in unwandelbarer Treue. Hunde lieben die Kontinuität. Ihretwegen müsste sich die Welt nicht ändern. Doch um Ihres Hundes willen sollten Sie dafür sorgen, dass er sich Änderungen anpassen kann.

In diesem Kapitel ...

✓ Veränderungen im Haus

✓ Unterwegs

✓ Hundepensionen

✓ Unvorhergesehenes und Notfälle

✓ Züchten

✓ Die ersten beiden Wochen im Leben eines Hundes

HUNDE MÖGEN VERÄNDERUNGEN NICHT.

Veränderungen im Haus

JEDER HUND ERLEBT in seinem Leben
Veränderungen. Leute und Haustiere kommen
und gehen, nichts aber macht Hundebesitzern
mehr Sorgen, als wenn sich ein Baby ankündigt.
Wie wird der Hund reagieren, wenn er nicht
mehr im Mittelpunkt steht?

■ **Neue Haustiere stören** *das Leben
des Hundes im Grunde wenig.*

Ein Baby kündigt sich an

Wenn sich Ihr Hund ständig in Ihrer Nähe aufhält, haben Sie sicherlich Bedenken,
dass er eifersüchtig reagiert, wenn ein Baby ins Haus kommt, zumal Sie dann
vielleicht nicht mehr so viel Zeit und Aufmerksamkeit wie früher für ihn auf-
wenden können. Planen Sie im Voraus, indem Sie u. a. die Intensität Ihrer
Beziehung lockern. Wenn der Hund nach der Ankunft des Babys woanders
schlafen soll, ändern Sie das, bevor das Baby kommt. Wenn Ihr Baby
ankommt, lassen Sie den Hund den neuen Geruch aufnehmen,
versuchen Sie aber möglichst, seine Gewohnheiten beizubehalten.
Achten Sie darauf, ihm die Aufmerksamkeit zu widmen,
die er bisher hatte. Wenn Sie das tun, wird sich kaum
eine Rivalität bilden.

■ **Ein Maulkorb**
*trägt nicht dazu bei,
Baby und Hund anei-
nander zu gewöhnen.*

*Ein krabbelndes, zappelndes Baby kann einen
Hund an seine wölfischen Vorfahren erinnern –
und zupacken lassen. Also sollte man Baby bzw. Kleinkind und
Hund niemals unbeaufsichtigt beieinander lassen.*

Ein neuer Hund oder eine neue Katze

Ganz tief in ihrem Innern sind Hunde Jäger – aber auch Feiglinge. Arrangieren Sie das
erste Treffen Ihres Hundes mit der neuen Katze klug – und holen Sie den Feigling aus
seinem Innern hervor, nicht den Jäger. Machen Sie die beiden in einer Situation miteinander bekannt, in der der Hund die Katze nicht jagen kann.

Wenn Sie einen neuen Hund oder eine neue Katze ins Haus bringen, sollten sie den Neuankömmling einige Tage in einen Raum einsperren, während Ihr Hund wie gewohnt im ganzen Haus herumlaufen darf. Wenn der Neuankömmling eine Jungkatze oder ein Welpe ist, lassen Sie Ihren Hund an ihm schnüffeln, wenn er schläft. Wenn er dabei aufwacht und zischt und faucht – prima!

Sie möchten, dass Ihr Hund die Katze respektiert. Das können Katzen Hunden hervorragend beibringen! Aber wenn die Katze noch klein ist, lassen Sie den ersten Schritt immer Ihren Hund machen. Sollte er allerdings Anstalten machen, die Katze zu jagen – was bei Terriern und Windhunden eigentlich vorprogrammiert ist –, sollten Sie ihn ernsthaft tadeln. Machen Sie ihm unmissverständlich klar, dass Sie das nicht möchten. Er wird das schon verstehen – wenn auch nicht gern!

Machen Sie Ihren Hund mit dem Neuankömmling nicht bekannt, indem Sie sie Nase an Nase halten und den beiden erzählen, sie würden die besten Freunde werden …

■ **Machen Sie den Neu- ankömmling** *langsam mit Ihrem Hund bekannt.*

Lex fand die kleine Inca völlig überflüssig, bis sie feststellte, dass auch für sie immer etwas Leckeres abfiel, wenn die Kleine gefüttert wurde. Lex bekam dann nämlich auch immer etwas. Durch diese quasi »versteckte Belohnung« wird Ihr Hund den Neuankömmling leichter akzeptieren. Man nennt das *positive Verstärkung.*

> **DEFINITION**
>
> *Der Ausdruck* **positive Ver- stärkung** *kommt aus der Verhaltensforschung. Er bedeutet, dass man eine Handlung sofort belohnt. Dadurch lernt das Tier, dass diese Handlung positiv ist, und wird sie gern ausführen.*

Besitzwechsel

Hunde sind viel wankelmütiger, als wir es gern hätten. Manchmal entwickeln sie eine wirklich tiefe Beziehung zu einem Menschen, aber die meisten Hunde haben einen eher praktischen Bezug zu ihm. Sie lieben jeden, der ihnen Futter, Zuneigung, Sicherheit und geistige und körperliche Aktivität bietet.

Hunde gewöhnen sich relativ leicht um. Ich sehe das in meiner Praxis immer wieder, wenn ein Hund in einen neuen Haushalt kommt. Oft muss man einem Hundebesitzer raten, den Hund abzugeben, weil er ihn nicht mehr selbst versorgen kann. Dann kommt immer wieder das Argument: »Der Hund kann ohne mich nicht leben.« Das ist blanker Unsinn! Es stimmt einfach nicht, das ist eine rein menschliche Wunschvorstellung.

Hunde gewöhnen sich am besten um, wenn sie viele Menschen um sich haben. Meine Frau Julia, meine Tochter Tamara und ich kümmern uns um Inca, wenn Ben (ihr »richtiger« Besitzer) nicht da ist. Das Ergebnis ist ein junger Hund, der sich prächtig auf Veränderungen einstellen kann.

Unterwegs

ICH HABE IMMER DAVON GETRÄUMT, *einmal mit dem Hund zusammen zu wandern. Golden Retriever sind ideal dafür. Aber ich habe es nie geschafft. Dabei wird es einem heutzutage wirklich leicht gemacht. Es gibt sogar Reiseführer für hundefreundliche Hotels. Wenn Sie dann noch herausfinden, wo der nächste Tierarzt ist, können Sie unbesorgt in den Urlaub fahren.*

■ **Auf längeren Ausflügen** *können große Hunde durchaus ihr eigenes Wasser und Futter tragen.*

Sicher verreisen

Achten Sie darauf, dass Ihr Hund beim Transport sicher untergebracht ist. Er sollte hinter dem Hundegitter sitzen, am besten sogar in einer fest installierten Gitterbox. Wenn das nicht möglich ist, sollten Sie ihn mit einem speziell für Hunde konstruierten Gurt auf dem Rücksitz fixieren.

Lassen Sie Ihren Hund bei warmer Witterung nie allein im Auto zurück. Die Gefahr eines Hitzeschlages ist groß.

Hunde stecken während der Fahrt gern den Kopf aus dem Fenster. Lassen Sie das nicht zu. Öffnen Sie das Fenster nur einen Spalt, damit der Hund genügend frische Luft bekommt. Wenn der Hund den Kopf aus dem Fenster steckt, kann das zu Augenverletzungen führen.

Halten Sie alle zwei Stunden an, damit sich der Hund bewegen kann. Und denken Sie an kleine Plastiktüten, damit Sie seine Hinterlassenschaften gleich entfernen können. Nehmen Sie auch Wasser und eine Wasserschüssel mit. Wenn Ihrem Hund beim Autofahren übel wird, sollten Sie Ihren Tierarzt darauf ansprechen. Es gibt entsprechende Medikamente. Oft gibt sich die Übelkeit auch von selbst, wenn der Hund oft im Auto mitfährt.

Reisen im Ausland

Innerhalb der Europäischen Union ist das Reisen mit einem Hund mittlerweile kein Problem. Ihr Hund sollte allerdings einen Mikrochip implantiert haben und gegen Tollwut geimpft sein. Dann können Sie sich mit ihm in der gesamten EU frei bewegen. Lediglich Großbritannien stellte bisher eine Ausnahme dar: Dort war eine halbjährige Quarantäne für Hunde vorgeschrieben, da man das Einschleppen der Tollwut befürchtete. Ab 2001 können ordnungsgemäß geimpfte Hunde jedoch ohne vorherige Quarantäne nach Großbritannien einreisen.

Übrigens …

Innerhalb der EU können Sie mit einem ordnungsgemäß geimpften Hund problemlos reisen. Sie können Ihren Hund sogar in andere tollwutfreie Länder wie Japan, Australien oder Neuseeland mitnehmen und ohne Quarantäne zurückreisen. Der Hund sollte allerdings geimpft und mit einem Mikrochip gekennzeichnet sein. Die Tollwutimpfung muss in die Papiere eingetragen sein.

INTERNET

www.essex-tierarznei.de

Einreisebestimmungen für viele Länder findet man auf dieser Website.

■ **Setzen Sie Ihren Hund** im Auto in einen ausreichend großen Gitterkäfig.

Übrigens …

Ich befasse mich intensiv mit dem Training von Hunden für taube Menschen. Neben der Ausbildung machen wir mit den Hunden auch noch Agility. Manchmal haben wir bis zu 150 Hunde in unseren Zwingern. Möglicherweise werden Sie nie in die Verlegenheit kommen, Ihren Hund monatelang in einem Zwinger unterbringen zu müssen. Es schadet aber nichts, wenn Sie wissen, was er braucht, um sich für eine kurze Zeit einmal einzufügen, und wie Sie ihm den Aufenthalt angenehmer machen können.

■ **Große Hunde brauchen** spezielle Gurte, mit denen sie auf dem Rücksitz gesichert werden.

IM FLUGZEUG

Vielleicht möchten Sie Ihren Hund ja einmal im Flugzeug mit in den Urlaub nehmen. Achten Sie dann darauf, dass der Transportkäfig ausreichend groß ist und den Richtlinien der Fluggesellschaft entspricht. Ihr Hund selbst sollte zweifach gekennzeichnet sein: durch einen Mikrochip und durch ein Schild am Halsband.

Fliegen Sie möglichst nicht bei allzu großer Hitze, und buchen Sie Direktflüge. Die Transporträume für Hunde im Flugzeug sind zwar klimatisiert, aber die Wartezeiten auf dem Flughafen können für den Hund bei Hitze doch sehr unangenehm sein. Vermeiden Sie Beruhigungsmittel. Diese beruhigen Sie vielleicht, für den Hund aber sind sie ein gesundheitliches Risiko. Bei manchen Fluggesellschaften dürfen kleine Hunde auch im Passagierraum mitreisen.

Erkundigen Sie sich rechtzeitig bei der Fluggesellschaft nach den Richtlinien.

Fragen Sie nach, ob Sie mit dem Hund früher als üblich am Flughafen sein müssen.

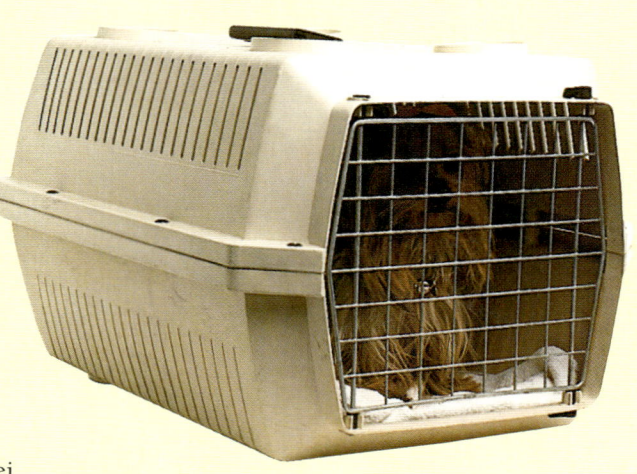

■ **Kleine Hunde** *kann man in einem Transportkorb mit in den Passagierraum nehmen.*

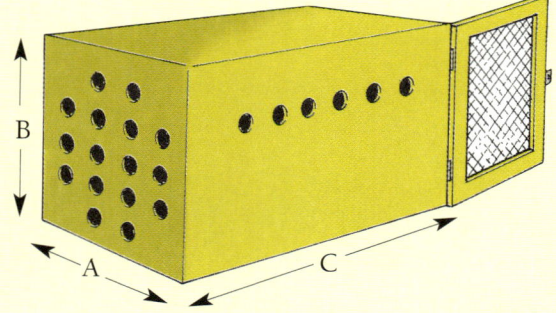

■ **Der Transportkäfig** *muss die richtige Größe haben. Er sollte zweimal so breit wie der Hund sein (A), etwas höher als er (B) und länger als der Hund von der Nase bis zum Schwanz (C).*

Hundepensionen

WENN SIE IHREN HUND EINMAL NICHT MITNEHMEN KÖNNEN, müssen Sie ihn vielleicht in einer Hundepension unterbringen. Ich persönlich habe damit keine Probleme, wenn die Unterkünfte der Hunde sauber und bequem sind und das Personal freundlich ist und sich mit den Hunden beschäftigt.

Darauf sollten Sie achten

Besuchen Sie die Hundepension schon einmal im Voraus. Die meisten modernen Hundepensionen sind sehr komfortabel: Sie bieten eigene Unterkünfte für jeden Hund, gutes Futter und ausreichend Beschäftigungsmöglichkeiten. Denken Sie rechtzeitig daran, dass gute Hundepensionen gerade zu Stoßzeiten wie Ferien und Weihnachten oft lange Zeit im Voraus ausgebucht sind.

Gute Adressen erfahren sie meist über die örtlichen Tierheime, die Hunde auch schon einmal für kurze Zeit aufnehmen. Oder fragen Sie Ihren Tierarzt, der kann ihnen mit Sicherheit eine gute Ferienunterkunft für Ihren Hund empfehlen.

Umziehen

Während Katzen Umzüge hassen, finden die neugierigeren Hunde es eher spannend, neue Umgebungen zu erkunden und neuen Aktivitäten nachzugehen.

Lassen Sie Ihren Hund nicht gleich im ganzen Haus und auf dem ganzen Grundstück herumlaufen, sondern erlauben Sie ihm anfangs nur, ein paar Räume kennen zu lernen. Das reduziert auch die Möglichkeit, jede Ecke durch Urin zu markieren. In den Garten darf der Hund erst dann, wenn dieser ausbruchsicher ist.

Wenn Sie möchten, dass Ihr Hund an einer bestimmten Ecke im Garten sein Geschäft macht, nehmen Sie einfach etwas Erde von seiner früheren »Toilette« mit und werfen sie dort auf den Boden. Ihr Hund wird es zwar seltsam finden, dass sein Geruch schon da ist, diese Toilette aber annehmen.

INTERNET

www.essex-tierarznei.de

Hier werden regelmäßig Tipps veröffentlicht, wie Sie Ihren Liebling gesund und munter erhalten.

345

Unvorhergesehenes und Notfälle

ES KANN IMMER etwas Unvorhergesehenes geschehen. Bei meinen Eltern war es vor einigen Jahren die plötzliche Evakuierung vor einem Hurrikan in Florida, USA. Meist sind es aber familiäre Gründe, wenn man sich plötzlich nicht um den Hund kümmern kann. Wohin dann mit ihm?

Vorher planen

Wie immer im Leben können einem auch hier ein paar Minuten Planung später Chaos, schlechtes Gewissen und Unzufriedenheit verhindern. Es müssen ja nicht immer große Unwetterkatastrophen sein – manchmal reicht schon ein kleiner Unfall der Oma aus. Überlegen Sie sich also rechtzeitig, wo Sie Ihren Hund im Notfall unterbringen können.

Vermerken Sie Daten, Medikamente etc.

Ihr Hund sollte jederzeit identifizierbar sein – durch sein Namensschild am Halsband und den implantierten Microchip. Vermerken Sie auf dem Halsband Ihre Anschrift und Telefonnummer.

Halten Sie die Daten Ihres Hundes schriftlich fest: Mikrochipnummer, Tätowierungsnummer, Medikamente, den Namen/die Telefonnummer Ihres Tierarztes und alle vorgenommenen Impfungen. An das Blatt heften Sie ein Foto Ihres Hundes. Legen Sie diese Aufstellung in zweifacher Ausfertigung an, und deponieren Sie eine davon bei einem Freund.

Wenn Sie in einem Gebiet wohnen, in dem es zu Sturmfluten oder im Winter zu Lawinen kommen kann, müssen Sie einen ausreichenden Vorrat für Ihren Hund anlegen. Denken Sie dabei aber nicht nur an eine genügende Menge Futter, sondern auch an Medikamente. Legen Sie außerdem eine zusätzliche Leine, einen Maulkorb und den Erste-Hilfe-Kasten an einen speziellen Platz, an dem alles gut greifbar ist, und benutzen Sie diese Dinge nur im Notfall. Kontrollieren Sie Lebensmittel und Medikamente ab und zu auf Verfallsdaten.

■ **Ihr Erste-Hilfe-Kasten**
sollte einen Maulkorb enthalten, denn auch der netteste Hund kann zubeißen, wenn er verletzt ist.

■ **Halsmarken** *sind praktisch und haltbar.*

■ **Dieser kleine Behälter** *enthält ein Blatt Papier mit vielen Informationen.*

NAME ....
ADDRESS .... TEL ......

WENN IHR HUND EINMAL VERLOREN GEHT

Nichts ist schlimmer als die Panik und die Schuldgefühle, wenn der Hund plötzlich verschwunden ist. Das hat fast jeder Hundebesitzer schon einmal mitgemacht. Mir passierte das mit meiner Golden-Retriever-Hündin Liberty in einem Park, während ich mich mit meiner Mutter unterhielt und nicht auf den Hund achtete. Plötzlich war Libby weg. Wir haben sie im Park und auch außerhalb davon gesucht, aber sie war wie vom Erdboden verschluckt. Glücklicherweise lag sie dann abends an genau derselben Stelle unter einem Baum, an der ich sie zuletzt gesehen hatte. Das kann immer einmal passieren. Tun Sie Folgendes, wenn Sie Ihren Hund vermissen:

1. Bewahren Sie Ruhe. Denken Sie genau nach, was Ihr Hund tun würde, wenn er Sie verloren hätte.
2. Beginnen Sie sofort mit der Suche, und fragen Sie alle Personen in Ihrer Umgebung, ob sie einen Hund gesehen haben.
3. Rufen Sie die Polizei an, Ihren Tierarzt, alle Tierärzte in der näheren Umgebung und das Tierheim. Beschreiben Sie Ihren Hund, und geben Sie die Nummer seiner Tätowierung an.
4. Verfassen Sie eine Vermisstenmeldung (mit einem Foto Ihres Hundes), auf der Sie eine Belohnung anbieten. Das Flugblatt können Sie an Bäumen oder im Supermarkt aushängen.

■ **Ihr Hund sollte** *immer ein Halsband mit gut sichtbarer Identifikation tragen.*

Züchten

OB MAN ZÜCHTET ODER NICHT, ist eine Sache von Herz und Verstand. Die meisten Hundebesitzer, die ihre Hunde sehr lieben, sind im Konflikt mit sich, ob sie züchten sollen oder nicht. Ich selbst frage mich immer wieder, ob ich das Recht habe, für meinen Hund die Familienplanung zu übernehmen, und wie ich mich im Einzelfall entscheiden soll.

■ **Züchten erfordert** *viel Verantwortung. Bedenken Sie die Vor- und Nachteile gut.*

Die Vorteile

Die Vorteile der Zucht liegen auf der Hand. Da ist zuerst einmal das Gefühl, dass von unserem Hund etwas bleibt, wenn er einmal tot ist. Das relativ kurze Hundeleben (normalerweise etwa zwölf Jahre) ist immer wieder der Grund für tiefe Trauer bei Hundebesitzern. Bei Rassehunden kommt noch der Gedanke des Erhalts der Rasse hinzu. Außerdem ist es »natürlich«, dass Hunde sich vermehren. Unser Herz sagt uns, dass es das natürliche Ziel eines jeden Hundes ist, zu überleben und sich zu vermehren. Daran sollte man immer denken, wenn man sich einen neuen Hund anschafft. Meine Familie wird mit Sicherheit wieder mit diesem Gedanken konfrontiert, wenn Inca älter ist und die Entscheidung ansteht, ob sie Junge haben soll oder nicht.

Die Nachteile

Die meisten Argumente gegen die Zucht sind von der Vernunft und nicht vom Herzen bestimmt. Seien Sie realistisch. Es mag ja »natürlich« sein, dass wir unsere Hunde sich vermehren

■ **Die meisten Rassen** *gäbe es gar nicht, wenn wir nicht jahrzehntelang selektiv gezüchtet hätten.*

lassen, aber ist es denn »natürlich«, wie wir sie halten? In einer »natürlichen« Umgebung gäbe es niemals so viele unerwünschte Hunde, wie man sie jeden Tag auf den Straßen sehen kann. Ist es »natürlich«, Schwächlinge aufzuziehen oder Miniaturrassen oder Hunderassen mit gewollten genetischen Defekten zu züchten? Meiner Meinung nach sollten wir unsere Hunde (oder Katzen) nicht mit wild lebenden Tieren vergleichen, die für sich selbst sorgen müssen. Hunde und Menschen sind eine Verbindung eingegangen, die für die Hunde außerordentlich vorteilhaft war. Denn durch die Verbindung mit uns und weil wir entscheiden, wann und wie sich sich vermehren dürfen, haben sie sich in vielen Variationen über die ganze Welt ausgebreitet. Züchten ist eine verantwortungsvolle Angelegenheit und erfordert viel Wissen. Ihr Entscheidung, ob Sie züchten wollen oder nicht, sollte von Ihrem Hund abhängen, seiner Gesundheit, einem passenden Partner und Ihren Möglichkeiten, die Welpen gut aufzuziehen und unterzubringen.

■ **Die meisten Hundebesitzer** *lieben Welpen, aber es ist oft schwierig, ein gutes Heim für sie zu finden.*

Und noch etwas spricht gegen die Zucht. Es gibt unendlich viele überflüssige Hunde – die Tierheime sind voll von ihnen. Viele will niemand haben, und so fristen sie ein trauriges Dasein in Zwingern oder werden eingeschläfert. Sind Sie sicher, dass Sie noch mehr Hunde in die Welt setzen wollen?

Läufigkeit, Trächtigkeit und Geburt

Züchten ist eine ernsthafte Sache. Wenn Sie züchten wollen, bietet Ihnen dieses Kapitel bei weitem nicht genügend Informationen.

Sie sollten in jedem Fall mit einem erfahrenen Züchter und mit Ihrem Tierarzt sprechen und die entsprechende Literatur konsultieren. Dennoch kann Ihnen die Beschreibung auf den nächsten Seiten einen Einblick darüber geben, was auf Sie zukommt und wie viel Zeit Sie brauchen werden.

> **DEFINITION**
>
> *Während der* **Läufigkeit** *ist die Hündin zur Paarung bereit und kann gedeckt werden.*

Die Hündinnen fast aller Rassen (nicht bei den Basenji) werden zweimal im Jahr läufig. Der Hormonspiegel der Rüden hingegen bleibt das ganze Jahr über konstant. Lediglich im Frühjahr kann er leicht ansteigen – die so genannten »Frühlingsgefühle«.

DAS PASSIERT BEI BEIDEN GESCHLECHTERN:

RÜDE	HÜNDIN	TRÄCHTIGE HÜNDIN
Sexuell sehr interessiert	**PROÖSTRUS** Dauer: 7–14 Tage. Die Vulva schwillt an. Zuerst blutiger, dann klarer Vaginalausfluss. Erhöhte Unruhe, eventuelles Streunen. Akzeptiert noch Decken.	
Extrem sexuell interessiert	**ÖSTRUS** Dauer: 4–7 Tage. Kein Ausfluss mehr möglich. Die Hündin akzeptiert den Rüden.	**TRÄCHTIGKEIT** Dauer: 58–65 Tage. In den ersten 3 Wochen keine sichtbaren Anzeichen.
Sexuell interessiert	**DIESTRUS** Dauer: 6–10 Wochen; Hormon-wechsel findet statt. Zeit der »Scheinschwangerschaft«. Die Uteruswände werden dicker, oft vergrößertes und entzündetes Gesäuge. Milchproduktion, mütterliches Verhalten gegen-über Spielzeug etc.	**SICHTBARE TRÄCHTIGKEIT** Die Aktivitäten vermindern sich, das Gesäuge wird größer und rosa. Der Leib wird runder. Die Geburt steht bevor.
Sexuell uninteressiert	**ANESTRUS** Dauer: 15 Wochen. Keine hormonelle Tätigkeit. Keine Milchproduktion.	**LAKTATION** Dauer: 6–9 Wochen. Die Kondi-tion der Hündin nimmt ab. Das mütterliche Verhalten verstärkt sich. Danach Entwöhnung der Welpen durch die Mutter.

■ **Ihre Hündin zeigt dem Rüden**, *dass sie deck-bereit ist, indem sie den Schwanz zur Seite hält.*

Züchten mit Ihrer Hündin

Wenn Sie mit Ihrer Hündin züchten wollen, tun Sie Folgendes:

1. Sorgen Sie früh genug für ein gutes Zuhause für Ihre Welpen.
2. Führen Sie Ihre Hündin während der Läufigkeit stets an der Leine, um unerwünschtes Decken zu verhindern.

3. Lassen Sie die Hündin und den Rüden vom Tierarzt untersuchen. Beide müssen gesund sein.

4. Beide Hunde müssen frei von Brucellose sein. Das ist eine Krankheit, die beim Geschlechtsverkehr übertragen werden kann.

5. Beide Hunde sollten im Zuchtverband registriert sein. Erkundigen Sie sich, was Sie unternehmen müssen, damit auch die Welpen eingetragen werden.

6. Bringen Sie Ihre Hündin zu dem Rüden. Es gibt Rüden, die in fremder Umgebung nur ungern decken.

7. Arrangieren Sie etwa am zwölften Tag der Läufigkeit einen Decktermin und zwei Tage später einen zweiten.

8. Gehen Sie drei Wochen später zum Tierarzt, um festzustellen, ob die Hündin trächtig ist.

■ **Nach dem Aufspringen** *entleert der Hund seinen Samen innerhalb einer Minute.*

■ **Nach der Besamung** *dehnt sich der Penis in der Vagina noch einmal und füllt sie ganz aus. Man nennt das »hängen«.*

■ **Beruhigen Sie die Hündin**, *damit sie den Rüden nicht verletzt.*

Geburt

Einen Tag vor der Geburt will die Hündin nicht mehr fressen. Sie wird unruhig und sucht den Platz auf, den sie sich für die Geburt ausgesucht hat (das ist manchmal leider nicht das hübsche Körbchen, das Sie ihr dafür hergerichtet haben). Kurz vor der Geburt zerreißt die erste Fruchtblase (jeder Welpe hat eine eigene Fruchtblase), und das urinähnliche Fruchtwasser tritt aus. Langsam beginnen die Wehen und werden stärker, bis nach etwa zwei Stunden der erste Welpe geboren wird. Die nachfolgenden Welpen erscheinen in Abständen von zehn bis 75 Minuten. Das ist der Ablauf einer normalen Geburt. Leider ist es nicht immer so einfach. Sagen Sie Ihrem Tierarzt bei Beginn der Geburt Bescheid, sodass er sich auf einen eventuellen Notfall einrichten kann.

Wenn die Wehen zwei Stunden nach dem Austritt des Fruchtwassers nicht eingesetzt haben oder ein Welpe nach 15 Minuten starker Wehen nicht geboren wird, sollten Sie einen Tierarzt rufen.

DEFINITION

*Der **Kaiserschnitt** wird vorgenommen, wenn die Hündin die Welpen nicht auf normalem Weg zur Welt bringen kann. Er sollte immer in der Tierarztpraxis erfolgen.*

Die ersten beiden Wochen im Leben des Welpen

ICH BIN IMMER WIEDER HINGERISSEN, wenn ich sehe, wie eine Hündin, die vorher völlig von ihrer menschlichen Familie abhängig war, ihre Jungen selbstständig versorgt. Sie gibt ihnen Nahrung, Wärme und Schutz. Die Kleinen kuscheln sich zusammen, um sich gegenseitig zu wärmen – und bekommen so Freude am Körperkontakt.

Extrafutter

Bei vielen Welpen sollte man die Mutter reichlicher füttern. Sprechen Sie mit Ihrem Tierarzt darüber, ob es bei der Hündin nötig ist. Die Welpen wiegen Sie jeden Tag einzeln. Das schwächste und schüchternste Junge wird von den anderen zu leicht weggeschubst.

Je früher sie das schwächste Junge unterstützen, einen desto besseren Start ins Leben hat es. Sie können beispielsweise die kräftigeren Jungen an die vorderen Zitzen legen und die schwächeren an die hinteren, die meist mehr Milch haben.

Bis zum Alter von drei Wochen werden die Jungen gesäugt. Danach können sie mit Hilfe von speziellem Welpenfutter entwöhnt werden. Füttern Sie anfangs kein normales Hundefutter, das verträgt ihr Verdauungsapparat noch nicht. Sprechen Sie mit Ihrem Tierarzt über die speziellen Bedürfnisse der Welpen.

■ **Bei Beginn der Wehen** *hechelt die Hündin vermehrt. Ihr Körper wird steif, und die Körpertemperatur steigt an.*

■ **Während der Wehen** *steht die Hündin und dreht sich im Kreis. Lassen Sie sie dabei in Ruhe allein die beste Position finden.*

■ **Die Mutter reinigt** *die Welpen sofort. Sie beißt die Nabelschnur durch und stimuliert die Atmung der Neugeborenen durch das Ablecken.*

WANN SOLLTE MAN DIE HÜNDIN STERILISIEREN LASSEN?

Manche Leute glauben, die Hündin sollte einmal Junge gehabt haben, zumindest aber einmal läufig gewesen sein, ehe sie sterilisiert wird. Ich bin da anderer Meinung. Wir Menschen haben unser ganzes Leben lang diesen Pflegetrieb in uns – Hündinnen nicht. Sie entwöhnen ihre Jungen relativ schnell und sehen sie dann als Konkurrenten an. Man sollte die menschlichen Gefühle nicht auf Hunde übertragen – Hunde sind eben Hunde. Tierärzte und Wissenschaftlicher sind sich darüber einig, dass es für die Hündin keinen Vorteil bringt, wenn sie vor der Kastration einmal läufig war. Aus anatomischen Gründen ist eine Läufigkeit nur dann wünschenswert, wenn die Vulva der Hündin zu wenig entwickelt ist. Sprechen Sie am besten mit Ihrem Tierarzt darüber. Wenn es nicht nötig ist, lassen Sie Ihre Hündin vor der ersten Läufigkeit sterilisen.

Kurze Zusammenfassung

✓ Hunde sind viel pragmatischer als wir und finden sich relativ leicht mit Veränderungen ab. Dennoch sollten Sie bei einschneidenden Veränderungen für Ihren Hund da sein.

✓ Halten Sie immer einen »Notfallkasten« für Ihren Hund bereit, und überlegen Sie sich, was Sie im Notfall tun würden.

✓ Einen neuen Hund oder eine neue Katze sollten Sie Ihrem Hund vorsichtig nahe bringen. Lassen Sie die Tiere anfangs nicht unbeaufsichtigt allein.

✓ Wenn Sie das Reisen mit Ihrem Hund gut vorbereiten, wird auch er gern mit Ihnen wegfahren.

✓ Hunde und Babys sollte man nicht unbeaufsichtigt zusammen lassen.

✓ Man sollte nicht leichtfertig züchten, sondern es denen überlassen, die die Möglichkeiten haben, den jungen Hunden einen guten Start ins Leben zu geben.

✓ Hündinnen brauchen nicht einmal Junge gehabt zu haben oder läufig gewesen zu sein, bevor sie sterilisiert werden können.

Kapitel 23

Spaß haben

DIE GLÜCKLICHSTEN HUNDE sind diejenigen, deren Besitzer wissen, wie langweilig ein Leben sein kann, das nur aus Essen, Schlafen, Gestreicheltwerden und einem Spaziergang von einer halben Stunde am Tag besteht. Viele Hunde verblöden geradezu, weil man ihnen nicht die Chance gibt, das zu tun, wofür Hunde geschaffen sind – zu arbeiten. Ja, ich bin mir bewusst, dass kaum jemand die Möglichkeit hat, seinen Hütehund Schafherden hüten, Vieh treiben oder Wölfe verjagen zu lassen. Aber es gibt doch so viele Alternativen. Hund haben Spaß an jeder Art von Unterordnung, Arbeit und Geschicklichkeitsübungen. Zur Not können Sie mit Ihrem Hund aber auch auf Ausstellungen Ihres Zuchtverbandes gehen.

In diesem Kapitel ...

✓ **Hundeschauen**

✓ **Hundesport**

✓ **Im Dienst des Menschen**

FORDERN SIE IHREN HUND GEISTIG UND KÖRPERLICH.

Hundeschauen

MANCHMAL WIRKT EINE HUNDEAUSSTELLUNG *wie eine Schönheitsschau, aber natürlich liegt die Schönheit im Auge des Betrachters. Sie und Ihr Hund treten gegen andere Hunde und deren Besitzer an und kämpfen um Titel wie »Bester Hund dieser Rasse«, »Bester Hund der Gruppe«, »Bester Hund der Schau« – alles in den Augen der Richter. Da die Beurteilung so subjektiv ist, kann eine Hundausstellung für die Besitzer zur emotionalen Belastung werden. Den Hunden ist das egal. Sie finden die Ausstellung mit ihren vielen Gerüchen und Geräuschen einfach spannend. Die Gewinner sind meist solche Hunde, die sich sowieso gern »zeigen«.*

■ **Offizielle Rasseschauen** *werden von den einzelnen Rasseverbänden organisiert.*

Schauen und Ausstellungen

Es gibt allgemeine Hundeschauen und Rasseausstellungen, auf denn die Hunde offiziell von Richtern gewertet werden. Hier geht es nicht nur um Schönheit, sondern auch um Korrektheit des Körperbaus, das Wesen des Hundes usw. An den Rasseausstellungen können nur eingetragene Hunde der jeweiligen Rasse teilnehmen.

■ **Die Hunde werden** *nach dem Rassestandard beurteilt, dem sie möglichst entsprechen sollen.*

Wie funktioniert das Richten?

Bei einer offiziellen Ausstellung werden Exterieur und Wesen des Hundes beurteilt. Es gibt Rassestandards, an denen jeder Hund gemessen wird. Der Rassestandard beschreibt »den idealen Hund« der jeweiligen Rasse hinsichtlich Farbe, Felltextur, Größe und Erscheinungsbild, Größe und Form der Ohren, Augenfarbe und -schnitt, Bewegungsablauf usw.

Hunde werden nach Geschlecht getrennt gerichtet. Junghunde haben eigene Klassen; bei einigen Rassen werden die Hunde sogar nach Farben getrennt beurteilt. Zuerst werden die Gewinner der einzelnen Klassen festgestellt, unter diesen wiederum der beste Rüde und die beste Hündin ermittelt. Einer von beiden wird dann der »Beste Hund der Schau«.

Der Gewinner wiederum kann in anderen Schauen gegen Gewinner aus anderen Schauen antreten. Die Ausstellungen beginnen auf regionaler Ebene, dann kommt die nationale, die kontinentale und schließlich die weltweite. Auf diesem hohen Level wird »Der weltbeste Hund der Rasse« festgestellt, wobei das eben der Hund ist, der den Richtern auf vielen Ausstellungen gut gefallen hat. Der wirklich beste Hund dieser Rasse auf der Welt muss es deshalb noch lange nicht sein.

Das braucht man zum Gewinnen

Die Ausstellungsgewinner sind meistens Exhibitionisten. Sie bringen eine Aura von Selbstzufriedenheit mit in den Ring. Beurteilt werden sie nach ihren persönlichen Merkmalen, die aber so weit wie möglich mit dem Rassestandard übereinstimmen müssen. Das sind dann Anforderungen wie »gutmütig«, »sanft«, »süß«, »freundlich« oder gar »würdig«.

■ **Denken Sie immer daran**: *»Schönheit liegt im Auge des (Hunde-)Besitzers.«*

Seien Sie realistisch, was Ihre Chancen angeht. Erwarten Sie nicht, dass Sie gewinnen. Ausstellungen haben ihre eigenen Gesetze, und diese müssen Sie und Ihr Hund erst kennen lernen.

Es ist ein großer Unterschied, ob Sie einen qualitätvollen Hund haben oder einen Hund, der Schauqualitäten hat. Es gibt sehr viele gute Hunde, die sich auf Schauen einfach nicht gut »zeigen«. Gut sind sie dennoch. Und selbst wenn Sie sich einen bereits schauerfahrenen Junghund kaufen, ist das keine Garantie für spätere Ausstellungserfolge.

Nicht rassespezifische Hundeschauen

Diese Hundeschauen werden nicht von den großen Zuchtverbänden organisiert, sondern von Hundebesitzern aller Rassen. Auf ihnen geht es viel fröhlicher und entspannter zu. Gerichtet wird meist in den Klassen »Mischlinge«, »Kreuzungen« und »Rassen«. Aber auch hier sind die Besitzer natürlich stolz auf ihre Hunde. Manche Ausstellungen vergeben Preise für die schönste Taille, das glänzendste Fell, die lustigsten Augen usw. Manchmal sogar für »den Hund, den der Richter am liebsten mit nach Hause nehmen würde«.

Rosetten und Schleifen gibt es auch hier. Ganze Familien mit Vater, Mutter und Kindern platzen fast vor Stolz, wenn ihr Hund gewinnt! Ich war auf solchen Schauen Richter – ich kann ein Lied davon singen! »Schauen Sie sich doch mal den Schwanz an! Der räumt Ihnen innerhalb von zwei Sekunden ein ganzes Kaffeetablett leer! Ist das etwa keinen Preis wert?« Und so weiter.

Hundesport

WENN IHR HUND wählen könnte, würde er ein sportliches Leben führen. Beim Hundesport werden Körper und Geist gefordert. Wenn Sie Hundesport betreiben, geben Sie Ihrem Hund die Möglichkeit, zu denken, seine Sinne und Reflexe, seine Stärke und seine Kraft zu benutzen. Wenn Sie die Möglichkeit haben, mit Ihrem Hund vielleicht die Begleithundeprüfung oder die Agility zu machen, werden Sie wissen, was ich meine. Diese Wettbewerbe sind die für Hunde am besten geeigneten, weil sie hier alles geben können.

Durch den Hundesport wachsen Sie und Ihr Hund eng zusammen. Wenn Sie gemeinsam trainieren, neues Terrain erkunden und Erfolg haben, werden Sie staunen, wie viel besser Sie sich mit Ihrem Hund verstehen und wie viel besser Ihr Hund Sie versteht.

Gehorsamstraining

Beim Gehorsamstraining üben Besitzer und Hund eine Reihe aufeinander aufbauender Aufgaben wie z. B. Liegenbleiben, auf Kommando herkommen, Bleiben und später auch Apportieren.

Richtig gute Hunde sind körperlich fit und ständig wach. Die Augen sind immer auf ihren Besitzer gerichtet, sie reagieren auf das kleinste Hand- oder Wortsignal. Diese Teamarbeit ist einfach schön anzusehen, denn man merkt, wie viel Freude der Hund daran hat.

■ **Bei Jagdhundeprüfungen** *muss der Hund völlig kontrolliert arbeiten.*

Die Gewinner sind immer muntere, fröhliche, glückliche Hunde, die sich zu 100 % auf ihren Besitzer konzentrieren und sich freuen, ihm gehorchen zu dürfen. Natürlich eignen sich manche Rassen wie Border Collies und Golden Retriever für diese Gehorsamsübungen besser als andere, die dafür teilweise überhaupt nicht geeignet sind, wie z. B. der Wolfsspitz, der seinen ganz eigenen Kopf hat.

Eine Rallye unter Freunden

Nicht jeder Hundebesitzer möchte sich mit seinem Hund wettbewerbsmäßig betätigen. Manchem liegt dieser Druck nicht. Aber eine Geschicklichkeitsprüfung oder eine kleine Rallye unter Freunden macht auch solchen Hundebesitzern Spaß, die nicht regelmäßig trainieren nöchten.

■ **Spürhunde** *dürfen bei Rallyes auf Fährtensuche gehen.*

Man kann das mit einer sonntäglichen Wanderung verbinden und auf dem Weg eine Gehorsamsprüfung, eine Fährtensuche, eine Bachdurchquerung (Spaniels werden es ihren Besitzern danken!), einen Geschicklichkeitsparcours o. Ä. einbauen.

Dabei sollte der Spaß vor dem Leistungsdenken stehen, und die »Prüfungen« sollten so ausgelegt sein, dass wirklich jeder Hundebesitzer ein Erfolgserlebnis hat. Für eine alte Dame mit ihrem kleinen Mischling könnte man vielleicht die Prüfung »Wer gibt am besten Pfötchen?« oder »Wer macht am besten Männchen?« einbauen. Niemand soll hierbei unter Druck geraten, es soll wirklich reiner Spaß an und mit den Hunden sein. Am Ende der Rallye gibt es ein Leckerli für jeden Hund, das der Hundebesitzer am besten selbst mitbringt, damit auch jeder Hund das richtige bekommt.

DEFINITION

Was bedeutet »vorstehen«? Ein Vorstehhund hat die Aufgabe, dem Jäger aufgestöbertes oder verwundetes Wild zu zeigen und es ohne körperliche Berührung festzuhalten. Der Hund steht in höchster Anspannung absolut still, meist hat er eine Pfote erhoben. Der Sinn der Übung ist, dass das Wild so lange »gestellt« wird, bis der Jäger die Zeit gefunden hat, es zu schießen.

Jagdhundeprüfungen

Diese Prüfungen sind speziell auf Jagdhunde und auf die jeweiligen Rassen zugeschnitten. Retriever apportieren, Deutsch Drahthaar und Münsterländer »stehen vor«, Dachshunde müssen in einen Bau usw.

Größe, Erscheinungsbild und Kondition von Arbeitshunden unterscheiden sich enorm von derjenigen von Ausstellungshunden. Arbeitende Spaniels sind immer schlanker, ihr Fell ist dünner und härter als das ihrer Rassegenossen auf Ausstellungen. Jagdlich geführte Labrador Retriever sind leichtknochige, stark bemuskelte, immer fröhliche Athleten und mit ihren Ausstellungskollegen mit ihrem wesentlich schwereren Körperbau und ihrer tieferen Brust überhaupt nicht zu vergleichen.

■ **Ein Pointer** *apportiert einen geschossenen Vogel.*

Rennen

Bei Hunderennen jagen Windhunde, Salukis und Sloughis mit ungeheurem Tempo künstlichen Hasen hinterher. Ich bin jedes Mal wieder begeistert, wenn diese Hunde, die in meiner Praxis eher schüchtern und zurückhaltend auftreten, sich auf der Bahn in regelrechte Energiebündel verwandeln, die nur so dahinschießen. Diese Hunde brauchen Rennen, um glücklich zu sein.

Fährtensuchen

Bei diesen Wettbewerben wird der Hund auf eine von Menschen gelegte Fährte geschickt. Die Spur kann sehr kompliziert sein und durch spezielle Trailhindernisse zusätzlich erschwert werden. Bei diesem Sport muss man seinem Hund absolut vertrauen, denn nur er weiß, wie die Fährte verläuft.

■ **Schafherden** *werden immer noch von Hütehunden begleitet, die beim Leistungshüten ihr Können zeigen dürfen.*

Leistungshüten

Die meisten Arbeitshunde auf der Welt sind Hütehunde. Überall auf der Welt gibt es daher das Leistungshüten in vielen Variationen als Wettbewerb. Ein guter Hütehund hütet, dirigiert und hält die Herde zusammen, ohne sie zu ängstigen. Das muss er auf Prüfungen beweisen.

Übrigens…

Viele Hundezüchterverbände richten eigene Hundeveranstaltungen aus. Entsprechende Kontaktadressen finden Sie im Anhang.

Schlittenfahren

Schlittenrennen sind nicht nur in Nordamerika und Skandinavien beliebt, auch in Deutschland gewinnt dieser Sport immer mehr Anhänger. Da es bei uns nicht das ganze Jahr über Schnee gibt, wird im Sommer mit Rädern unter dem Schlitten gefahren. Die Hunde haben das Laufen im Blut und werden nur durch Zuruf ihres Führers, des »Musher« dirigiert. Das berühmteste Hunderennen ist der »Aditarod« in Alaska, ein Langstreckenrennen, bei dem die Hunde ihr Letztes geben müssen. Hier haben nur arktische Hunde wie Alaska Malamutes und Huskys eine Chance.

■ **Malamutes** *und andere arktische Hunderassen sind dafür prädestiniert, leichte Schlitten und Lasten über weite Strecken zu ziehen.*

Agility

Agility ist der jüngste und – für die Hunde – wohl schönste Hundesport, bei dem diese gegeneinander und gegen die Uhr kämpfen. Dabei müssen sie einen Hindernisparcours überwinden, der Wippen, Sprünge, Schlangenlinien und Balancieren beinhaltet.

Wenn Sie an einem Agility-Wettbewerb teilnehmen möchten, sollten Ihr Hund und Sie in Topform sein, denn Sie müssen beide so schnell wie möglich über den Parcours laufen, wobei jedoch nur Ihr Hund die Hindernisse überwinden muss. Sie brauchen also weniger Kräfte, dennoch ist es auch für den Hundebesitzer ein fantastischer Sport.

■ **Agility-Prüfungen** *sind der schönste Hundesport, denn sie fordern Geist und Körper und bringen auch den Hundebesitzer in Topform.*

Flyball

Dieses Spiel wird immer im Team gespielt und ist für Hunde deshalb so spannend, weil es auch ihre Intelligenz anspricht. Der erste Hund rennt über einen Hindernisparcours auf eine Box zu, auf die er hinaufspringen muss. Dadurch wird ein Mechanismus ausgelöst, der einen Tennisball schleudert. Der Hund muss den Ball fangen und zu seinem Herrn bringen. Wenn der Hund die Startlinie überquert, rennt der nächste Hund los. Da dies gleichzeitig auf mehreren Bahnen geschieht, ist viel Action geboten. Höhe der Hindernisse und Schwierigkeitsgrad des Parcours können variieren, wichtig ist jedoch, dass alle Hindernisse überwunden werden.

■ **Flyball wird im Team gespielt** *und von den Hunden wegen seiner Rasanz besonders geliebt.*

INTERNET

www.agility-macht-spass.de
www.sport-mit-dem-hund.de

Alles über Hundesport!

Im Dienst des Menschen

■ **Zudem zwingen** *sie uns zur Bewegung. Drei geruhsame – wenn auch kurze – Spaziergänge am Tag sind für einen Stadtmenschen im allgemeinen keine Selbstverständlichkeit – für einen Hundebesitzer schon.*

ES IST WISSENSCHAFTLICH ERWIESEN, dass *Hundebesitzer weniger häufig zum Arzt gehen als Menschen, die keinen Hund haben. Hundebesitzer nehmen weniger Tabletten und sind insgesamt gesünder. Das mag daran liegen, dass sie sich nicht so sehr mit sich selbst befassen, sondern die volle Verantwortung für ein anderes Wesen haben. Es mag aber auch mit der Freundlichkeit zusammenhängen, die Hunde uns entgegenbringen. Sie sind morgens gut gelaunt, freuen sich immer auf einen Spaziergang, wedeln immer mit dem Schwanz, wenn wir fort waren und heimkommen ... und beten uns mit ihren Blicken an.*

Unsere hündischen Freunde sind aber nicht nur gut für uns, weil sie uns körperlich fordern. Sie haben sogar therapeutischen Einfluss, der in den letzten fünfundzwanzig Jahren systematisch erforscht und sowohl bei geistig behinderten als auch bei alten und psychisch kranken Menschen eingesetzt wurde.

So genannte Therapiehunde sind gut erzogene Familienhunde von freundlichem und leicht leitbarem Wesen, mit denen man Langzeitkranke in Krankenhäusern und alte Menschen in Altenheimen besucht. Es sind Hunde, die sich von jedem gern streicheln lassen und sich darüber freuen. Und das ist vielleicht der wichtigste Punkt: ein Wesen berühren zu können, das sich darüber freut. Das vermissen viele Menschen in solchen Lebenssituationen.

Such- und Rettungshunde

Erdbeben-, Lawinen- und Bergrettungshunde, die »im normalen Leben« einfach reizende Familienhunde sind, retten im Notfall Menschenleben.

Vor einigen Jahren retteten überhaupt nicht ausgebildete Familienhunde »ihre« Menschen bei dem furchtbaren Han-Shin-Erdbeben in Japan. Sie orteten sie unter den Trümmern und verbellten sie.

> ## Übrigens ...
> *Im Anhang finden Sie Kontakte und Informationen über Organisationen, die sich mit Hundesport befassen, darunter auch mit der Ausbildung von Therapiehunden.*

Für die Hunde ist der Ernstfall im Grunde ein »Suchen-und-finden-Spiel«. Hier macht der Hund genau dasselbe, das er spielerisch gelernt hat, nur ist es hier bitterer Ernst, weil es um Menschenleben geht. Fast alle Rettungsorganisationen haben große Hunde in ihrer Staffel, obwohl auch kleine Haushunde wie beispielsweise Shelties dafür trainiert werden könnten. Wenn Sie glauben, dass Ihr Hund sich für diese Aufgabe eignet, sollten Sie beispielsweise beim Technischen Hilfswerk (THW) nachfragen. Das THW hat viele regionale Gruppen, in denen Hunde hervorragend ausgebildet werden.

■ **Such- und Rettungshunde**
werden bei Katastrophen in der ganzen Welt eingesetzt. Für ihre scharfen Sinne gibt es keinen Ersatz.

Diensthunde

Diensthunde sind echte Profis. Sie ersetzen blinden Menschen die Augen und tauben Menschen die Ohren und helfen behinderten Menschen. Manche Hunde werden systematisch für diese Aufgaben gezüchtet. Oft sind es aber auch ganz »normale« Hunde, die eine Begabung dafür haben. Ein ausgebildeter Blinden- oder ein Behindertenhund ist übrigens selten unter 50 000,- bis 60 000,- DM zu bekommen.

■ **Diensthunde** *ersetzen blinden Menschen die Augen, tauben die Ohren.*

Kurze Zusammenfassung

✔ Auf Hundeausstellungen werden Hunde nach einem bestimmten Rassestandard bewertet.

✔ Mittlerweile gibt es viele Hunde-sportarten, die nicht auf be-stimmte Rassen beschränkt sind.

✔ Hundesport bringt Hund und Besitzer durch das gemeinsame Üben einander näher und hilft auch Kontakte unter anderen Menschen zu knüpfen.

✔ Als Such- und Rettungshunde haben Hunde eine oft lebens-rettende Aufgabe. Und Therapie-hunde bringen Freude und Wärme zu Menschen, die dies in ihrem Umfeld sonst vermissen müssen.

✔ Hunde sind glücklicher und ausgeglichener, wenn sie etwas tun können, das ihren Geist und ihren Körper fordert.

Kapitel 24

Die Zeit vergeht

WISSENSCHAFTLER WEISEN UNS IMMER WIEDER DARAUF HIN, dass wir unsere Rentenjahre sorgfältig planen sollten, da sie ebenso lang wie unser Arbeitsleben dauern können. Mit der Lebenserwartung von Hunden ist es ähnlich. In den letzten Jahren nahm diese um 20 % zu. Ein normaler Hund sollte das letzte Drittel seines Lebens – also etwa die letzten vier Jahre – »in Rente« gehen und das tun, was er möchte. Denn das, was er früher tun konnte, fällt ihm zunehmend schwer.

Ehemals quirlige Hunde werden ruhiger und gesetzter. Jetzt ist es wichtig, dass Sie Ihren Hund physisch und psychisch aufmuntern, um seine letzten Jahre zu verschönern und zu verlängern.

In diesem Kapitel ...

✓ Wie »alt« ist Ihr Hund?

✓ Altersgemäße Ernährung

✓ Der Hund wird älter

✓ Ein neuer Hund kommt ins Haus

SPIELEN SIE AUCH MIT IHREM ALTEN HUND, UM SEINE KREATIVITÄT WACH ZU HALTEN.

Wie »alt« ist Ihr Hund?

BEI HUNDEN IST ES NICHT ANDERS als bei Menschen: »Nutze ihn, oder du verlierst ihn.« Gemeint ist der Körper. So, wie die ständige körperliche Aktivität Ihren Hund fit erhält, ist es auch mit der geistigen Aktivität, die mit dem Alter nachlässt. Ein junger Hund kann einen Tag verdösen, am nächsten Tag joggt er zwanzig Kilometer mit Ihnen – ein alter Hund nicht mehr. Er muss ein leichtes, aber regelmäßiges Training haben, um fit zu bleiben. Glauben Sie nicht dem, was er Ihnen erzählt: Er wird Ihnen sagen, er könne von heute auf morgen auch Bäume ausreißen. Aber sein Körper macht da nicht mit. Sie haben die Verantwortung dafür, dass Ihr Hund sich angemessen bewegt und Freude daran hat.

Verlangen Sie niemals zu viel von einem alten Hund. Hunde sind ehrlich, sie lügen nicht. Wenn Ihr Hund nicht spielen oder laufen will, hat er vielleicht Schmerzen.

Wenn Ihr Hund körperlich weniger aktiv wird, sollten Sie seine geistige Aktivität ansprechen. Geben Sie ihm entsprechendes Spielzeug. Dazu gehört beispielsweise ein durchlöcherter Ball, den man mit leckerem Trockenfutter füllen kann, das herausfällt, wenn der Hund den Ball herumrollt. Das mögen die meisten alten Hunde. Wenn der Hund nach längerer Krankheit steif ist, sollten Sie ihn regelmäßig massieren. Sicher wissen Sie selbst, wie gut einem eine Massage nach langem Liegen tut. Hunden geht es genauso, auch sie müssen ihre Muskulatur mühsam wieder aufbauen.

■ **Miniaturpudel** haben mit einer durchschnittlichen Lebenserwartung von 15 Jahren eine extrem lange Lebensdauer.

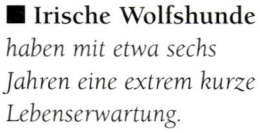

■ **Irische Wolfshunde** haben mit etwa sechs Jahren eine extrem kurze Lebenserwartung.

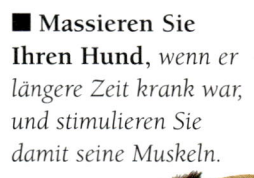

■ **Massieren Sie Ihren Hund,** wenn er längere Zeit krank war, und stimulieren Sie damit seine Muskeln.

DURCHSCHNITTLICHE LEBENSERWARTUNG

Sie sollten die durchschnittliche Lebenserwartung Ihres Hundes kennen. Die durchschnittliche Lebenserwartung von Hunden, die nach einer Langzeitstudie im Dezember 1999 veröffentlicht wurde, ist wie folgt:

Zwergpudel	14,8	Golden Retriever	12,0
Zwergteckel	14,4	Scottish Terrier	12,0
Mini-Pudel	14,4	Pudel	12,o
Tibetterrier	14,3	English Cocker Spaniel	11,8
Belington Terrier	14,3	Irish Setter	11,8
Whippet	14,3	Old English Sheepdog	11,8
Border Terrier	13,8	Welsh Springer Spaniel	11,5
Jack Russel Terrier	13,6	Corgie	11,3
Chow-Chow	13,5	Gordon Setter	11,3
Shih-Tsu	13,4	Airdale Terrier	11,2
Beagle	13,3	English Setter	11,2
Pekinese	13,3	Samojede	11,0
Shelty	13,3	Cavalier King Charles Spaniel	10,7
Cairn Terrier	13,2	Boxer	10,4
Greyhound	13,2	Deutscher Schäferhund	10,3
Kreuzungen	13,2	English Toy Spaniel	10,1
Border Collie	13,0	Norfolk Terrier	10,0
Chihuahua	13,0	Staffordshire Bull Terrier	10,0
Collie	13,0	Weimaraner	10,0
Dalmatiner	13,0	Dobermann	9,8
English Springer Spaniel	13,0	Deerhound	9,5
Drahthaarterrier	13,0	Flat-Coated Retriever	9,5
Bullterrier	12,9	Rhodesian Ridgeback	9,1
Irish Red and White Setter	12,9	Bullmastiff	8,6
Basset	12,8	Berner Sennenhund	7,0
West Highland Terrier	12,8	Bulldogge	6,7
Yorkshireterrier	12,8	Irish Wolfhound	6,2
Labrador Retriever	12,6		
Spitze	12,6		
Cockerspaniel	12,5		
Ungarischer Viszla	12,5		
Bearded Collie	12,3		
Deutsch Drahthaar	12,3		
Dachshund	12,2		
Collie	12,2		
Afghane	12,2		

■ **Mischlinge**
*werden in der
Regel etwa 12,5
Jahre alt.*

Altersgemäße Ernährung

Wenn Hunde älter werden, ändern sich ihre Nahrungsbedürfnisse — ganz besonders dann, wenn sie unter Gesundheitsproblemen leiden. Im Allgemeinen braucht ein alter Hund etwa 20 % weniger Kalorien als ein Hund mittleren Alters. Andererseits benötigt er aber mehr Vitamine, Mineralstoffe und Antioxidantien.

Wenn Sie die Kalorienzufuhr nicht reduzieren, frisst der Hund mehr, als er an Energie verbraucht. Dieser Überschuss wandelt sich in Fett um. Das ist der einzige Grund, warum manche Hunde im Alter dicker werden. Natürlich gibt es immer einzelne Hunde, die im Alter dasselbe Futter wie in den Jahren vorher brauchen. Deshalb sollten Sie das Gewicht Ihres Hundes ständig überprüfen und ihn entsprechend füttern.

Veränderungen langsam vornehmen

Jede Veränderung in der Ernährung sollte langsam vor sich gehen. Plötzliche Veränderungen irritieren die für die Verdauung zuständigen Mikroorganismen im Körper Ihres Hundes. Viele Hunde reagieren dann mit Durchfall. Mischen Sie das neue Futter mit dem alten, und reduzieren Sie nach und nach den Anteil des früheren Futters. Die Umstellung sollte etwa zehn Tage dauern.

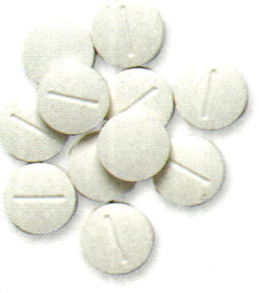

■ **Kalzium** *ist ein wichtiger Mineralstoff für Welpen, trächtige und laktierende Hündinnen.*

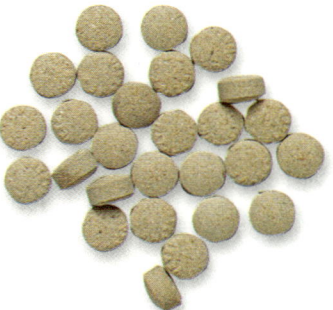

■ **Vitamintabletten** *sollten nur nach Angaben des Tierarztes verbreicht werden.*

■ **Knochenmehl,** *eine weitere Kalziumquelle, ist auch sterilisiert erhältlich.*

Wiegen Sie Ihren Hund mindestens einmal monatlich. Ein gleichmäßiges Gewicht ist ein gutes Anzeichen für Gesundheit. Gewichtszunahme wird meistens durch zu viel Futter verursacht, während ein Gewichtsverlust oft ein Anzeichen von Krankheit ist.

Antioxidantien

DEFINITION

Freie Radikale *sind Atome im Körper, die Zellmembranen zerstören können.*

Die Bedeutung der Antioxidantien in der Nahrung wurde erst in den letzten Jahrzehnten entdeckt und von Ernährungswissenschaftlern und Ärzten anerkannt. Antioxidantien sind Substanzen wie beispielsweise Vitamin C und E oder Zink, die *Freie Radikale* zerstören. Hunde (und auch Menschen) haben ein körpereigenes System zur Zerstörung der Freien Radikale. Der Konsum von Antioxidantien kann dieses natürliche System aber unterstützen. Die großen Hundefutterhersteller reichern ihr Futter für ältere Hunde seit Jahren mit Antioxidantien an.

Proteine

Ein paar Worte zu Proteinen. Jahrelang waren Tierärzte davon überzeugt, dass ältere Hunde weniger Protein erhalten sollten. Man ging davon aus, dass die Nieren mehr Protein nicht mehr verarbeiten könnten. Das ist allerdings falsch. Man muss bei älteren Hunden keineswegs die Proteinmenge reduzieren. Leicht verdauliche Proteine tun ihnen im Gegenteil sogar gut.

Bei Hunden mit Nierenproblemen sollte man den mineralischen Phosphor in der Nahrung drastisch reduzieren. Gleichzeitig braucht der Hund leicht verdauliches Protein. Nur in sehr fortgeschrittenen Stadien der Nierenerkrankung sollte man das Protein ebenso wie den Phosphor reduzieren.

■ **Ältere Hunde** *brauchen mehr Vitamine, Mineralstoffe und Antioxidantien, dafür aber weniger Kalorien als jüngere Hunde.*

Der Hund wird älter

GESUNDHEITSVORSORGE *lässt den Hund bis ins hohe Alter hinein gesund bleiben. Die meisten altersbedingten Krankheiten von Hunden ähneln denen der Menschen – von schlechtem Atem bis hin zu Krebs. Nie zuvor hatten Hunde eine so hohe Lebenserwartung wie heute. Das bringt schwere ethische Probleme mit sich, über die ich im nächsten Kapitel sprechen werde. Hier führe ich einige allgemeine Altersprobleme von Hunden auf und zeige Ihnen, wie Sie diese vermeiden oder lösen können.*

SENIOREN-CHECK-UP

Allgemein lässt sich feststellen: Je früher eine Diagnose gestellt wird, desto besser kann man eine Krankheit bekämpfen. Je nach Rasse sollte man im Alter zwischen sieben und zehn Jahren einen umfassenden Senioren-Check-up machen. Die Einzelheiten dieser Untersuchung variieren je nach Rasse, aber die allgemeinen Aspekte sind bei allen Hunden gleich. Ihr Tierarzt kann diese Untersuchung inklusive Blutabnahme (beim nüchternen Hund) vornehmen. Ich habe derartige Senioren-Check-ups bei Tausenden von älteren Hunden durchgeführt.

In meiner städtischen Praxis sind die meisten Hunde, die äußerlich gesund aussehen, auch wirklich gesund. Bei einigen entdeckt man aber doch frühe Anzeichen von Herzerkrankungen oder anderen inneren Krankheiten. Durch eine Blutuntersuchung kann man Nieren- oder Leberprobleme erkennen und dann frühzeitig behandeln. Wie bei Menschen auch ist bei Hunden Vorsorge die beste Art der medizinischen Behandlung.

Schlechter Atem und Zahnfleischprobleme

Fast jeder alte Hund bekommt früher oder später Maulprobleme. Einige Rassen wie z. B. Pudel sind dafür besonders prädestiniert. Das Problem ist: Hunde benutzen heutzutage ihre Zähne und ihr Zahnfleisch nicht mehr zu dem dafür vorgesehenen Zweck.

■ **Ältere Hunde** *leiden oft unter schlechtem Atem. Hier kann gute Zahnpflege Abhilfe schaffen.*

Reißen, Nagen und Kauen überlassen sie ihren wilden Freunden in der Natur. Der heutige Hund schluckt nur noch. Das Resultat ist ein Zahnbelag, der die Niststätte für Bakterien ist, die zu Zahnfleischentzündung und schlechtem Atem führen.

Dabei ist die Vorbeugung so einfach: regelmäßige Zahnpflege. Sie können sie durch harte Hundekekse unterstützten, die der Hund knabbert, durch Kauknochen aus Rohhaut und durch Zähneputzen. Auch ein spezielles Mundwasser wirkt hervorragend und reduziert die Bakterien im Maul.

INTERNET

www.vetmedlabor.de

Informationen über Krankheiten mit Diagnosen, Behandlungsmöglichkeiten usw. Veterinärmedizinische Aufsätze zum Herunterladen.

Unangenehm riechende Haut

Alte Hunde bekommen oft Seborrhö, eine Hautkrankheit, die sich entweder in extrem trockener oder extrem öliger Haut zeigt. Egal, um welche Symptome es sich handelt – der Hund »riecht nach Hund«. Manche Rassen wie beispielsweise Cockerspaniels neigen dazu mehr als andere. Die Gründe für die Krankheit können sehr unterschiedlich sein. Ihr Tierarzt wird mit Ihnen über Ernährung, Parasiten und Hauthygiene sprechen. Die Lösung des Problems sind aber auf jeden Fall auch Shampoos.

Ältere Hunde *brauchen regelmäßiges Bürsten, da sie mehr unter Hautkrankheiten leiden als junge.*

Ältere Hunde sollte man öfter baden als junge. Leider entwickeln ältere Hunde oft einen deutlichen Wiederwillen gegen das Baden. Widmen Sie der Körperpflege Ihres alternden Hundes vermehrte Aufmerksamkeit, und baden Sie ihn regelmäßig. Das verbessert die Haut Ihres Hundes und trägt zu seinem Wohlbefinden bei – und Sie haben einen gepflegten Hund!

ANZEICHEN DES ALTERNS

Hörprobleme bis hin zur Taubheit

Das Fell wird dünner.

Die Muskeln schwinden, der Körper wird schlaffer.

Die Augen bekommen einen blaugrauen Schimmer.

Das Haar um das Maul und die Ohren wird grau.

Die Gelenkflüssigkeit trocknet aus und führt zu entzündeten Gelenken und Schmerzen.

Schmerzende Gelenke

Arthrose mit schmerzenden Gelenken ist eine typische Alterserkrankung. Gelenkserkrankungen kann jeder Hund bekommen, aber manche Rassen sind davon doch deutlich stärker betroffen als andere. Ebenso gibt es Rassen, die für Hüftgelenksdysplasien (HD) prädestiniert sind. Das sind hauptsächlich Deutsche Schäferhunde, Retriever und andere große Hunderassen.

Im Laufe der Zeit schmirgelt sich die glatte Oberfläche des Gelenks ab. Das kann zu chronischen Schmerzen führen. Da diese Entwicklung lange dauert, bemerken manche Besitzer das nicht und glauben, ihr Hund wäre nur etwas träge, während er in Wirklichkeit Schmerzen hat.

■ **Besonders große Hunde** *wie z. B. Schäferhunde leiden im Alter unter Hüftgelenksdysplasie.*

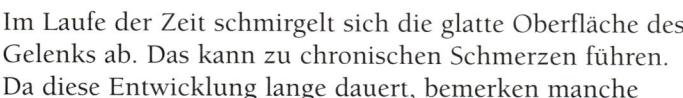

Manche Hundebesitzer meinen, der Hund würde lahmen, wenn ihm die Gelenke wehtun. Bei der Hüfgelenksdysplasie ist das nicht so, da meistens beide Hüftpfannen gleichzeitig betroffen sind. Der Hund hat bei jeder Bewegung Schmerzen.

Mit Gelenksschmerzen umgehen

Alle meine Golden Retriever hatten im Alter Gelenkschmerzen, aber bei den letzten Hunden konnte ich jene glücklicherweise mit entsprechenden Medikamenten reduzieren. Medikamente allein sind jedoch nicht die Lösung. Wichtig ist eine Gewichtsreduzierung, damit die Knochen nicht so viel Gewicht zu tragen haben. Schon 10 % mehr Gewicht können dramatische Auswirkungen haben. Als das Gewicht meiner Lex von 35 auf 32 kg sank, wurde sie wieder gelenkiger und aktiver, und die Medikamente wirkten besser.

■ **Ältere Hunde sollten** *viel Bewegung haben, damit sie nicht dick werden und ihre Muskulatur erhalten bleibt.*

Regelmäßige Bewegung ist wichtig. Dadurch bleibt die Muskulatur straff; gerade bei Hunden mit Gelenkschmerzen sollte die Muskulatur möglichst viel Gewicht aufnehmen und so die Gelenke entlasten können. In den letzten Jahren wurden nicht steroide Entzündungshemmer entwickelt. Wir setzen diese Art Schmerzmittel in flüssiger Form oder als Tabletten bei fast allen Hunden mit chronischen Gelenkserkrankungen ein – mit gutem Erfolg.

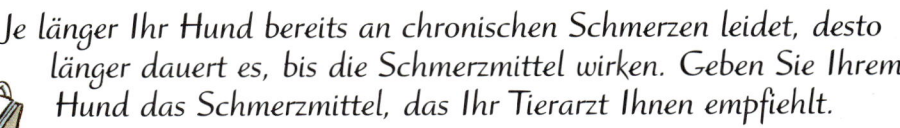

Je länger Ihr Hund bereits an chronischen Schmerzen leidet, desto länger dauert es, bis die Schmerzmittel wirken. Geben Sie Ihrem Hund das Schmerzmittel, das Ihr Tierarzt Ihnen empfiehlt.

Neben dem passenden Schmerzmittel kann die richtige Ernährung Schmerzen und Entzündungen in den Gelenken verringern. In den letzten Jahren hat man herausgefunden, dass Borretschöl, Flachsöl und Fischöl Bestandteile enthalten, die entzündungshemmend wirken. Auch natürliche Substanzen wie Chondroitin und Glucosamine lindern Gelenkschmerzen.

Herzprobleme

Herzerkrankungen sind mit etwa 18 % die zweithäufigste Todesursache bei Hunden. Manche Rassen wie z. B. Cavalier King Charles Spaniels und Dobermänner sind dadurch besonders gefährdet. Herzprobleme kann man eigentlich bei jeder Routineuntersuchung feststellen. Je früher sie behandelt werden, desto länger wird Ihr Hund leben. Wenn Ihr Hund Herzprobleme hat, sollten Sie mit Ihrem Tierarzt über Medikamente, Gewicht, Bewegung und Ernährung reden.

Gleichgültig, welcher Art die Herzerkrankung Ihres Hundes ist: Fischöl als Nahrungszusatz stärkt den Herzmuskel. Fisch sollte daher möglichst oft auf dem Speisezettel Ihres Hundes stehen. Sie können aber auch Fischöl in vielen Formen als Ergänzungsmittel zur Nahrung kaufen.

■ **Fischöl** *hat eine entzündungshemmende Wirkung und vermindert dadurch die Schmerzen.*

NATÜRLICHE NAHRUNGSERGÄNZUNGEN

Mittlerweile boomt der Markt mit Nahrungszusätzen. Von Knoblauch über Bierhefe und Fischöl bis hin zu fast unbekannten exotischen Pflanzen können Sie nahezu alles für sich (und Ihren Hund) im Handel erstehen. Aber Achtung: Tun Sie des Guten nicht zu viel, und beraten Sie sich regelmäßig mit Ihrem Tierarzt, welche Nahrungsergänzungen Ihr Hund wirklich braucht. Denn zu viel kann ebenso schaden wie zu wenig.

373

Gedächtnisstörungen

Auch Hunde leiden an Gedächtnisverlust. Seit sie aber immer älter werden, hat auch die Gereatrik für Hunde enorme Fortschritte gemacht. So hat man festgestellt, dass alte Hunde unter denselben Durchblutungsstörungen des Gehirns leiden wie alte Menschen. Ein typisches Zeichen dafür ist, dass der Hund am falschen Platz steht, wenn er ins Haus will. Manche Hunde bellen völlig grundlos, sind orientierungslos und erkennen ihre Besitzer kurzzeitig nicht mehr. Die Symptome ähneln deutlich denen der *Alzheimer-Krankheit*.

Übrigens ...

Ein Dichter schrieb: »Verwirrt bellt der alte Hund, ohne aufzustehen. Ich erinnere mich an die Zeit, als er jung war ...« Dieser Mann war ein hervorragender Beobachter.

DEFINITION

Degenerative Erkrankungen *treten häufig auf, wenn zu viel Inzucht betrieben wird. Das kann sich in einem Überbiss äussern, aber auch in Hüftgelenksdysplasien, wie sie bei Schäferhunden sehr oft vorkommen, oder auch in Wachstumsstörungen. Auf jeden Fall sollte bei diesen Erkrankungen der Tierarzt konsultiert werden.*

Aufzuhalten ist dieser Prozess nur in sehr geringem Maße. In Amerika ist für Hunde bereits ein Medikament zugelassen, das für Alzheimer-Patienten entwickelt wurde. Bei uns wartet es noch auf die Zulassung. Bis dahin müssen wir alten Hunden erhöhte Aufmerksamkeit zukommen lassen: alle Gegenstände, die ihnen gefährlich werden könnten, aus dem Weg räumen, nur in umzäuntem Gelände frei laufen lassen und alle Aufregungen von ihnen fern halten.

Inkontinenz

Viele junge Hündinnen werden nach der Kastration inkontinent. Auch bei älteren Hündinnen tritt oft Inkontinenz auf, wenn sie den Schließmuskel nicht mehr kontrollieren können. Während sie sitzen oder liegen und schlafen, läuft Urin aus. Viele Hundebesitzer halten dies für eine unveränderliche Sache. Tatsächlich ist die Inkontinenz durch Medikamente, die den Schließmuskel stärken, leicht in den Griff zu bekommen. Wenn Ihr Hund gelegentlich Urin verliert, sollten Sie den Tierarzt aufsuchen.

■ **Inkontinenz** *betrifft oft kastrierte Hündinnen.*

■ **Viele ältere Hündinnen** *entwickeln Inkontinenz, die man aber medikamentös gut in den Griff bekommen kann.*

Bei der fäkalen Inkontinenz kann der Hund der Kot nicht halten. Sie ist schwieriger zu kontrollieren als die übliche Inkontinenz. Für den Hundebesitzer ist sie eine ziemliche Belastung. Medikamente helfen zwar nicht, aber durch Ernährungsumstellung lässt sich einiges bewirken. Man kann die Ernährung so gestalten, dass der Kot relativ hart und kompakt wird und sich dann leichter entsorgen lässt.

Tumoren und Geschwüre

Die häufigste Todesursache bei alten Hunden ist Krebs. Etwa 16 % aller Hunde leiden darunter. Aber nicht jede Beule, nicht jedes Geschwür muss ein bösartiger Tumor sein.

Bei den meisten Hautbeulen handelt es sich lediglich um Zysten, die die Schweißdrüsen blockieren. Einer der häufigsten Tumore bei Hunden sind Lipome, Fettbeulen zwischen der Haut und der darunter liegenden Muskulatur. Lipome sind nicht gefährlich, können aber von der Größe einer Bohne bis zur Größe eines Tennisballs (oder noch größer) reichen. Sie sind anfangs nicht zu sehen, sollten aber im Auge behalten werden, sobald man sie entdeckt hat – besonders an Körperstellen, die dem Hund Unbehagen verursachen.

Wenn Ihr Hund Krebs hat, vor allem wenn er an Lymphdrüsenkrebs leidet, sollten Sie eine kohlehydratreiche Ernährung vermeiden. Kohlehydrate verschlimmern Krebserkrankungen. Füttern Sie stattdessen hochwertige fett- und proteinreiche Nahrungsmittel. Ihr Tierarzt kann Ihnen einen Diätplan für Ihren Hund zusammenstellen.

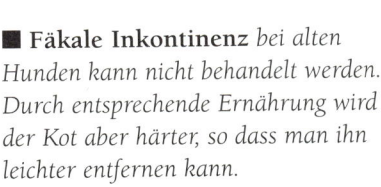

■ **Fäkale Inkontinenz** *bei alten Hunden kann nicht behandelt werden. Durch entsprechende Ernährung wird der Kot aber härter, so dass man ihn leichter entfernen kann.*

HÄUFIGKEIT VON KRANKHEITEN
(NACH EINER VERSICHERUNGSSTATISTIK)

RASSEN, DIE FÜR ALTERSKREBS ANFÄLLIG SIND:
Irischer Wolfshund
Rottweiler
Afghane
Pudel
Weimaraner
Staffordshire Bull Terrier
Boxer
Cairn Terrier
Old English Sheepdog
Golden Retriever
Flat-Coated Retriever

RASSEN MIT EINEM DURCHSCHNITTLICHEN RISIKO FÜR ALTERSKREBS:
Dobermann
English Springer Spaniel
Labrador Retriever
Dänische Dogge

RASSEN, DIE SELTEN AN
ALTERSKREBS ERKRANKEN:
Border Collie
Cockerspaniel
Kreuzungen
Deutscher Schäferhund
West Highland Terrier
Shelty
Yorkshireterrier
Jack Russel Terrier
Collie
Bulldogge
West Springer Spaniel
Airdaile Terrier
Irish Setter
Dachshund
Cavalier King Charles Spaniel
Beagle

Verminderte Wahrnehmung

Alle meine Golden Retriever lebten länger als
der Rassedurchschnitt. Honey wurde mit 17 Jahren
eingeschläfert, Liberty mit knapp 15, und Lexington
ist jetzt 14 Jahre alt. Alle lebten so lange, dass
ihre Sinne sich verschlechterten und sie
Hilfe brauchten.

Sehen

DEFINITION

Ein **Katarakt** *ist eine kristalline Entwicklung in der Augenlinse. Das Licht, das eigentlich auf die Retina im Augenhintergrund fallen und von dort reflektiert werden müsste, kann durch die Kristalle nicht mehr durchdringen. Dies verursacht Blindheit.*

Alle meine Hunde hatten
Sehprobleme. Wenn man
in die Augen alter Hunde
schaut, sieht die Linse
trüb aus, so als hätten
sich *Katarakte* gebildet.
Bei bestimmten Rassen wie
beispielsweise Mini-Pudeln und
Labrador Retrievern sind solche
Kataraktbildungen häufig. Sie
führen im Endstadium zur
Erblindung.

■ **Golden Retriever** *gehören
zu den Rassen mit häufiger
Kataraktbildung in den Augen.*

*Verschleierungen in den Augen alter Hunde sehen oft
wie Katarakte aus, meistens sind sie es aber nicht. Diese
Verschleierungen sind das Ergebnis von Strukturveränderungen
in der Linse, die man als lentikulare Sklerosis bezeichnet.*

Jeder wirklich alte Hund bekommt eine Sklerosis. Er sieht wie durch Nebel,
kann Bewegungen aber durchaus noch
wahrnehmen. Das Sehvermögen auf
Distanz ist dabei besser als in
unmittelbarer Nähe. Das ist ein
natürlicher Alterungsprozess.

■ **Ältere Hunde** *mit Sehproblemen fühlen
sich unsicher und verhalten sich ruhiger.*

Hören

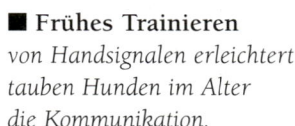

Alle meine Golden Retriever wurden im Alter taub. Zuerst geht man davon aus, dass sie lediglich nicht hören wollen: »Er hört nicht, wenn ich ihm sage, er soll sich hinsetzen, aber das Türknarren daneben kriegt er mit!« Es handelt sich dabei aber um kein selektives Hören, sondern um den Beginn einer echten Taubheit, bei der Hunde die hohen Frequenzen noch über längere Zeit hinweg hören können.

Auch bei Hunden würden Hörhilfen funktionieren, aber diese Geräte sind bei Tieren leider nicht praktikabel. Wenn Ihr Hund taub wird, müssen Sie lernen, damit umzugehen. Achten Sie vermehrt auf Gefahren. Lehren Sie Ihren Hund schon frühzeitig, auf Handsignale zu achten, sodass Sie ihn dadurch dirigieren können. Lassen Sie ihn außerhalb Ihres Grundstücks nie von der Leine.

■ **Frühes Trainieren** *von Handsignalen erleichtert tauben Hunden im Alter die Kommunikation.*

Ein neuer Hund kommt ins Haus

IST ES FAIR, einen neuen Hund ins Haus zu holen? Das werde ich oft von Besitzern alter Hunde gefragt. Wie so oft im Leben kann die Antwort Ja oder Nein lauten. Das kommt ganz auf das Wesen Ihres Hundes und Ihre Lebensumstände an.

Von Fall zu Fall unterschiedlich

Es ist kein Spaß, wenn ich sage, Lex war dem Selbstmord nahe, als die junge Hündin Inca ins Haus kam. Lex war 14 Jahre alt und fand sie einfach grässlich. Dazu muss man sagen, dass Lex mit jungen Hunden nie etwas anfangen konnte. Sie ist völlig auf Menschen fixiert und hatte auch in jungen Jahren nie großes Interesse an ihren Artgenossen.

■ **Überlegen Sie es sich sehr genau,** *bevor Sie einen jungen Hund zu ihrem alten ins Haus holen.*

Insofern war es ziemlich unfair von uns, einen jungen Hund ins Haus zu bringen, als Lexy alt war. Wir wussten aber, dass Inca nur einige Monate bei uns bleiben würde, denn mit dem Auszug unseres Sohnes Ben würde auch sie uns verlassen.

Lexys Freundin Libby hingegen hätte sich selbst als sehr alte Hündin unheimlich über den Welpen gefreut. Libby war auf Hunde fixiert. Das war einer der Gründe dafür, weshalb wir Lex anschafften. Libby zog die Gesellschaft von Hunden der von Menschen vor.

Machen Sie sich die Entscheidung, einen jungen Hund zu Ihrem alternden Hund zu holen, nicht zu schwer. Auch ältere Hunde, die zuerst grummeln, wenden sich dem jungen Hund dann doch zu. Ausschlaggebend bei Lex war damals, dass sie immer etwas Leckeres bekam, wenn wir die junge Libby fütterten. Sie dürfen den alten Hund aber niemals vernachlässigen, wenn der junge bei Ihnen einzieht.

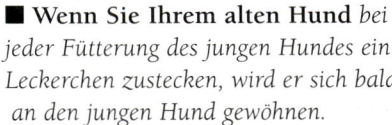

■ **Wenn Sie Ihrem alten Hund** *bei jeder Fütterung des jungen Hundes ein Leckerchen zustecken, wird er sich bald an den jungen Hund gewöhnen.*

Kurze Zusammenfassung

✔ Gerade ältere Hunde brauchen regelmäßige Bewegung und geistige Anregung.

✔ Viele Hunde brauchen im Alter weniger Futter. Dieses sollte jedoch einen höheren Gehalt an Antioxidantien und hochwertigem Protein aufweisen.

✔ Es ist normal, dass Sehen und Hören im Alter nachlassen.

✔ Auch Hunde leiden unter Alterserscheinungen. Lassen Sie Ihren alten Hund regelmäßig vom Tierarzt untersuchen.

✔ Ob Sie sich zu Ihrem alten Hund einen jungen Hund dazuholen, hängt vom Wesen Ihres Hundes und Ihren Lebensumständen ab. Auf jeden Fall müssen Sie beiden Hunden gerecht werden können.

Kapitel 25

Der Lebenszyklus

Es ist unabänderlich, dass Ihr Hund alt wird und eines Tages stirbt. Schwierig ist es zu erkennen, ob der Hund krank oder »nur« alt ist. Krankheiten kann man vermeiden und bekämpfen, das Altern nicht.

Als Tierarzt weiß ich, dass die meisten Hunde nicht von selbst sterben. Meistens müssen wir die Entscheidung über ihr Leben oder ihren Tod fällen. Aus beruflicher und persönlicher Erfahrung kann ich sagen, dass die Entscheidung, das Leben eines Hundes zu beenden, eindeutig besser ist, als den Hund qualvoll sterben zu lassen.

Alles, was einmal beginnt, endet auch einmal. Wir haben viele Jahre Freude an und mit unserem Hund gehabt – jetzt haben wir die Pflicht, ihm unnötiges Leid zu ersparen.

In diesem Kapitel ...

✓ Das Alter kommt

✓ Loslassen

✓ Trauer ist normal

✓ Das Leben geht weiter

381

HUNDE SIND IHR LEBEN LANG UNSERE BESTEN FREUNDE.

Das Alter kommt

IN DER NATUR *endet das Leben des Hundes, wenn er kein Futter mehr erjagen, sich nicht mehr verteidigen und Krankheiten oder Verletzungen nicht mehr leicht überstehen kann. In der Obhut von uns Menschen bekommen die Hunde ihr Futter vorgesetzt und werden geimpft; Verletzungen kommen kaum vor, und im Notfall geht man zum Tierarzt. Die Folge davon ist, dass viele Hunde extrem alt werden.*

Alter ist keine Krankheit

Alter ist keine Krankheit. Mit zunehmendem Alter arbeitet der Körper des Hundes aber nicht mehr so gut wie früher. Das heißt, dass er anfälliger für Krankheiten wird. Das können wir in den Griff bekommen. Allerdings haben manche Alterserscheinungen ähnliche Symptome wie Krankheiten; wir müssen lernen, zwischen ihnen zu unterscheiden. Ältere Hunde, die keine geistigen Anregungen

> ## Übrigens ...
>
> *Mit dem Alter kommt manchmal eine gewisse Desorientierung, die sozialen Bindungen verändern sich, und der Hund entwickelt andere Schlafgewohnheiten. Die meisten Hunde ziehen sich öfter zurück. Tagsüber schlafen sie mehr, in der Nacht weniger. Viele werden etwas verwirrt, »sehen Gespenster« und wirken insgesamt ein wenig desorientiert. Ein Phänomen ist, dass kastrierte Hündinnen im Alter oft aggressiver werden, während die Aggression bei alten kastrierten Rüden nachlässt.*

bekommen, werden stumpf und lethargisch, aber Müdigkeit und Depression können durchaus auch Krankheitsanzeichen sein.

Gehen Sie nicht davon aus, dass Verhaltensänderungen bei Ihrem Hund lediglich Alterserscheinungen sind. Wie wir Menschen werden Hunde im Alter ruhiger und ziehen sich oft zurück. Dennoch sollten Sie bei jeder Verhaltensauffälligkeit Ihren Tierarzt befragen.

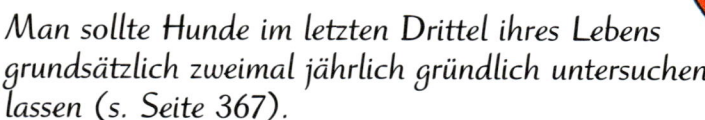

Man sollte Hunde im letzten Drittel ihres Lebens grundsätzlich zweimal jährlich gründlich untersuchen lassen (s. Seite 367).

Das Leben hängt vom Immunsystem ab

Im Alter verlangsamt sich bei Hunden alles, und zwar innerlich und äußerlich. So wie das Seh- und das Hörvermögen nachlassen, verschlechtert sich auch das Immunsystem. Es arbeitet zwar noch, aber weniger effektiv als früher. Mit zunehmendem Alter kommt es zu Ausfallserscheinungen, was zu häufigeren Infekten wie beispielsweise bakteriellen Hauterkrankungen führt. Oder das schwächere Immunsystem kann die Vermehrung kranker Körperzellen nicht mehr verhindern, was zu Tumoren führt. Krebserkrankungen wie Lipome, Malignome und Knochentumore sind bei alten Hunden weitaus häufiger als bei jungen.

Bei alten Hunden reagiert das Immunsystem manchmal kaum noch – es kann aber auch zu Überreaktionen kommen. Dann »denkt«, das Immunsystem, dass ein Teil des eigenen Körpers fremd sei und bekämpft und zerstört diesen.

Das ist der häufigste Grund für Schilddrüsenerkrankungen bei alten Hunden. Manchmal attackiert das Immunsystem aber auch die roten Blutkörperchen, was zu einer Anämie führen kann. Das alles sind Autoimmunerkrankungen. Die Lebenserwartung Ihres Hundes hängt davon ab, wie gut sein Immunsystem arbeitet.

Ältere Hunde haben eine natürliche Würde

Ich habe unheimlich viel Spaß mit unserer kleinen Inca, aber manchmal denke ich, dass mir ein alter Hund doch lieber ist. Wir haben darüber auch in meiner Praxis gesprochen, und zu meinem Erstaunen konnte ich feststellen, dass ich mit meiner Meinung keineswegs allein war. Die meisten meiner Mitarbeiter bevorzugten ältere Hunde. Wir fanden heraus, dass das etwas mit dem Respekt vor dem Hund zu tun hat.

Ältere Hunde sind durch und durch ehrlich. Sie nehmen ihr Alter mit all seinen Einschränkungen mit einer natürlichen Würde hin, die Bewunderung verdient. Sie leben im Augenblick und blicken nicht jammernd auf das zurück, was sie einmal waren oder konnten. Die alte Lex fällt manchmal hin. Dann rafft sich auf und macht weiter, als wäre nichts geschehen. Alte Hunde finden sich mit ihren durch das Alter bedingten Behinderungen klaglos ab.

Alte Hunde haben viel »Haltung« und Würde, die unseren Respekt verdienen.

Loslassen können

Die Statistik einer großen Tierversicherung gibt Auskunft über die Häufigkeit der Todesursachen bei Hunden: Nur etwa 5 % aller Hunde sterben durch einen Unfall. 8 % sterben eines natürlichen Todes im Alter, während 35 % durch Krankheiten sterben. Die meisten Hunde – immerhin 52 % – werden eingeschläfert, wobei nur ein sehr geringer Prozentsatz wegen Verhaltensauffälligkeiten eingeschläfert wird. Die Mehrzahl der Hunde wird eingeschläfert, weil Besitzer und Tierarzt der Meinung sind, dass es für den Hund das Beste sei. 29 % dieser Hunde werden aus Krankheitsgründen eingeschläfert, 21 % aus Altersgründen.

Die schwerste Entscheidung

Ich musste bei Tausenden von Hundebesitzern diese Erfahrung machen – und bei allen meinen eigenen Hunden. Dies ist die schwerste Entscheidung, die wir für unseren Hund treffen müssen. Wie werden Sie entscheiden?

DEFINITION

Beim **Einschläfern** bekommt der Hund zuerst eine Narkosespritze, durch die er langsam einschläft. Erst wenn diese wirkt – meistens innerhalb von einer bis zwei Minuten –, wird die tödliche Spritze gesetzt, die der Hund nicht mehr spürt.

Ich möchte Ihnen eine Geschichte erzählen. Vor einiger Zeit kam eine Frau mit einem noch gar nicht so alten Westhighland Terrier in meine Praxis, weil der Hund massiv lahmte und nicht mehr fraß. Hamish, so hieß der Kleine, reagierte auf Betasten der Schulter, die offensichtlich gebrochen war. Er atmete schwer. Ich röntgte die Schulter, aber Hamishs Besitzerin wollte das Resultat nicht in der Praxis abwarten, sondern bat mich, sie anzurufen. Ich ahnte, dass sie genau wie ich das Schlimmste befürchtete. Die Röntgenaufnahme zeigte dann das ganze Ausmaß der Zerstörung: Knochensplitter hatten sich in die Lunge gebohrt. Wie es aussah, war es ein schleichender Krankheitsverlauf, der sich über Monate hingezogen haben musste, aber der kleine, tapfere Terrier hatte nie gejammert. Jetzt aber waren die

Schmerzen unerträglich, und er bekam keine Luft mehr. Bei dieser Verletzung war keine Behandlung mehr möglich. Ich rief die Besitzerin an und teilte ihr die schlechte Nachricht mit, die sie bereits erwartet hatte. Wir verabredeten einen Termin gegen Abend, um Hamish einzuschläfern.

Eine Stunde nach Einbruch der Dunkelheit kam Hamish mit seiner Besitzerin an. Sie war vom Dezemberregen bis auf die Haut durchnässt, Hamish aber vollkommen trocken. Wir gaben ihr ein Handtuch, damit sie sich wenigstens Gesicht und Haare abtrocknen konnte, und während wir alles vorbereiteten, fragten meine Helferin Maxine und ich sie, warum sie so nass sei.

Sie erzählte uns, dass sie in den neun Jahren, die Hamish bei ihr war, jeden Tag mit ihm im Park spazieren gegangen war. Sie nahmen einen ganz bestimmten Weg, den er täglich inspizierte. Sie hatte das Gefühl, Hamish würde sich freuen, diesen Weg noch einmal zu sehen. So packte sie ihn in ein warmes Tuch, legte Hamish in den Korb ihres Fahrrades und drehte mit ihm eine letzte Runde. Ihren Schirm hielt sie über Hamish, während sie das Fahrrad schob, damit er nicht nass wurde. Sie hat sich mit großem Respekt von ihrem Hund verabschiedet – und Maxine und ich konnten beim Einschläfern unsere Tränen nur mit Mühe zurückhalten.

Seien Sie ehrlich zu sich

Sie müssen eine schwere Entscheidung treffen, die – einmal ausgeführt – unwiderruflich ist. Daher müssen Sie wirklich wissen, ob sie jetzt und heute richtig ist. Beantworten Sie sich deshalb die folgenden Fragen:

1. Wird der Zustand Ihres Hundes immer schlechter?
2. Reagiert Ihr Hund noch auf die medizinische Behandlung?
3. Leidet Ihr Hund psychisch oder physisch?
4. Kann man ihm die Schmerzen nicht mehr nehmen?
5. Wie wird der Zustand Ihres Hundes sein, wenn er sich von der akuten Krankheit erholt – chronisch krank, invalide und nicht mehr in der Lage, für sich zu sorgen?
6. Wird Ihr Hund nach der Erholung von der akuten Krankheit noch derselbe sein?

Wenn die Antwort auf alle diese Fragen Ja lautet, sollten Sie Ihren Hund einschläfern lassen.

Wenn Sie einige Fragen jedoch mit einem Nein beantworten, sollten Sie sich weiter fragen:

1. Kann ich den Hund weiterhin gut versorgen?
2. Wird die Pflege des Hundes für mich oder meine Familie einschneidende Probleme mit sich bringen?
3. Kann ich die Behandlung weiter bezahlen?

Sie sollten die Entscheidung niemals allein fällen. Ein Hund ist ein Familienmitglied, also muss die Familie mit entscheiden.

Kulturelle und religiöse Aspekte

Es gibt in den verschiedenen Kulturen sehr unterschiedliche Ansichten über den Tod und darüber, ob man Leben – auch wenn es uns lebensunwert erscheint – beenden darf. Unser Leben in Europa ist weitgehend christlich geprägt. Lebende Wesen darf ein Christ nicht töten. Manchmal kann aber auch Erbarmen mit der leidenden Kreatur ein Aspekt sein. Das deutsche Tierschutzgesetz spricht hier von »vermeidbaren

Leiden und Schmerzen«. Diese sollten wir unserem Hund ersparen, wenn wir ihn lieben. Ich möchte Ihnen raten, Ihrem Hund weiteres Leiden zu ersparen, wenn die nachfolgenden Gründe zutreffen:

1. Ständige, starke Schmerzen
2. Unheilbare Krankheiten
3. Altersbedingte Einschränkungen, die die Lebensqualität massiv verringern
4. Verletzungen, die dazu führen, dass der Hund seinen Körper nicht mehr kontrollieren kann
5. Unkontrollierbare Aggressivität
6. Krankheiten, die auf Menschen übertragbar sind und nicht behandelt werden können

Wenn Sie einen kranken Hund haben, kommen möglicherweise Kosten auf Sie zu, die sie im Moment nicht überblicken können. Das können Kosten für Medikamente sein, für tierärztliche Leistungen oder für eine Chemotherapie, die das Leben Ihres Hundes retten könnte.

Tierkrankenversicherungen sind immer noch selten und werden noch seltener von Menschen abgeschlossen, die ein geringes Einkommen haben.

Sollten die Behandlungsmöglichkeiten Ihres Hundes also von finanziellen Erwägungen abhängig sein, vertrauen Sie sich Ihrem Tierarzt an. Viele Tierärzte kennen Menschen, die bereit sind, auch für einen fremden Hund Behandlungskosten zu übernehmen. Und nicht wenige Tierärzte sind bereit, in Härtefällen auch einmal umsonst zu behandeln. Das Gespräch mit Ihrem Tierarzt könnte Ihrem Hund das Leben retten.

Trauer ist normal

Die meisten Menschen sind am Boden zerstört, wenn ihr Hund gestorben ist, und das ist richtig so. Denken Sie, das wäre albern, weil es ja »nur« ein Hund« war und weil unsere Freunde sagen: »Komm, stell dich nicht so an!«?

INTERNET

www.scas.org.uk

Die »Society for Companion Animal Studies« hat einen Arbeitskreis und einige Bücher zusammengestellt, die helfen können, den Tod des geliebten Hundes zu verkraften.

Meine Geschichte

Vor einem Jahr musste ich Libby einschläfern. Es war schlimm für mich, und ich vergoss bittere Tränen, als ich sie am nächsten Tag begrub. Sechs Monate später war ich auf einer Tagung in Japan und wurde dort von einer Tageszeitung zu meinen eigenen Erfahrungen in Bezug auf das Einschläfern interviewt. Ich erzählte, wie wir uns entschlossen hatten, Libby einzuschläfern, wie meine Frau und ich sie auf unserem Bett einschläferten und im Garten unter ihrem Lieblingsbaum begruben. Es war ein Apfelbaum. Sie hatte immer die Äpfel aufgesammelt und mir zu Füßen gelegt, wenn sie meine Aufmerksamkeit auf sich lenken wollte. Ich erzählte dem Reporter, dass es für meine Frau eine seltsame Befriedigung war, Libby ein eigenes Grab zu graben, und wie meine Frau ins Haus ging, als wir Libby ins Grab gelegt hatten, und ihr einen Apfel ins Grab legte. Dann brach ich zusammen. Sechs Monate später. In Japan!

Dieser scheinbar späte Zusammenbruch ist im Grunde ganz normal. Der Schmerz und die Trauer um den Verlust des Hundes vergehen nicht in ein paar Wochen. Meist braucht man Monate dazu, manchmal sogar länger.

Schuldzuweisungen

Manche Hundebesitzer versuchen Schuldige für den Tod ihres Hundes zu finden – oft sehen sie sich selbst oder den Tierarzt, der ihnen das Unvermeidliche mitteilen musste, als den Schuldigen an. Das ist eine ganz normale Reaktion auf das Unabänderliche, das wir nicht wahrhaben möchten.

Aber das Leben ist endlich, damit müssen wir uns abfinden. Und wir sollten dafür sorgen, dass unsere Hunde, die uns viele Jahre begleitet haben, die Freude und auch Leid mit uns teilten, ein würdiges Ende ohne Angst, ohne langes Leiden, ohne Schmerzen und körperlichen Niedergang finden.

Wir haben die Möglichkeit, ihnen all das zu ersparen. Das sollten wir tun, denn auch in der Natur stirbt ein Tier nicht langsam und qualvoll. Kranke Tiere werden von anderen getötet. So erspart die Natur den Tieren unnötige Leiden. Wir sollten das auch tun.

> ### Übringens ...
> *»Der Hund ist der 6. Sinn des Menschen.« – Christian Friedrich Hebbel (1813–1863); deutscher Dichter*

Das Leben geht weiter

ICH BIN MIT HUNDEN AUFGEWACHSEN.
Sparky war da, bis ich erwachsen war, Duchess und Misty, bis ich mein Studium beendet hatte. Als ich heiratete, hatten wir Honey, eine Golden-Retriever-Hündin, die zehn Jahre alt war, als unser erstes Kind geboren wurde. Liberty und Lexington haben meine Kinder aufwachsen sehen. Der schwierigste Punkt im Zusammenleben mit Hunden ist ihr Tod. Obwohl jeder Hund eine Persönlichkeit ist, die uns berührt und der wir nachtrauern, sind wir doch immer in der glücklichen Lage, wieder einen Hund zu haben.

Wir lieben an den Hunden ihre Ehrlichkeit, ihre Fröhlichkeit, ihre Treue, ihre Beständigkeit und ihre kleinen Eigenheiten. Wenn Sie viele Jahre mit einem Hund zusammengelebt haben, werden Sie sich vielleicht nach einem neuen Gefährten umsehen. Wenn sich nach dem Tod Ihres Hundes eine Leere in Ihrem Herzen und in Ihrem Haus breit macht, bedenken Sie, dass es Tausende von Individuen gibt – große, kleine, lustige und ruhige –, die diese Leere füllen könnten.

Kurze Zusammenfassung

✓ Denken Sie daran, dass Änderungen im Verhalten Ihres Hundes nicht immer nur altersbedingt sind. Auch alte Hunde werden krank.

✓ Trauer ist normal. Aber vergraben Sie sich nicht darin, sondern blicken Sie nach vorn. Das Leben geht weiter.

✓ Jeder Hund ist einzigartig. Aber es warten viele Einzigartige darauf, Ihre Liebe zu bekommen.

✓ Die meisten Hunde werden altersbedingt eingeschläfert. Überlegen Sie sich diese Entscheidung gut – aber nicht zu lange.

Adressen & Literatur

Verbände

VDH –
Verband für das deutsche
Hundewesen e.V.
Postfach 10 41 54
Westfalendamm 174
D-44041 Dortmund
Tel. 0231 – 56 50 00
Fax. 0231 – 59 24 40

FCI –
Fédération Cynologique Internationale
Place Albert 113
B-6530 Thuin
Tel. 071 – 59 12 38
Fax. 071 – 59 22 29

**Deutscher Verband der
Gebrauchshundesportvereine e.V.**
Gustav-Sybrecht-Str. 42
D-44536 Lünen
Tel. 0231 – 87 80 10
Fax. 0231 – 87 80 22

Deutscher Sporthunde-Verband
Dieter Schaumann
Maastrichter Straße 48
D-41464 Neuss

Österreichischer Kynologenverband
Johann-Teufel-Gasse 8
A-1101 Wien
Tel. 01 – 888 70 92
Fax. 01 – 889 26 61

Deutscher Schlittenhundesport-Verband
Eric Paul
Postfach 31
D-86557 Hohenwart
Tel. 08443 – 91 005
Fax. 08443 – 91 006

**Österreichischer
Gebrauchshundesport-Verband**
Dr. Ernst Kassler
Hauptstr. 79
A-2213 Bockfließ
Tel. 02228 – 200 27
Fax. 02228 – 200 2774

**Internationaler Rasse-, Jagd- und
Gebrauchshundeverband e.V**
Pörsdorf-Moss 7
D-94501 Aldersbach
Tel. 08547 – 396
Fax. 08547 – 287

Internationales Blindenhundeführ-
und Begleithundezentrum
Starkenfeld 10
A-6841 Mäder

Deutscher Tierschutzbund
Baumschulallee 15
D-53115 Bonn
Tel. 0228 – 60 49 60
Fax. 0228 – 63 10 05

Zeitschriften

Das deutsche Hunde-Magazin
Symposion-Verlag GmbH
Mainzer Straße 6
D-66111 Saarbrücken

Ein Herz für Tiere
Nordendstraße 64
D-80801 München

Unsere Hunde
Herrengasse 14
A-1010 Wien

WUFF –
Das österreichische Hundemagazin
Großraßberg 8
A-3034 Maria Anzbach

Bücher

Doris Baumann:
Beliebte Hunde halten und erziehen
Ulmer (1997)

Doris Baumann:
Nordische Hunde
Ulmer (1999)

Nicholas Dodman:
Hunde, die zuviel bellen. Vom Umgang mit eigenwilligen Hunden
Ullstein Verlag (1999)

Margriet Dudok van Heel:
Bachblüten für Hunde und Pferde
Laredo Verlag (1999)

Petra Durst-Benning:
Kräuterapotheke für Hunde
Kosmos Verlag (1998)

Petra Durst-Benning:
Die 100 besten Tipps. Hausmittel für Hunde
Verlag W. Ludwig (1999)

Bruce Fogle:
Die BLV Enzyklopädie der Hunde
BLV (1999)

Bruce Fogle:
Hunde kennen und verstehen. Körpersprache und Verhalten
BLV (2000)

Bruce Fogle:
Hunde. Die beliebtesten Rassen
Dorling Kindersley Verlag (2000)

Holger Giese:
Hunde willkommen – Hotelreiseführer
Oertel und Spoerer (2001)

Inge Gosh:
Naturheilkunde für Hunde
Pala-Verlag (1995)

Tim Hawcroft:
Erste Hilfe für Hunde
Kynos Verlag (1994)

Susanne Kerl:
Hunde kaufen mit Verstand. Ein Ratgeber für Käufer und Züchter
Müller Rüschlikon (1999)

Volker Kriegel:
Kriegels kleine Hunde-Kunde
Haffmanns Verlag

Birgit Laser:
Obedience für Einsteiger
Cadmos Verlag (1999)

Jeffrey M. Masson:
*Hunde lügen nicht. Die großen
Gefühle unserer Vierbeiner*
Heyne Verlag (2000)

Martin Pietralla:
Clickertraining für Hunde
Kosmos Verlag (2000)

W. R. von Rhamm:
Aufzucht junger Hunde
Landbuch-Verlag (1992)

Katharina Schlegl-Kofler:
Hunde-Erziehung mit Herz und Verstand
Gräfe und Unzer (1999)

Petra Stein:
Naturheilpraxis Hunde
Gräfe und Unzer (1999)

Astrid Steiner:
Agility – Sport und Spaß mit Hunden
Müller Rüschlikon (2000)

Heike E. Wagner:
*Hunde erziehen. Der richtige Weg
zum zuverlässigen Begleithund*
Oertel und Spoerer (1999)

A. H. Westerhuis:
Homöopathie für Hunde
Droemer Knaur (2000)

Friedrich u. Jutta Wienzeck:
*Hunde im Paragraphendschungel.
Alles was Recht ist*
Kynos Verlag (2000)

Nancy A. Zidonis/Marie K. Soderberg:
Akupressur für Hunde
Kosmos Verlag (1999)

Internet

DAS ANGEBOT AN WEBSITES, *die das Thema »Hunde« behandeln, ist geradezu überwältigend – von Pflege und Erziehung Ihres vierbeinigen Freundes über Informationen zur Zucht bis hin zu den Adressen verschiedenster Organisationen. Die hier angegebenen Links sind nur die Spitze des Eisbergs – aber ich bin sicher, dass etwas Interessantes für Sie dabei ist.*

www.vdh.de
Verband für das Deutsche Hundewesen e. V. Informationen über Hunde im Allgemeinen, Rasseporträts, Landesverbände, Züchteranschriften etc.

www.swix.ch/clan/syc/oechroni/htm
Österreichische Hundesport-Union. Informationsblatt mit Zielen und Erfolgen des Vereins.

www.hunde.ch
Die Seiten des Hundes in der Schweiz. Ratgeber, tierpsychologische Beratung, Anatomie usw.

www.blindenhunde.at
Internationales Blindenführ- und Begleithundezentrum. Informationen, Ausbildung nach speziellen Bedürfnissen

www.animal.care.de
Informationen über den Tierschutz im Allgemeinen. Aufruf gegen die Hetze gegen Kampfhunde.

www.dalmatiner-in-not.de/Hundehandel
Informationen über Hundehandel und Massenzucht von Hunden, Vermittlung von Hunden in Not.

www.bullterrier-in-not.de
»Wir suchen ein Zuhause«, Aktuelles, Gästebuch, Informationen zu Kampfhunden.

www.hund-und-halter.de
Verein gegen die Diskriminierung von Hunden und Haltern. Behördlich als besonders förderungswürdig anerkannt. Tiervermittlung, Recherche von Vorfällen, Service, Links usw.

www.hunde-in-not.de
Hier werden etwa 25 Organisationen vorgestellt, die Hunden in Not helfen. Sie sind teils nach Rassen, teils nach Gebieten bzw. Sachgebieten geordnet. Das geht über »Herdenhunde in Not« bis zu »Taube Hunde in Not« und »Hunde auf Teneriffa in Not«.

www.tierschutziminternet.de
Adressen von Tierschutzvereinen und -organisationen nach Bundesländern geordnet. Tierschutzthemen, Aktionen, Termine, Kalender etc.

www.tierschutzverein.at
Kampagnen, Projekte, Service, Kids »Pfötchen«, aktuelle Reporte, Mithelfen u. v. a.

www.SOS-hundehilfe.de
Diese Organisation hat es sich zur Aufgabe
gemacht, Hunden in Not zu helfen.

www.zooplus.de
Heimtierbedarf mit ungeheurer Auswahl
(»alles für den Hund«), vom Futter bis
zum Sommerhütchen. Shop – Tier-Talk –
Tierarzt – Galerie – Club – Postkarten –
Poster.

www.hunde.com
Kleine Hundeschule, Liste privater Hunde-
züchter, nach Rassen geordnet, Tiere in
Not, Tiere aus Tierheimen, Wohin mit dem
Hund im Urlaub.

www.hunde.at
Informationszentrum für Hunde in
Österreich. Ausstellungen, Ergebnisse,
praktische Ratschläge, Kampfhunde-
diskussion in Österreich.

www.hundeadressen.de
Ausbildung, Shops, Züchteradressen,
Freizeitgestaltung mit Hunden, kostenlose
Kleinanzeigen: Verkäufe/Gesuche.

www.hunde-im-web.de
Züchter, Rasseporträts, Tierheime,
Hundewitze, Galerie schöner Bilder,
VDH-Informationen.

www.owtscharka.de
Informationen zu fast allen Herdenschutz-
hunden, Hundeverordnungen, Herden-
schutzhunde in Not, Hund und Recht,
kynologisches Lexikon mit vielen Begriffs-
erklärungen.

www.kynologe.de
Schutzhundeausbildung. Ernährung,
Anatomie, Krankheiten, Clicker-Training,
Antworten auf häufig gestellte Fragen.

www.agility.com
Erklärung der Hundesportart und
Verzeichnis der einzelnen Vereine, nach
Bundesländern geordnet.

www.heimtierimkopf.com
Über die eigene E-Mail-Adresse bekommt
man viele Produktinformationen für
Heimtiere.

www.deutsches-hundemagazin.de/kampfhun-
de/redribbon/index.htm
Aktion gegen Hundehass in Deutschland,
Aufrufe, Aufkleber.

www.hunde-info.de
»Deutschlands Online-Magazin rund um
den Hund« mit Branchenbuch, Rassen,
Ratgeber, Vermittlung von Hunden aller
Rassen/Mischlinge.

www.hundejo.de/index_ger.php3
Die Suchmaschine für Hundeseiten.
Krankheiten, Rassen, Vereine und
Verbände, Ernährung und Pflege, Sport,
Bücher und Zeitschriften.

www.dachshunde.com
Die Seiten des Teckels/Dackels. Züchteranschriften, aktuelle Informationen.

www.dhv-hundesport.de
Betreut alle Hundesportarten von Agility
bis Schutzhunde- und Turniersport.

www.hundegesundheit.de
Eine Website, die sich hauptsächlich mit
der Entwurmung von Hunden befasst.

www.taube-hunde.de
Hier wird auf die Problematik von
Menschen mit tauben Hunden aufmerksam
gemacht. Die Hunde haben aufgrund ihres

hervorragenden Geruchssinns meist wenig Probleme mit ihrer Taubheit.

www.tierheim.bamberg.de/huimpf.htm
Alles über Schutzimpfungen beim Hund. Welche Impfung wogegen, Impfpläne, Impfungen für Reisen.

www.ferien-mit-hund.de
Anschriften von hundefreundlichen Unterkünften von einfachen Pensionen bis hin zu Luxushotels in ganz Europa. Dazu Kleinanzeigenmarkt.

www.hundefriedhof.de
Der »Hundefriedhof« im Internet mit Geschichten über den eigenen Hund, E-Mails und Links.

Sehr viele Informationen über Hunde bekommt man über

www.yahoo.com

Über Tiere – Säugetiere (1300 Links) – Hunde (850 Links) kommt man sehr weit bis zu feinsten Details.
Buchinformationen über gute Hundebücher bekommt man unter dem Stichwort »Hunde« bei folgenden Buchvertreibern:

www.amazon.de

www.bol.de

www.buecher.de

Rassenverzeichnis

Rassenverzeichnis des VDH

Gruppe 01:
Hütehunde und Treibhunde
(ausgenommen Schweizer
Sennenhunde)

Australian Cattle Dog
Australian Kelpie
Australian Shepherd
Bearded Collie
Belgischer Schäferhund
Beramasker
Berger de Beauce
Berger de Brie (Briard)
Berger des Pyrenées à face
  rase
Berger des Pyrenées (Museau
  normal)
Berger Picardie
Border Collie
Bouvier des Flandres
Cao da Serra de Aires
Cao de Bestiar
Cao Fila de Saõ Miguel
Collie (Kurzhaar)
Collie (Langhaar)
Deutscher Schäferhund
Gos d'Atura Català
Holländischer Schäferhund
Hrvatski Ovear
Komondor
Kuvasz
Maremmen-Abruzzen-
  Schäferhund
Mudi
Old English Sheepdog
  (Bobtail)
Owczarek Podhalanski
Puli
Pumi
Saarloos Wolfhond
Schapendoes

Schipperke
Shetland Sheepdog
Slovensky Cuvac
Südrussischer Ovtscharka
Tschechoslowakischer
  Wolfshund
Welsh Corgi Cardigan
Welsh Corgi Pembroke

Gruppe 02:
Pinscher und Schnautzer,
Molosser, Berghunde und
Schweizer Sennenhunde

Affenpinscher
Aidi
Anatolischer Hirtenhund
Appenzeller Sennenhund
Berner Sennenhund
Bernhardiner
Bordeaux-Dogge
Broholmer
Bullmastiff
Cane Corso
Cao da Serra da Estrela
Cao de Castro Laboreiro
Deutsche Dogge
Deutscher Boxer
Dobermann
Dogo Argentino
Englische Bulldogge
Entlebucher Sennenhund
Fila Brasileiro
Großer Japanischer Hund
Großer Schweizer
  Sennenhund
Hollandse Smoushond
Hovawart
Kaukasischer Owtscharka
Kraski Ovcar
Landseer
Leonberger
Mastiff

Mastin de los Pirincos
Mastin Espanol
Mastino Napoletano
Neufundländer
Österr. Kurzhaar-Pinscher
Perro de Presa Mallorquin
Pinscher
Pyrenäen-Berghund
Rafeiro do Alentejo
Riesenschnauzer
Rottweiler
Saplaninac
Schnauzer
Schwarzer Terrier
Shar-Pei
Tibet-Dogge
Tosa Inu
Zentralasiatischer
  Owtscharka
Zwergpinscher
Zwergschnauzer

Gruppe 03:
Terrier

Airdale Terrier
Am. Staffordshire Terrier
Australian Silky Terrier
Australian Terrier
Bedlington Terrier
Border Terrier
Brasilianischer Terrier
Bullterrier
Cairn Terrier
Cesky Terrier
Dandie Dinmont Terrier
Deutscher Jagdterrier
English Toy Terrier (Black
  and Tan)
Foxterrier (Drahthaar)
Foxterrier (Glatthaar)
Irish Glen of Imaal Terrier
Irish Soft Coated Wheaten
  Terrier

Irish Terrier
Japanischer Terrier
Kerry Blue Terrier
Lakeland Terrier
Manchester Terrier
Norfolk Terrier
Norwich Terrier
Parson Jack Russell Terrier
Scottish Terrier
Sealyham Terrier
Skye Terrier
Staffordshire Bullterrier
Welsh Terrier
West Highland White Terrier
Yorkshireterrier

Gruppe 04:
Teckel

Teckel

Gruppe 05:
Nordische Schlitten-, Jagd-,
Wach- und Hütehunde,
europäische und asiatische
Spitze, Urtyp

Akita Inu
Alaskan Malamute
Basenji
Buhund
Chow-Chow
Cirneco dell'Etna
Deutsche Spitze
Eurasier
Finnenspitz
Finnischer Lapphund
  (Suomenlapinkoira)
Grönlandhund
Hokkaido
Island-Hund
Jaemthund
Japan-Spitz
Kai
Kanaan-Hund
Karelischer Bärenhund

Kishu Korea Jindo
Laika (ostsibirisch)
Laika (russisch-europäisch)
Laika (westsibirisch)
Lapinporokoira
Norrbottenspets
Norwegischer Elchhund
  (grau)
Norwegischer Elchhund
  (schwarz)
Norwegischer Lundehund
Perro sin Pelo del Peru
Pharao-Hund
Podenco Canario
Podengo Portugues
Samojede
Schwedischer Lapphund
Shiba Inu
Shikoku
Siberian Husky
Thai Ridgeback Dog
Västgötaspets
Volpino Italiano
Xoloitzeuintle

Gruppe 06:
Lauf- und Schweißhunde

Alpenländische Dachsbracke
Amerikanischer Foxhound
Anglo-Français de petite
  venerie
Ariegeois
Balkanski gonic
Basset Artesien Normand
Basset bleu de Gascogne
Basset d'Artois
Basset fauve de Bretagne
Basset Hound
Bayerischer
  Gebirgsschweißhund
Beagle
Beagle Harrier
Billy
Black and tan Coonhound
Bloodhound
Briquet Griffon Vendeen

Chiens d'Artois
Dalmatiner
Deutsche Bracke
Dreifarbiger Jugoslawischer
  Laufhund
Drever
Dunker
Erdélyi Kopó
Finnischer Laufhund
Foxhound
Français tricolore
Gascon Seintongeois
Grand anglo-français blanc et
  noir
Grand anglo-français blanc et
  orange
Grand anglo-français tricolore
Grand Basset Griffon Vendeen
Grand bleu de Gascogne
Grand Griffon Vendeen
Griffon Bleu de Gascogne
Griffon fauve de Bretagne
Griffon nivernais
Haldenstovare
Hamiltonstoevare
Hannoverscher Schweißhund
Harrier
Hellinikos Ichnilatis
Hygenhund
Istarski estrodlaki gonic
Istarski kratkodlaki gonic
Jugoslovenski planinski gonic
Österreichische Glatthaarige
  Bracke/Brandl Bracke
Ogar polski
Otterhund
Petit Basset Griffon Vendeen
Petit bleu de Gascogne
Poitevin
Porcelaine
Posavski gonic
Rauhhaariger Bosnischer
  Laufhund-Barak
Rhodesian Ridgeback
Sabueso Espanol
Schillerstoevare
Schweizer Laufhund

Schweizer Niederlaufhund
Segugio Italiano a pelo forte
Segugio Italiano a pelo raso
Slovensky Kopov
Smailandsstoevare
Steirische Rauhh.-
  Hochgebirgsbracke
Tiroler Bracke
Westfälische Dachsbracke

Gruppe 07:
Vorsteherhunde
(Kontinentale, Britische
und Irische)

Braque d'Auvergne
Braque de l'Ariege
Braque du Boubonnais
Braque Dupuy
Braque français type
  Gascogne
Braque franççais type Pyrenées
Braque Saint-Germain
Cesky Fousek
Deutsch Drahthaar
Deutsch Kurzhaar
Deutsch Langhaar
Deutsch Stichelhaar
Drentse Patrijshond
English Setter
Epagneul bleu
Epagneul Breton
Epagneul de Pont-Audemer
Epagneul français
Epagneul Picard
Gammel Dansk Honsehund
Gordon Setter
Griffon a poil laineux
Griffon Korthals
Großer Münsterländer
Irish Red and White Setter
Irish Red Setter
Ital. Bracke (Bracco Italiano)
Kleiner Münsterländer
  Vorstehhund
Magyar Viszla (Drahthaar)
Magyar Viszla (Kurzhaar)

Perdigueiro portugues
Perdigueiro de Burgos
Pointer
Pudelpointer
Slowakischer Raubart
Spinone Italiano
Stabýhoun
Weimaraner

Gruppe 08:
Apportier-, Stöber- und
Wasserhunde

American Water Spaniel
Amerikanischer Cocker-
  spaniel
Barbet
Cao de Agua portugués
Chesapeake Bay Retriever
Cluber Spaniel
Cockerspaniel
Curly-Coated Retriever
Deutscher Wachtelhund
English Springer Spaniel
Field Spaniel
Flat-Coated Retriever
Golden Retriever
Irish Water Spaniel
Kooikerkondje
Labrador Retriever
Lagotto Romagnolo
Nova Scotia Duck Tolling
  Retriever
Perro de agua Espanol
Sussex Spaniel
Welsh Springer Spaniel
Wetterhoun

Gruppe 09:
Gesellschafts- und
Begleithunde

Belgischer Griffon
Bichon à poil frisée
Bologneser
Boston Terrier
Brüsseler Griffon

Cavalier King Charles Spaniel
Chihuahua
Chinesischer Schopfhund
Coton de Tulear
Französische Bulldogge
Havaneser
Japan Chin
King Charles Spaniel
Kontinentaler Zwergspaniel
  (Papillon & Phalene)
Kromfohrländer
Lhasa Apso
Löwchen
Malteser
Mops
Pekingese
Petit Brabancon
Pudel
Shih-Tsu
Tibet-Spaniel
Tibet-Terrier

Gruppe 10:
Windhunde

Afghanischer Windhund
Azawakh
Barsoi
Chart Polski
Deerhound
Galgo Espanol
Greyhound
Irish Wolfhound
Italienisches Windspiel
Magyar Agar
Saluki
Sloughi
Whippet

Vergleich der Rassen

In der folgenden Aufstellung habe ich die wichtigsten Eigenschaften der Hunde mit 1 bis 5 bewertet, wobei 1 die niedrigste, 5 die höchste Wertung ist. Selbstverständlich sind das nur Durchschnittswerte jeder Rasse – man sollte bedenken, dass Hunde genauso individuell sind wie Menschen.

RASSE	GRÖSSE	ALS ERSTHUND GEEIGNET	PLATZ-BEDARF	GELEHRIGKEIT	TEMPERAMENT	PFLEGE-AUFWAND	LÄRM	FÜR KINDER GEEIGNET
Afghane	4	nein	5	1	2	5	2	4
Airedale Terrier	3–4	nein	4	2	4	3	4	3
Akita Inu	5	nein	4	3–4	1	3	1	4
Alaskan Malamute	3–4	möglich	3	3	2	3	1	3
Australian Shephard	3	ja	2	5	1	3	1	1
Basset	4	ja	2	1	1	2	2	1
Beagle	3	ja	4	1	4	1	5	2
Bernhardiner	5	nein	4	2	1	5	1	2
Bichon Frisé	2	ja	1	4	4	4	5	1
Bluthund	4	nein	1	2	1	1	1	1
Bobtail	5	nein	4	2	2	5	1	3
Border Collie	3–4	nein	5	5	4	3	3	4
Boston Terrier	2	ja	1	3	4	1	4	2
Boxer	4	möglich	5	3	4	1	2	2
Brittany	3	möglich	4	4	3	2	2	1
Bulldogge	3–4	nein	1	1	1	2	2	2
Cairn Terrier	2	ja	1	3	4	2	5	2
Cavalier King Charles Spaniel	2	ja	1	4	3	3	3	1
Chesapeake Bay Retriever	4–5	ja	4	5	1	1	1	1
Chihuahua	1	nein	1	2	5	1–2	5	4
Chow-Chow	4	nein	2	1	1	4	1	5
Cockerspaniel	3	ja	2	3–4	3	3–4	3	1
Collie	4	ja	3	4	2	1–3	2	1
Dänische Dogge	5	nein	4	3	1	1	1	2
Dalmatiner	4	nein	4	3	3	1	3	4
Deutscher Schäferhund	4–5	nein	4	5	3	3	3	3

RASSE	GRÖSSE	ALS ERSTHUND GEEIGNET	PLATZ-BEDARF	GELEHRIGKEIT	TEMPERAMENT	PFLEGE-AUFWAND	LÄRM	FÜR KINDER GEEIGNET
Dobermann	4	nein	4	5	2	1	2	3
English Springer Spaniel	3	möglich	5	5	3	3	3	1
Foxterrier	2	nein	3	1	5	1–2	5	5
Golden Retriever	4	ja	3	5	1	3	1	1
Jack Russell Terrier	2	nein	3	2	5	1–2	5	5
Labrador Retriever	4	ja	4	5	1	2	1	1
Lhasa Apso	2	ja	1	3	4	2	3	2
Malteser	1	ja	1	3	5	4	4	2
Neufundländer	5	nein	4	3	1	5	1	1
Norweg. Elchhund	4	ja	4	3–4	2	3	2	2
Pekinese	1	möglich	1	2	3	3	3	2
Pudel (Normalgröße)	4	ja	3	5	2	4	3	1
Pug	2	ja	2	1	3	1	4	2
Rottweiler	4–5	nein	4	3–4	1	1	1	4
Samojede	4	möglich	3	2–3	2	4	3	3
Scottish Terrier	3	möglich	2	2	5	2	4	4
Setter	4	ja	5	2	5	3	4	2
Shar-Pei	4	nein	4	2	3	5	3	4
Shetland Sheepdog	2–3	ja	2	5	3	3	4	2
Shih-Tsu	1–2	ja	1	3	5	2	3	1
Siberian Husky	4	nein	4	3	3	2	3	4
Spitz	1	ja	2	3	4	3	3	1
Staffordshire Bull Terrier	3	nein	2	3	4	1	4	2
Teckel	1–2	möglich	1	2	3	1–2	4	4
Ungar. Vizsla	4	ja	3	4	2	1	2	1
Vorstehhund	4	möglich	4	3–4	3	1	3	2
Weimaraner	4	möglich	4	4	2	1	4	3
Welsh Corgie	3	möglich	2	4	3	1	3	4
Westhighland White Terrier	2–3	möglich	2	1–2	5	4	5	5
Yorkshireterrier	1	möglich	1	1–2	5	4	5	5
Zwergpudel	1–3	ja	2	4–5	4	3	5	1
Zwergschnautzer	3	ja	2	3–4	5	3	5	2

Wichtige Angaben über meinen Hund

Im Zuchtregister eingetragener Name . . . .
Rufname . . . .

Mein Hund ist eingetragen beim . . . .
Mein Hund ist geboren am . . . .

Mein Hund gehört zu folgender Rasse: . . .
Innerhalb der Rasse gehört er
zu folgender Gruppierung: . . . .

Die Mutter meines Hundes heißt . . . .
Der Vater meines Hundes heißt . . . .

Mein Hund hat . . . . Geschwister

Der Züchter ist: . . . .

Seine Anschrift: . . . .
Die Microchip-Nummer meines Hundes:
Der Microchip ist registriert bei . . . .

Name des behandelnden Tierarztes: . . . .
Anschrift: . . . .

Mein Hund wurde entwurmt am: . . . .
Mein Hund wurde am . . . . .gegen . . . . geimpft.
Die nächste Impfung gegen . . . . . . .ist am . . . .
Mein Hund wurde am . . . . .gegen . . . . geimpft.
Die nächste Impfung gegen . . . . ist am . . . .

Mein Hund wurde am . . . . .gegen . . . . geimpft.

Die nächste Impfung gegen . . . . . . .ist am . . . .

Mein Hund wurde am . . . . .gegen . . . . geimpft.

Die nächste Impfung gegen . . . . . . .ist am . . . .

Mit 6 Monaten wog mein Hund . . . .

Mit 6 Monaten war mein Hund . . . . .cm groß.

Mit einem Jahr wog mein Hund . . . .

Mit einem Jahr war mein Hund . . . . .cm groß.

Mit fünf Jahren wog mein Hund . . . .

Mit fünf Jahren war mein Hund . . . . .cm groß.

Die normale Herzfrequenz ist . . . .

Die Normaltemperatur ist . . . .

Name des Pflegers: . . . .

Erlernen des Kommandos »Sitz!« am . . . .

Zum ersten Mal ohne Leine gegangen: . . . .

Zum ersten Mal mit Leine gegangen: . . . .

Erlernen des Kommandos »Hol!« am . . . .

Erlernen des Kommandos »Komm her!« am . . . .

Mein Hund hat folgende Preise gewonnen: . . . .

Mein Hund ist der Champion folgender Ausstellungen: . . . .

Meine Hündin war zum ersten Mal läufig am . . . .

Mein Hund wurde am . . . . kastriert.

Die erste Trächtigkeit begann am . . . .

Vater/Mutter der Welpen ist: . . . .

Namen der Welpen: . . . .

Die Welpen wurden am . . . . abgeholt.

Glossar

Allergen   Jede Substanz, die allergische Reaktionen hervorruft.

Antioxidant   Eine Substanz, welche freie Radikale zerstört – Atome im Körper, die Zellen zerstören. Antioxidantien, die freie Radikale zerstören, sind gut für Hunde; sie werden zur Konservierung von Lebensmitteln benutzt.

Aversionstherapie   Eine Erziehungs- methode, bei der Hunde lernen, bestimmte Verhaltensweisen abzulegen, weil sie unangenehme Folgen für sie haben. So beschmiert man beispielswei- se Gegenstände, die die Hunde gern zerkauen, mit schlecht schmeckenden Aromen. Das schreckt die Hunde ab.

Biopsie   Entnahme einer winzigen Hautprobe zu Diagnosezwecken.

Canine Cognitive Disfunction   Eine Alters- erkrankung bei Hunden.

Clicker-Training   Die Trainingsmethode wurde für Delfine entwickelt, wird jetzt aber auch bei anderen Tieren angewandt. Der Clicker ist eine Art »Knallfrosch«, mit dem man ein klickendes Geräusch machen kann. Wenn man klickt und den Hund gleichzeitig lobt, wird der Hund mit der Zeit allein schon das Klicken als Belohnung empfinden.

Entfilzungskamm   Ein Metallkamm mit scharf geschliffenen Zähnen, die ver- filzte Fellstellen durchschneiden und damit entfilzen.

Euthanasie   Tötung eines Tieres, das an einer unheilbaren Krankheit leidet, durch eine Giftinjektion.

Fährtensuche   Das Verfolgen von Wild durch Geruchsaufnahme und Stellen des Wildes. Dackel und Terrier verfolgen Niederwild wie Kaninchen, Wiesel und Füchse.

Fellrichtung   Die Richtung, in die die Haare wachsen. Bei Hunden wachsen sie normalerweise vom Kopf zum Schwanz und dann nach unten zu den Zehen hin.

Freie Radikale   Atome im Körper, die Zellmembranen zerstören.

Gitterkäfig   Tragbarer Metallkäfig mit Dach und Türöffnung, den es in mehreren Größen gibt. Man benutzt ihn, wenn man den Hund sicher aufbewahren will.

Hängeohren   Lang herabhängende Ohren, wie sie beispielsweise Spaniels und Labrador Retriever haben.

Kaiserschnitt Notoperation mit Öffnung der Gebärmutter, wenn die Hündin die Welpen nicht auf natürlichem Wege zur Welt bringen kann.

Kastration Entfernung der die Sexualhormone produzierenden Organe bei Rüde und Hündin. Bei Rüden entfernt man die Hoden, bei Hündinnen die Eierstöcke und die Gebärmutter.

Katarakt Kristallbildung in der Linse des Auges. Das Licht wird von den Kristallen reflektiert, sodass der Hund unklar sieht. Später kann durch die Kristalle kein Licht mehr auf die Netzhaut dringen – der Hund erblindet.

Kong Eine Art »Gummiknüppel« aus kauresistentem Material. Der Kong besteht aus drei aneinander gereihten Bällen und ähnelt einem Schneemann ohne Kopf. Das Spielzeug ist hohl, sodass man es mit Futter füllen kann. Der Hund kann sich stundenlang damit beschäftigen, das Futter aus dem Ding zu kauen. Kongs gibt es in verschiedenen Größen.

Kreuzungen Hunde, die aus der Kreuzung verschiedener Rassen entstanden sind.

Laparoskopie Eine medizinische Prozedur, bei welcher durch einen kleinen Einstichkanal ein Laparoskop in den Körper eingeführt wird, durch das man z. B. den Darm spiegeln kann.

Laufleine Eine mindestens 6 m lange, hoch gespannte Leine, z. B. über einen Hof, die dem Hund rechts und links jeweils 2 m Spielraum erlaubt. Die Leine muss mit drehbaren Wirbeln versehen sein.

Maulkorb Er kann aus Leder, aus Plastik oder aus Metall sein und hindert den Hund am Beißen. Für so genannte »gefährliche« Hunde bzw. »Kampfhunde« sind in einigen Bundesländern Maulkörbe zwingend vorgeschrieben, wenn man den Hund ausführt.

Mehrfachimpfung Mit einer einfachen Injektion kann man gleichzeitig gegen verschiedene Krankheiten impfen. Man sollte damit jedoch vorsichtig umgehen, da das Immunsystem zur selben Zeit von verschiedenen Seiten her angesprochen wird. Das kann zu Komplikationen führen.

Meute In der Natur haben Hunde gelernt, in der Meute zu jagen. Jede Meute hat eine soziale Struktur, eine Hierarchie, in der jeder Hund seinen festen Platz hat. Die Meute des domestizierten Hundes ist die menschliche Familie.

Mikrochip Elektronischer Responder von der Größe eines Reiskorns, der zwischen den Schulterblättern injiziert wird. Die Nummer ist individuell und kann mit einem speziellen Lesegerät gelesen werden. Sie ist in einer Datenbank registriert, sodass man jeden Hund identifizieren kann.

Mischling Ein Hund mit unbekannten Eltern unterschiedlicher Rassen.

Nackenschütteln Das tun Hundemütter mit ihren Jungen, wenn sie sie bestrafen wollen. Man nimmt die lose Haut am Nacken in die Hand und schüttelt den Hund leicht. Diese Art der Bestrafung sollte man vorsichtig und sparsam einsetzen. Es kann leicht geschehen, dass der Hund handscheu oder aggressiv wird.

Name des Hundes Als »Name des Hundes« gilt offiziell immer der, unter dem der Hund im Zuchtverband eingetragen wurde.

Östrus Die Zeit, in der die Hündin fruchtbar ist und gedeckt werden kann.

Positiverlebnis Ein Begriff aus der Verhaltensforschung. Er bedeutet, dass man den Hund sofort lobt, wenn er etwas gut gemacht hat, sodass er das Lob damit in Verbindung bringt.

Putzhandschuh Ein Handschuh aus Gummi, der an der Unterseite mit Noppen versehen ist und mit dem man loses Haar leicht ausbürsten kann.

Rassehund Ein Hund, dessen Eltern derselben Rasse angehören.

Rosenohren Ohren, die wie bei Windhunden oder Bulldoggen gefaltet sind.

Schock Ein Zustand, in dem die Körperperipherie gering durchblutet ist.

Schuppen Winzige Hautteilchen, die absterben, wenn sich die Haut erneuert.

Schutzhaar Die längeren Grannenhaare, die schützend über der Unterwolle liegen.

Schweißhunde Hunde, die die Fährte des Wildes mit der Nase aufnehmen wie z. B. Bassets, Bluthunde und Foxhounds.

Sichthunde Hunde, die mit dem »Gesicht« jagen. Alle leichten, langbeinigen Hunde wie Windhunde, Whippets, Salukis und Sloughis sind Sichthunde.

Stehohren Kurze, hoch stehende Ohren wie z.B. beim Deutschen Schäferhund oder beim Spitz.

Trennungsangst Extreme Reaktion vieler Hunde, wenn ihr Besitzer das Haus verlässt. Manche Hunde zerstören

Gegenstände, andere fügen sich durch Lecken oder Beißen Schmerzen zu. Hunde mit Trennungsangst brauchen ein gut durchdachtes Trainingsprogramm und eine Änderung des Lebensstils ihres Besitzers, um ihr Verhalten zu ändern.

Unterwolle   Die warmen, weichen Haare, die unter dem Schutzhaar direkt auf der Haut liegen.

Vorhaut   Die Haut über dem Penis des Rüden.

Vorstehen   Die Körperhaltung, mit der ein Jagdhund anzeigt, dass er das Wild gesichtet hat. Beim Vorstehen ist der Hund in höchster Spannung. Der Rücken ist gerade, eine Vorderpfote angehoben und der Hals vorgestreckt – der Hund wittert das Wild. Er hat dem Jäger das Wild anzuzeigen, selbst aber stillzu– sehen, bis der Jäger zum Schuss kommt.

Widerrist   Der höchste Punkt auf den Schultern, an dem Nacken und Rücken zusammenlaufen.

Register

A

Aas fressen 41, 45, 173
Abstammung 50, 57, 82, 85
Abszess 298, 299, 304
Affenpinscher 75
Afghane 71, 367, 376
Aggression 52, 235, 236,
  237, 238, 239, 240, 241,
  242, 243, 244, 245, 246,
  247, 248, 249
Agility 84, 355, 361
Aidi 30
Airdale Terrier 74, 367, 376
Akbash 30
Akita 72
Alaskan Malamute 72
Allergene 33
Allergisch 32, 33, 37, 99,
  256, 267, 300,
  bei Hunden 54, 272, 273,
  302, 307
Allergietest 33
Alter 288, 289, 370–85, 387
American Cocker Spaniel 291
American Eskimo Dog 77
American Foxhound 71
American Hairless Terrier 33
American Staffordshire
  Terrier 74
American Water Spaniel 68
Andorra 30
Angst-Urinieren 188–89,
  254
Anpassungsfähigkeit 30
Antarktis 29
Arbeitshunde 30, 32, 41,
  50, 65, 72, 78, 237, 355,
  358, 360, 363
Archäologe 40
Arthritis 372

Asenji 64, 70
Asiatischer Wolf 41
Asiatische Arktis 32
Asien 41
Äthiopien 32
Atlasgebirge 30
Attackieren 88
Aufspüren 88, 129, 246
Augen 44, 47, 83, 307, 309,
  318, 323, 332, 357, 371,
  377
Ausstellungen 57, 84,
  356–57, 363
Ausstellungshunde 50
Australian Cattle Dog 78
Australian Shepherd 78, 81
Australian Terrier 73
Australien, 32, 41, 343
Aversionstherapie 212, 243,
  244

B

Babys und Kinder 340, 353
Baden 271, 300–304
Barsoi 71
Basset 44, 70, 91, 243, 291,
  306, 367
Bastard 30
Belohnung 341
Beagle 59, 65, 70, 80, 291,
  359, 367, 376
Bearded Collie 78, 80, 297,
  367
Bedlington Terrier 32, 73, 367
Beissen 27, 98, 99, 154,
  167, 236, 238, 239, 241,
  242, 243, 246, 248, 249,
  326, 327, 335
Belgischer Malinois 78
Belgischer Schäferhund 79
Belgischer Tervuren 78
Bellen 28, 36, 44, 52, 97,
  114, 152, 154, 155, 159,

  166, 169, 225, 239, 231,
  232, 244
Benehmen 41, 60, 247, 256,
  353
  Asozial 222, 223
  Probleme 46, 53, 60, 154,
    159, 224, 226, 228, 230,
    236, 341
  Testen 88
Berner Sennenhund 72,
  126, 367
Bernhardiner 51, 64, 72
Betteln 291
Bichon Frisé 32, 77, 81,
  126, 298
Bluten 333–335
Bluthund 71, 91, 243, 359
Bologneser 32
Border Collie 51, 55, 78,
  170, 242, 358, 367
Border Terrier 73, 367
Boston Terrier 77
Bouvier des Flandres 78
Boxer 72, 80,124–125, 165,
  216, 258, 296, 367, 376
Briard 78
Britain 28, 255, 285, 343
Brittany 68
Brucelose 351
Buddeln 88, 141, 149, 154,
  220, 224, 230, 231
Bulldogge 44, 351, 367, 376
Bullmastiff 72, 36
Bullterrier 55,74, 232, 367
Byron, Lord 384

C

Cairn Terrier 73, 291, 367,
  376
Canadian Kennel Club 356
Cardignan Welsh Corgie 78,
  367

Cavalier King Charles Spaniel 75, 80, 81, 91, 222, 291, 367, 373, 376
Champions 82, 356, 357
Charakterzüge 55, 235
Chesapeake Bay Retriever 69
Chihuahua 40, 75, 91, 120, 367
China 31, 43
Chinesischer Nackthund 76
Chow-Chow 43, 77, 91, 367
Clicker-Training 167, 169
Clumber Spaniel 69
Cockerspaniel 53, 68, 80, 91, 101, 235–237, 300, 306, 317, 359, 367, 376
Collie 78, 91, 125, 168, 291, 367, 376

D

Dachshund 65, 70, 291, 304, 359, 367, 376
Dackel 70
Dänische Dogge 50, 72, 367, 376
Dalmatiner 77, 83–84, 222, 367
Dandie Dinmont Terrier 73
Deutsch Drahthaar 69
Deutscher Schäferhund 44, 59, 78, 110, 168, 170, 238, 359, 367, 376
Deutschland 65
Diät 251, 282–293, 368–369
Diensthunde 28–29, 60, 68, 343, 362–263
Dingo 41
Distanz 52
Disziplin 169, 172–175, 214, 225
Dobermann 54, 72, 229, 233, 240, 367, 373–374, 376

Domestikation 37, 39–40, 42–44
Drahthaarterrier 73, 367
Drogensuchhunde 68
Druckverband 334–335
Dunbar, Ian 227

E

Eifersucht 240
Eigenpflege 33
Eingeborene 32
Eingewöhnen 107, 108
Eintragung 57, 82, 85, 123, 351, 355, 357,
English Cocker Spaniel 367
English Foxhound 71
English Setter 69, 367
English Springer Spaniel 68, 80, 367, 376
English Toy Spaniel 76, 367
Erbdefekte 50
Erste Hilfe für Hunde 251, 325–335, 346
Erwachsener Hund 238
ethische Regeln 258
Europa 32, 55, 99, 343, 360, 386, 387
Euthanasie 248, 384–87, 389
Evolution 411

F

Fährtenhunde 243
Fédération Cylologique Internationale (FCI) 64, 79
Fell 33, 124, 296, 309, 314, 316, 320, 357, 371, 393
scheren 33, 126, 298
Fellfarben 41, 45, 356
Fellpflege 33, 98, 124–126, 223, 279, 295, 309, 371
Fieber messen 316–317, 323

Field Spaniel 68
Finanzielle Kosten 274–275
Flat-Coated Retriever 69, 367, 376
Flohkontrolle 272–273 (s. auch Parasiten)
Forschung 32
Foxhound 243
Fox terrier 91, 224, 296, 341
Frankreich 27, 29–30
Französische Bulldogge 77
Fressmanieren 45
Füchse 98, 267
Fütterung 29, 43, 84, 94, 109, 119–120, 169–172, 174, 184, 186, 186, 194, 197, 199, 206, 223, 229, 236–237, 245, 282–293, 342, 345–346, 352, 355, 382
Füße 31, 34

G

Gebrauchshunde 77, 85
Gefahr von rohem Fleisch 292
Gefahren erkennen 42
Gefahren vermeiden 140–149
Gehirn 40–43, 46, 53, 330, 366
Gehirnschwund 40, 42, 47
Gehorsam 54, 84, 165, 177, 191, 195–196, 226, 230, 232, 239, 355, 358
Gene 40, 248
Geruch 44, 127, 183
Geschichte 39, 41, 47
Geschirr 122, 124
Geschmack 282
Gesetze 51, 52, 151, 209
Gesundheit 28, 30–31, 50, 54, 57–58, 83–85, 98, 126, 142, 251–261,

263–279, 281–293, 295–309, 311–323, 325–335, 342–344, 353, 368–377
menschliche 36, 38, 142, 267–268, 278
Gewicht von Hunden 158–159, 251, 265, 289–293, 312, 369, 372
Giftpflanzen 142–145
Gitterbox 107, 109, 113–114, 117, 179, 181, 183–185, 188–189, 230, 342, 343–344
Golden Retriever 34, 36, 40, 50, 53–54, 59, 64, 69, 80, 83, 91, 110, 125, 165, 173, 237, 243, 247, 358, 367, 372, 376, 377, 389
Gordon Setter 68, 367
Greyhounds 44, 60, 71, 121, 243, 367
Griffon 69
Grunderziehung 198–199, 216, 239

H

Haare 32, 33, 121, 125, 296–303, 371
scheren 32, 33, 299
zwischen den Zehen 298–299
Haaren 44, 167, 371
Halsband 51, 121–122, 142, 155, 169, 206–211, 214, 216, 239, 272–273, 301
»Halti« 210
Handsignale 42, 166, 192–194, 200, 203, 358
Harrier 70
Hausordnung 169
Haustiere 30, 42, 45, 47, 77, 237, 234, 254–255, 360

Haut 33, 54, 371
Havaneser 32
Hawaii 32, 43
Heimfahren 340, 345
Herzmassage 328–332
Hochspringen 232
Hormone 53, 247, 289
Hütehunde 78, 85
Hüten 47, 77, 84, 289, 353
Hundebett 241, 350, 352, 353
Hundefreie Zonen/Städte 29, 31, 51
Hundekauf 50, 56–61
Hundespielplätze 51
Hundesportclub 28
Hundesuche 37, 49
Hundetests 92–95
Hundetür 155
Hundevereine 57, 79, 82–83, 85, 356–360
Husky 45
Hüftgelenksdysplasie 374
Hygiene 31

I

Ibiza-Hund 70
Identifikation 51
Identifizierungsmethoden 51, 85, 120–123, 278, 343–344, 346–347
Immunsystem 31, 283, 383
Impfungen 51, 83, 98, 164, 260, 263, 274–279, 346, 382
Indien 32
Infektionen 57, 251, 274, 383
Inkontinenz 184, 314, 374, 375
Inuit/Eskimo 45
Irish Setter 69, 367, 376
Irish Terrier 74, 91
Irish Water Spaniel 69

Irischer Wolfshund 71, 367, 376
Irland 245
Island 31
Italien 30
Italienischer Windhund 367, 376

J

Jack Russell Terrier 42, 79, 91, 168, 245, 367, 376
Jagdhunde 68, 85
Jagen 30, 42–45, 65, 70, 84, 88, 357
Japan 34, 43, 343, 362–363, 386, 388
Japan-Spitz 77
Jugendlicher Übermut 235

K

Kämpfe 30, 159, 238–239, 242, 289
Kaiserschnitt 351
Kanaan-Hund 78
Kanada 29, 32, 45, 156, 275, 343
Kampfhunde 32, 137, 355
Kastration/Sterilisation 53–54, 61, 84, 157, 159, 223, 230, 240–241, 247–249, 279, 289, 353, 356, 382
Katzen 29, 33, 53, 57, 90, 96, 108, 117, 142, 151, 152, 179, 243, 254–255, 271, 275, 287, 340–341, 345, 348, 353
Kauen 94, 97, 111, 137, 172, 212, 224, 225, 229, 230, 371
Keeshond 77
Kerry Blue Terrier 74

Kinder und Hunde 53, 91
Kinder (Verhalten) 106,
   117, 267, 268
Knurren 236, 238
Kochen für Hunde 286–287,
   292
Körperpflege 155
Körpersprache 166, 175, 178,
   192, 219, 238, 239, 242
Kopf streicheln 342, 344
Kosten 52, 54, 253, 257,
   259, 260, 387
Kot 142, 264–265, 312, 315
Kot entfernen 153, 159,
   178, 342
Kojoten 98, 267
Krallen 209, 304, 320, 334
   schneiden 304
Krankheiten 31, 45, 55,
   58, 83–84, 253, 268,
   274–275, 277–279, 283,
   292–293, 299, 312–319,
   375, 382, 384–385, 387
Krebs 370, 375, 376,
   383–385, 387
Kreuzungen 50, 54–55, 357
Komondor 30, 72
Kong 128, 220
Korea 43
Kupieren 258
Kuvacz 30, 72

L

Läufigkeit der Hündinnen
   53, 158, 241, 247, 279,
   349, 353
Labrador Retriever 42, 44,
   53, 59, 64, 69, 91, 110,
   125, 131, 136, 169, 229,
   291, 296, 300, 306, 359,
   367, 376

Lagerstätten 33, 108, 110,
   111, 112, 113, 114, 117,
   120, 345
Lakeland Terrier 73
Laktation 289, 350
Lebenserwartung 50, 365,
   367, 382
Lecken 34, 171, 229, 232,
   233
Legato Romagnolo 81, 216
Leinen 119, 121–122, 156,
   169, 195, 198, 205–213,
   216–217, 221, 278, 326,
   346, 356
Lhasa Apso 77
Lurcher 367

M

Malamut 44, 55, 285, 360
Malteser 32, 76, 297
Manchester Terrier 73
Maremma 30
Markieren mit Urin 187,
   215, 247, 289
Massachusetts Institute of
   Technology 36
Massage 308, 366
Mastiff 72
Medikamente verabreichen
   321
Mentale Vorstellungskraft
   42–43, 45
Meuteinstinkt 45–47, 114,
   120, 161, 238–240, 249,
   282
Microchips 50, 123, 343,
   344, 346
Miniatur-Bullterrier 73–74
Mischlinge 54–55, 58–59,
   83, 88, 357, 367, 376
Münsterländer 79
Mundgeruch 305, 370

N

Nachsuche 65
Nackenschütteln 173
Nematoden 273
Neufundländer 29, 65, 72,
   91, 359
Neuseeland 343
Nordamerika 32, 40, 51, 65,
   79, 152, 343, 346, 360,
   386–387
Norfolk Terrier 73, 367
Norwegen 55
Norwegischer Elchhund 70,
   81, 91, 291
Norwich Terrier 73
Notfälle 251, 257, 259,
   326–335, 346, 351, 353

O

Offizieller Name 83
Ohren 44, 47, 83–84, 301,
   303, 306, 309, 316, 318,
   322
   kratzen 258
Ohrentropfen 44
   -»rosen« 44
Old English Sheepdog 78,
   367, 374
Ontario 40
Otterhund 71

P

Paarung 40–41, 45, 288–289,
   349, 350–351
Pacific Islands 32
Papiertraining 181–183,
   188–189
Papillon 76, 81
Parasiten 31, 58, 98–99,
   251, 256, 263, 264–273,

279, 292, 299, 303, 306, 316, 318, 371
Pelz 34
Pekinese 76, 367
Pembroke Welsh Corgi 78
Petit Basset Griffon Vendéen 70, 81
Pflegebürsten 296
Pferde 32
Pharao-Hund 71
Philippinen 43
Pitbull 237
Poi-Poi 43
Polizeihunde 247
Polnischer Niederungshüte-hund 80–81
Portugiesischer Wasserhund 72, 359
Pug 76, 318
Pudel 32, 64–65, 126, 298
Puli 78
Pyrenäenhund 30, 72

R

Rassehunde 54–55, 57–61, 65, 82, 85, 88, 357
Rassen 39, 63,79, 288, 363, 370
Rassestandards 65, 298, 356
Rassevereine 65, 356, 359
Reisekrankheit 342
Reisen 130–131, 342–344, 353
mit dem Flugzeug 344
Regeln aufstellen 106
Rhodesian Ridgeback 71, 367
Rottweiler 65, 72–73, 222, 238, 367, 376
Rufname 83

S

Säugen 35, 37, 44
Saluki 71, 243, 360

Samonjede 72, 367
Sauberkeitstraining 52, 54–55, 107, 109, 110, 137, 142, 161, 177–189, 223, 345
Schädel 40, 44, 351
Wolfsschädel 44
Scheinträchtigkeit 241
Scheue Hunde 168
Schipperke 77
Schlaf 40, 100, 103, 108–109, 111, 117, 179, 223, 229, 240, 313, 355, 382
Schlittenfahren 360
Schnakenbisse 334
Schnappen 236–237
Schnappen 232–233, 236
Schnauben 45, 178
Schnauzer 258, 297
Schock 328–330, 333, 335
Schutz 28, 36–37, 44, 246, 352
Schuppen 299
Schwimmweste 131
Schokolade 287
Schottischer Deerhound 71, 367
Schottland 65
Schweden 55
Schwimmen 34, 122, 131, 221
Scottish Terrier 73, 92, 367
Sealyham Terrier 73
Seerettungshunde 29
Selbstdomestikation 40–43, 47
Shar-Pei 77, 318, 329
Shampoo 33–34, 296, 302, 309, 371
Sheltys 363
Shetland Sheepdog 51, 78, 291, 297, 367, 376
Shiba Inu 77
Shih-Tsu 76, 367

Sibirian Husky 59, 72, 285
Sicherheitsgurt für Hunde 131, 342–343
Sichthunde 243, 304
Silky Terrier 76
Skandinavien 360
Skelett 40
des Hundes 40
des Wolfs 40
Smooth Fox Terrier 73
Sonnenbrand 297
Sozialisierung 28, 30, 34, 45, 52, 58, 90, 92– 97, 101, 114, 154, 164, 220–222, 224, 227, 233, 235, 237–238, 241–244, 249
Spazierengehen 28, 116, 122, 155, 186, 195, 205–217, 385
Spielen 46–47, 52, 109, 116, 149, 170, 178–179, 189, 196, 206–207, 223, 230–231, 238, 313
Spielzeug 111–114, 127, 129, 137, 168, 170–171, 174, 179, 184–185, 203, 209–210, 220–224, 228–231, 233, 236–237, 240–241, 244–245, 247
Spinone Italiano 81, 172, 216
Spitze 76, 91
Sport mit Hunden 358–361
Staffordshire Bullterrier 74, 80, 367, 376
Staupe 274–275, 277
Stimmsignale 42, 166–167, 171, 175, 180, 192–194, 200, 203, 209, 239, 358
Stirn
Stirnhöhle 44
Streicheln 31, 36, 171
Südpol 29

Such-und Rettungshunde 29, 362, 363
Sussex Spaniel 68

T

Tätowierungen 51, 123, 346
Tagesablauf 115–117, 186, 300, 366
Tarnfarbe 41
Tasthaare 40
Tatrahund 30
Teebaumöl (Gefahren) 271, 302
Teckel 70
Teilhaberschaft 84
Territorium 42–43, 45–46, 53, 156, 165, 168, 244, 247–249, 289
Therapiehunde 362–363
Tibetanischer Spaniel 77
Tibetterrier 77, 367
Tierarzt
    den richtigen finden 253–261
Tierheime 58–61, 93, 94, 230, 349
Tierzubehör-Geschäfte 57, 90
Timberwolf 40
Timing 74
Tod 384–388
Tollwut 31, 51, 99, 246, 277, 343
Toxocara Canis 98
Toy Manchester Terrier 776
Trächtigkeit 241, 247, 267, 279, 289, 349–351,
Träumen 40, 45
Training 50, 52, 54, 79, 88, 95, 103, 113–114, 122, 129, 136–137, 149, 161, 164–165, 191–203, 220–233, 238–245, 249
Trennungsangst 97, 228

Türkei 30

U

Überlebenstraining 47
Übungen 16, 28, 51–52, 129, 157, 169, 178, 221–223, 230, 232, 289, 291, 337, 342, 355, 362, 366
Umgang 19, 101, 149, 168, 169, 194–195, 203, 208–209, 211, 215, 217, 225, 227, 231, 244, 291, 295
Umgebung 52, 103, 152, 345
Unfälle 263, 278–279, 384
Ungarischer Viszla 69, 81, 91, 367
Ungarn 30
Ungehorsame Hunde 52
Ungerechtigkeit 330, 335, 387
Unterwolle 296–297

V

Vegetarische Ernährung 287
Verdauungssystem 45, 282–283, 368
Vermisstensuche 347
Versicherung 98, 260–261, 376, 384
Veterinärmedizin 29, 31, 34, 37, 98, 254, 259–260, 279, 321–323, 337, 346, 372
Vielfachimpfungen 276–277
Vorstehen 359
Vorstehhund 69, 367
Vorfahren 28, 40, 41, 42, 45, 47, 82

W

Wachhunde 79
Wachen 30, 44, 47, 158, 244–245, 248, 289
Wanderungen 156, 158–159, 247, 289
Waschen 33–34, 300–302
Websites 33, 41, 59, 79, 90, 112, 125, 127, 155, 179, 197, 210, 224, 247, 260, 275, 286, 308, 316, 330, 333, 343, 345, 362, 372, 387
Weidenkorb 33
Weimaraner 69, 367, 376
Weinen 387, 289
Welpen 349, 351–352
Welpenklassen 196, 227
Welsh Springer Spaniel 68, 367, 376
Welsh Terrier 73, 91
Wesen 53–54, 57–58, 64, 84–85, 92–93
Whippet 20, 121, 243, 341, 360, 367
Wiederbelebung 327, 329, 330, 331, 332, 335
Wolfsspitz 77
Wolfshunde 44–45
Wölfe 28, 30, 39–45, 47, 98, 167, 267, 307, 355
Würgehalsbänder 122, 137, 214
Würmer 31
Wurmerkrankungen 268

Y

Yorkshireterrier 65, 76, 82, 91, 120, 122, 125, 156, 222, 236, 297, 304, 307, 351, 367, 376

Z

Zähne 27, 40–1, 47, 111,
128, 166, 224, 242, 287,
305, 309, 319, 370–371
reinigen 305, 309
Züchten 43, 157, 237, 348,
353, 356
selektives 43, 44, 46, 348
Züchter 44, 56, 61, 65, 80,
82–85, 90, 109, 309, 357
Züchtervereinigungen 65
Zweiter Weltkrieg 80
Zwergdackel 70, 367
Zwergpinscher 76
Zwergpudel 53, 76, 77,
366–367, 377
Zwergschnauzer 74
Zwinger 50, 90, 114, 343,
345
Zwingerhusten 278

Dank

Alle Fotos von Dorling
  Kindersley außer:
Animal Photography: ©
  Sally Anne Thompson 2,
  25, 27, 38, 48, 56o, 56u,
  57o, 62, 86, 102, 104, 118,
  132, 134, 150, 160, 162,
  176, 190, 204, 218, 234,
  250, 252, 262, 280, 294,
  310, 324, 336, 338, 354,
  356u, 358, 359o, 361o,
  361u, 364, 380; © R.T.
  Willbie: 289o
Ardea: © S. Roberts 40u
Bryan Hawkins: 299
Mary Evans Picture Library:
  67, 356o
RSPCA Photolibrary: © Des
  Cartwright 260o; © Robin
  Culley 58l, 58r; © Angela
  Hampton 272o, 272M,
  272u, 274, 275, 363r; ©
  Marina Imperi 276u; ©
  Ken McKay 257l; © Tim
  Sambrook 255o, 255u; ©
  Colin Seddon 362; ©
  Alan Towse 60; © Nick
  Withey 256
S. & O. Mathews: 142o,
  142r, 142u, 143ol, 143or,
  143M, 143ul, 143ur
Sporting Pictures: 360o
Still Pictures: © Bryan und
  Cheery Alexander 41u, 45l;
  © Klein/Hubert 42o, 167o
Topham Picturepoint: 363l
Cartoons: Barry Robson ©
  Dorling Kindersley